编辑学

在新中国茁壮成长

邵益文——著

| 第三辑 |

中国书籍出版社

China Book Press

图书在版编目（CIP）数据

编辑学在新中国茁壮成长.第三辑 / 邵益文著.--
北京：中国书籍出版社，2020.7
　　ISBN 978-7-5068-7555-4

　　Ⅰ.①编… Ⅱ.①邵… Ⅲ.①编辑学—中国—文集
Ⅳ.①G232-53

　　中国版本图书馆CIP数据核字(2019)第257476号

编辑学在新中国茁壮成长：第三辑

邵益文　著

责任编辑	叶晨露　尹　浩
责任印制	孙马飞　马　芝
封面设计	闽江文化
出版发行	中国书籍出版社
地　　址	北京市丰台区三路居路97号（邮编：100073）
电　　话	（010）52257143（总编室）　　（010）52257140（发行部）
电子邮箱	eo@chinabp.com.cn
经　　销	全国新华书店
印　　刷	河北省三河市顺兴印务有限公司
开　　本	787毫米×1092毫米　1/16
总 字 数	1580千字
印　　张	29.75
版　　次	2020年7月第1版　　2020年7月第1次印刷
书　　号	ISBN 978-7-5068-7555-4
总 定 价	580.00元（全四辑）

目　录

三讲：编辑的立身之本、处世之道

编辑出版工作者，要不要讲学习、讲政治、讲正气，这一点多数同志认为是必要的，但也有一些人，虽然口头上赞成，心底里却并不想真正这样做，也有人认为是额外负担，是多余的。他们说：只要出的书有人买就行了，何必要讲这讲那。事情是这样简单吗？不，不是这样。"三讲"不仅是党的领导干部、广大党员需要，对广大编辑出版工作者来说同样需要，甚至更加需要。"三讲"对当前编辑出版队伍来说，具有很强的针对性，有着巨大的现实意义。领导干部的"三讲"是为了解决党性党风方面的突出问题，加强党的自身建设，是在新的历史条件下，保持党的先进性和纯洁性，提高领导水平，增强拒腐防变，抵御风险能力，从思想上、政治上、组织上、作风上加强党的建设，提高干部素质，全面推进有中国特色社会主义建设的重要保证，其意义和影响，当然是十分重大和非常深远的。

我们知道，编辑工作是一种社会文化活动，具有很强的政治性、非常鲜明的意识形态性。正如 1983 年 6 月《中共中央、国务院关于加强出版工作的决定》中所说的那样，"编辑工作是整个出版工作的中心环节，是政治性、思想性、科学性、专业性很强的工作，又是艰苦细致的创造性劳动"。它不是像有些人所理解的那样，是简单劳动，是一般的业务技术性工作，是纯客观的只起某种简单中介作用的工作，更不是单纯的以市场为导向，眼睛盯着读者钱袋的"你要什么，我就给你什么"——那种以盈利为目的的商业活动，是事关大局的宣传思想工作。所以，一定要强调讲学习、讲政治、讲正气。

在提倡和坚持"三讲"方面，我们编辑出版队伍中的绝大多数人是做得好的和比较好的，这是有目共睹的。但也不能忽视有的单位和少数人存在这样那样的问题。"一粒耗子屎坏了一锅汤"的现象，在某些单位里照样存在，不容忽视。究其原因，是和不能坚持"三讲"，不认真学习分不开的。

"三讲"首先是讲学习。这对编辑人员来说，尤为重要。因为编辑活动的特点，就是生产者始终处于在对新产品的设计和精神成果的选择、鉴别、加工和优化的过程中。这种活动的基本要求，就是生产者要有明确的政治方向、广博的知识，而且要不断地更新知识、增长见闻，才能推进这种创造性劳动，达到不断创新、不断积累的目的。正如党的十五大要求的那样，我们的编辑工作者应该"加强学习，提高自己，努力成为先进思想的传播者，科学技术的开拓者，'四有'公民的培育者和优秀精神产品的生产者，同广大工人、农民一起，为中华民族的振兴建功立业"，这就需要我们充分认识学习对编辑人员的重要意义。所以，必须提倡和坚持讲学习，这是第一条。应该说，讲学习是对编辑人员的起码要求，善于学习应当是编辑的一门基本功。

学什么，当然首先是学习马克思列宁主义、毛泽东思想和邓小平理论；学习专业知识；学习编辑工作的理论和实践；学习社会主义伦理知识和职业道德。树立辩证唯物主义与历史唯物主义的世界观、人生观，掌握其方法论，使自己成为政治强、业务精、作风好的编辑工作者。

说到学习马克思主义的基本理论，这是必需的，不可缺少的。但是目前看来，这个方面，可能正是我们现在有些编辑人员的薄弱环节。实际情况是：年轻一点的只是在学校里公共课上听过一些，本来就印象不深，再几年一过，早已忘记十之七八，所剩无几；至于有些中老年，原来还真学过，但这几年被铜臭、香气熏得晨昏颠倒，不甚坚定，很有重温这一课的必要。去年碰到一个学文科的大学生，我问他马克思主义的三个来源和三个组成部分是什么，他说不清楚。这使我联想到一件事。80 年代初，有一次我访问日本，曾和早稻田大学哲学系几位高年级的学生座谈，我问他们哲学课学什么，他们说学尼采、康德、黑格尔、笛卡儿、德谟克里特等等，我问他们学不学马克思哲学，他们听不懂，根本不知道马克思是什么人。问他们是否知道恩格斯，其中有一人回答说：知道，他是军事家。这个回答虽不准确，但不是毫无道理，因为恩格斯写过军事论文。但把恩格斯说成军事家，似乎又没有抓住要领。日本名牌大学哲学系的学生不知道马克思这件事，当时对我感触颇深。现在想想并不奇怪，因为马克思的学说，对资本主义制度是致命的，教师当然不会给学生讲这个。相反，在我们的学校里，则应大讲马克思主义理论，大讲政治。正因为这样，不久前中央决定在学校里设立有关课程，改变前一段在马克思列宁主义、毛泽东思想和邓小平理论教育方面相当薄弱的情况。可见，我们有的年轻编辑人员，对马克思主义基本理论，模模糊糊，忽视马克思主义理论的学习，不能坚决地身体力行、实践马克思主义的情况，也迫切需要研究和改变。否则，为什么"法轮功"一来，居然有 10 个出版社（含音像出版社）直接卷了进去，难道连唯物论和唯心论，无神论和有神论都分不清吗？这说明编辑人员对于政治理论、科学知识的学习，需要大大加强。

可是，我们现在有些编辑人员，对学习的认识不够，或者说很不够，包括理论学习、专业学习和业务学习，都是这样，他们大体上有这样几种情况：

一、不学习。有的凭老本吃饭，根本不想学习；有的并非没有时间，但宁愿聊天，侃大山，泡在保龄球场、卡拉 OK 厅和游戏机上，甚至连报纸也舍不得看，哪里还谈得上学习。

二、有的忙忙碌碌，顾不上学习。现在面向市场，编辑工作头绪很多、我们有的同志不适应这种局面，心态浮躁，整天忙忙乎乎，像热锅上的蚂蚁，连稿件都无心审读，哪里还想得到学习。

三、以看稿代替学习。有人说，没有时间学习，或者认为看稿就是学习。应该说看稿是可以增长一些见闻，获得一些知识，但看稿不能代替学习。我在 1993 年 3 月曾经写过一篇短文：《治书者首先要读书》，说明即使是审读理论方面的书稿，也和学习理论存着角度和注视点不同的问题，如果从学习和领会的角度去审稿，就不可能发现书稿中的问题和不足，更何况稿件中的观点，不一定都是正确的，……所以，审稿是不能代替学习的。

以上情况说明，讲学习这一条，在我们相当一部分编辑出版工作者中，还是一个需要经常强调的问题。尤其在当前，我们正面对着市场经济的激烈竞争，面对着科学技术迅猛发展、瞬息万变的时代，面对着世界范围内各种思想文化互相激荡、错综复杂的局面，面对着小康社会人民群众日益增长的文化需求的时候，我们编辑出版人员如果不抓紧学习，就很难适应当前工作的需要。从根本上说，在即将到来的21世纪，出版能不能健康繁荣，关键就在于建立一支高素质的编辑出版队伍，而提倡学习，坚持认真的学习，又是其中具有决定意义的环节。因为编辑是社会精神成果的选择者、积累者、精神产品的生产者。所以，编辑人员的学习、提高，就关系到社会精神产品的品位和质量，社会文化格局的形成，时代精神的发扬，这是毋庸置疑的。

所谓世界范围内思想文化的激荡，重要的是东西方文化的碰撞和交融。随着深化改革，扩大开放，外资的引进，促进了我国经济的增长和市场经济的发展，但同时西方的哲学、各种社会思潮、他们的价值观和生活方式对我们的渗透、冲击和侵蚀，也在迅速地加剧。这样就必然会带来东西方两种文化的冲突。西方文化中优秀的东西，如进步的社会学说、文学艺术、科学技术、管理经验……我们应该吸收，并经过消化，为我所用。正如马克思主义哲学从康德、黑格尔那里吸收合理的内核一样，同时又要抵制、排斥其腐朽没落、荒谬无稽的东西，坚决反对"西方中心论"和"唯我主义"价值观等落后的观念，坚决粉碎他们妄图"分化""西化"我们，达到全盘西化的目的。这里，就要求我们对西方文化采取一分为二的方法。同样，对我们的东方文化、对传统东西，也要去芜存精，推陈出新，剔除糟粕，继承和发扬其精华。所以，也要采取一分为二的方法。坚持两个一分为二，对我们编辑来说，就不是一件轻而易举的事。要做好这件事，就需要我们有坚定的理想和信念，有很高的思想文化素质和业务才能，才能做好工作。因此，编辑人员必须认真地讲学习，不断地坚持学习，否则出了差错，甚至糊里糊涂地帮了人家的忙，还不知道问题出在哪里，这不是哑巴吃黄连，有苦说不出吗？退一步说，如果仅仅是个人错了，还是小事，但倘然因此而危害了读者，或者对社会带来不良影响，那就是另外的问题了。事实上，凡是出版物上出的问题，难免不影响读者和社会，都不能视为小问题。所以，务必认认真真地学习、再学习。

同时，编辑人员还应该学习专业知识，学习编辑学、编辑与有关媒体的传贮理论，这是一个合格编辑所不能缺少的。如果从编辑需要广博的知识来看，编辑要学的东西实在是多得很，即使到了老年，也还需要更新知识，特别是在信息、知识更新周期越来越短的今天，如果不随时随地学习、提高自己，要当好一个编辑确实是很困难的。这里因为主要讲马克思主义的理论学习，其他方面的学习就不展开讲了，但绝不是说，其他的方面的知识、业务，就可以不学。

第二条，必须坚持讲政治。编辑工作是政治性、思想性很强的工作，是意识形态工作，它和编辑人员的政治立场、思想倾向、科学水平，息息相关。每一种出版物，不仅是作者政治立场、思想倾向的反映，同样是，有时甚至更加是编辑人员政治立场、思想倾向的反映。我们编辑出版的每一种出版物，从它的方向、内容、基调、爱憎，甚至语气、插图、设计、标点符号、广告、附录，都可以反映出一定的政治思想倾向。所以，编辑必须讲政治，坚持讲马克思列宁主义、毛泽东思想、邓小平理论的政治，讲实现、维护和发展人民群众利益的政治，讲出版坚持"两为"方向，为大局服务的政治，讲提高全民族思想、科学、文化的素质，为建设一个富强、民主、文明的社会主义现代化中国努力奋斗的政治。这是出版工作的性质决定的。我们每一个出版工作者，必须有坚定正确的政治立场，政治方向和政治观点，严守政治纪律，有很强的政治敏锐性和政治鉴别力，保证在思想上、政治上和中央保持高度的一致，保证在前进道路上保持清醒的头脑、实事求是的态度，才能完成自己的任务。换句话说，在国内外错综复杂的形势面前，讲政治对编辑出版工作者来说，绝不是抽象的而是具体的，它应该落实在我们的日常工作、学习和生活中，然后才能在出版物上得到体现。这就要求每一个编辑出版工作者要善于从政治上，理论上，从路线、方针、政策上，从全心全意为人民服务的根本宗旨上，来考虑每部作品的取舍，要从大局上高度认真地对待编辑工作中遇到的每一个细小的问题，才能编出政治方向正确、促进社会发展的出版物来。

现在，公开说不讲政治的当然没有，至少在报刊上没有。但是，在实际上弱化政治意识，淡化和远离意识形态，重经济轻政治，重经济效益轻社会效益，重市场销售轻出版物质量，重外观装潢轻内在的文化含量等等，可以说有相当市场。比如，在出版物当中，一些敏感的问题，不时出现；宣传封建迷信、伪科学、反科学的出版物，不难见到；黄色的淫秽的甚至反动的东西也时有所闻，就说明了这方面的问题还是不容忽视的。这里，把经济和政治、形式和内容等等设置成对立面来讲，只是为了便于阐述，并非说前者就没有政治，可以不加重视，只是在有些人的实践当中，顾此失彼，或者有意无意地企轻企重，结果造成了不良后果，值得我们的注意。出版物上无小事，凡编辑一定要提倡和坚持讲政治这个不可动摇的原则。

我们前面说过，在干部队伍中，虽然公开说不要讲政治的没有，但不等于说在这个问题上所有的人的思想上都已经有很高的认识，什么问题也没有了。比如有极少数人对政治有厌倦情绪，个别的还流露出什么"现在讲这讲那（意指'三讲'），就是不讲业务、不讲实惠"。可见，讲政治这一条，并不是在所有干部中都已经引起重视了的。干部队伍如此，在我们编辑队伍当中也未必就没有问题。因此，我们不能疏忽大意。否则，出了问题就后悔莫及了。

当然，讲政治是指队伍政治素质的提高、理想信念的坚定、政治方向的明确和政治立场的鲜明，而并不是要到处贴标签、喊口号，这不是讲政治。相反是把讲政治庸俗化，是不利于真正讲政治的。

第三条是讲正气。编辑工作是一种文化教育工作，是一种思想工作。因此，从本质上说，它应该而且必须是正气凛然的，在有中国特色的社会主义国家里，尤其是这样。

其实，讲正气，不是一种新东西，而是我们中华民族亘古就有的优良传统。古代的吊民伐罪，就是讲正气。文天祥在敌人监牢里，坚贞不屈，历数了古代先贤的高风亮节，写出了流传千古的《正气歌》，更是弘扬了民族正气。我们中医理论中所谓"正气存内，邪不可干"，这个正气就是指人体本身的抗病防御功能。可见，讲正气是我们民族的优良传统。在我国民主革命和社会主义革命时期，我们历史上的许多优秀分子和广大人民群众都是讲正气的，不然，我们怎么能战胜日本帝国主义，我们怎么能打败有 800 万武装到牙齿的国民党反动军队。就是因为我们是正义的，我们是讲正气的，所谓"邪不压正"，我们才能所向披靡。所以，讲正气，是共产党人的本色，也是我们社会主义公民应有的高尚品质，是我们广大出版工作者应该具备的起码的素养。

我们广大的出版工作者，在讲正气这方面是做得相当好的，我们的一些优秀编辑在这方面的表现更是令人感动的，他们手握大权而不谋丝毫私利，或者在金钱和其他诱惑面前不为所动，真正做到了"富贵不能淫，贫贱不能移，威武不能屈"，成为改革开放时期编辑出版工作者的楷模。

那么，为什么还要讲正气呢？这是因为在我们队伍中还有少数人，或者说是极少数人，他们忘记了自己的神圣使命和崇高的职责。

比如有些人以权谋私，在一个小单位、小部门里，一手遮天，为所欲为；有的以稿谋私，拿到了好稿子，就倒来倒去，既要拿中介的好处费，又要拿审读加工费，再拿校对费；有的到处拿回扣；有的选题论证会变成单纯的创利多少的评估会，有人说选题论证变成了创利论证；有的把出书当作"恩施"，向作者讲价钱、要好处；有的不付或少付作者稿酬，甚至代作者领取稿酬，据为己有；有的买卖书号，或者变相买卖书号，甚至倒腾书号，从中渔利，在本来就是违法乱纪的事情当中，再捞取黑心钱；有的为图书评奖，绞尽脑汁，耍尽手段；有的用种种借口，抢印人家的好书、畅销书，抢别人碗中的饭；等等。总之，在工作、学习和生活等许多方面，受到歪风邪气的影响或侵蚀，种种稀奇古怪的做法，花样百出，不一而足。败坏了编辑出版工作者的名声，搅乱了出版界的规范运作，为正直的出版界人士所不齿。这种人，往往自以为得计，到头来都是"机关算尽太聪明，反算了卿卿性命"。弄得身败名裂，甚至身陷囹圄，实在是弄巧成拙，悔之晚矣！

讲学习、讲政治、讲正气，核心是讲政治，只有讲政治的人，才能讲学习。讲政治、讲学习，才能做到讲正气。当然，讲正气，反过来，也可以促进讲学习，达到更好地讲政治，所以，三者是统一的，不可割裂的。

讲学习、讲政治、讲正气，对出版工作者来说，重要性决不低于党政干部，有它自己的特殊意义。说到底，"三讲"是出版工作者的立身之本，立业之道。凡是想获得成功的出版工作者，必须提倡和坚持"三讲"，这是最起码的要求，也是一条最基本的定律。

1999 年 10 月

《编辑的心力所向》P78，贵州人民出版社 2004 年 10 月版

继往开来　再创辉煌

——祝贺湖北省编辑学会第二次全员代表大会召开

首先，我代表中国编辑学会向湖北省编辑学会第二次会员代表大会的召开和湖北省编辑学会第二届理事会成立表示热烈的祝贺，并预祝你们取得更大的成功！

湖北省编辑学会自 1993 年成立以来，做了大量的工作，取得了许多成就，在全国有很大影响，是我国省级以上的许多编辑学会、编辑学术团体当中最活跃的团体之一，为我国编辑学的学科建设和研究工作的推进，做出了重大的贡献。

"惟楚有才"。湖北物华天宝、人杰地灵，自古以来就是出思想、出人才的地方。编辑出版研究在湖北得到推进，是合乎历史发展规律的。

许多研究者知道，在编辑学理论研究方面，湖北的同志提出了许多有价值的见解和合理的观点。比如，湖北的同志在讨论编辑学研究对象时，最早提出了"六艺"说和"编辑主体、客体及两者关系"说。这些在编辑学研究初期，都是引人注目的看法，有的直至现在仍不断被人们所引用，已经成为学术研究中一种有影响的见解。在科技编辑学方面，湖北的同志提出了"科技编辑方法论"，并且作了相当全面的论述，受到科技编辑界的欣赏。在出版史方面，还有效地研究了毕昇墓碑，在毕昇墓碑的研究上取得了阶段性的成果。在编辑理论和实践方面，湖北的同志为了贯彻执行新闻出版署颁布的《图书质量保障体系》，受中国编辑学会的委托，撰写和制定了《图书编辑工作基本规程》，对图书编辑工作作了规范性的阐述，得到新闻出版署有关领导的认可，已由图书司转发给全国各出版社参照执行，而且已被新闻出版署培训中心列为培训编辑人员的重要参考教材，表明它是近几年来编辑工作研究中的一个重要成果，等等，这些说明湖北编辑出版研究取得了丰硕的成果。湖北编辑学界是一支甘愿做艰苦细致的工作，勇于探索，敢于创新，敢于提出自己的见解和观点的队伍，而这种精神和态度正是学术研究特别是新学科建设过程中所必需的。我们希望湖北的同志能够坚持和发扬这种精神，为学科建设做出更大贡献。

湖北现在不仅有一个活跃的学会，而且有自己的学术性刊物——《出版科学》。这个刊物自1993年创办以来，发表了许多好的和重要的文章。它虽然是一个内部刊物，但在全国出版界有相当的影响，对实际工作和理论研究方面都有推动作用。据我所知，早在几年前，这个刊物就受到有的国外同行的称赞，这是很难得的。

湖北的编辑出版理论研究，不仅注意结合实际，而且重视研究和教育相结合。湖北现在有武汉大学编辑系、图书发行系，有华中理工大学的科技编辑研究生班，有华中师范大学的编辑学研究中心，这些教研结合的实体，加上现有的学术团体和学术阵地，一个编辑出版理论的研究体系已经形成。从出版教育角度看，现在高等学校的编辑出版教育专业，再加上编印发等中等职业教育机构，一个相当完整的出版教育体系，也已经建立起来。湖北的出版研究体系和教育体系如此健全，是我国许多省市所没有的，在少数几个先进省市中也是走在前面的。

湖北的同志撰写了不少编辑学著作，如：朱美士主编的《编辑学概览——编辑学理论观点选辑》、向新阳主编的《编辑学概览（续编）——编辑学理论观点选辑》、蔡学俭的《我的编辑出版理念》、钱文霖的《科技编辑方法论导扬》、胡光清的《编辑论编辑》、王建辉的《新编辑观的追求》、向新阳的《编辑学概论》以及其他许多编辑出版论著。至于见诸《出版科学》和其他报刊的编辑学、编辑理论和实践方面的论文，更是不可胜数。在我的印象中，许多全国性编辑出版理论研讨会征文时，湖北报送的论文和它的入选数字，往往是居于前列的。这说明积极分子的发动面和论文的质量是值得称道的，同时也表明湖北的编辑出版理论研究已经有了一支很可观的队伍，这是对出版业持续发展将起决定作用的因素，也是理论研究的希望所在。

以上事实证明：湖北不仅在编辑出版研究方面取得了很大成绩，而且说明湖北已经成为我国编辑出版研究的重要基地。

这些成就的取得不是偶然的，它有一些重要的原因。

一、在改革开放的新时期，湖北的出版事业发展很快，出现了一派健康繁荣的局面，近几年来，出版事业又有了长足的发展，从编印发到教育科研等一个完整的出版体系已经耸立在荆楚大地之上。在整个发展过程中，既有机遇又有挑战，要驾驭和推进这样一个事业的全面发展，迫切需要理论支持，更需要一大批优秀人才的支撑，这种客观环境，促使湖北的编辑出版研究和教育事业迅速地向前发展。

二、湖北省新闻出版局的重视和领导以及省版协的支持。改革开放以来，湖北省新闻出版局的历届领导都非常重视出版科研和出版教育，他们总是主动抓这项工作。据我所知，几任局长都在这方面提出过许多重要的意见，同时，身体力行地参与这个工作。他们不仅自己带头写书写文章，并且给有兴趣的人提供有利条件，帮助他们解决一些实际问题，从而创造了很好的研究氛围，带动了许多积极分子投身到这个事业中来。

三、有一批埋头苦干的热心人，锲而不舍地做这项工作。任何事业要想取得成功，必须有一批如痴如迷、一心一意扑在这个工作上的热心人。没有一批人，有几个人也好，哪怕只有一两个人也好。特别是搞编辑出版理论研究这种看起来很冷落，不可能出现什么轰动效应的事，尤其是这样。这些人要耐得寂寞，甚至要不怕闲言碎语，比如有人说"搞什么理论研究，还不如看几本书稿来得实惠"。有了这样一些人，他们不计得失，不讲权益，真心实意地干，那么，迟早一定能出大大小小的成果。在这里，我不能不提到你们的老局长蔡学俭同志，他在任上的时候就很重视出版科研工作，积极推动有关方面做好这方面的工作。退居"二线"以后，他投身研究编辑出版的理论和实践，积极筹建省编辑学会，创办

《出版科学》杂志，办刊中的各种具体事务，都事必躬亲，尤重编校质量。依靠各方支持把一个枯燥的理论刊物办得有声，近年来，他完成的《图书编辑工作基本规程》的编撰工作中，学俭同志又起了主要的作用，为图书编辑工作提供了规范性操作的业务准绳，为保证图书质量做出了重要的贡献。学俭同志这种埋头苦干、精雕细刻、任劳任怨、积极奉献的精神，令人感动，是值得我们学习的。我们非常庆幸在各省、市、自治区都有这样一些热心人，是他们在出版行政机关的领导下和许多积极分子一起支撑着各地的出版科研事业。今后如果有更多的这样的热心人的话，我们的编辑出版研究必将大踏步前进，我们的出版事业将对两个文明建设做出更多的贡献。

21世纪是高科技迅猛发展的知识经济时代，深化改革、扩大开放也将提出新的要求，社会主义现代化建设更将进入新的阶段。出版工作既要适应这种形势，又要为加速新时期的到来服务，也将遇到新的机遇和挑战，这就要求编辑出版理论研究工作者高举马克思列宁主义、毛泽东思想和邓小平理论的旗帜，更紧密地结合实际，加强前瞻性思考，为促进出版事业的健康繁荣而努力奋斗。

形势在发展，社会在前进，出版从外部条件到内部结构，从理念到手段都在发生变化，而且是迅速的变化。所以，编辑出版研究要做的事情很多，任务很艰巨，需要我们用百倍的努力去工作。

在新的条件下，编辑出版研究能不能前进，编辑学的学科建设能不能走向成熟，21世纪出版业能不能健康发展，在很大程度上取决于建设一支高素质的队伍。编辑出版研究的任务就是要为建设这样一支队伍而努力，而要达到这个目的，首先就需要编辑出版理论研究者自己进行艰苦的学习和探索，能够提出与实际紧密相结合的理论和学说，才能为队伍建设和事业发展做出自己的贡献。所以，编辑学、编辑出版理论研究的任务是十分艰巨的，需要研究工作者特别是中青年研究工作者和广大积极分子全身心地投入到这个需要艰苦奉献但又是很有意义的事业中去。

　　祝愿湖北的同志发扬光荣传统，在已有的基础上再创新的辉煌，把我们的共同事业推向新的高峰。

1999 年 10 月

《编辑的心力所向》P386，贵州人民出版社 2004 年 10 月版

祝贺武汉大学编辑出版专业成立 20 周年

今天是武汉大学信息管理学院编辑出版学专业成立 20 周年纪念日，在这大喜的日子里，在这个有千人参加的隆重的庆典大会上，我首先要代表中国编辑学会向你们表示衷心的热烈的祝贺！

20 年来，武汉大学编辑出版学专业，荜路蓝缕，走过了艰难的道路，在我国出版教育史上首先开创了高等学校和出版企业联合办学的新路子，开了我国高等学校举办四年制本科出版发行专业教育的先河。最近，又成为全国唯一的出版学专业的博士授予点，开创了我国高等学校培养高素质出版人才的新起点。你们在办学道路上一个又一个的创举取得了令人瞩目的成就，为我国教育事业和出版事业做出了卓越的贡献，在高等教育和出版事业发展史上写下了浓重的一笔。你们的成就和贡献，是校院各级领导和教职员工共同努力的结果，理应受到教育界、出版界和学术界的赞扬，作为出版工作者，我们要真心诚意地感谢你们。

20 年来，你们不仅培养了 100 名硕士研究生，而且开始了博士生的教育。你们培养了 1000 名本科生、400 名专科生、2200 余名本科函授生，还有其他各种特需人才。仅向全国出版界就输送了 5000 余名高级人才，其中有的人现在已经成为局长、社长、总编辑和省、市新华书店的经理，成为出版发行方面的领军人物，成为业务骨干和高级人才。人是决定因素，成千上万高级人才为中国出版发展做出的贡献，是不能以数字来计算的，是无法用语言来形容的。

在教育实践中，你们形成了一支年轻的优秀的高素质的师资队伍，包括博士生导师、教授、副教授。在这支队伍中，有不少已具备博士学位，有的边教学，正在向博士学位迈进。这是我国其他高等学校编辑出版学专业所罕见的，这是你们的优势，是你们成功的保证，也是我国出版事业发展的希望。相信你们，一定会为我国出版事业培养出更多的优秀人才，并在培养他人的过程中，把自己造就成为我国编辑出版学的名教授、名学者、著名的出版教育家、著名的编辑出版理论家。

20年来，你们在编辑出版学的理论研究、学科建设和教材建设方面取得了巨大成就。办学方向和培养目标越来越明确、清晰，专业的课程体系越来越严密，课程结构越来越符合现代出版实际的需要。你们在出版科研上硕果累累，撰写了20余部教材和专著，不仅满足了编辑出版学专业各个层次教育的需要，保证了教育任务的完成，而且填补了我国高等教育学科领域的空白。其中有的还是有水平有分量的精品佳作，为编辑出版学学科建设做出了重要贡献。

我在这里还要郑重地感谢武汉大学信息管理学院和编辑出版学专业，正是你们，多年来大力支持了中国编辑学会的工作，在我们之间建立了紧密的联系和亲密的友谊，并且在编辑出版理论研究、《未来编辑杯》征文竞赛和《全国出版专业人员职业资格考试辅导教材》的编写、审订和考试命题等工作中，友好合作，使我们能够共同携手，圆满地完成一项又一项的任务。我们希望今后能够进一步互相支持、长期合作，为完成更多的新任务而努力。

在长期的合作中，我们深刻地体会到武汉大学信息管理学院编辑出版学专业的办学方向是正确的，办学的模式是不断创新的；你们不是任务观点地办学，也不是为办学而办学，你们是为了适应出版的实际需要而办学；真诚地为服务出版而办学；是为促进我国社会主义文化出版事业的繁荣发展而办学。希望你们今后能够更好地发扬这种精神，更加紧密地结合现代出版的实际，熟悉编辑出版业务，掌握出版规律，使编辑出版学更好地为有中国特色的社会主义出版事业服务。

在长期合作中，我们深刻体会到你们的成功，除了校院两级的正确领导和全体师生员工的勤奋努力之外，还在于有出版领导机关和出版发行机构的积极指导和大力支持。这是你们和为数不多的高等学校编辑出版学专业所特有的优势，也是你们取得成功的重要因素，希望你们珍惜和发扬这种优势，取得更大的成就。

预祝你们以 20 年大庆为新的契机，凝聚各方面的力量，继续开拓创新，努力提高办学质量，培养更多编辑出版方面的高素质人才，在编辑出版学学科建设中再创辉煌，为发展先进文化，为社会主义出版事业的繁荣与发展做出新的贡献！

1999 年 10 月

《编辑的心力所向》P391，贵州人民出版社 2004 年 10 月版

给宋应离同志的信

应离同志：

您好！

好久不见，听说您病后身体很好，甚慰。

《中国当代出版史料》8 本收到，很高兴。您带病坚持工作，为中国出版事业和出版人做了一件大好事，应该好好地感谢您，同时，也要感谢大象出版社的领导和同志们，感谢他们的大力支持。

编这种书很不易，它不是单靠一股热情，组织几个得力的人就能做的。当然，热情和积极性不能少，但更重要的是要日积月累地收集、积累，随时随地关心着这方面一丁半点的变化。所谓厚积而薄发，编到书里是 320 万字，平时积累的资料，恐怕要远远地超过这个数字，所以，我体会到其中之难。

这部史料的好处，是与过去张静卢的《中国近现代出版史料》相衔接，填补了这方面的空白，为今后写通史准备了有用的资料。

我是希望多搞一些当代出版资料的，其原因：一是现代写出版史的人，觉得近现代比古代更难写，因为近现代出版发展快，无论是规模、格局、品种、数量，以及历史事件……都远远超过古代，材料很多但又分散，这就增加了难度；二是当代出版与古代、近代甚至现代出版有很大不同，需要积累的资料更多，比如技术方面，过去无非是官刻、私刻、雕版、活字，现代是大大的不同了。所以，这套书，今后还可以续编，而且应该续编。

此外，我觉得编辑史、出版史研究，目前是薄弱环节，每年发表的论文、资料不是很多，即使有一点，也分散在各种各样的报刊上，就是到图书馆里也不易找见。为此，我想到需要做这样一件工作，即把每年发表在报刊上的研究"史"的文章，收集起来，精选出来，哪怕一年只出一本，给研究者、给后人留下一点东西，这也是功德无量的事。不知您以为如何？

至于您说到这套书的体例等等，那是仁者见仁，智者见智，是第二位的问题，因为我刚刚收到，还来不及细看，今后，如有所悟，定当另告。

最后，我还是要感谢您对此付出的心血和汗水，并望您多多保重身体。

顺颂

冬祺！

1999 年 10 月

《编辑的心力所向》P396，贵州人民出版社 2004 年 10 月版

21 世纪编辑出版研究的一些想法 ①

即将过去的 20 世纪，特别是十一届三中全会以后的 20 余年，是我国历史上编辑出版研究的黄金时代，也是取得空前成就的辉煌时期，在出版史上写下了崭新的篇章。究其原因，从根本上说，是因为改革开放在推动我国国民经济持续、稳定、健康发展的同时，也对我国出版事业提供了极好的发展机遇，同时也提出了严竣的挑战。这种机遇和挑战并存的局面，带来一系列新的情况和问题，它为编辑出版研究提出了新的课题，开辟了广阔的前景。在马克思主义的指引下，团结一切可以团结的力量，本着理论与实践相结合的原则，坚持从实际出发，不断总结经验，回答实践中提出的各种问题，形成有中国特色社会主义的出版理论，逐步建立起自己的学科体系，为建设一支高素质的编辑出版队伍，为出版的健康繁荣服务。简言之，就是以人为本，以理论为实践服务，求得出版实践和理论研究互相促进，相辅相成，开创实践和理论研究共同繁荣的新局面。这正是 20 世纪最后 20 余年来我国广大编辑出版理论研究者的共同愿望，也是这个时期编辑出版研究的基本思路，或者说，是这个时期编辑出版研究能够取得一定进展的基本经验。

这个思路在即将到来的 21 世纪，仍将发挥它固有的作用，继续造就它应有的影响。因为 21 世纪出版发展的机遇和面临的挑战，和已经过去的 20 年相比，将会有相同的一面，又会有新的发展。大家知道，21世纪是高科技迅猛发展的知识经济时代，我国社会主义市场经济的运作也将逐步成熟，深化改革，扩大开放也将提出新的要求，社会主义现代化建设更将进入全新阶段，摆在编辑出版工作者面前的任务是：既要适

---

① 这是笔者在《出版广角》召开的"21 世纪战略与思路"座谈会上的发言。

应这种形势，又要为加速新时期的到来服务，遇到的机遇和挑战，肯定只会多于而不会少于过去的 20 年。这就要求编辑出版理论研究工作者更高地举起马克思列宁主义、毛泽东思想和邓小平理论的旗帜，紧密结合实际，加强前瞻性思考，为促进出版事业的健康繁荣努力奋斗。

新的形势给我们提出了新的任务，需要我们做更多、更艰苦的工作。

一、要加强出版转型问题的研究

科学技术特别是高新科技的飞速发展，是当今社会生活中的一个突出现象，它拓宽了人们的视野，影响了人们的思维方式、生活方式和价值观念，也改变了单一纸介质的传统出版模式。现在电子出版和网络出版迅速崛起，热如破竹，世界上有的国家，印刷品出版物和电子、网络出版等新型出版已平分秋色，各占二分之一，甚至更多，出版转型已成为客观事实。新型出版物在我国的发展也很快，1998 年，我国已有音像出版单位 293 家，音像复制单位 235 家，复制音像制品 1.8 亿盒，光盘制作企业 61 家，各类光盘生产线 120 余条，生产光盘 2.1 亿片，生产能力和制作水平已接近或基本赶上了世界音像电子复制技术发展的步伐。现在我国居民中已拥有 4000 万台 VCD 机，网民达 400 多万，而且这些都是在短短的几年中发展起来的，目前还正在以更高的速度迅猛发展，这是一种不可忽视的趋势。总的看来，电子出版与网络出版在我国出版生产中的比重将越来越大，这说明我国的出版转型期已经开始到来。对这种新的变化，我们要有思想准备，要加强研究，谁先占领这个高地，谁就得到主动。编辑学和出版学研究应该关注这种新的变化，总结新的经验，做出符合实际的理论概括。

二、要加强东西方文化碰撞和交融的研究

深化改革，扩大开放，外资的引进，促进了我国经济的增长和社会主义市场经济的发展，但同时西方的哲学、各种社会思潮、他们的价值观和生活方式，对我们渗透、冲击和侵蚀也迅速加剧，这样就必然会带来东西方两种文化的冲突。当然，西方文化中优秀的东西，如先进的社会学说、科学技术、管理经验……我们应该吸收，并且经过消化，为我所用，但同时又要抵制、排斥其腐朽没落、反动荒谬的东西，坚决反对"西方中心论"和"唯我主义"价值观。这里，就要求我们对西方文化采取一分为二的方法，反对他们妄图分化和"西化"我们，实现全盘西化的目的。同样，对我们的传统文化，也要去芜存精，推陈出新，剔除糟粕，继承和发扬其精华。所以，也要采取一分为二的方法。这就需要我们采取两个一分为二的方法，才能解决好这个问题。如何处理这两个一分为二，是半斤八两，还是以我为主，就大有学问。有人强调东西方文化的"互补"性，我看只有在两个一分为二的基础上，以我为主，互相交融，才有"互补"的可能。如果只有我们单方面的引进，人家根本不理睬我们的东西，这哪里谈得到"互补"呢？否则，所谓"互补"，只是一厢情愿的单相思，只有根据我们的需要，有选择地"拿来"，加以改造，才能"东化"成为我们的补充。面对这种情况，我们究竟应该出版什么样的书刊，这是摆在我们面前的重大课题。加入世贸组织以后，这方面的任务，只会加重，不会减轻。作为编辑出版工作者我们应该运用科学的方法，鉴别、判断和选择、加工，创造出反映本民族时代精神的精神产品，坚持出版符合国情的精品，才能促进出版业的健康繁荣。这些正是我们编辑学、出版理论研究需要认真探索的问题。

三、要研究进入小康社会以后人民群众日益增长的文化需要

21世纪的中国，将全面进入小康社会，随着物质生产的发展和人民生活的改善，人民群众对精神文化产品的要求，也必将提高，同时也会存在一部分文化水平较低的社会成员。编辑出版工作者如何以优秀的精神食粮去满足他们多层次、多方面的需求，将是一个崭新的课题。比如以前人们主要考虑的是温饱问题，现在不同了，生活中还要求更多的花卉、草坪、环境保护、旅游保健……这就会使我们的物质生产发生相应的变化。精神生产也是这样，人们对文化艺术的品种、风格、流派、科学技术的资料、信息……有了更多更高更复杂的要求，其中有许多东西我们现在还想不到，但人们肯定会逐渐地提出要求。同时，还要考虑到我们的出版不是为满足而满足，满足的目的在于引导读者。如何既满足不同类型读者各种各样的要求，又达到"以科学的理论武装人，以正确的舆论引导人，以高尚的精神塑造人，以优秀的作品鼓舞人"的目的，更是出版工作者迫切需要研究的课题。

四、要进一步研究出版特性和规律

社会主义市场经济和高新技术的迅猛发展，给出版工作带来了许多新的课题。现在有的出版工作者感到在新条件下，有些原来以为已经清楚了的问题，现在又需要我们进一步加以探讨，有的甚至涉及出版的特性和规律。

首先，如何概括有中国特色社会主义出版工作的基本规律。中国的出版不同于西方，它有自己的方针、任务和目的，既不能照搬西方的一套，也不能沿用计划经济时期的模式，盈亏由国家包下来。既要改革开放，又不能放任自流；既要加强管理，又不能管死。作为出版社究竟如何在社会效益第一的前提下，实现两个效益的最佳结合；作为编辑究竟如何

既能从文化的传播和积累出发，出版高质量的精品书，又能关心读者、面向图书市场。从宏观看，出版面向市场、适应社会主义市场经济体制和符合社会主义精神文明建设的要求，也有一些问题迫切需要解决，更何况新中国成立 50 年（包括改革开放 20 余年）来，出版经历了一条有顺利有曲折的道路，需要不断地总结经验，才能求得出版事业更进一步地健康发展。所以，非常需要研究出版的基本规律。这个规律是什么呢？80 年代初，正当社会主义商品经济开始兴起的时候，我曾经有过一个概括，即：以一定的物质生产为基础，以社会效益为最高准则，以传贮思想观念、科学技术、文化艺术等为目的，复制经过选择和优化的精神产品，保证最大限度地满足人们精神文明和物质文明生活的需要。这样概括是否合适，请大家赐教，以便作更多的探讨。

其次，要进一步研究出版的特性。比如，出版业内部编辑、出版、发行、印刷的利润分配、风险分担的问题，一直存在不同意见。编辑与发行的关系究竟如何认识，一般认为：编辑是中心，出版是基础，发行是关键；可也有人主张发行是龙头，还有人主张编辑、发行两个都是龙头。众说纷纭，究竟如何认识，这就需要我们研究出版的具体规律，正确掌握出版的特性，即精神生产与物质生产统一存在于同一生产过程中而物质生产又为精神生产服务的特性；文化传播和商品流通统一存在于同一活动中而商品流通又为文化传播服务的特性；在新条件下，出版的文化传播既是消费又具有文化积累的功能，出版的文化积累，又促进传播的新高涨；等等，这些都带有一定的规律性。在出版生产手段日益现代化，出版媒体多样化的情况下，这些特性的新的表现和伴随而来的各种影响如何，更是我们需要回答的问题。

再次，我们要研究新形势下出版发展中提出的一些理论问题。如图书是商品但不能商品化，出版要面向市场但不能搞单纯的市场化，这个理论的实质是什么，界限在哪里，它对我们的实际工作已经和将要产生什么影响。出版物的社会公益性产品的性质，和它的消费结果就是影响人们的精神世界，指导社会实践的效果，充分说明了出版物的定价，码洋是有价的，但是它的文化含量、精神能量和教化功能是无价的。它的硬件（如发行、印刷）是一种产业，但又是不同于一般物质生产的文化产业，它的软件即出版物的内容具有传播、积累人类文明，培育"四有"公民的目的和功能，从而决定了生产这些出版物的单位不能搞完全的市场化。不然，目前有的地区有的单位在经济利益驱动下搞出版，忽视"把关"，忘记了自己的社会责任，其后果不但没有捞到经济利益，反而赔了老本，而且在社会上造成的恶劣影响，更是无法估量的，从而不可避免地发生了与社会主义出版的根本目的背道而驰的结果，这种教训不能说不深刻，但又往往被某些人所忽视。如何正确地处理好这些问题，是我们在社会主义市场经济条件下办出版的一个重要理论问题和实际问题，需我们不断地加以探讨。

五、要进一步加强编辑学的学科建设

从编辑学研究兴起以来，迄今已出版的以编辑学命名的专著（包括港台出版的在内）约有 70 种，编辑学的学科建设也取得了相当的成就。为进一步推进编辑学的学科建设，我们要整理、充实已有的成果，完善编辑学的概念、范畴、原理和学科的理论体系；积极探讨建立普通编辑学的理论框架，继续深入部门编辑学的研究；同时，研究编辑史和编辑工作现代化,研究新媒体编辑活动的特点。当前重要的是要总结实践经验，探索编辑规律，形成理论原理，并且加以科学论证，才能在理论和实践紧密结合的基础上，进一步推进编辑学的学科建设。

在新的条件下，21 世纪的出版业能不能健康发展，在很大程度上取决于建设一支政治强、业务精、作风好的高素质的出版队伍。编辑出版理论研究的任务就是要继续为建设这样一支队伍而努力。要达到这个目的，首先就需要编辑出版研究者自己认真学习马克思列宁主义，毛泽东思想和邓小平理论，学习党的路线、方针和政策，掌握新的信息和经验，在科学研究的道路上，进行艰苦的学习和探索，提出与实际紧密结合的科学理论和学说，才能为学科建设和事业发展做出自己的贡献。说到底只有用科学理论武装自己的人，才能用科学理论武装别人，只有有了用科学理论武装的出版队伍，才能有用科学理论武装读者的出版物。可见任务是十分艰巨的，需要编辑出版研究工作者特别是中青年研究工作者和广大积极分子，全身心地投入到这个需要奉献，但又是很有意义的事业中去，为我们的共同理想不倦地拼搏、奋斗！

1999 年 11 月

《编辑的心力所向》P64，贵州人民出版社 2004 年 10 月版

祝贺《电子职业技术教育》杂志创刊 10 周年

　　《电力职业技术教育》杂志，十年来为培养高素质的电力职业技术队伍、推进社会主义现代化建设事业做出了贡献。成绩卓著，获得上级领导和广大电力职教工作者的好评，得到社会有关方面的肯定，曾被湖北省新闻出版局评为省级优秀期刊，并蝉联全国优秀职教期刊一等奖，这是编辑同志努力的结果，可喜可贺。

　　编辑工作是一种意义重大，而又非常繁琐的工作，付出很多，却往往不为人所知，个中甘苦，只有当编辑的人才能体会得到，是一种需要有很好的奉献精神的创造性脑力劳动。社会应关心他们、支持他们。祝愿他们继续努力，勇往直前，在新的世纪里创造新的辉煌。

　　1999 年 11 月

　　《编辑的心力所向》P410，贵州人民出版社 2004 年 10 月版

一切为了读者

——叶圣陶编辑思想的核心

摘要： 1.叶圣陶把编辑出版工作定位为教育工作，就是着眼于人，服务于人；2.叶圣陶先生关于"有所为，有所不为"的书刊出版论述，这是他为实现一切为了读者这个编辑出版思想制定的明确界限，也是叶圣陶先生从事编辑出版的根本原则；3.叶圣陶先生关于"选稿，编辑者要有主意，但是不要有成见"的论述，是他在编辑工作中进一步落实全心全意为读者服务，一切为了读者这个思想的指导方针；4.叶圣陶先生关于编辑一定要注意语言文字的教导，是认真贯彻一切为了读者这个编辑出版思想的具体表现；5.叶圣陶先生关于编辑人员要不断学习，不断提高自己的论述，是做到一切为了读者这个编辑出版思想的根本保证。

关键词： 叶圣陶 编辑思想 读者

中图分类号： G237.5　**文献标识码：** A　**文章编号：** 1008—7435（2000）02—0083—03

1999年是叶圣陶先生诞辰105周年。为了缅怀这位文化名人在当代中国文化史上作出的卓越贡献，我们在这里为他的铜像揭幕，开会纪念他，研讨他的编辑出版思想和实践，以此来表达我们对他的怀念和敬仰的心情。

叶圣陶先生在决定中国命运的年代里，努力奋斗了大半个世纪，经历了由旧中国向新中国的转变，在中国革命和建设时期，他广泛的社会活动和丰富的著述，记录了他光明磊落、俯仰无愧的一生。他的思想和实践活动，涉及到文化教育、文学艺术、编辑出版、语言文字等许多重要领域，深深扎根于人们心中，不仅教育了广大青年，而且已经成为当代中国的文化遗产，流传后世。

叶圣陶先生的编辑出版思想和实践，是他学术思想、社会活动中的重要组成部分，是他留给后人的、也是我们引以为荣的宝贵的精神财富，学习和研究叶圣陶先生关于编辑出版的思想和理论，对于加强我们的编辑出版队伍建设，认真做好编辑出版工作，差力培育"四有"公民，加强社会主义精神文明建设，推进我国改革开放和社会主义现代化事业，实现我国出版跨世纪发展的历史任务，都有着极为重要的现实意义。

叶圣陶先生编辑思想的核心就是"一切为了读者"。他的编辑出版活动的全部用心，就是为了读者。"读者"在他的编辑出版著作中不仅是出现频率最高的字眼之一，而且从字里行间能明显看出读者在他心目中的神圣和崇高。他在新中国成立后的"第一届全国出版会议"上说："我们要认定这么个方向，为的是为广大的读者服务……我们非好好地为他们服务不可。"在1982年他又说："在咱们的社会主义国家里，任何人任何事业，列为第一条的信念是为人民服务。出版事业当然也是如此。"这里，叶圣陶先生把为人民服务的思想，很自然地落实到了编辑出版工作当中，把为人民服务和为读者服务有机地统一起来，并且就编辑出版工作的许多重要环节和不同类型的读物，如何更好地为读者服务，提出了许多中肯的意见，在编辑出版活动中创造性地发展了为人民服务的光辉思想。

叶圣陶先生一切为了读者的思想，体现在编辑出版工作的各个方面。

一、他把编辑出版工作首先定位为教育工作，就是着眼于人，服务于人

叶圣陶先生说："我们的工作是教育工作的一个组成部分，一个不可缺少的重要的组成部分。我们做的工作，就是老师们的工作，我们跟老师一样，……要诚恳地以平等的态度对待我们的读者，给他们必要的

条件，让他们成为有益于社会的人。"他又说："书刊要排版，要印刷，要装订，这是工业；出了书刊要发行，要卖出去，这是商业。可是排版先得有稿子，稿子要作者写出来，编辑者编出来，这又是什么业呢？我要回答得严重些，这是教育事业。你出的书刊无论深的、浅的、通俗的、专门的，总之都会影响人们的见识和思想。你不是在当人们的老师吗？所以，出版事业的性质是工业、商业、教育事业三者兼之；三者之中，教育事业应居首要地位。"说到教育当然是一切为了学生，把编辑出版工作明确为教育工作，也就从根本上奠定了编辑出版活动一切为了服务读者宗旨。早在1948年，他在一篇题为《我们的宗旨与态度》的文章中就说过："学校教育如果只能使学生'受教材'，那是欠缺，如果连教材也受不到，当然更不成话，必须使教材像食物一样，在学生的身体里消化，转化为血肉；学生就在'受教材'的当时得到补益与受用，那才是'受教育'。"接着，他又从出版的角度说道："刊登在《中学生》里的无非是一篇一篇的教材，希望读者诸君不仅看过了记住了就完事，要经过一番消化作用，生出新的血肉来。"书刊经过读者阅读、"消化'，"转化为血肉"，书刊的功能得到了强化，从而也就进一步深化了他一切为了读者的编辑出版思想。

二、叶圣陶先生关于"有所为，有所不为"的书刊出版论述，这是他为实现一切为了读者这个编辑出版思想制定的明确界限，也是叶圣陶先生从事编辑出版的根本原则

大家知道，叶圣陶先生有一句名言，即："有所有，有所不为"。他说："开明书店是一个私营书店，当然要赚钱的……但开明不光为赚钱，我们有所为，有所不为：有所为，就是出书出刊物，一定要考虑如何有益于读者；有所不为，明知对读者没有好处甚至有害的东西，我们一定不出。这样做，现在叫作考虑到社会效益，我们决不为了追求经济效益而不顾社会效益，我们决不肯辜负读者。"从叶圣陶先生这番话中，我们清楚地看到，他的"有所为，有所不为"的界限是十分明确的。就是看对读者是否有利。有利则为之，有害则拒之。正因为这样，开明出版的书刊，受到社会上广泛的好评，作家柯灵曾经说过："你休想在篇帙浩繁的开明书店的目录中，找出一种随波逐流、阿世媚俗之作。"从这里，我们看到，只有出好书才能受到社会好评，可见，社会效益、读者需要和出版者的利益是完全一致的。现在有的出版者为了迎合某些读者的低级趣味，用阿世媚俗的东西，追求本单位的经济效益，或者随波逐流，出版不健康的东西，到头来危害了读者，祸害了社会，自己也弄得身败名裂。真是害了别人也害了自己。这就是不懂得叶圣陶先生关于编辑出版工作要"有所为，有所不为"这个思想的结果。

三、叶圣陶先生关于"选稿，编辑者要有主意，但是不要有成见"的论述，是他在编辑工作中进一步落实全心全意为读者服务，一切为了读者这个思想的指导方针

叶圣陶先生说："选稿，编辑者要有主意，但是不要有成见。我们办刊物，办广播，有个一致的目的，就是使我们的对象在思想品德和知识技能各方面得到好处。换句话说，我们是为对象服务的。服务的目的认定了，还要考虑怎样服务。这就要认清对象是谁，他们需要什么，他们的程度怎样，然后全心全意为他们服务。这就是有主意。

为什么不要有成见呢？我们的对象是各方面的人，他们的需要是多种多样的。如果我喜欢文艺，就老给他们文艺方面的东西，我喜欢这派的东西，就老给他们这一派的东西，不给别的，这就有成见了。我们选稿不能从个人爱好出发，应该从对象的需要出发。我们要有主意，就是要为对象好好服务。我们不能有成见，就是要摸清他们的需要，认清他们的程度，多方兼顾，恰如其分，选定需用的稿件。能做到这样，选稿

这项工作造就做得差不多了。"与此同时，叶圣陶先生还对如何编好各类读物，在编辑出版工作的各个环节，诸如：审稿、改稿、校对、开本、插图，甚至本子厚薄、定价等方面，都提出了如何更好地为特定对象服务的意见，充分体现了他在为读者这一点上的认真、诚恳和不倦的服务精神，是一切编辑工作者学习的榜样。叶圣陶先生在这里教导我们，当编辑的一定要摸清楚自己的服务对象，又要好好地为他们服务，这是叶圣陶先生为达到一切为了读者这样一个目的，对编辑人员提出的具体要求，也是检验一个编辑是否全心全意为人民服务的标志，更是我们每一个编辑出版工作者自律的镜子。遗憾的是我们现在有些编辑，心情浮躁，只看票子，不看稿子；有的不是一切为了读者，而是一切为了评奖。这种做法，和叶圣陶先生要求认清读者对象，好好为他们服务的思想是完全相悖的。

四、叶圣陶先生关于编辑一定要注意语言文字的教导，是认真贯彻一切为了读者这个编辑出版思想的具体表现

他在这方面的论述，十分丰富、精当，他一再强调写文章，编稿子，要设身处地地为读者着想，要有群众观点。他说："写作之前为读者着想，写作之中为读者着想，写完之后还是为读者着想，心里老记着读者，作者才能凭借写在纸上的文字，把自己的思想和感情传达给读者，跟读者交心。"他又说："我是个出版工作者，写稿了，看稿子，改稿子，发排，校对，付印，成年累月就搞这一套。我经常有一个想头，我们的书售出去，让读者吸收种种知识跟经验，同时，不可避免地让读者受到语言面的影响。"所以，他苦口婆心地告诫我们，"写稿的自己好好儿念一遍，就是自己先来检验一下，写下来的那些语言上不上口，顺不顺耳。要是不怎么上口，不怎么顺耳，必然是语言有毛病，就得修改，人家了解咱们的意见单凭语言，语言有毛病，怎么可以不修改？修改成什么样儿才

了事呢？到自己满意，认为上口顺耳为止。"对于给中学生出版古文、科技和翻译著作，他强调要深入浅出，解释要尽可能正确，更容易让读者理解。他说："唯有深入才能浅出。唯有能深入又能浅出，编辑工作才算真正有群众观点。"他还要求我们作换位思考，也就是编辑要站在读者的角度来考虑问题。他说："写文章要顾到两个方面：要约束自己，要顾到读者。自己要尽可能写得准确、鲜明、生动，念起来上口，听起来顺耳。要站在读者的地位上着想。我们和读者就是靠文章来交心的，这个一点也不能马虎。这就叫群众观点。"他还郑重地宣称："我们今天不做编辑工作则已，如果要做编辑工作，一方面必须熟悉生活，另一方面必须学习群众的语言，也就是学习说话。只有这样，我们才能够编辑出版有益于人民大众的通俗书报。"

叶圣陶先生这些精彩的论述，是对我们编辑工作提出的具体要求，是我们应该做到的。可是，我们现在有些出版物，造句怪异，表意朦胧，胡侃乱扯，言不及义，晦涩难懂，故作高明，以及编校质量滑坡，"无错不成书"已见怪不怪。这种状况和叶圣陶先生的教导是多么的不协调啊！

五、叶圣陶先生关于编辑人员要不断学习，不断提高自己的论述，是做到一切为了读者这个编辑出版思想的根本保证

他明确指出："我向以为编辑人员对读者负责，于稿件诚宜或改或删。唯编辑人员必须随时致力，自求提高，庶几所改所删真有裨益于读者。"他还反复强调"要给读者看到东西，这就要有知识。要有知识，就要随时随地吸收，随时随地搞清楚，不要含糊笼统，以为大概是这么一回事就算了"。这里，叶圣陶先生一再说的是要"随时随地"，也就是编辑人员每时每刻都要注意学习，不断地增长见闻，积累知识，才能搞出受读者欢迎的东西来，才能真正达到一切为了读者这个目标。反观

目前我们有一些编辑人员，整天忙忙乎乎，不想学习或者没有时间，顾不上学习，有的甚至认为该出的书都已出了，已经没有什么选题好稿了，大有江郎才尽的味道。实际上这是自己平时不好好学习，不认真读书造成的。可见，叶圣陶先生关于编辑要不断学习、不断提高自己的思想，意义十分重大，是建设一支政治强、业务精、作风好的编辑队伍的决定性环节，对于保证出版的可持续发展具有不可估量的意义。

我们学习和研究叶圣陶先生的编辑出版思想和实践，就是要学习他拥护党，热爱祖国，模范地遵守党和国家的政策法令，全心全意为人民服务、为读者服务的革命精神；学习他以身作则，以诚恳的平等的态度对待读者，做读者的知心朋友，把读者培养成为"有益于社会的人"的崇高品质；就是学习他正正经经地经营，只出版有益于读者、让读者买了以后"不上当，不后悔"的书刊，坚持不出有害的或不利于读者的书刊，把社会效益放在首位的社会主义编辑出版工作者应有的品格；学习他在编辑工作中精雕细刻，一丝不苟，稳重做事，宁可多改几次，决不在出版物当中留下读了"弄不清楚，或发生误会"的遗憾，千方百计为读者着想的好作风。

叶圣陶先生关于编辑出版的思想和实践，内容非常丰富，是我们取之不尽、用之不竭的思想宝库，对我们进一步做好当前工作具有很强的针对性。我们应该进一步进行深入的研究和学习，并且加以推广，使叶圣陶先生的光辉思想成为我们编辑出版工作的行为准绳和编辑人员自律的指南。

1999 年 11 月

《出版科学》2000 年第 1 期；《编辑的心力所向》P248，贵州人民出版社 2004 年 10 月版

编辑出版工作研究的新课题

21 世纪出版发展的机遇和面临的挑战，和已经过去的 20 年相比，肯定会有新的发展。大家知道，21 世纪是高科技迅猛发展的知识经济时代，我国社会主义市场经济的运作也将逐步成熟，深化改革，扩大开放也将提出新的要求，社会主义现代化建设更将进入全新阶段，摆在编辑出版工作者面前的任务是既要适应这种形势，又要为加速新时期的到来服务，遇到的机遇和挑战当然不会少于过去的 20 年，这就要求编辑出版理论研究工作者更高地举起马克思列宁主义、毛泽东思想和邓小平理论的旗帜，紧密结合实际，加强前瞻性思考，为促进出版事业的健康繁荣努力奋斗。

新的形势给我们提出了新的任务，偏要我们做更多、更艰苦的工作。

一、加强出版转型问题的研究

科学技术特别是高新科技的飞速发展，是当今社会生活中的一个突出现象，它拓宽了人们的视野，影响了人们的思维方式、生活方式和价值观念，也改变了单一纸介质的传统出版模式，现在电子出版和网络出版迅速崛起，势如破竹，世界上有的国家，印刷品出版物和电子、网络出版等新型出版已平分秋色，各占二分之一，甚至更多，出版转型已成为客观事实。新型出版物在我国的发展也很快，1998 年，我国已有音像出版单位 293 家，音像复制单位 235 家，复制音像制品 1.8 亿盒，光盘制作企业 61 家，各类光盘生产线 120 余条，生产光盘 2.1 亿片，生产能力和制作水平已接近或基本赶上了世界音像电子复制技术发展的步伐。现在我国居民中已拥有 4000 万台 VCD 机，网民达 400 多万，而且这些都是在短短的二三年中发展起来的，目前还正在以更高的速度迅猛发展，这是一种不可忽视的趋势。总的看来，电子出版与网络出版在我国出版生产中的比重将越来越大，这说明我国的出版转型期已经开始到来。对这种新的变化，我们要有思想准备，要加强研究，谁先占领这个高地，谁就得到主动。编辑学和编辑出版研究应该关注这种新的变化，总结新的经验，作出符合实际的理论概括。

二、加强东西方文化碰撞和交融的研究

随着深化改革，扩大开放，外资的引进，促进了我国经济的增长和社会主义市场经济的发展，但同时西方的哲学、各种社会思潮、他们的价值观和生活方式，对我们渗透、冲击和侵蚀也迅速加剧，这样就必然会带来东西方两种文化的冲突。当然，西方文化中优秀的东西，如先进的社会学说、科学技术、管理经验……我们应该吸收，并且经过消化，为我所用，但同时又要抵制、排斥其腐朽没落、反动荒谬的东西，坚决反对"西方中心论"和"唯我主义"价值观。这里，就要求我们对西方文化采取一分为二的方法，反对他们妄图分化和西化我们、实现全盘西化的目的。同样，对我们的传统文化，也要去芜存精，推陈出新，剔除糟粕，继承和发扬其精华。所以，也要采取一分为二的方法。这就需要我们采取两个一分为二的方法，才能解决好这个问题。如何处理这两个一分为二，是半斤八两，还是以我为主，就大有学问。面对这种情况，我们究竟应该出版什么样的书刊，这是摆在我们面前的重大课题，编辑出版工作者应该运用科学的方法，鉴别、判断和选择、加工，创造出反映本民族时代精神的精神产品，坚持出版符合国情的精品，才能促进出版业的健康繁荣。这些正是我们编辑学、编辑出版理论研究需要认真探索的问题。

三、研究进入小康社会以后人民群众日益增长的文化需要

21 世纪的中国，将全面进入小康社会，随着物质生产的发展和人民生活的改善，人民群众对精神文化产品的要求，也必将提高，编辑出版工作者如何以优秀的精神食粮去满足他们多层次、多方面的需要，将是一个崭新的课题。比如以前人们主要考虑的是温饱问题，现在不同了，生活中还要求更多的花卉、草坪、环境保护、旅游保健……这就会使我们的物质生产发生相应的变化。精神生产也是这样，人们对文化艺术的品种、风格、流派、科学技术的资料、信息……有了更多更高的要求，其中有许多东西我们现在还想不到，但人们肯定会逐渐地提出要求。如何既满足读者各种各样的要求，又达到"以科学的理论武装人，以正确的舆论引导人，以高尚的精神塑造人，以优秀的作品鼓舞人"的目的，更是当前编辑出版工作者迫切需要研究的课题。

四、进一步研究出版特性和规律

社会主义市场经济和高新科技的迅猛发展，给编辑出版工作带来了许多新的课题。现在有的出版工作者感到在新条件下有些原来以为已经清楚了的问题，现在又需要我们进一步加以探讨，有的甚至涉及到出版的特性和规律。

首先，如何概括有中国特色社会主义出版工作的基本规律。中国的出版不同于西方，它有自己的方针、任务和目的，既不能照搬西方的一套，也不能沿用计划经济时期的模式，盈亏由国家包下来。既要改革开放，又不能放任自流；既要加强管理，又不能管死。作为出版社究竟如何实现两个效益的最佳结合；作为编辑究竟如何既能出版高质量的精品书，又能参与经营、完成经济指标；从宏观看，出版面向市场、适应社会主义市场经济体制和符合社会主义精神文明建设的要求，也有一些问题迫

切需要解决，需要不断地总结经验，才能求得出版事业更进一步的健康发展。所以，非常需要研究出版的基本规律。这个规律是什么呢？80 年代初，正当社会主义商品经济开始兴起的时候，我曾经试着做过这样的概括：以一定的物质生产为基础，以社会效益为最高准则，以传贮思想观念、科学技术、文化艺术等为目的，复制经过选择和优化的精神产品，保证最大限度地满足人们精神文明生活的需要。这样概括是否合适，请大家赐教。

其次，要进一步研究出版新的特性。比如，出版是具有这样一种特性的生产，即：精神生产与物质生产统一存在于同一生产过程中而物质生产又为精神生产服务的特性；文化传播和商品流通统一存在于同一活动中而商品流通又为文化传播服务的特性；在新条件下，出版的文化传播和积累功能的新特点以及两者辩证关系的新趋势，等等，这些带有一定的规律性。在出版生产手段日益现代化、出版媒体有很大发展的情况下，这些特性的新的表现和伴随而来的各种影响如何？这更是我们要回答的问题。

再次，我们要研究新形势下出版发展中提出的一些理论问题。如图书是商品但不能商品化，出版是产业但不能产业化，也不能搞单纯的市场化，这个理论的实质是什么，界限在哪里，它对我们的实际工作已经和将要产生什么影响。出版物的社会公益性产品的性质，和它的消费结果就是影响人们的精神世界，指导社会实践的效果，充分说明了出版物的定价，码洋是有价的，但是它的文化含量、精神能量和教化功能是无价的。它的硬件（如发行、印刷）是一种产业，但又是不同于一般物质生产的文化产业，它的软件即出版物的内容具有传播、积累人类文明、培育"四有"公民的目的和功能，从而决定了生产这些出版物的产业不能搞产业化、市场化。不然，目前有的地区有的单位在经济利益驱动下搞出版，忽视"把关"，忘记了自己的社会责任，其后果不但没有捞到经济利益，反而赔了老本，而且在社会上造成的恶劣影响，更是无法估量的，这就不可避免地会发生与社会主义出版的根本目的背道而驰的结局，这种教训不能说不深刻，但又往往被某些人所忽视。如何正确地处理好这些问题，是我们在社会主义市场经济条件下办出版的一个重要理论和实际问题，需要我们不断地加以探讨。

五、进一步加强编辑学的学科建设

从编辑学研究兴起以来，迄今已出版的以编辑学命名的专著（包括港台出版的在内）也有 70 余种，编辑学的学科建设也取得了相当的成就。为进一步推进这个工作，我们要整理、充实、发展编辑学的理论体系，积极探讨建立普通编辑学的理论框架，继续深入部门编辑学的研究，同时，研究编辑史和编辑工作现代化，研究新媒体编辑活动的特点。当前重要的是要总结实践经验，探索编辑规律，形成理论原理，并且加以科学论证，才能在理论和实践紧密结合的基础上，进一步推进编辑学的学科建设。

在新的条件下，21 世纪的出版业能不能健康发展，在很大程度上取决于建设一支政治强、业务精、作风好的高素质的队伍。编辑出版理论研究的任务就是要继续为建设这样一支队伍而努力。要达到这个目的，首先就需要编辑出版研究者自己认真学习马克思列宁主义，毛泽东思想和邓小平理论，学习党的路线、方针和政策，在学科领域中进行艰苦的学习和探索，提出与实际紧密相结合的的理论和学说，才能为队伍建设和事业发展作出自己的贡献。只有用科学理论武装自己的人，才能用科学理论武装别人，只有有了用科学理论武装的编辑出版队伍，才能有可以用科学理论武装读者的出版物。可见任务是十分艰巨的，需要编辑出版研究工作者特别是中青年研究工作者和广大积极分子，全身心地投入到这个需要艰苦奉献但又是很有意义的事业中去，为我们的共同理想不倦地拼搏、奋斗！

《中国新闻出版报》；《出版广角》2000 年第 2 期

职业编辑是不是会消失

前一段时间，在编辑的圈子里，曾经有过一种关于职业编辑会不会消失的议论。原因是：市场经济的发展，使编辑的工作面越来越宽，战线越来越长，从策划、选题、组稿、审读、加工整理、读校，一直到印制成本的核算、发行折扣谈判、印数分配、奖金、税收、催要欠款等等，无所不包，他们认为编辑的本职工作被削弱了，被挤掉了，这样下去传统的编辑工作越来越少，最终将会消失，这是一；其二是数字化、网络化技术的普及，传统出版中作为文化传播守门人的功能将受到严重的冲击、削弱，职业编辑是否会因网络传播的发展而无事可做，直至消失？

读了《编辑人的世界》中几篇文章以后，我们知道，这不是一个新问题。在我们的美国同行那里，这个问题也存在过，而且非常突出地存在着。当中有一篇柯蒂斯写的文章《我们真的需要编辑吗？》，指出 20世纪 90 年代的出版和 70 年代的出版，经历了重大的变化。"今天的编辑和老一辈编辑不同的是，他们必须十八般武艺样样俱全，既要精通书籍制作、行销、谈判（和作者或出版经纪人谈判购买版权）、促销、广告、新闻发布、会计、销售、心理学、政治、外交等等，还必须有绝佳的编辑技巧，而编辑工作又包括了五花八门、各式各样的活动，其中许多工作几乎无法让人联想到过去坐在办公室里埋头校对的编辑的刻板印象。"他问自己，"编辑还剩下什么工作可做呢？"回答是："几乎每一件事情（就是上面提到的五花八门的事情）都需要编辑。"这说明，现代编辑的工作和过去已经发生了重大的变化。用他的话说，"毫无疑问，一般大众书编辑的角色，已经从文字编辑的功能转换为选书和购买版权的功能。"为此他曾经给"编辑"下了一个定义，说"编辑工作包含了一系列极端复杂的功能，没有任何一个人能够对于每一项编辑工作都应付自如"。为什么呢？因为一个人不可能是无所不会的多面手，"善于和经纪人交际应酬、网罗作者的编辑，可能是个差劲的谈判者；而精明的谈判高手又可能没有耐心字斟句酌地去编辑文稿；另一方面，文字加工能手在和作者打交道时，却可能弄得鸡飞狗跳。"

那么，这种状况的结果是怎么样呢？还是用柯蒂斯的话来回答："今天，当许多作者在刚出炉的书中发现可怕的文法、造句、不实资料、排字上的错误，甚或更糟糕的……这是给神圣的编辑形象重重地打了一个耳光。"作者还说："几年以前，你很少会在一本书里面看到排版上的错误，现在随便拿起一本书，里面都充满了各种难以想象的错误。"这里使人联想到我们常说的"无错不成书"，"错误百出是好书"，看来这种情况也是一种国际现象，大概是在国际接轨声中不知不觉地实现的"国际接轨"。

差错如此之多的原因是什么？柯蒂斯毫不犹豫地说："在美国，一直有人辩称，今天的编辑什么事都做，就是不做编辑工作。""新一代的编辑轻视文字编辑工作和书籍制作上的细节。"同时，"竞争愈演愈烈，使得出版社面临了巨大的时间和金钱压力，不再重视书籍制作水准，结果就是我们眼前这一大堆制作松散、经不起时间考验、充斥着手民之误的书籍。"著名编辑、专栏作家罗杰斯把这种状况概括为"通往平庸之路"。

在美国，一个编辑究竟有多少时间可以用于做编辑工作呢？在《编辑人的世界》这本书中，有柯蒂斯另一篇短文，叫《西方文学的没落》。有一年的愚人节，他在《出版商周刊》上发表了一篇讽刺小品。文章一开头就问："为什么我们再也看不到好书？"然后他自己回答说："答案很简单，现在的编辑不再花心力于编辑工作之上。"他的这个答案不是凭空来的，根据就是他所做的一个调查——编辑每年都把时间花在哪些事情上。他在一年中扣除了法定休息日、外出参加书展、当陪审员，参加红白喜事等等，一个编辑全年不在办公室的时间是 307 天。实际办公天数只有 58 天。那么他们在办公的时间又是怎么过的呢？这里又有一

个机构做了一个广泛的调查。他们通过专门访问 460 位大出版公司的前
任总编辑，得到的结果是：每天 8 小时编辑在干什么呢？请看下表：

路上堵车	15 分钟
午餐和午后休息	2 小时 15 分钟
开会	2 小时
走进会议室	5 分钟
电话	10 分钟
准备出门	10 分钟
穿过走廊	15 分钟
喝咖啡（工间）	20 分钟
接听私人电话	25 分钟
和同伴聊天	20 分钟
阅读报刊	15 分钟
和相关人士讨论问题	10 分钟
无聊地空想	5 分钟
翻看经纪人信息资料	5 分钟
书籍付印前最后检查	5 分钟
找支票	15 分钟
找稿件	15 分钟
打字、影印和其他出版商联系	30 分钟

　　以上合计是 475 分钟，将近 8 小时。剩下可以花在编辑工作上的时
间只有 5 分钟。

　　这个调查统计，也许有点极而言之，但也多少反映了美国同行的心
态和工作的大体情况。现在，许多人说，我们的编辑心态浮躁，但从这
篇文章中，使人感到美国同行的心态也相当浮躁，在某些方面，如果与
中国编辑相比，似乎还有过之而无不及。可见，编辑心态浮躁也不是中
国编辑的专利，似乎也是一种国际现象。这大概也是使书籍"通往平庸

之路"的重要原因。

面对这种现实，美国的书评家和有责任感的编辑，一再发出"今天的珀金斯在哪儿""好编辑难寻"的呼声。珀金斯是活跃于20世纪20年代到40年代的一位编辑，他在人们的心目中是一位和蔼可亲、循循善诱、博学多闻、做事精确、要求严格、谦和有礼貌，而且热爱作者、热爱书籍的人，被认为是美国编辑的典范。可是现在他"在哪里呢"？

美国同行在这个问题上的认识是共同的，要看到好书，要减少或者消灭编辑差错，要克服书籍出版中的平庸现象，就是要唤回"珀金斯精神"，要寻找好编辑。他们也认为，如果珀金斯生活在今天，他的做法也不会一成不变。但是，他热爱图书、善待作者、精工细作的精神应该是永恒的。

《编辑人的世界》这本书，初版于1962年，工人出版社根据1993年版译出，先后跨度30年，1993年版的原著，只保留初版一篇文章，其他都是各次再版时特约写的。这说明30年来美国编辑出版工作的变化是巨大的，这种变化，充分反映在本书主编格罗斯的《一位编辑老兵的省思》和阿伦森的《从拍卖会到电子盛会》等文章当中。

本书所举的编辑工作的事例，有的是相当早的，如其中谈到19世纪有一位银行家写了一本书，叫《戴维·哈伦》，可是在几个出版社连连碰壁。后来到了阿普尔顿出版社希契科克手上，经过希契科克一番整理，变动了几个章节的次序，并把全书做了些删改和文字上的修正，结果创造了出版"奇迹"，成为1899年度最畅销的书，平均每天销出1000册。这本一次又一次被退稿的手稿成为畅销书，使社会上认识到编辑的作用，让大家对编辑的工作另眼相看。其实，希契科克所做的一切，也就是许多编辑所做的日常工作，只是说明编辑是否独具慧眼和有必要的胆识而已。但是书籍出版以后，作者名噪一时，编辑却默默无闻，是地道的无名英雄。这就是当时的编辑。

随着出版产业的形成，出版竞争的加剧，出版经纪人的出现，编辑和作者关系发生了微妙的变化。出版商为了抢夺可以赚大钱的稿子，往往用高额版税收购好的稿件和可以为他赚钱的作家。反过来说，出版商为了取得一掷几十万甚至几百万美元的"投资回报率"，就不惜工本地包装作家、炒作他的作品。正因为这样，编辑可以花在编辑工作上的时间越来越少，而必须集中心力，用在竞标书稿、核算成本、和经纪人谈判、在出版社内不断地为争夺广告预算额而奔波上，还要承担许多其他的工作，而把那些本来应该由编辑做的编辑工作，纷纷外包给社外人员，于是形形色色的编辑所应运而生，所谓自由编辑也愈来愈多。他们往往开始是编辑的朋友、出版商的助手，而慢慢地就成了竞争的对手。这是编辑工作发展的新阶段。这个时期的编辑总的来说，仍然是身居幕后的。

后来，美国的出版公司群起仿效日本商业机构的模式——在一个松散的大组织中，形成许多相互竞争的小单位，特别是电脑和网络的使用，使作者和编辑愈来愈可能互相阅读和编辑文稿，电脑设计也模糊了编辑和美术设计者的界限。"有些出版社已经把编辑、作者、美编和电脑结成一个专案小组。"出版社不再由不同部门所组成，向发行人和总裁报告工作的只是对具体的出版计划负责、分摊工作的小团队。出版社只负责提供资金和技术支持、担负行销和发行的工作，有的甚至连图书发行都不管。所有联络作者、购买版权和编辑文稿的工作，完全由这些半自主的团队包办。"他们唯一的责任是要达到双方共同拟订的财务目标。"

阿伦森认为：出版公司不再是有机的层级组织，而是各种不同工作单位的组合，每一个单位都有自己的策略和规划。他说"在这种情况下，编辑工作的定义可能演变成在电脑上为一本书所做的所有工作"，包括把文稿转变为五光十色的多媒体形式。他还说"在电子网络的出版世界里，编辑的风格将千变万化"，那时的编辑"可以比较所有不同的版本，而且根据不同的道德标准、语言偏好、市场需求、艺术品位等等，重新编辑手稿，并且把你喜欢的艺术表现形式剪贴到版面上"。这可以说是编辑工作发展的又一个阶段。这个时期的编辑很可能同时和作者出现在电脑上，如果他想这样做的话。

以上所说，证明了这样一种状况，随着市场经济的演变，竞争的激化和高新科技在编辑出版工作中的应用，编辑的职责、功能、包括编辑工作的组织形式，是会不断发展的，将来还会有进一步在目前还意想不到的发展。但是，只要人类需要信息、需要传播、需要文化积累，编辑活动将是不可少的，而且出版手段的不断变化、媒体发展的多样化、信息的复杂化、文化的多元化，尤其是人们价值观的不同，编辑活动包括创意和优选，优化和组合等基本功能，只会也只能加强，不会削弱，也许将来有朝一日，编辑的功能将会社会化、普及化，许多人的日常文化生活中离不开现在出版社编辑们所做的那些操作，编辑业务和编辑理论的学习和研究，也将从现在的大学延伸到中学。这正好说明编辑活动的普及和拓展，编辑功能必将进一步加强，它将像语文和加减乘除那样，成为人们生活中需要经常接触的东西。而对职业编辑来说，他们独立处理问题的能力，将更加突出，对于他们的综合素质的要求将大大提高。学习、不断地学习，将是他们生活中的重要内容。

《出版广角》2000 年第 7 期；《编辑的心力所向》P159，贵州人民出版社 2004 年 10 月版；《一切为了读者》P268，首都师范大学出版社 2010 年 7 月版

编辑工作：品味优良传统

《新闻出版报》点题要讨论继承和发扬近现代出版优良传统问题，很有现实意义，是个好主意。优良传统的内容极其丰富，我先说点不成熟的看法。

首先，近现代编辑、出版家都有一个远大的目标。回眸近现代出版活动，尤其是革命出版活动，都是为了民族解放、人民革命胜利这个目标。以生活书店、读书出版社、新知书店为例，他们就是从这个目标出发出版进步书刊，引导青年走向进步，投身革命的。鲁迅则要"改变他们（一些麻木的中国人——引者）的精神"，"发社会之蒙复，振勇毅之精神"，他把目光放在"延安"。张元济是以"开发民智"为目标，韬奋"是要推动国家民族走上进步的大道"。叶圣陶的"编辑工作同时代的脉搏从来都是一致的，有时它紧跟时代向前，有时乃至走在时代的前面"，把寻求救国的希望转向"苏俄"。今天，社会发展了，时代进步了，但是，编辑出版活动为民族、为人民这个目标是不变的，就是要培育"四有"公民，建设有中国特色的社会主义，达到振兴中华的目的。

第二，搞出版就要有甘于奉献的精神，"为人做嫁衣"的精神不能丢。这是近现代编辑家重要的优良传统。叶圣陶说，新中国成立前，生活、读书、新知三家出了不少好书，受到读者欢迎，那时候出好书不容易，要被禁，要遭到查封，人要被抓去。现在是和平时期，搞出版、当编辑，一般说，没有牺牲的问题。但是，真正要当一名合格的编辑，不为一己私利，能够拒绝尘世的种种诱惑，以一颗"平静"的心，踏踏实实出一些真正为读者需要的好书，还是要有为人做嫁衣的奉献精神的。现在人们常常议论，出版是产业，出版物是商品，这当然不错。但是这个产业、这个商品，有自己的特殊性。书的稿酬和作者劳动创造的价值是不等价的，一个编辑的报酬和他在出版物中投入的劳动多少、创造价值的大小，同样是不等价的。这里就为编辑的奉献精神留下了广阔的余地。认认真真出好书，还是马马虎虎，应付了事，全在当编辑的责任感和奉献的大小。可见，时代不同，奉献的形式也不尽相同，但当编辑要有奉献精神，这一点是完全相同的，仅仅为谋生而当编辑，不讲理想，不讲奉献，这和编辑的神圣岗位、光荣职责将格格不入。

第三，有所为，有所不为，一心一意为读者服务。这也是近现代编辑家的共同特点。鲁迅主张出书一定要"于读者有益"，"使读者有所得"。韬奋始终"把读者的事看成自己的事"，明确提出"竭诚为读者服务"。叶圣陶把"有所为，有所不为"作为自己编辑出版的宗旨。"有所为，就是出书出刊物，一定要考虑如何有益于读者；有所不为，明知对读者没有好处，甚至有害的东西，我们一定不出"。他后来回忆办开明书店时说，开明是一家私营书店，但"不光为赚钱"，"我们决不为了追求经济效益而不顾社会效益，我们决不肯辜负读者"。这是何等的境界。反观我们目前有的出版单位，却出版了那些反科学、伪科学、封建迷信以及其他低格调的出版物，只知赚钱，不问对读者有益有害的做法，岂不是相距太远了吗？难道我们不应该继承和发扬老一辈编辑家"一切为了读者"这样一种优良传统吗？

第四，不断改革，不断创新。这是近现代编辑家出版活动中又一耀眼的闪光点。韬奋说："最重要的是要有创造精神。尾巴主义是成功的仇敌。……尾巴主义的刊物便无所谓个性和特色；没有个性和特色的刊物，生存已成问题，发展更没有希望了。"要造成个性和特色，"非有创造的精神不可"。模仿别人的刊物，"还是以不出为是"。张元济一到商务，就成立编译所，广延人才，出版新式教科书，翻译西方学术名著，使商务成为当时知识分子密集的重镇，商务也因此成为编印发三位一体的新型出版企业而声名鹊起。茅盾一参加《小说月报》，就全力进行改革，发表白话文，启用新式标点，发表新文学作品，刊登进步的翻译作品，开展文学评比，并且发表《改革宣言》，一扫"星期六派"等无聊的文化垃圾，提高了刊物的文化品位，增强了文化含量，面貌为之一新，深得读者赞赏。近现代编辑家深知改革创新是出版的生命，但他们不是搬用其他行业不适合精神生产的做法，而是着眼于文化含量和出版物的品位。改革创新的目的全在于提高质量，这正是我们现在需要继承和发扬的编辑优良传统。

第五，精雕细刻，一丝不苟。这是近现代编辑家共有的品格，是他们对出版的高度责任感所决定的。鲁迅做编辑工作，"真是一个字一个字地看下去，决不肯随便放过"。韬奋说，当编辑"要认真，要负责，否则宁愿不干"。我"不愿有一字或一句为我所不懂的，或为我所觉得不称心的，就随便付排"。我看校样，"目的要使它没有一个错字"。叶圣陶说"编书、写文章有差错，使读者受害。即使是小错，也成了大事"，又说"出了差错，以讹传讹，贻误青年"。为了避免差错，叶圣陶还一再强调文稿的字迹要清楚。他说："我们写稿编稿，是写给排字工人看的，字迹不清楚，就会增加出错率。"他在编发秦牧的第一本集子时，还亲自为作者誊写了一遍稿子，秦牧对此非常感动。曾和叶圣陶一起工作过的欧阳文彬讲过这样一件事，有一次给作者寄赠《中学生》的样刊，都已经封好待发，却发现了一个错字。叶圣陶就叫大家停下，一卷卷拆开，把错字改正后重新寄。可见，叶圣陶在纠正错误的问题上，是没有商量余地的。近现代编辑家对质量严格要求、精雕细刻、一丝不苟的事例，举不胜举，其原因盖出于高度的社会责任感，百分之百地对读者负责。这与我们有的编辑粗制滥造，不看稿，虽错误百出而处之泰然，不是如隔天涯吗？这不是我们需要很好继承和发扬的一种优良传统吗？

近现代编辑、出版家的优良传统很多很多，诸如培养和扶持青年、优良的职业道德等等，不是一篇短文所能涵盖得了的。这里只是开一个头，便于大家进一步讨论。

2000 年 1 月

2000 年 1 月《中国新闻出版报》；《编辑的心力所向》P234，贵州人民出版社 2004 年 10 月版

编辑，你给社会留下的是什么

编辑不是官，但是有权，就是稿件取舍的"生杀大权"。这从好的方面想，是编辑作用的凸显。但从另一方面想，也难说就一定没有"副作用"。因为现实中的确有极少数编辑行为不当，比如买卖书号、勒索作者……写到这里，忽然想到一件事。近日，我收到一位著名编辑家发来的一张贺年卡。这张贺卡很怪，正面是齐白石老先生画的"终南山进士像"，背面还有一段话，是这样的：编辑出版队伍越来越发兴旺，各种人才都有，好得很！队伍大，免不了杂，我们管不着，不能管，也不应管，只"统"而不"战"。终南山进士锺馗只管打鬼，不能打骗窃……作为编辑学会的一名工作人员，我看了这段话，觉得分量很重。

编辑是编书的，编出来的书是要给大家看的，是要在社会上流传下去的。你编的书是好是坏，你在编书过程中搞了什么名堂，也都会流传下去，是涂改不掉的。当编辑的应该想一想，你给社会留下的是什么，你给你的后代留下的是什么。不能只看眼前的某些东西，不能只凭侥幸而败坏形象，扭曲自己的灵魂。编辑要牢记，你每编一本书，就是自己的一次内心独白，就是自己形象的一次亮相。

应该说，我们的编辑队伍是好的和比较好的，但也不排除有个别的极少数的败类。真正的编辑和在编辑队伍中鱼目混珠的极少数败类——骗窃，是两种境界的人。后者应该成为过街老鼠，人人喊打，前者应该披红挂花。

2000 年 2 月

《编辑的心力所向》P262，贵州人民出版社 2004 年 10 月版；《一切为了读者》P241，首都师范大学出版社 2010 年 7 月版

略说多种媒体编辑活动的共性

编辑学研究崛起以来，快二十年了。在过去这些日子里，各种媒体的编辑理论研究工作者，基本上都是各干各的，彼此之间，很少交流。对于多种媒体的编辑活动，也是研究个性的多，研究共性的少，而且个性的研究也是在不同层次上开展的，有的研究比较宏观，或者是中观，有的相对来说，属于微观。经过新闻界、出版界、广播界、影视界、教育界和学术界的努力，但是，研究的形式是可喜的，取得的成果是可观的，可以说现在已经具备了研究多种媒体编辑活动共性的条件。这样说的理由是什么呢？让我们先来看一下编辑活动的发展历程。

编辑活动作为一种社会文化活动，随着生产的发展，可以说越来越广泛，越来越复杂。现在人们不仅谈论书、报、刊的编辑活动，而且议论广播、电影、电视、录音带、录像带和光盘的编辑活动，甚至认为电脑软件、网络出版，也离不开编辑活动。当然，各种媒体的编辑活动，都有自己的特点。如图书和报纸的编辑工作就很不一样，图书讲求系统性、稳定性，报纸讲究新闻性、广泛性；书报刊与广播也不一样，一个通过文字、图画、符号，一个则通过声音、语气语调；广播和影视更有声响和音像的区别，多媒体、网络传播，还可以双向进行，当然更不同了。

既然这些媒体都各有特点，那么，它们有没有共同点呢？回答是肯定的，有。根据是什么？

第一，各种媒体的基本方针，服务精神是一致的。江泽民同志 1989 年 11 月 28 日在《关于党的新闻工作的几个问题》的讲话中，明确指出："社会主义的新闻事业同社会主义的文学、艺术、出版等事业一样，虽然各有自己的特点和具体发展规律，但是它们作为意识形态的组成部分，都要为社会主义服务，为人民服务。尽管服务的具体形式、内容、方法不尽相同，但都必须遵循这个基本方针。"这里，江泽民同志讲的就是一种最普遍的共同点，就是各种传媒，都是意识形态的组成部分，都是意识形态的传播和表现形式。因为是意识形态，它都代表着一定的阶级利益和一定的经济利益，也就是说都有一个为谁服务的问题。社会主义意识形态，就是为社会主义服务、为人民服务的，这和资本主义意识形态必须为资本主义制度和资产阶级服务，是完全一样的。

编辑工作是做意识形态工作，这对各种媒体的编辑活动来说，也是一样的。既然是为一定的阶级、一定的经济利益服务，因而就会有反映特定利益的导向。在社会主义国家里，一切传媒都要坚持自己的导向，这是社会主义意识形态的共同点。正如江泽民同志所谈到的，他们都必须贯彻这个基本方针，这说明它们之间是有共同点的。

第二，值得注意的是《辞海》1999年版对"编辑"和"编辑学"词条的阐释。

1.1999年版《辞海》修改了1989年版《辞海》对"编辑"一词的界说，明确提出，"编辑"有五义，它的第一义是："组织、审读、挑选和加工作品的工作，是传播媒介工作的中心环节。"第二义是："用电子计算机处理信息时增删修改数据，编辑程序的一项工作。"第三义称，"根据特定要求选择若干作品或著作品的片断，汇集编排成为一部或一套作品的著作方式"。第四义为，"从事编辑工作的人员"。第五义，"是我国新闻出版专业技术职务之一"。从这个界说中，已经把编辑工作定位为"传播媒体工作的中心环节"。这和1989年版《辞海》的界说即"编辑：新闻出版和电影等机构从事组织、审读、编选、加工整理稿件等工作，是定稿付印（或摄制）前的重要环节"相比，一是范围扩大了，不再限于"新闻出版和电影等"，而是"传播媒介"了。二是重要性提高了，不仅是"定稿付印（或摄制）前的重要环节"，而是"传播媒介工作的中心环节"了。如果我们对这种变化细细加以考察的话，都是属于对多种传播媒体编辑活动共性的重视。

2. 在 1999 年版《辞海》中，新列了"编辑学"条，这是继《中国大百科全书》（新闻出版卷）和《编辑实用百科全书》等有影响的工具书之后，又一次在我国重要工具书中对"编辑学"设立专条，这是近 20 年来编辑学研究取得的重要成果，表明社会对"编辑学"的承认。这个专条说："编辑学：研究传播媒介中的编辑工作的规律和历史的科学，其主要任务是对凝聚于图书、广播、电视等传播媒介中的编辑劳动方式、价值进行阐述，并对编辑工作的内部和外部构成因素，以及他们之间的互相联系与影响予以分析，按编辑工作对象可分为图书编辑学、刊物编辑学、报纸编辑学、电子出版物编辑学、广播编辑学、电视编辑学等。"这条界说肯定编辑工作是有客观规律的，编辑劳动方式、劳动价值，编辑工作内部和外部的构成以及互相联系，是编辑学要研究的内容。这说明这些传播媒体的编辑活动中，虽然各有自己的特点，但他们之间在劳动方式、劳动价值等方面存在着共同点。这是多种媒体编辑活动具有共同点的又一根据。

第三，最近一些杂志先后公布了"我国已出版的编辑学专著书目汇编"，有的 60 多种，有的 80 多种，有的包括编辑业务，编辑史在内有几百种。这些目录中，有图书编辑学、期刊编辑学、报纸编辑学、广播编辑学、影视编辑学、摄影图片编辑学和电子新闻媒介栏目编辑学、电影编辑学等等。这些著作，不仅讲了各种媒体编辑活动的特殊性，也反映了多种媒体编辑活动的共同点。共性寓于个性之中，这本来是马克思主义哲学的最基本观点。这是多种媒体编辑活动具有共同点的另一个根据。

以上三点，说明多种媒体的编辑活动是有共同点的。

实际上许多研究者认为，多种媒体编辑活动的共性，肯定是有的，甚至还不少。问题是从哪个角度去考察、去概括。比如说，从方针政策和服务原则的角度，从意识形态的角度等等，都可以概括出若干共性。究竟应该从哪里入手，这就需要找到一个特定的视角。这个特定的视角是什么？就是编辑活动的普遍性。这个普遍性，不是图书期刊、报纸、广播、影视等的特殊性，而是编辑活动的一般性。这种一般性来自书、报、刊、广播、影视等各种编辑活动的特殊性，就是各种特殊编辑活动中共有的最普遍的东西。这些共同的东西，概括起来，就是"编辑"。所以，我们给"编辑"这个基本概念，或曰总概念下一个定义，换一个说法，就是这个"编辑"应该包括多种编辑活动的本质特征，也就是共性。

说到"编辑"概念，有人可能会说，这是近20年来编辑学界讨论得最多的问题，也是见解繁多的问题之一，这是事实。但是，我们也要看到另一方面，即经过多年的争鸣，凡是立足于界定编辑基本概念的立场，从寻求编辑活动本质特征着眼，可以说见解已经相当接近，或者说已经到了大同小异的地步。这是近20年来编辑学研究的重要成果，不可忽视。至于说，有不同看法，这不奇怪。不要说，像编辑学这样的新学科，就是比编辑学崛起大概要早100年的新闻学界，对"新闻学"的定义同样是众说纷纭，各有见解。有一位新闻学者说得很生动，他说：每一个教新闻学的教授都有一个自己的"新闻学"概念。但是，它没有影响新闻学研究的发展，也不妨碍新闻学博士生和硕士生的培养。只要大方向不悖就可以了。这当然不是说定义越多越好，而是说在未能形成一致的情况下，可以求同存异，或者说可以求大同而存小异，这样就不错了。若要完全一致，老实说，那是不可能的，再过100年也不可能，因为那是不符合辩证法的，也是不利于学术发展的。因为，学术的发展，就是靠百花齐放，百家争鸣，这是我们应该贯彻的基本方针，也是我们的基本态度。

为了便于讨论，我也就"编辑"这个基本概念说点看法，请大家指正。

1998年，笔者在尝试着提出编辑概念的一种界说时，曾对编辑活动的共性有所考虑，当时提出"编辑是根据一定的思想原则，以相应的信息或著述材料为基础，进行创意、优选、优化、组合等综合性的精神生产过程，使精神成果适合于制作传贮载体的创造性智力劳动"。这个界说中所表述的"创意""优选""优化""组合"，就是由书、报、刊、广播、影视等媒体编辑活动的共性提出的。

先说"创意"。"创意"就是一种构思，一种设想。也有人称之为"开发"或者"策划""设计"等。总之，是在调查研究的基础上或者是在生产和生活中形成的一种意向、考虑、想法等。这种创意，是每一本图书，每一期刊物，每一张报纸，每一个节目问世以前，在编辑头脑中的一种潜在活动，逐步形成为方案、计划等。它从无到有，从无形到有形，是逐步形成的。

次说"优选"。"优选"就是选择，诸如主题的选择，稿件的选择，作者的选择，等等。社会在发展前进中，人类生产和生活的多样性和复杂性，创造、产生了无限丰富的精神成果。不同媒体面对这种那种精神成果，要看何者适合于自己的需要，不能拣到篮子里就是菜，必须进行选择和审选。主题的选择、稿件的选择、作者的选择，是一切书、报、刊的编辑活动所不能少的。对于主题的审选，脚本或材料的选择，演员的选择，同样是所有影视、广播等编辑活动所不可或缺的。所以，选择是各种媒体编辑活动的共同特征，是他们的共性。

三说"优化"。"优化"就是通过编辑活动提高原创作品的质量，也就是对原稿，原创作品、半成品的修改、整理和加工。这种编辑活动对书、报、刊来说，从原稿的修改、加工和整理，到校样的校正，都是必需的；对广播来说，也要审听和修改。影视也有样片审看和加工的活动。这些都属于编辑的审阅、整理、修改等优化活动，是对原创作品的一种增值，是编辑创造性劳动的一种，同样是多种媒体的编辑活动中不可缺少的组成部分。这是所有上述各种媒体编辑活动的又一个共同特点，也是它们的共性，是十分重要的一环。

再说"组合"。有人把"组合"称作"结构""编排""有序化"，大体意思相似，但我认为组合更切合多种媒体。我一直认为编辑部到最后是个装配车间，各种零件制成以后，由装配车间负责装配，不合适的零部件，或者自己加工修改，或者退回给原生产部门，重新制作或者局部返工。再由装配车间加以组装，使之成为一种合格的机器或其他产品。物质生产需要装配车间，精神生产同样需要"装配车间"——编辑部。

组合是精神产品在成品出厂以前的最重要一道综合性生产活动。比如图书，在正文审订以后，就要有目录、序、跋、注释（有的有题解）、插图等辅文，还有版权记录，封面（套封）扉页和全书的装帧设计等。各个部件都是不能缺少的，只有把它们组合在一起，一本完整的图书才能出现。杂志的组合工作，比图书更复杂一些。由栏目的组合到一本杂志的整体组合，不少杂志还有卷首语、编后记、版权记录、上一期差错的"更正声明""读者反映"，有的还有为数不少的广告等等，也是一件也不能少的。报纸的组合，比书刊要复杂得多，包括版面，正文的字体字号和编排，标题的大小（从社论、评论、消息报导和各种文章，直至中缝的安排等），都是缺一不可的。广播、电视，不要说内容、节目的安排十分复杂。只说一开播就不能间断，就是一个复杂的组合工程。说到电影，除导演以外，现在的电影、电视片，有编辑，又有导播（而我认为导演的相当一部分工作就是属于编辑工作的范围，只是在电影制作过程中分工不属于目前称做编辑的工作人员罢了）。仅就每个镜头的剪接，音响的配合来说，就是一件十分繁琐的组合工作，没有这种组合，任何媒体都不能顺利地问世。

这种组合工作是很庞杂又很精细的，一点也不能疏忽。有一个笑话，一个电视剧武打片，其中有半个镜头被当作废片剪掉了，结果这个动作就不全了，怎么办？后来不得不把另半个镜头也剪掉。在实际连接上缺了一个动作，但不是行家也看不出来，马马虎虎过去了。至于在报刊上，最明显的如照片和照片的"说明"，南辕北辙；图书中，该有的辅文没有，目录和正文标题不符，还有的首尾脱节，也是常有的。如有一本书，是80年代定的稿，作者写有"后记"，落款为1989年10月，书稿经过审校编排，校样出来已经是1990年5月了，这时出版社又建议作者请人写个"序言"，作者照办了，"序言"在1990年8月写成，"序言"的作者当然落款为1990年8月，书的作者为了感谢"序言"的作者，就在原来的"后记"里，加了表示感谢的话，还引用了"序言"的两句话，但忘了改"后记"的落款，结果书出来以后，就变成了80年代引用了90年代的话，由此可见，组合的工作不容易，当一个编辑更不容易，不能有丝毫大意。白纸黑字，任何疏忽，都可以成为笑谈。

以上四点，是多种媒体编辑活动的共同特点，也是本质特征。但是，现在在实际工作中有的人只强调选题的重要性（其实，选题只是"选择"的一个方面），而忽视审读和加工（这是体现"优化"的重要工序），更谈不到重视"组合"。所以，我在前面特别就"组合"多说了几句。目的在于强调"组合"之不可马虎。

编辑活动的这四个基本特征，在每一种问世的精神产品生产中都是不可缺少的。当然，在具体操作中，有的特点突出一些，明显一些；有的平淡一些，隐蔽一点是可能的。如有的编辑一接触就是比较成功的原稿或原创作品，这样，创意、选择就简单了，审稿也就比较省力，组合也就好办些。如中央重要文件、中央领导同志讲话，到了出版社，选题选择这些工序就省了。编辑活动就集中在文字审校，引文典故的核查，人名、年月日的核对，以及封面、正文的设计，辅文的配置组合了。还有一个重要环节，就是保证不出差错的严格的校对工作。到了电台、电视台，就有众多的节目，播出时间的安排，甚至还有语气语调的调节。电视台当然还要配上合适的镜头和必要的背景材料，发挥播报的效果。这种不要求对原稿进行修改和加工，应该说是一种特例。反之，有的稿件加工、修改量很大，也是很正常的现象。再比如说，编纂一部百科全书或大型辞书，那么，编辑活动的上述本质特征就更加突出、明显。《中国大百科全书》的出版就是这样。"文革"中，姜椿芳同志在监狱里，就有了编纂《中国大百科全书》的想法，也就是创意。"平反"出狱后，他立即给中央写报告，要求编纂出版《中国大百科全书》，终于经中央批准，创办了中国大百科全书出版社。然后积极规划、广揽人才，征求意见，确定全书的选题，组织编纂。每一本书甚至每一个学科，都要进行框架设计，要组织几百几千个人来撰稿、审稿、改稿、定稿，然后再配以辅文，把它们组合在一起。经过大量工作，局部调整，最后出版了 76 卷第一版《中国大百科全书》，成为中国历史上第一部以《中国大百科全书》命名的书。又如，中央电视台的春节晚会，热热闹闹，高高兴兴，除了其他许多工作以外，编辑工作也是贯穿在整个晚会的大小节目当中的。

尽管古代的编辑工作比较原始、简单，是编辑活动的一种雏形。但就"收集材料，整理成书"来说，仔细分析起来，也包含着上述基本特征的因素。

在国外，尽管文责自负，也不能说不经过创意、选择，不需要查看错别字，标点符号，不要辅文，不要装帧设计，不要美化，不要经过组合就可以出书，只是某些工序不一定在出版社内完成而已。

从总体上看，应该说各种媒体编辑活动的共性是明显的。现在对"编辑"这个词的理解，有许多基本内容是相同或相似的。我认为从这些相同或相似的内容中就可以发现编辑活动的共同特征。可以说，这些反映本质的特征，是古今中外，概莫能外。

研究多种媒体编辑活动的共性，探索它的普遍规律，既具有重要的理论意义，又具有重大的实践意义。它有利于多种媒体取得共同的理论指导，有利于贯彻党的方针政策，有利于更好地为统一的目标而奋斗，有利于提高多种媒体编辑队伍的思想理论和业务水平。可见，研究多种媒体编辑活动的共性，探索普遍规律，建立适用于多种媒体的普通编辑学是非常必要的。它将使编辑学从图书编辑学、期刊编辑学、报纸编辑学、广播编辑学、影视编辑学等各自的天地里走出来，走上普通编辑学的大道。这是编辑学学科建设的一个飞跃，将对社会主义精神文明建设和人类文化发展做出重大贡献。

2000 年 3 月

《编辑之友》第 3 期 2000 年 3 月；《编辑的心力所向》P28，贵州人民出版社 2004 年 10 月版

近现代编辑活动演变撮趣

一、"编辑"一词的出现

编辑活动，历史悠久，由简单到复杂，不断演变。考古发现，殷墟甲骨已有简单的编排，并非无序乱放。从正考父（孔子的七世祖）到孔子、吕不韦、刘向父子，编辑活动的内容也是不断变化的。

"编辑"两字连在一起，最早见之于公元551—554年编的《魏书·李琰之传》："前后再任史职，无所编辑。"这里的"编辑"，是指编撰或编纂。

约编于公元659年的《南史·刘苞传》说："少好学，能属文，家有旧书，例皆残蠹，手自编辑，筐箧盈满。"这里的"编辑"，是指修残补缺，整理编次旧书（简牍）。

至唐，史书上屡有"编辑"一词出现，但含义有宽有窄，有的是指避免史料发生差错或遗漏，有的说要广泛收集整理资料，不使遗缺，有的是指删削编纂或改编的意思。

二、报刊编辑的萌芽

以上所提到的编辑活动，都是就编书而言。若说到报刊，在中国最早出现的是唐开元年间（713—741）出的"报状"和"进奏院状报"，由"门下省"和"起居郎"，"中书省"的"起居舍人"收集发布，内容有皇帝的人事任免和其他可以公布的旨意，大臣进奏的有关表章以及各衙门的决定"录报"或"牒报"。经"进奏院"下到各藩镇，"报行天下"。人们称为"开元邸报"或"开元杂报"。选录、编发杂报的官员，就是那些"记事""记言"和选录官吏奏折的"起居郎"和"起居舍人"。从现在的眼光看，就是最早的"编辑"或"新闻编辑"[①]，而且是"编采合一"的。

多数人认为16世纪创办于意大利威尼斯的《威尼斯新闻》是世界上第一张印刷纸。尽管当时《威尼斯新闻》的创办，采编是不分家的，但这仍然是第一次出现的现代意义上的新闻采访和新闻编辑工作。

三、定期报刊的产生

至于定期出版的近代报刊，则要数1590年创刊于德国的《观察周刊》（Avisa）和1609年创办于德国的《报导或新闻报》。1616年创刊的《法兰克福新闻》（Frank furter Journal），1662年在伦敦创刊的英国《新闻周刊》（Weekly News），属于周刊。创刊于1645年的瑞典官方报纸《英里克斯邮报》（Post Ochinrikes Tidningar）是一份日报，主要发表破产声明、公司声明和政府声明。据世界报业协会称，该报是全世界最古老的报纸（从2007年1月1日起，该报上的消息将发布在瑞典公司注册局的网站上。瑞典公司注册局负责人罗蓝·霍格隆德认为此举是积极的，他说"该网站在提供法律资讯方面发挥了极为重要的作用。今后人们获取该报的资讯将更加容易，这令人兴奋"。但这份报纸并未就此消失，今后每天将仅印刷三份保存在大学图书馆中）。1660年创刊的《莱比锡新闻》（Leipzi-ger Zeitung），开始也是周刊，后来改为日报，这是大家公认的世界上最早的日报。刊物的定期出版，特别是日报的问世，使得编辑工作日常化、系统化，并为编辑工作专业化奠定了基础，开了先河。

正当定期刊物开始出现的时候，欧洲一些国家还出现了学术性期刊。1615年1月，法国的戴·萨罗在巴黎创办了《学者杂志》，1615年3月，

---

① 有的编辑学著作说："公元前6年恺撒大帝已发行罗马政府公报，成为欧洲最早的报纸。"由于恺撒大帝约生活于公元前100~前44年，这里年代上有出入，所以，这一条尚需核实。

英国的亨利·奥尔登伯格创办了英国皇家学会的《心理学会刊》，这些都是世界上较早的学术性期刊。它们报道新的科学技术知识，受到各国学术界的重视。从此开始了编辑工作与学术界和学术活动的联系。

1638 年，第一台印刷机在美国出现，尽管当时只是用来为哈佛学院印刷教科书、手册和《圣经》，但它使编辑工作和机械化印刷开始结缘。

四、世界上第一张被禁的报纸

1690 年 9 月 25 日，创刊于美国波士顿的《内外新闻报》（Public Qccurrences Both Forrerign and Domestick），原定每月出版一期。但第一期出版后，因内容有"非常不良情绪"，报道的新闻多有"可疑、不实之处"，被当地总督以事前未得出版许可证为借口，宣布予以禁止。这样，使当时处于殖民地情况下的美国的第一份报纸，只发行了一期即被取缔。这是近代史上第一份被禁止的报纸。同时，当局还下令"严禁任何人在未得许可证之前，印发任何刊物"。这个事件说明了编辑活动和社会的关系。

18 世纪的欧洲，处于文艺复兴之后，报刊已有所发展，并影响到美洲。1704 年，波士顿市一家小书店的老板坎培尔，当上了这个市邮政局的局长，他消息灵通，乘职务之便，在不足一万人的波士顿，创办了《波士顿新闻信》，主要传播伦敦报上的材料，仅用三分之一的篇幅刊登本地的消息。这是美国第一张连续出版的报纸。1719 年，布鲁克尔继任局长，创办了《波士顿公报》，发行量也不大，它实际上被看成邮政局的附属事业，被纳入局长交替时移交工作的一部分。经过几任局长辗转易手，后来落到印刷商詹姆士·富兰克林的手里，他的弟弟就是后来为美国独立做出重要贡献的本杰明·富兰克林，当时就在他的印刷所当学徒，并且也参加了报纸的编辑工作，宣传资产阶级的民主思想，结合开展其他的社会活动，使报纸的影响逐渐扩大。1730 年，本杰明·富兰克林又创办了《宾夕法尼亚报》，自己仍然做编辑和采访的工作，这实际上也是他社会活动的一部分。富兰克林使报纸编辑的声誉有了提高，也使他自己在报纸编辑史上留下了姓名。

五、近代化报刊在中国问世

到了 19 世纪，由于资本主义势力逐渐向东扩展，西方文化也随着所谓"西学东渐"趋势向东方渗透。1815 年 8 月 5 日，英国传教士马礼逊在马六甲创办了最早的中文报刊《察世俗每月统记传》，还有外国传教士 1823 年在雅加达创办的《特选撮要每月纪传》和 1828 年在马六甲创办的《天下新闻》，都是中国境外创办的最早的中文报刊。这个时期，外国人在中国境内还出版了一些外文报刊，如 1822 年出版的葡萄牙文报纸《蜜蜂华报》，这是外国人在中国境内办的第一份外文报纸；1827 年，中国境内出版的第一份英文报纸是《广州纪录报》。外国人在中国境内办的最早的中文报刊是 1833 年创刊于广州的《东西洋考每月统记传》，这也是一份比较近代的月报。创办于 1850 年的英文报刊《北华捷报周刊》，1863 年改为《字林西报》，后又改为日报，并出中文版。1872 年，英国人美查创办的《申报》是国内最早的中文日报。

中国人在中国境内办的最早的报刊，是 1839 年由林则徐的幕宾魏源办的《澳门新闻纸》，它主要刊登从外文报刊上摘译的新闻和评论，以供参考。1858 年，由伍廷芳在香港创办的《中外新闻》，虽字数不多，但由两日刊改为每日出版，是中国人自办的第一种近代报纸。1872 年，在广州创刊的《羊城采新实录》，1873 年 7 月，艾小梅在汉口创办的《昭文新报》和 1874 年 1 月 5 日由王韬在香港创办的宣传资产阶级改良主义的《循环日报》，都是我国较早的报纸。

其间，一些华侨也在侨居地创办报刊。1854 年，旧金山华侨创办了中文期刊《金山新闻》，1874 年又创办了中文日报《旧金山中国新闻》，这是侨居他国的中国人办的最早的报纸。

六、世界上最早的通讯社

1835 年，法籍匈牙利人哈瓦斯在巴黎创办了世界上第一个通讯社——哈瓦斯通讯社（法新社的前身）。1850 年，这个通讯社的译员，犹太人路透在德国亚琛建立了路透社，开始用信鸽向各地发稿，1851 年迁至伦敦。通讯社的出现，表明了通讯社编辑的诞生。

七、"采编合一"是早期报刊的通常做法

在 19 世纪，甚至 20 世纪初，当时的报纸、杂志、通讯社，采编都是合一的，这不是由谁规定的制度，而是由历史条件造成的。当时的报、刊、通讯社，人员都不多。不要说 16 世纪的《威尼斯新闻》是这样，就连 19 世纪的《察世俗每月统记传》也是这样，整个编辑部只有 3 个人，后来虽略有增加，也是极少数。采访、编辑、发行不可能分家。法新社的前身哈瓦斯通讯社也不分编辑和记者，哈瓦斯本人是社长，又当记者，又当编辑，此外，还有他的两个儿子。路透社创办时全部工作人员，只有路透和他的妻子两个人，当然也不能分记者和编辑了。《循环日报》的主笔王韬，也是一身多任。其他如我国早期报人郑观应、梁启超、谭嗣同等，他们都既是报刊的主编，又是记者和政论作家，采访和编著合一，这在当时是正常现象，不足为怪。编辑和记者有明确分工或者有大体的分工，那是后来的事了。

八、图片编辑的出现

19 世纪，编辑活动的重要变化之一，就是第一次把图片印刷在报刊

上加以传播，从此开始了图片编辑的历史。

1842 年 5 月 5 日到 8 日，汉堡发生了大火，烧了整整 4 天，有一个叫比欧乌的人，采用达盖尔的银盐法，拍了这场大火的照片，并且发表在英国《伦敦新闻画报》的创刊号上。由于当时照片还不能直接制版印刷，是采用先把照片临摹成木版画后印制的。比欧乌的照片就这样成了世界上第一幅新闻图片，《伦敦新闻画报》也就成为世界上第一个使用照片插图的刊物。

1860 年 11 月，美国《哈泼斯周刊》发表的林肯竞选的照片和 1865 年 4 月发表的林肯遇刺的照片，都是转画为木版画以后再印制的。中国最早用照片插图的刊物是上海的《小孩月报》，由范约翰编辑，1875 年首次使用照片插图，也是把照片临摹为石版画后再印制的。1884 年，《申报》副刊《点石斋画报》也是由石版画印制的，这是我国报纸编辑图片之始。

世界上第一次直接用照相铜版印制的插图，是一张名为"棚户区"的照片，它于 1880 年 3 月刊登在纽约的《每日画报》上。此后不久，大型影集也开始编辑出版。中国人最早使用照相铜版的报刊，是 1902 年梁启超在日本主编的《新民丛报》。略后，是 1907 年姚蕙女士在巴黎主编的《世界》画报，吴稚晖和李石曾曾参与编辑。这些报刊运到国内发行，对于当时闭关自守的中国了解世界、开阔眼界，起了积极的作用。

1904 年 3 月，由徐珂主编、商务印书馆出版、创办于上海的《东方杂志》，是国人在国内主办的最早的综合性杂志，也是属于最早使用照相铜版印刷的杂志。

20 世纪初，中国书报界有识之士，积极主张使用图片。1905 年，贯公在《拒约须急设机关报议》一文中，明确提出"图画不可不多也"。1906 年 3 月 29 日，彭翼仲创办的《京话日报》在报道"南昌教案"时，刊登了被法国传教士王之安杀害的县令江召棠遗体照片。1907 年 8 月 20 日，广州《国事报》刊出"女界流血者秋瑾"的新闻照片，是国内报纸直接使用照相铜版印制之始。

九、有了电影编辑

编辑活动在 19 世纪最重要的发展，要算电影编辑、编导的诞生。1895 年 12 月 28 日，法国人路易·卢米埃尔在巴黎正式公开放映电影，内容为记录的舞蹈、风光、魔术等。卢米埃尔的电影，离巴黎首映仅 8 个半月，就有人带入中国，并于 1896 年 8 月 11 日在上海徐园的"又一村"，放映了中国历史上的第一次电影。此后，美国、西班牙、法国、英国和德国的电影，也逐渐在中国沿海城市放映，并且逐步传入内地城市。当然，最早的电影是无声的。1905 年，在北京丰泰照相馆院内，利用日光拍摄了京剧《定军山》中的"请缨""舞刀""交锋"等片断，我国第一部戏剧影片就是这样产生的。

20 世纪，人们经历了两次世界大战。世界上两个最大的国家——俄国，爆发了十月革命；中国，取得了新民主主义革命的胜利，相继建立了无产阶级政权。东西方文化交流的增多，科学技术的突飞猛进，为编辑活动开拓了广阔的天地。

十、广播编辑来到人间

广播活动的诞生和发展，开辟了 20 世纪传播活动的新领域，广播编辑也就应运而生，编辑活动由文字编辑、图片编辑发展到声音编辑，这是编辑活动在 20 世纪的第一个重大进展。

首先是美国科学家里·德富莱司特于 1906 年发明了三级真空管，发现了电子科学新领域。同年 12 月 15 日，加拿大科学家菲生登，利用无线电传送语言、音乐的试验取得了成功，并且异地传送了小提琴独奏曲、有声唱片和《圣经》片断的朗读。这是人类利用无线电传播音乐、语言的起始。

1920 年 11 月 2 日，美国威司汀豪斯公司在美国商务部领取了世界上第一张开办广播电台的执照，并且以播发沃伦·哈定和詹姆士·考克斯在总统选举中的得票，开始了播音，这是公认的世界上最早的正式的广播电台。这家电台的广播编辑当然也是世界上最早的广播编辑。1922 年 8 月 21 日，莫斯科广播电台开播，1940 年 12 月 30 日，延安新华广播电台开播，是无产阶级政权领导的世界上最早的广播电台。

十一、电视编辑的诞生

20 世纪电视的诞生和普及，又一次开拓了编辑活动的新领域。电视编辑的诞生，使编辑活动不再限于文字、符号、图片和声音的范围，转而进入综合性的动态传播的新阶段。电视传播的方方面面，自始至终都贯穿着编辑活动，这是编辑活动在 20 世纪的又一个重大发展。

1936 年，英国广播公司（BBC）建立了世界上第一座公众广播电视台，开始定期播出节目，使人类走进电子传播的新时代，并且以不到 30 年的时间，即从 1953 年起，黑白电视开始逐步为彩色电视所代替。1974 年，由文字、图表所构成的信息通过电视传送开发成功以及 70 年代录像机的制作成功，极大地丰富了电视节目的传送和贮存。1984 年，世界上第一颗直播卫星发射成功并正式启用，使电视传播的速度和清晰度达到新的水平。1958 年，北京电视台（即中央电视台）的成立，使电视正式开始在中国开播。从 20 世纪 60 年代末开始，中央电视台和几个地方台开始了由黑白电视向彩色电视的转变。

20 世纪的最后 30 年，电视、录音带、录像带、光盘的问世以及网络传播的发明和兴起，已使各大洲之间的距离缩短，地球为之缩小，人与人之间的交流变得方便和简捷。编辑手段的现代化和内容的无比丰富，已使编辑活动的领域无比宽阔，它在信息传播和文化建设方面所起的作用，达到了非常重要的地步。

十二、由编辑业务研究到编辑学的崛起

20 世纪编辑活动的发展，现代编辑理论和实践的研究取得了新的成就，编辑学在中国悄然崛起，这是 20 世纪编辑活动最重要的理论提升。

20 世纪初，编辑工作日趋复杂，早期那种带有自发性的编辑工作，已不能适应形势发展的需要。梁启超在《新民丛报》发刊词中曾批评外国人在中国办的报纸"记事繁简失宜，其编辑混杂无序"。再如，当时在报刊上发表照片已经相当普遍，同时也出现了竞争和自流的现象。种种情况说明，编辑工作迫切需要总结经验，用一定的思想加以指导。出生在匈牙利的德国《慕尼黑画报》总编辑罗伦特曾著文指出，画报上的图片应该有一定的连贯性和故事性，如采用系列图片表达一个主题，不给读者以随意拼凑的感觉，将会得到好评。《观察》是法国第一种现代摄影画报，1928 年由沃各尔创办，他本人是编辑兼记者，同时又是设计师。他在创刊号上也著文指出，要"以新的精神来构思，以新的方法来实施，《观察》将给法兰西带来一个新的法则"。我国在五四运动前后，报刊发展相当快，也受到国外报刊的影响。1905 年，贯公曾撰文呼吁："外国报纸常有插入图画，加以说明""吾国报纸亦可仿之者"。1933年，上海复旦大学新闻系教员郭步陶，出版了《编辑与评论》一书，比较全面系统地总结了我国数十年来现代报刊编辑工作的经验，对"编辑的准备""编辑的工作""编辑的方法"等问题作了探讨，阐发了自己的观点与见解。这本书的出版，标志着我国报刊编辑工作开始有了自己的理性思维。1949 年 3 月，广东国民大学新闻系教授李次民，在广州自由出版社出版了一本书名为《编辑学》的书，不仅讲了报纸（包括杂志）编辑工作的有关操作问题，而且有一定的理论色彩。这可以说是世界上第一本编辑学著作，这本书的出版，标志着编辑工作作为一门学科的研

究已经开始。20 世纪下半叶，编辑研究在中国蓬勃开展，硕果颇丰，已出版研究理论和实践的书籍约 300 种，其中以编辑学命名的专著就有 80 余种，对编辑理论、编辑应用、编辑史和编辑学方法论都有研究。各种部门编辑学，如书籍编辑学、杂志编辑学、新闻编辑学、广播编辑学、影视编辑学、摄影图片编辑学、电子编辑学、新闻媒体栏目编辑学等都已相继问世，编辑学的学科体系正在逐步形成。

综观近现代编辑活动的演变，内容丰富，形式多样。从文字编辑、图片编辑、广播音响编辑、影视编辑到数字化编辑，从静态的到动态的，从单向的到双向的，从平面的到立体的，编辑活动不仅涉及书报刊出版，而且关系到广播、电视、电影、计算机软件、网络出版等。这说明编辑学要研究的范围，早已越出了传统出版的范畴，它不仅要研究有传播载体的编辑活动，而且要研究不便携带的传播（如广播……）的编辑活动；它也不限于以中介为契机的传播学所能涵盖的内容，同时还包括策划、规划、发掘、整理、美化、优化以及其他众多的组合工作，是一个庞大的综合工程。目前，这种涵盖多种媒体的普通编辑学的研究已经兴起。特别是在今后，随着高新科技的发展，编辑活动的内容和形式将更加多样化，编辑活动的特点也将有更鲜明的体现，这些都将为编辑活动开拓更加广阔的领域，为编辑学研究提出崭新的任务。

2000 年 5 月

《出版发行研究》2000 年第 8 期；《编辑的心力所向》P297，贵州人民出版社 2004 年 10 月版；《一切为了读者》P277，首都师范大学出版社 2010 年 7 月版

访奥印象 ①

应奥地利博曼出版集团等单位的邀请，中国编辑学会代表团一行九人，于 2000 年五六月间赴奥地利进行了出版学术交流和业务考察。我们向奥方介绍了我国出版成就，编辑学研究和编辑培训的情况，奥方向我们介绍了出版现状和培训情况。代表团还访问了维也纳市报编辑部、博曼出版集团、康帕斯出版社和奥地利编辑记者培训中心，并顺访了法、德、意的一些书店，了解了欧洲图书销售的一些情况。通过访问，增进了相互了解，加强了彼此间的友谊，双方都感到很有收获。这里着重讲奥地利出版的一些情况。

奥地利的出版业比较发达，据称，该国现有各种报刊 30000 余种。很多年前，它的工业文化和教科书就向国外渗透。东欧开放后，奥地利的出版业逐步深入到匈牙利、斯洛伐克、捷克、斯洛文尼亚、南斯拉夫等国，占领了国外部分出版市场。

博曼集团是一个以报刊、教材为主，兼出一般图书的出版集团，由 18 家出版社组成。董事长博曼占集团股份的 70%。五年前，博曼还是一家中型企业，年营业额仅为 2000 万美元（其中印刷业和出版业各占 1000 万美元）。两年前，博曼为了扩充企业实力，将印刷企业卖了出去，用这笔钱收购了 12 家出版社的股份，集中力量经营出版，目前，出版的年营业额已达 5000 万美元。博曼集团在六个国家设有子公司，在奥地利是首屈一指的出版大户。博曼集团的跨国合作主要在东欧一些国家，现出版有 80 种刊物和 150 种教科书（不含大学教材）。博曼说，在开拓市场方面，"我们在国内是做得成功的，在东欧一些国家也是做得成功的"，

---

① 陈浩增、段少文同志曾为此文提供了部分初稿。

"我们始终在创造市场"。

博曼集团的经营大致是：在国外购买出版社或寻找能合作的出版社。这类合作并不是单纯的版权贸易，不只是拿博曼的书刊去翻译出版，而是到国外去融资、控股，然后向他们介绍博曼的办社经验和做法；当然也可以共同探讨，以便寻找合作的共同点和切入点。

博曼集团极希望与中国出版界开展合作事务。博曼说："欧洲市场整个加起来也没有中国市场大。"

据博曼自我介绍，他是排字工出身，后来学过法学、企业管理学，取得博士学位，现在也是一名资深编辑。他热爱出版工作，珍惜自己出版工作的岗位，并希望自己唯一的儿子能继承它，但他的儿子不愿干出版工作。现在博曼集团负责国际事务的是他的同事勃特司脱博士（去年10月曾来中国访问），负责对中国合作事务的是博曼的出版经理格里米罗女士（她曾多次到过中国）。

通过这次对奥地利出版界短暂的访问、交流，有几个方面给我们留下了较深的印象。

1. 出版紧密结合经济发展，抓住读者需要。我们见到的博曼集团的出版物，读者定位很明确，内容分类很细致，页码不多，材料和印刷也比较大众化，但均有一定的发行量。如维也纳市报《我们的维也纳》发行97万份，刊物《24小时》发行100万份、《维也纳现状》发行12万份、《园林》发行12万份。在只有800万人口的国家，这些数字是不小的。即使专题类杂志，由于信息量大、实用性强，也都有万份上下的发行量。有一本专门介绍缆车的《电缆车》杂志，竟还有中文版。他们说，这些杂志都是大众生活所需要的。政府办的少量报刊，由政府给予一定补贴，多数报刊则以刊登广告来补贴成本和获取利润。

2. 出版在市场竞争中生存与发展。博曼集团尽管规模大，但国内同行的竞争与来自其他媒体的压力，使他们始终保持着一种开拓进取的精神。《我们的维也纳》是一份官方报纸，有一名总编辑和六名编辑。它的出版发行是通过招标来进行的。每3~5年招标一次，各出版社均可参与竞争。博曼集团取得这份报纸的出版发行权，说明了它在同行中的竞争实力。在国际上，博曼集团进行跨国合作也有比较成功的经验。最近，他们要在斯洛伐克举办一个关于环保、交通方面的研讨会，并请市长与有关官员出面参加。博曼说：用政治敲开大门，邀请官员加盟，联合相关企业，这是运作三部曲。出版社在这些活动中主要是通过经济信息的沟通和协调，来不断获取新的出版资源。

3. 重视对电子媒体的开发和利用。博曼集团对电子媒体的开发已有18年的历史。他们认为，电子网络发展如此迅速，它给我们提供了大量的信息。我们要清理这些信息，将有用的整理开发出来，提供给读者或用户。他们成功地完成了手机的上网服务。博曼说出版社介入电子媒体有优势。我们不去做，别人也会来做。如果编辑没有这种发展眼光，将来就会被一些电脑玩家所替代。康帕斯出版社也特别重视电子媒体的开发。这是一家成立于1867年的私人家族式的出版公司，有1300平方米的办公室和50名雇员，有一批专家。他们出版的品种很单一，主要出版工商企业名录，但它已成为奥地利连续支持百余年的中型企业。他们编辑的职责就是搜集各种信息，录入电脑，并随时将各种信息分门别类整理出来，用来出书。他们主要与政府的工商行政管理部门联系，因为所有工商企业都要到那里去注册登记，每个星期内产生的变化或获得的新信息，如果需要都足够编出一本书。因此，已经成为奥地利唯一能提供工商企业有关信息的最权威的出版社。他们还同时将奥地利16万家企业的资料上网，兼营网上咨询和广告，据说效益还不错。

4. 重视编辑记者的培训。在奥地利编辑和记者不分，采编合一。目前全国有6000~7000人，每周实际工作时间在40小时以上。30%以上是本科毕业，或硕士、博士生。1974年，奥地利开始建立培训中心（目前全国有4个），先后培训过8000多人。我们访问的是全国最大的培训中心，它和一家报社设在一起，设备相当现代化。培训内容主要有：理念、历史、市场（调查和销售）、新技术、实践操作等。培训时间不等，最长的是12周。12周的培训，最后要作一次办报实践，以四五人为一组，在一周以内，从构思、采写、编排、校对、彩印到出版（包括全部操作在内），要编印出一张8开4面的报纸，然后经同学、教师、专家的分头评议，确定实践课程的成绩。广播、电视台的主持人，也要通过实践评分。保证学员一出校门，就能上岗工作。实习的地方除报社外，培训中心也有桌面印刷、广播电台、闭路电视等设备，可供使用。教师主要是根据需要从外面请的，有的课程是请国外著名的专家来主讲的。

通过访问，联系我国实际，我谈几点粗浅的想法：

1. 关于审稿。我们有些人，原来以为西方出版是"文责自负"，至多做些技术性的编辑工作，没有审稿问题。但这次在奥地利看到的则不是这样，以市报《我们的维也纳》为例，它雇用编辑人员需经政府部门认可，稿件都是编辑人员自己写的，要经过部门负责人和总编辑的审查，并要上报市政府主管官员终审，有的还要送到副市长、市长那里。看来这个审稿制度比我们现在要严多了，这是出乎某些人意料的。

2. 特色是出版社的生命力。前面提到的康帕斯，只有50个雇员，每年只出一本书，即《奥地利工商企业名录》，印数也只有2万多本，同时，通过广告和咨询获利。由于它已经出版了150年，掌握着各个工商企业的历史和现实的大量资料。有的企业经第二次大战，自己都找不到档案了，但可以到这个出版社去找，所以，它有很大的权威性，可以提供有偿服务。现在还为东欧一些国家编"工商企业名录"。因为，他们对编辑出版这类书，已有非常丰富的经验。这是一个非常专业化、非常有特色、又非常有生命力的出版社，三者结合如此紧密，且能长期存在，也许这是一个特例，但仍给人以很深的启迪。

3. 建立集团的一种做法。博曼是私人资本，它扩大集团是采取兼并办法，就是大吃小，用钱收购人家的部分股份，形成控股公司，然后利用它的"经验"，推行它的企业管理制度。这和先搭集团的"架子"，再充实内部管理的做法不同。这是因为不同的国家有不同的情况，不能照搬照抄，应从实际情况出发。

由于时间短促，了解不深，上述情况，难免有不够正确之处，仅供参考。

2000 年 6 月

《编辑的心力所向》P330，贵州人民出版社 2004 年 10 月版；《一切为了读者》P222，首都师范大学出版社 2010 年 7 月版

持之以恒 必有所获

——谈编辑史出版史研究

摘要：中国编辑史、出版史的研究不仅能给中国今天的编辑、出版工作者以多方面的启示，具有特殊的意义，而且还有重要的国际意义。我们必须以历史唯物主义为指导，来开展研究工作。研究历史课题，要大中小并举。要积极做好史料的收集，发掘、整理工作。研究工作者要持之以恒，排除困难，开拓前进。

关键词：编辑史 出版史 研究 持之以恒

中图分类号：G239.19　**文献标识码：**A　**文章编号：**1000—5242（2001）01—0121—03

一、为什么要研究编辑史和出版史

历史，在许多情况下，不被那些正在创造历史的人们所重视，但人们又不能割断历史，因而不能不正视历史。因为历史是一所大学校，唐太宗李世民说：以史为镜，可以知兴衰。这说明研究历史，是为了总结、掌握历史经验，借古戒今。今天的一切，往往可以在历史那里找到某种轨迹，可以告诉今人，变得更加聪敏一些，这是一。其次是编辑学学科建设的需要。经过20余年的探索，编辑学的学科建设，取得一定的成就。编辑学的基本框架由编辑理论、业务、历史，或者还有方法论这样几个部分组成，基本上已经取得了共识。业务研究比较成功，理论研究比较靠前，而历史研究相对滞后，方法论研究也没有形成必要的气候，这也是许多人共有的看法。没有像样的编辑史研究成果，编辑学的学科就很难建成。正是出于这样的原因，我们特别感到研究编辑史的极端重要意义。

三是研究 20 世纪的编辑史、出版史有特殊重要意义。近百余年来，我们的国家面对着国内国外的种种矛盾和斗争，经历了半殖民地半封建社会和社会主义初级阶段，我们面对过外敌入侵、被列强瓜分的危险，我们也经历了激烈的国内斗争。在这个一百年中，媒体的发展变化，也丰富多彩。总之，中国人民经历了苦难的遭遇，也享受了胜利的喜悦。随着政治经济的巨大变化，中国出版在仁人志士的开拓进取中，尽管跌宕起伏，始终是不断发展、不断前进的。就在这风云多变的百余年中，中国出版经历了三个历史性的转变。从生产方式上说，这百余年完成了由古代出版向现代出版的转变；从政治上说，实现了由旧中国的出版到新中国出版的转变，特别是意识形态上，马克思主义由非法变为合法并成为占统治地位的指导思想的转变；从经济体制上说，实现了由社会主义计划经济到社会主义市场经济的转变。就在这短短的百余年中，经历这么多转变，在中国历史上是罕见的。这说明 20 世纪的编辑史、出版史具有非常丰富的内容，异常鲜明的特色，它给我们的启示是多方面的，给我们的经验和教训是极为深刻的，因而研究这一段历史，就具有特殊重要的意义。

研究中国编辑史、出版史的意义不仅在于此，还有重要的国际意义。由于中国编辑、出版的历史非常悠久，又是活字印刷术和造纸术的发明者，所以，研究它绝不是一国的事，还关系到国际学术文化交流的大事。有的日本人说，敦煌在中国，敦煌学在日本。中国人听了这个话，心里当然不是滋味。于是中国学术界在几年里作了大量研究、发掘工作，产生了许多重要成果，终于证明，敦煌在中国，敦煌学也在中国，为中国人民争了一口气。出版方面也有类似的问题。有些韩国学者根据韩国出土的唐初印品《无垢陀罗尼经》与中国争印刷术的发明权。稍有历史知识的人，都认为这不合情理。但要驳倒这种观点，就要靠资料、靠论证（这个问题，近年来中国学者发表了几篇有论有据的文章，持不同意见者已有所收敛）。这说明，历史上的问题，你不重视，人家会重视，你不研究，人家会研究。与其被动应战，不如主动做好自己的研究工作，这样可以更有利于国际文化学术的交流。

二、编辑学、编辑史和出版史的研究，目前是不是处于低谷

这是一个有争论的问题。

持低谷看法的同志认为：①这二年编辑学鲜有理论上的重大突破。如编辑规律、范畴等方面，现在还没有多数人承认的观点出现，编辑史方面的著作还不多，资料发掘积累也不够。②出版界原有的理论、业务刊物，在寻求新的经济增长点的思想影响下，有的已经改为面向市场的消闲性刊物，有的已经停刊，有的还在酝酿停刊，觉得原来就不多的编辑出版理论、业务、历史方面的园地，正在越来越少，影响研究和交流。③在经济压力下，出版社内除了一些离退休的老同志外，在职的人员中很少有人或者没有人去研究编辑史、出版史。认为长此以往，前景暗淡。

非低谷论者认为：①近20年来，编辑学从小到大，出现了历史性的崛起，其他新学科很难与之相提并论。即使在有的人认为"低谷"的最近二年，在理论上也有突破。如编辑学研究的范围，正在由以图书或书刊为主，走向书、报、刊、广播、电影、电视以及电子出版物、多媒体的理论研究；如研究多种媒体编辑活动的共性等；规律、范畴方面的研究正在升温，不同观点的争鸣正在蓄势待发。②编辑史、出版史资料的收集工作这几年也有成就，如各地的地方志（包括出版志）的出版，收集的资料相当丰富，说明党和政府对史的研究，史料的收集、整理相当重视，给予了很大的支持。③在一些有识之士的倡导下，在各方面的支持下，编辑史、出版史资料的整理、出版，正在出现一种好的势头。宋应离等编的《中国当代出版史料》8本已经出版，宋原放等主编的《中国出版史料》10本的出版印制工作也已落实。一些断代史也即将问世。现代编辑家的研究，如关于邹韬奋、叶圣陶等的编辑、出版论著，以及

对他们的编辑思想、出版活动的研究著作，有的已经出版，有的将要出版，这些都是这几年的成就。④以高等学校教研人员为主的编辑史、出版史研究队伍中，青年和中青年成员正在增加。这说明教育界对这项工作的支持。⑤几个专业刊物都认为当前收到的研究编辑史、出版史的稿件并不少，有的是来不及刊登，这说明这方面的研究活动的积极性还是很大的。

我认为高潮和低谷是相对的，做学问不是买彩票，不可能有轰动效应。学科建设的道路也不是笔直又笔直的，有些起伏是难免的。如果把现在和过去 20 年中有些阶段相比，目前还不能说是低谷。问题是要看整个发展趋势。无论是编辑学、编辑史或者出版史的研究，如果从总体上看，都是一种上升的势头。只要新闻出版事业是发展的，传媒事业是发展的，那么，它的学术研究、历史研究，就不可能跌入深渊。

三、要用历史唯物主义的立场、观点、方法研究编辑史、出版史

学术研究，包括历史研究，难免有不同观点，这是正常的。学术问题，不同于政治问题，只有争鸣才能促进发展。问题是我们都要以历史唯物主义为指导，来开展研究工作，即要实事求是地来观察和分析历史上的各种问题，各种人物，这样就有可能得到科学的或者比较科学的看法。现在，有些搞历史的，喜欢写翻案文章。翻案文章不是不可以做。郭沫若首先为曹操翻案，是很有见地的，很有影响的。但是，现在有些翻案文章，毫无根据，近于胡闹。如有人说，胡适是"圣人"。胡适在中国现代学术史上应如何评价是可以讨论的，但他是新政协通过的战犯，这一点是不能改变的。说他是"圣人"，是否不大了解历史。还有人给恶霸地主刘文彩翻案，随着社会的演变，刘文彩的地主帽子是可以摘的，但他的所作所为这个案是不能翻的。有的出版物翻了这个案，但人民的心目中是永远翻不了的。

四、研究历史课题，撰写历史著作，要大中小并举

几百万字的编辑史、出版史，只要有人有这个雄心壮志，应该搞。因为中国是一个出版历史十分悠久的文明古国，应该有一部像样的中国出版通史，当然，搞起来困难不会少，所以，要有中型的、小型的史书、史料。搞个案史，是个好办法，搞出一批历史上的机构、事件、人物、出版物、地区史、社史、店史、厂史，都是很有必要的，可以搞传记、史料，也可以搞回忆录，把活的资料留下来，是最可贵的。可是，我们现在的不少出版社，不重视出版档案，人员变动频繁，有的甚至连建社以来一个完整的书目都没有。一般说，选题根据，约稿经过和作者情况，三审的报告，与作者来往的信件（包括编辑主任同意或修改信稿的底稿）……都要归档。可是现在有的地方，和作者通信都是编辑以个人名义；有的只是一个电话，也无记录。所以，档案残缺不全。这为今后搞历史研究增加了困难，应该在现在加以补救。为此，我主张出版社搞社史，省局要搞省出版史。基本档案不全的，要搞出书记录。把这个搞好了，比盖一个大楼的寿命会长得多，对社长、局长来说也是对后人的一个交代。

五、积极做好史料的收集、发掘、整理工作

资料是研究的基础，没有资料搞不了学术研究，更搞不了历史研究。搞历史资料这件事很具体、很琐碎，在故纸堆中淘金，要有极大的耐心和恒心。1984年，筹建中国出版发行科学研究所（后命名为"中国出版科学研究所"）时，我写过一篇短文，要从老同志口中抢救资料。研究所成立以后，做了一些工作，但收效有限。今天，15年过去，旧事重提，很有感触。这说明这类事情是要做的，但不是讲一次两次就能完事的。同时又说明，这种工作只要去做，那怕一年二年，是能够收到一定效果的。如果长期做下去，就能取得重大的成果。收集资料，有人主张要有

蜜蜂精神，闻芳即止，很好。做这件事很辛苦，为一个数字，一个年号，要写好多信，跑好多路，翻好多书，这是不可避免的。所以，要做有心人，注意平时积累。有时一份看来不起眼的材料，过了多少年，可能变成重要的东西了，这也是常有的事。

六、研究工作者要持之以恒，排除困难，开拓前进

说编辑史、出版史研究不是低谷，并不等于没有困难，应该说，困难是相当大的。首先是现在的编辑出版工作者的经济压力太大，没有或很少有人关心编辑学术研究、出版历史研究。离退休老同志好一点，但真正关心的也不是很多。其次，经济力量不够，搞研究工作也需要一定的经济支持，但现在，没有起码的经济来源。比如，高校有一些力量，可以做研究工作，但要搞一个课题，往往找不到启动费。有的连外出开一个学术研讨会也困难。第三，是发表园地困难，能发编辑史、出版史的报刊很少，出书更不容易。学术研究需要交流，老是束之高阁，无人问津，也会影响积极性。我们诚恳地希望有关的报刊，大力支持编辑、编辑史和出版史的研究，能够腾出一些篇幅，来发表这方面的文章。

当然，办任何事都会有困难，有困难也不可怕，相信大家能够顶得住，可以战而胜之。关键是要持之以恒，不要一有困难就退缩，那样，任何事、即使最容易办的事也是办不成的。不退缩，硬着头皮顶住，知难而进，不怕坐冷板凳，不怕钻古纸堆，埋头苦干，就可以做出成绩。其实，取得任何成功，作出成绩的人，都是战胜困难的结果。天上掉馅饼的事是没有的。

2000 年 6 月

《河南大学学报》2001 年第 1 期；《编辑的心力所向》P291，贵州人民出版社 2004 年 10 月版

谈谈责任编辑和"责编"工作

一、为什么要研究责任编辑的工作问题

也许有人会问，目前出版工作中需要讲和可以讨论的问题很多，为什么偏偏要在现在来研究责任编辑的工作问题。首先，当然是因为实际工作的需要。常常听到有人说，现在编辑工作难做，责任编辑难当。一方面要求快出书，以对付激烈的市场竞争，一方面又要求出精品，实在太难。有的还要求责任编辑什么都管，做这儿做那儿，忙个没完，等等。责任编辑究竟应该怎么办、应该做什么，确实是现实工作中的重要问题，有必要发动大家来讨论，以提高认识，交流经验，做好工作。其次，是编辑学学科建设的需要。编辑学研究是为编辑工作服务的，它离不开编辑工作的实践，特别离不开编辑工作中居于重要地位的责任编辑工作的实践，用他们的经验来验证和丰富编辑学的理论。编辑学只有不断研究新问题，从实践中吸取新经验，进一步探索编辑规律的表现形态，才能使自己不断地得到充实和发展，才能使理论进一步结合实践，把理论和实践的结合提高到崭新的水平上来，才能更好地指导编辑实践。理论来源于实践，理论的发展也必须符合实践。符合实践的理论，才能推动实践的发展，才是实践需要的有生命力的理论。

二、我国编辑出版工作者面临的形势和任务

当前，我国出版界正在认真学习和掌握江泽民总书记关于"三个代表"的重要思想，坚持正确的出版方向，加强出版阵地和出版队伍的建设，高度重视出版物的质量，更好地为人民服务，为社会主义服务，为

全党全国工作的大局服务。为深化改革，加强社会主义物质文明和精神文明建设，提高全民族科学文化水平和思想道德素质，为促进社会发展，做出自己应有的努力。

我国出版业的发展正面临着复杂的局面。从国际上说，西方敌对势力妄想"西化""分化"我们的阴谋，从来没有停止过。再说，如果一旦我们"入世"，西方的思想和价值观念对我们的渗透必将更为加剧。从国内说，随着改革的深化，社会主义市场经济体制的逐步建立，人们的思想观念也会发生不同程度的变化。在这种形势下，巩固和发展马克思主义在意识形态领域的指导地位，增强民族的凝聚力，就比以往任何时候都更加重要。出版作为重要思想文化阵地，在弘扬和传播优秀文化，帮助读者树立正确的世界观、人生观和价值观，进一步建立远大理想、崇高信念，提高文化科学素质等方面，有着十分重要的作用。所以，编辑出版工作者一定要加强政治意识和质量意识，一定要有高度的政治敏锐性和是非鉴别力，认真生产优秀的精神产品，多出好书，真正为读者服务。

当代中国的出版事业，几十年来，尤其是改革开放以来，无论是在质量和规模上，都有空前的发展。目前，我国每年出书品种都在 13 万种左右，图书销售量约在 73 亿册上下。这和改革开放前的 1978 年（品种：14987 种，印数：37.7 亿册张）相比，是极大的进步。但是，如果按人均计算，我国人均的图书占有率只有五六本。若除去课本，人均占有图书只有 2.5 本。这个数字不要说无法和发达国家相比，甚至不及有的发展中国家。这说明我们当前的出版工作，很难满足提高全民族文化科学知识的需要。

如果再看我国出版的对外贸易，情况同样不能令人满意。我国的出版对外贸易，主要是版权贸易。据统计，这几年由引进版权出版的图书总量是不断上升的，到 1998 年已达 5800 多种，核算一下，引进版权出版的图书总量，约为我国年出版图书总量的 4.5%（占新书总量的

80%），实际的总印数和销售份额的比例还会更大。1999年，我国各出版社输出版权的图书总数是418种（其中输向港、澳、台的280种），真正输向国外的只有130余种（这里主要有语言文字障碍问题）。

以上情况说明，中国出版不适应国内外需要的情况是何等的突出。在这种形势下，在国际国内矛盾错综复杂的情况下，可以想见，中国的出版工作者，中国的编辑人员，尤其是在出版社独当一面的责任编辑，任务是何等的艰巨，责任是何等的重大。

三、责任编辑是一本书能够出版和出好的关键人物

说到责任编辑，大家知道他是出版工作者队伍中最活跃的细胞，是出版工作的基础，也是出版工作的重要组成部分。他们既联系作者，又接触读者，是出版社和作者、读者打交道的主要的、直接的渠道。他们的工作状况是这个出版社编辑工作的水平、服务精神和工作作风的全面体现。在读者和作者的心目中，他就是出版社，出版社就是他。换句话说，在读者和作者那里，责任编辑就是出版社的具体代表，也是出版社的具体形象，这是一方面。从另一方面说，责任编辑由于工作的关系，他要审读、选择取舍稿件，加工、修改、整理稿件。所以，他又是代表社会、代表读者的，尽管他在工作中可以创新、可以形成自己特有的风格，但是他不能背离社会的意愿，不能违反一般读者的基本要求，也不能改变作品原有的思想和风格。对各种各样的稿件，他有权根据出版方针，政策、原则，该放行的大胆放行，该把关的坚决卡住，该修改的则必须修改。这说明，责任编辑工作的重要性，他掌握着稿件生杀予夺的大权；同时，他的工作和其他各行各业的生产者一样，又是受到制约的，不能信马由缰，为所欲为。如果说，编辑工作是整个出版工作的中心环节的话，那么，责任编辑就是中心环节中的中心人物，是出版社工作中的主要角色，是一本书得以出版和出版得好与不好的关键人物。没有他，最好、最重

要的稿件也无法按部就班地出版。

正因为责任编辑的地位和作用十分重要，所以，他对整个出版社的工作，对中国出版业的发展，具有十分重要的意义。各级领导，尤其是出版社领导，各个部门，要高度重视责任编辑和他们的工作，积极支持他们的工作，了解他们的疾苦，帮助他们解决工作中的困难，改善他们的工作环境和条件，帮助他们加强管理，使他们便于工作。有的社领导对责任编辑的工作不重视或者不够重视，或者支持不够，就是没有做好基础工作，不了解基础不扎实，不稳固，那么一切工作都会受影响，或者事倍功半，效果是不可能好的。

四、社会主义市场经济条件下责任编辑的工作范围和职责

在社会主义市场经济条件下，出版面向市场，每个出版社都在市场经济的大潮中颠簸摔打，有的闲庭信步，有的随波逐浪，有的苦苦挣扎。各个出版社做法也不一样，有的还在搞部门承包，有的搞"一条龙"核算，名目不同，其中不少还是利润指标到人，或者按书号计价；有的搞"项目责任制""目标责任制"，还有其他各种做法。其中，有的是管理部门明确否定了的，有的是在实践中碰了壁的，有的是尚待实践检验的。由于出版社的工作情况不同，有的打乱了原来的编辑部、室，按具体任务成立了许多临时性小组，而这些小组实际上也就变成了一个一个小的出版社，甚至有的责任编辑一个人就是一个出版社。这些小组一般人员不多，有的只有一两个人。但从编辑、校对……直到印制成本，发行折扣，印数分配、奖金、税收，等等。什么都管，一个一个都成为社长，总编辑，而且从早到晚忙得一塌糊涂。其结果在不少地方实际上削弱了包括组稿、审稿、加工整理等在内的编辑工作，造成图书质量滑坡，差错增多，退货率增加，社会效益和经济效益都不理想。而另一方面，弄得编辑，尤其是责任编辑，深感压力很大。为了完成经济指标，不得不追加发稿品种，

加大了发稿字数，有的年发稿字数好几百万，甚至一两千万，这么多字数，就是数一遍也不容易，更不要说审读、加工了。后果可想而知，造成平庸书增加、无错不成书的状况加剧。有的还主张责编的职责不再是对稿件内容负责，而是对经济指标负责，等等。这种状况，使一些责任编辑感到困惑和苦闷，甚至提出：责任编辑的工作范围和职责究竟是什么？下面我们就来谈谈有关"责任编辑"的一些规定和界说。

五、有关"责任编辑"的一些规定和界说

（一）"责任编辑"的由来

在出版工作中实行责任编辑制度，是在中华人民共和国成立以后从苏联引进的。

十月革命胜利之初，当时俄国的出版状况十分混乱，出版物内容乌七八糟，列宁曾提出"建立负责人登记制度"，"使每一种出版物都有专人负责"。1920 年 12 月 11 日，列宁写信给国家出版局，要求在出版每本书和小册子时，一律作下列书面记录："一、负责审查这本书的国家出版局编辑部委员的签字；二、责任编辑的签字；三、责任校对，出版者或发行者的签字。"这样就有了"责任编辑"这个词。

（二）我国政府有关文件涉及"责任编辑"的有关规定和说明

中华人民共和国成立以后，各行各业曾一度掀起学习苏联热潮，出版也不例外。1950 年 10 月，国家出版总署曾作出《关于国营出版社编辑机构及工作制度的规定》，其中第五条说："每种书籍版权页上必须注明该书的著作人、编辑、美术编辑、技术编辑、出版者和印刷者，以明责任。"第六条又规定"编辑部对某一书稿都应负政治上与技术上的责任"。这个规定，虽未提出"责任编辑"一词，但强调编辑的责任是十分明确的。后来，由此演变为"责任编辑"的工作制度，也是顺理成章的。

1954 年 4 月，出版总署公布了《关于图书版本纪录的规定》，提出图书的版本纪录，"除作者、编辑者、翻译者姓名外，需要时可以载明负责的校订者，责任编辑，优秀的装帧设计者，插图者及校对者的姓名"。可见，"责任编辑"在那时已成为我国出版工作中的术语。

1978 年 7 月 18 日，"文革"以后恢复工作时，国务院批转了《国家出版局关于加强和改进出版工作的报告》，提出要"恢复总编辑、主任编辑、责任编辑三级审稿制"，"恢复编辑人员的职称"。

1980 年 4 月 22 日，中宣部转发国家出版事业管理局制定的《出版社工作暂行条例》（以下简称《条例》）第 14 条规定："对决定采用的书稿，责任编辑要认真做好编辑加工整理工作，如有违背国家现行法律和政策，或泄露党和国家机密的问题，以及在其他内容上，论点上的疏漏缺陷，应向作者提出意见，或同作者磋商修改。属于学术思想，论点、考证以及风格的差异和是非，不强求作者修改……"这里对责任编辑的工作范围以及他的工作职责的规定是十分明确的。《条例》把责任编辑的工作范围定在"对决定采用的书稿"上，这说明它突出了责任编辑的工作范围在"编辑加工和整理工作"，也就是在即将出版的书稿的内容上。这样的规定决定了编辑对书稿必将精编细作，有利于图书质量的提高。反之，决定不采用的书稿，当然也就不存在责任编辑的问题。至于书稿采用前编辑所做的选题、组稿和审读等一系列工作，在这里只能理解为责任编辑所做的准备工作。由于目前，进入策划、组稿和审稿的稿件，大部分都可以决定采用，所以，这些工序也可以看作是责任编辑的前期工作。在以后的一些工具书的界说中，都已经把它列入责任编辑的工作范围。

《条例》第 13 条还规定："凡采用的书稿出版时，作者、编著者、译者以及集体编著书稿的主编或执笔者都应署名。出版社的责任编辑、装帧设计也可以署名。"

1997 年 1 月 2 日，国务院颁布《出版条例》，其中第 24 条规定："出版单位实行责任编辑制度，保障出版物刊载的内容符合本条例的规定。"这里强调的也是出版物的内容。

1997 年 6 月 26 日，新闻出版署颁布《图书质量保障体系》，第 9 条规定："坚持责任编辑制度。""图书责任编辑由出版社指定，一般由初审者担任。除负责初审工作外，还要负责稿件的编辑加工整理和付印样的通读工作，使稿件的内容更完善，体例更严谨，材料更准确，语言文字更通达，逻辑更严密，消除一般技术性差错，防止出现原则错误；并负责对编辑、设计、排版、校对、印刷等出版环节的质量进行监督。为保证图书质量，也可根据稿件情况，适当增加责任编辑人数。"从以上各项规定看，对责任编辑职责的规定，是相当具体明确的。

（三）几种工具书对"责任编辑"的界说

在一些工具书中，对责任编辑的定性定位，也作过一些界说和解释。

最早谈到"责任编辑"的是《出版词典》（边春光主编，上海辞书出版社 1992 年 12 月出版），对责任编辑的界说是："对稿件内容、文字，以及书刊的装帧、版式设计，报纸的版面安排等方面工作，负主要责任的编辑。一般由职务在编辑以上的人员担任。"

《编辑实用百科全书》（边春光主编，中国书籍出版社 1994 年 12 月出版）说责任编辑是："承担某部书稿的组织、审读、加工整理，对稿件负全面责任的编辑人员。"又指出："责任编辑不是专业职称，而是一部书稿的具体责任实施者。"它的职责是："应对从选题到出书的每个环节认真负责，从书稿内容的政治思想性、学术性到稿件的文字水平和语言规范都要严格把关。"对书籍的开本，版本设计、装帧等提出建议，组织或撰写书评。责任编辑一般由编辑室指定，并应在书上署名，"以示负责"（见文后附录一）。

《现代汉语词典》（中国社会科学院语言研究所词典编辑室编，商务印书馆 1996 年 9 月版）说："出版部门负责对某一稿件进行审读、整理、加工等工作的编辑人员，简称责编。"

《中国出版百科全书》（许力以主编，书海出版社1997年12月版）说责任编辑是："指全面负责某部书稿从选题、组稿、审读、加工整理到发排、读样全过程而具有独立发稿能力的编辑人员。通常由编辑室主任指定。"它的职责是："一提出选题，二选题批准后开展组稿，三处理责任范围的来信来稿，四负责发稿。对开本、版式、封面、装帧设计等提出建议，五撰写内容介绍，组织书评或编者的话等，六通读校样，七检查样书，八搜集读者反映和图书市场信息"。（见文后附录二）

以上各种规定和界说，繁简不一，但总起来说，不外乎这样四点：一、对被指定经手责编的稿件的内容负全责；二、撰写有关辅文并负责全书的组合；三、对开本、版式和装帧设计等提出建议并监督实施；四、写书评，进行宣传。

这就是说，责任编辑的责任是重大的，但他的责任是具体的，规范的，不是松紧带，不是无限制的。社长、总编辑、编辑室主任有他们各自应该负的责任，因为我们这里讨论的是责任编辑的工作，就不涉及它了。但也说明：一个出版社有各种各样的部门，彼此各有职责，这里的许多工作，不能都压到责任编辑一个人的身上，不然，神仙也是做不好的。

六、责任编辑工作的核心是什么

什么是编辑工作的核心，这个问题争论很久，现在已经形成一种倾向性看法，就是创意和把关。何谓"创意"。创意就是立意，就是一种构思，一种设想。也有人称之为"开发"，或者"策划""设计"。总之，是在调查研究，掌握信息的基础上，或者是在生产和生活中形成的一种意向，想法……这种创意是每一本书，每一期杂志，在问世以前，萌发于编辑头脑中的一种潜在活动，逐步形成为方案、计划等。它从无到有，从无形到有形，是逐步发展，逐步充实，逐步形成，逐步成熟的。说到"把关"，可以说编辑工作自始至终都贯穿着把关。如选题（选这个不选那个）、找合适的作者组稿，都需要把关。至于审稿、加工当然更是把关，直至最后检查样书，也是把关。所以，创意和把关是编辑工作的客观规律，也是编辑本质特征的集中表现。责任编辑的工作既然是编辑工作的基础，他是出书、出好书的关键人物，而且他的工作职责就是对稿件的内容负责，就是要有好的立意，严格地把关。上面讲的责编的各项具体工作，尽管有的是直接的，有的是间接的，目的都是为了创意和把关，都是为了保证稿件的内容。所以，它是责任编辑工作的核心。责任编辑的一切工作都离不开这个核心，也不应该离开这个核心。现在有些地方的有些做法，使我们的责任编辑感到困惑的，有可能就是离开了这个核心，这是不符合或违反客观规律的。

七、要学习和掌握现代化编辑技术和手段

现在高新科技发展很快，20 年前彩色电视在中国还是不多见的，现在在城市里几乎已经普及，而且有的一家不止一台。复印、传真机也一样，短短几年，从无到有，成为普及的东西。现在对编辑工作有直接关系，或者说关系很大的是电脑和网络。有人说，编辑工作是信息和知识有序化、载体化与社会化的学术业务[①]，在信息时代，编辑工作要充分地、合理地利用信息是不言而喻的，而电脑和网络是当前获取信息最迅速的渠道，也是毋庸置疑的。所谓"信息隧道"，使你取之不绝，用之不尽，所以，当编辑的，特别是中青年编辑要努力学习和掌握这些新的技术和手段，使我们的编辑工作紧紧地与时代发展同步，富有时代气息。

当然，这和网络能不能、会不会代替纸介质出版物，是两回事。当电视和光盘出现的时候，国外一些传播学、新闻学和出版学者曾经议论纷纷，有的说要代替纸质书刊，有的说不会，各执一词，可是争到后来，

---

① 参见任定华等主编：《科技期刊编辑学导论》，西安交通大学出版社 1991 年 11 月版。

多数人认为不可能代替，而且已被后来的实践所证明：在相当长的时期里是不可能被代替的。今天，电脑和网络也一样，我们希望它不断发展，但要真正代替纸介质的出版物，恐怕还要：一看生产的发展水平，二看科技普及程度，三看群众阅读习惯演变的进程，还有网络本身的问题，如公信度不高，由于网络的开放性，任何人都可以成为信息源，反而使它的公信度受到影响。但这不等于说我们不要学习和掌握先进的技术手段。不然，我们就跟不上时代的发展，也不利于我们熟悉它、掌握它，使它更好地为编辑工作服务。但是现在就过多地去争论会不会代替，何时代替，像算命先生那样，似乎也没有必要。因此，担心纸介质出版物的消灭，使编辑无事可做，这似乎过于超前了。

最近根据初步的实践证明：网络和报刊可以互相合作，互相融合。报刊可以借助网络扩大和延伸自己的社会影响和功能。网络传播的信息，也可以通过报刊深入到社会的各个角落（至少在网络普及以前是这样）。报刊还可以对网络的信息进行鉴别和判断，使它更具有权威性。这样发展下去，很可能如电视、光盘出现时那样，取得双赢的局面。

八、责任编辑既要有市场意识，又要有质量意识

市场意识和质量意识，本来是统一的，不矛盾的。在市场经济条件下，特别是在买方市场的环境中，一定要有市场意识，必须非常讲究质量。因为只有高质量的产品，才能受到消费者的欢迎，才能得到市场的承认。因而市场意识强的人也一定是有很好的质量意识的人，所以说两者是统一的。但是，现在在有些人的脑袋里，市场意识和质量意识是对立的。他们认为市场竞争非常激烈，质量差一点无关紧要，质量再好，出得晚了，市场被别人占领也是白搭。他们特别担心，我国加入世贸组织以后，和国际市场进一步接轨，一切按市场经济的原则办事，使自己吃亏。所以，他们在出版社内部，也来一个按市场经济原则办理，把每一个责任编辑

都变成了一个核算单位或者是经济指标到人，如编审 10 万，副编审 7 万，编辑 5 万，等等。其实，这和现代企业要搞规模经营，恰恰是背道而驰的。我国加入世贸组织要按照世贸组织统一的游戏规则办事，这是事实。但这里还有各国不同的情况，全世界加入世贸组织的国家有好几百个，真正开放出版的只有 20 多个，我们也不至于今天"入世"，明天就请外国人到中国来办出版，甚至把教科书的出版权也拱手让给外国人，这是不可能的。但是我们既然加入了世贸组织，就是要按统一的规则和双方同意的条件办事，所以要逐步熟悉这些规则，努力使它适合于中国的情况，并对我有利，这才是我们应该做的事情。

在市场经济条件下，如何实现两个效益的结合，这是一门很大的学问。江泽民同志最近指出："思想文化单位生产和传播精神产品，必须把社会效益放在第一位，努力做到社会效益和经济效益的正确结合。"①这当然包括出版在内。如何正确结合，在一个出版社，对社长、总编辑来说，就是要统筹安排，哪些书可以赚钱，哪些书要持平，哪些书要亏一点，才能在总体上实现只赚不亏，做到略有盈余，那就不错了。不能要求每个责任编辑都赚很多钱，每一本书都赚钱，亏本书一律不出。那么，学术著作怎么办，很有价值的专业书怎么办？如果要求每一本书都赚钱，那还有什么两个效益的结合，干脆经济效益第一就算了。这次江泽民同志的讲话强调的是"正确结合"，改变了人们原来说的"最佳结合"，这一点我认为很重要。最佳结合，容易理解为社会效益好，经济效益也好，那就是最佳。但这个最佳，可以有不同标准，你认为好的，我不一定认为好。所以，有人就认为只要经济效益好，打擦边球也可以；只要不违反四项基本原则，不犯法就可以；甚至以为质量差一点，有点小错误书也照样可以出；迎合一些读者的低级趣味的书也可以出。又比如说，要求每一本书都赚很多钱，把每个责任编辑都作为一个核算单位，

---

① 江泽民：《在全国思想政治工作会议上的讲话》，参见 2000 年 6 月 29 日《人民日报》。

到年底算钱，也可以理解为最佳。现在说"正确结合"就更科学了。所谓正确，至少要坚持正确的出版方向，一本书的出版必须是社会效益第一，首先要考虑的是社会效益。社会效益和经济效益有一个"奇怪"的现象，即就经济效益而言，不可能要求每本书都赚钱，就是说，有的书亏本也是可以出的、是合乎出版经济规律的；就社会效益而言，每一本书都是必须保证的，坏书一本也不能出，出一本也不行，否则就使全部、甚至整个出版社的社会效益都被一票否决，这就是社会效益第一，丝毫没有商量的余地。要在出版工作中具体地落实江泽民同志关于"三个代表"的重要思想，牢牢把握出版导向，高度重视精神产品的质量，才能真正做到两个效益的正确结合。作为一个出版社的领导人，如果心中无数，一味追求经济利益，并且把社长应该负担的经营责任，一股脑儿地转嫁到每个责任编辑身上，让每个责任编辑各自去"经营"，那出版社的发展战略、出书特色、品牌效益，不就完全成了一句空话了吗？

社长要有经营意识，这个经营既包括经济效益，又包括社会效益，而且首先是社会效益。现在有的同志，一谈经营，就讲盈利，偏到经济一端，是不全面的。这就是说社长要有通盘考虑的发展战略。每个责任编辑要从编辑工作的角度领会和贯彻社领导的经营意图，主要就是从读者利益考虑，要有市场意识，要熟悉自己的读者，在选题、物色作者、加工整理等编辑工作中，要考虑读者的接受程度，使书刊适销对路，多印多销，用高质量的出版物去满足读者的要求，而不是像社长、发行部经理那样，去算成本利润，谈销售折扣等等。这就是既要有市场意识，又要有质量意识。

九、加强编辑队伍建设是当务之急

我国的编辑，毫无疑问，大多数是好的和比较好的。他们努力学习理论、不断充实新的知识，始终坚持正确的出版方向，努力团结作者，了解读者，勤勤恳恳，精编细作，不骄不躁，积极提供优秀的精神食粮，为社会主义精神文明和物质文明建设，默默贡献自己的力量。他们是我国出版事业的中坚，是我们的希望所在。但是，另一方面，编辑出版队伍中，也有一些人，在不同程度上存在这样那样的问题。比如有的人，不是不想做好工作，但发稿任务太重，压力太大，不得不降低标准，在"把关"时松松手，加工上打折扣，或者该退改的不退改，该提出的问题不吭声，明知不对，但有苦难言；有的觉得现在编辑工作不好做，选题创新很困难，自己想到的，人家已经出书了……大的点子找不到投资，小的点子没有意思；有的想抢占市场，整天东奔西跑，坐不下来，看不了稿，心态浮躁，做事毛糙；有的人一脚门里，一脚门外，既在出版社吃粮，又为外单位或个体书商干活，美其名曰：反正一样当编辑，都是"为读者服务"；有的人一心二用，既当编辑，又"炒"股票，称之为"一手抓经济，一手抓文化"；也有的不安心编辑工作，寻思找一个压力小一点，赚钱多一点的地方，想跳槽转行；也有的觉得科技发展，社会进步，知识更新很快，自己跟不上形势，很吃力；等等。这些情况说明，出版社要在新的形势下，完成前面提到的艰巨而伟大的任务，必须抓紧编辑队伍的继续教育，进一步建立一支"政治强、业务精、纪律严、作风正"[1]的队伍。应该说，这已经成为当前进一步做好编辑出版工作的当务之急。

十、责编的学习和培训不可忽视

一个出版社、特别是一个小型的出版社，怎么能办起来，有人说首先要有资金，资金当然重要，一定的资金是需要的。但说到底，办出版社最重要的不是靠资金，因为办一个小社本身不需要太多资金。众所周知，鹭江出版社在 80 年代开创时，只有 5 万元开办费，新中国成立前许

---

① 江泽民：《在全国思想政治工作会议上的讲话》，参见 2000 年 6 月 29 日《人民日报》。

多书店都是白手起家的。那么，办出版社最重要的是什么呢？是人才。现在搞规模经营，不是强调资源配置吗？最大的出版资源是什么，一是人才，二是信息，信息也靠人才去掌握。所以，人才是最重要的出版资源。一个出版社的社长，总编辑，首先要把人才资源张罗好。既要思贤若渴，广揽人才，又要把已有的人才使用好，但每个人的知识都是有限的，所以，不能光使用，不培养。特别是现在社会发展很快，高新科技突飞猛进，知识更新的周期已大大缩短。作为责任编辑个人，在这种情况下，一定要加强学习，不要在卡拉OK厅、保龄球场、股票市场上混日子。要像鲁迅那样，把别人喝咖啡的时间都用在工作上、学习上，不断吸收新的知识，努力跟上时代的发展。从社领导来说，要加强对责任编辑的培养，应该看到这是新形势的需要。说到培养，首先是在实际工作中培养，要妥善地解决责任编辑的责权利问题，做到责权利的一致。这是充分调动积极性的重要一环。其次，要给他们提供一定的学习机会，如学习班、培训班、党校、研究生班等，要尽可能地让他们参加。这种智力投资，只会对工作有好处，一般不会有什么坏处。再次，要支持他们参加学术活动、社会活动。关起门来培训，效果不一定很好。应该让他们多参加一些活动，至少可以增长见闻，有的编辑参加社会上的学术活动，获了奖，取得了很好的成绩，这对出版社也有好处。对人才的使用，要不拘一格，对人才的培养，更需要不拘一格。

十一、加强纪律性是不出和少出差错的保证

要使自己成为一个合格的编辑，还要学习有关的法律、规定和纪律。特别在目前国内外错综复杂的形势下，这一条尤为重要。要加强请示汇报，不能像有些人所理解的那样，"饿死胆小的，撑死胆大的"，与其请示了再办，不如胆大一点"先干了再说"，结果犯了大错误。事先不请示、不汇报，等到书出来了，群众举报才发现问题，这是当前受到查处案件的一

个重要特点。有些问题，连读者都能发现，编辑就发现不了，实在不好理解。这只能说有些编辑不细心或心存侥幸，缺乏法制观念和纪律观念。

十二、出版社的领导要带头学习

现在出版社的领导，里里外外，忙得厉害，没有机会坐下来学习，参加新闻出版总署的上岗培训，也带来了稿子要看，坐在课堂里手机响个不停。工作很辛苦，也有苦难言。但是越是这种状况，就越要学习，特别是出版社的领导，他们中大多数人政治意识强、思想水平高，作风好，这是十分必要的，没有这一条，也当不了社长、总编辑。但仅这些还不够，还一定要懂编辑业务。如果不懂业务，就不能了解编辑工作的甘苦，也做不好工作。有人说，没有当过士兵的人，不可能当一个好的元帅。这话很有道理。出版社的社领导，不妨先具体独立责编几本图书，体会一下编辑工作的甘苦，取得第一手感性知识，这可能有利于这些同志做好领导工作，也有利于这个出版社的发展。

同志们，当今的世界正在发生深刻的变化，我国也正在进行完善和发展社会主义制度的自我变革。社会的转型、不同社会制度在相互对峙和交流中错综复杂地演进着。在这样的时刻，我们编辑应该站在宣传和捍卫我们所恪守的信仰和信念的最前列，用科学的马克思主义理论和丰富的有中国特色社会主义实践，去克服出现在某些人思想上不同程度的思想迷惘，坚定走建设有中国特色的社会主义道路。在中央最近召开的全国思想政治工作会议上，江泽民同志提出并精辟地阐述了如何认识社会主义发展的历史进程，如何认识资本主义发展的历史进程等问题。对社会主义他指出两点：一、必须坚持社会主义；二、必须进行社会主义的改革，探索符合本国实际的社会主义道路。对资本主义他也指出两点：一方面，绝不能因为资本主义社会在具体的演进中产生的一些繁荣现象，而否认马克思主义的基本原理和科学论断；另一方面要加强对当代资本主义自我调节和发展的研究，做出有说服力的理论分析，进一步丰富和发展马克思主义理论。江泽民同志这些论述，有无比重要的理论意义和现实意义。坚持"三个代表"的重要思想，学习、掌握并在编辑出版工作中贯彻这些重要论述的精神，始终不渝地巩固和发展马克思主义在我国意识形态的指导地位，是历史赋予我们这一代编辑的伟大任务和光荣职责，也是党和国家对我们编辑提出的明确要求，我们应该为此而努力贡献自己的力量。

附录：

一、责任编辑：承担某部书稿的组织、审读、加工整理，对稿件负全面责任的编辑人员。责任编辑不是专业职称，而是一部书稿的具体责任实施者。责任编辑应对从选题到出书的每个环节认真负责，从书稿内容的政治思想性、学术性到稿件的文字水平和语言规范都要严格把关，以保证高质量地完成任务，不出差错。责任编辑应负责审读三校样，根据需要和可能撰写内容说明等有关的书籍辅文。此外，还要对书籍的开本、版式以及装帧设计等提出设想和建议，与负责技术编辑工作的人员互相协调配合，力争使书稿在内容和形式上达到完美统一。书籍出版以后，还应组织或自己撰写书评，积极开展图书宣传。

责任编辑的工作关系到整个书稿的质量，因此应有认真细致的工作作风以及强烈的事业心和责任感，保证审读和加工的工作质量。责任编辑的姓名应排在书稿的适当位置，以示负责。

责任编辑一般由编辑室主任指定的编辑或助理编辑担任。

二、责任编辑：指全面负责某部书稿从选题、组稿、审读、加工整理到发排、读样全过程而具有独立发稿能力的编辑人员。通常由编辑室主任指定，多为中级职务的编辑，也有初级职务的助理编辑，某些重要书稿则由高级职务的副编审担任。

责任编辑的职责是：

（一）提出选题。为此须了解分管学科范围内的学术动态，著译者队伍情况，社会需求和出版界动态，搜集信息，积累资料，进行分析研究。

（二）在选题获得批准后开展组稿。与作者商量编写大纲，贯彻编辑意图。

（三）处理责任范围内的来稿来信，与作者保持经常联系。书稿交来后负责审读、加工整理（或指导助理编辑处理）。

（四）负责发稿，填写发稿单，对经手书籍的开本、版式、字体、字号、封面、插图、装帧设计等，提出建议，并与美术编辑、技术编辑协作，体现出图书的内容、形式与风格。

（五）对负责处理的书稿，撰写内容介绍，组织书评，开展图书宣传，有的书还须写"出版说明"或"编者的话"等。

（六）通读校样。对发稿前未能预见到的或突发性的事件而影响到书稿内容的地方，作最后检查和补救。

（七）检查样书，归纳作者校正本和读者来信中指出的问题，准备重印或再版时修正。

（八）搜集读者的反映和图书市场的信息。

2000 年 8 月

《中国编辑学会第五届年会论文选》P1，中国建筑工业出版社 2001 年 8 月版；《编辑的心力所向》P108，贵州人民出版社 2004 年 10 月版

分析新情况　研究新特点

——在中国编辑学会第六届年会开幕式上的发言

中国编辑学会第六届年会现在开幕，我代表学会向来自全国各地的编辑、编辑教育工作者和编辑出版研究工作者表示热烈的欢迎，对莅临这次会议的黑龙江省的领导同志表示衷心的感谢。

我们这次年会的中心议题是：探讨新的形势下编辑工作的性质、特点、任务和要求，总结新鲜经验，交流思想观点，提高认识水平，做好工作，传承理论，以进一步促进我国社会主义出版事业的新发展。

这次年会是中国编辑学会在新世纪召开的第一次年会，是在隆重庆祝建党 80 周年的喜庆日子里召开的，是在北京赢得 2008 年奥运会主办权、全国人民兴高采烈的日子里召开的。是在经过 15 年谈判，我国即将加入世贸组织的前夕召开的。总之，是中国人民在以江泽民同志为核心的党的第三代领导集体的领导下，从胜利走向胜利的形势下召开的。

在胜利的时刻，我们不会忘记，过去的 100 年是中国人民在中国共产党的领导下披荆斩棘，流血奋战，为祖国独立、民族解放，彻底扭转民族屈辱的历史，使自己站起来，自立于世界民族之林而英勇奋斗的 100 年；同样的，我们完全相信，今后的 100 年中国人民一定会在中国共产党的领导下，日以继夜，忘我劳动，为祖国富强、人民富裕和中华民族的伟大复兴，建设现代化的社会主义祖国，实现时代赋予的历史使命而不惜奋斗，把中国的事情办得更好，实现先辈梦寐以求的强国宏愿。

为了实现时代赋予的历史使命，我们必须看到当代国际国内形势的深刻变化。从国际上讲，从世界多极化和经济全球化在曲折中发展看，科技进步日新月异，综合国力的竞争日趋激烈，世界的力量组合和利益分配正在发生新的深刻变化。从国内情况看，今后的 10 年、20 年、50

年将是中国人民抓住机遇，迎接挑战的年代，中国的社会必将发生更加深刻的变化。经济体制的改革，必将引发人们利益关系的裂变与重组，引发新旧观念的碰撞，引发人们的思想激荡；市场经济发展过程中带来的各种影响，也会反映到人们的思想当中和人与人的关系上来；社会发展过程中出现的一些消极、腐败和丑恶现象，以及贫富差距，也可能使一部分人心理失衡。这种变化，这许多实践和理论上的问题，必将反映到我们的出版工作中来，这是需要我们认真对待的问题。

江泽民同志在"七一"重要讲话中说："我们建设有中国特色的社会主义的各项事业，我们进行的一切工作，既要着眼于人民现实的物质文化生活的需要，同时又要着眼于促进人民素质的提高，也就是要努力促进人的全面发展。这是马克思主义关于建设社会主义新社会的本质要求。"这段话对于我们出版工作者来说，有着十分重要的现实意义。我们既要大力发展经济，尽快地使全国人民都过上殷实的小康生活，并不断向更高水平前进。又要继续推进政治体制改革，推进社会主义的民主法制，积极发展教育科技事业，繁荣包括新闻出版在内的社会主义文化，提高全民族的思想道德和科学文化水平。换句话说，我们不仅要抢占经济发展的制高点，还要抢占社会主义精神文明建设的制高点，这也是我们编辑出版工作者的任务，我们一定要做好自己的工作，在实现整个历史使命中完成自己的历史任务。我们要面对新时期不断出现的新情况和新问题，探讨自己工作中的新特点，领会新形势对我们提出的新要求。

为了实现历史任务，我们这次年会一定以江泽民同志"七一"重要讲话精神为指导，分析探讨我们自己的工作。首先要认真学习、深入领会讲话的精神实质。江泽民同志在庆祝中国共产党成立80周年的重要讲话中，全面阐述了关于"三个代表"重要思想的科学内涵，进一步指明了党在新世纪的历史任务和奋斗目标，是党领导人民实现中华民族伟大复兴的科学指南和行动纲领，也是我们分析认识新时期出版工作的重要思想武器，是加强和改进我们工作，繁荣社会主义出版事业的根本指导方针。

我们要在实际工作中更好地坚持为人民服务、为社会主义服务、为大局服务的出版方针，始终不渝地用优秀出版物去引导人、教育人、塑造人和鼓舞人，加强民族凝聚力，让全国各族人民团结在以江泽民同志为核心的中国共产党的周围，为实现我国的社会主义现代化而努力奋斗。我们一定要把"三个代表"的重要思想和我们的编辑出版工作实际紧密地结合起来，用"三个代表"的重要思想来分析和认识当前编辑出版工作的实际，来分析和认识新世纪、新形势下编辑工作的新发展和新特点，明确新形势对编辑出版工作提出的新要求，促进社会主义新闻出版事业新的繁荣，这正是我们这次年会的任务，或者说，为力求圆满完成这个任务而做我们今天可能做的工作。

同志们来自各地，来自实践和教研的第一线，带来许多好思想、好主张和好经验。感谢黑龙江教育出版社、黑龙江出版界为到会的同志们提供了一个很好的讲坛，希望大家能够充分地交流，无论会上会下、大会小会，都能畅所欲言，把各种好的成功的经验，介绍给大家，让我们在交流中取长补短，为发展我们共同的事业努力工作。

2000 年 8 月

《编辑的心力所向》P207，贵州人民出版社 2004 年 10 月版

一本使你了解美国编辑和编辑工作的书

——《编辑人的世界》读后

　　书，都是人写的，都是人编的。写书的在世界各地恐怕都一样，过去离不开笔墨纸砚（或不同的写刻材料、工具）和参考资料，现在再加上电脑。编书的在世界各国是不是都一样，这一点许多人是不了解的。可是，当你看了中国工人出版社出版的、由美国资深编辑格罗斯主编的《编辑人的世界》后，对美国出版社的编辑和编辑工作，就可以知道一个大概，至少可以知道中美编辑工作的某些异同。

　　这本书首先可以给我们两个惊奇：

　　一、以前，我们对美国的编辑和编辑工作，知之甚少。虽然很想了解，但信息和文字障碍造成了不小的困难。80 年代中期，中国出版科学研究所成立之初，我们曾收集过这方面的信息，当时在图书馆曾见到一张卡片，载明 1985 年美国出版了一本《编辑论编辑工作》的书，编著者写着格罗斯·吉洛尔德，但找不到原书，想买也买不到。研究所当时下决心，从可以找到的资料中翻译了几本。如德索尔著《出版学概说》，小赫伯特·S.贝利著《图书出版的艺术和科学》，可惜的是这些书涉及编辑工作的内容甚少。所以，当时在中国的编辑当中，相当一部分人不了解美国的编辑同行，也不了解美国的编辑工作是怎么做的。有人甚至怀疑美国的书刊出版是否有严格的、琐碎的编辑工作，或者认为至多有一些技术性的编校工作罢了。经过 10 多年的东西方文化交流，情况可能有些改变，但疑问仍然是很多的。现在，《编辑人的世界》一书可以明白地告诉我们，美国的书刊出版不仅有编辑工作，而且还是很严格的。

　　二、《编辑人的世界》一书告诉我们，美国同行对编辑工作的观点和中国编辑的看法，竟是令人惊奇地相同或相似。这本书中的不少观点在中国编辑理论和编辑业务著作中是经常可以见到的，有些甚至连表述方式都差不多，有的连我们自己都说过。随便举个例子，比如讲到当编辑有什么好处时，格罗斯说：在漫长的编辑岁月中，"尽管有情绪的高涨，或偶尔沮丧失望，但从来不觉得这份工作沉闷，就好像一个不断受到激励的学生在备有多样课程的全球最大的大学内，永无止境地学习，我从编辑每本书中学到前所未有的丰富知识"，"出版业让我认识了许多超凡出众，令人难忘的人物……拿到一本有价值的好书的快乐，大大满足了我对于创造性自我表达的需求。"这些话，我在另一本书中也见过，如我国著名科普编辑家叶至善先生说，我喜欢编辑工作，大概有两个原因，"一是可以满足我的创造欲，跟当工程师当艺术家没有什么两样；二是可以满足我的求知欲，随时可以学到杂七杂八的诸多知识。因而我乐此不疲，从未见异思迁，尽管失败的懊恼多于成功的喜悦。"[①] 你看，两个老编辑相隔万里，但他们说出来的话，却如出一辙。

我说美国同行的观点和中国编辑相同或者相似，还可以列举如下：

一、这部书的框架结构。它分三部分，第一部分是：编辑的角色，也就是编辑的理论；第二部分是：编辑工作现场；第三部分是：类型出版面面观。这种布局，在我国不少编辑理论著作，或编辑基础知识读物当中也是常见的，即：分为总论、编辑过程、各门类读物的编辑工作三大块的结构。这不是完全一样吗？

二、我们中国老一点的编辑，学编辑工作的方式，不是像现在那样，通过高等学校的编辑学专业或者研究生班，也没有编辑理论或业务知识的书可读，主要是靠实践，就是靠师傅带徒弟的方式来学习的。奇怪的是在美国过去也是如此。请看格罗斯说："当我还是个年轻编辑的时候，教导我如何塑造以及编辑一本书的是本蒙和渥海姆……传授我许多编辑的基本技巧，这是师徒制的最佳典型。"可惜的是，他没有说明现在美

---

① 叶至善：《我是编辑》，365 页，北京，中国少年儿童出版社，1998。

国的编辑是不是仍然是师徒传授的方式。

三、说到选题，我们强调编辑的职责之一，就是选择。从许多社会精神产品中选择优秀的成果，奉献给读者，这才是尽了编辑者应尽的责任。再看格罗斯怎么说呢，他说"年轻人，假如你打从一开始就不认为这本书已经够好了，那么你根本就不应该买下它的版权"，"因为优秀的编辑很在意书的好坏，懂得如何塑造书的主题和内容，把作者的意向和艺术的造诣作最好的呈现"。这里，他强调要选择最好的东西给读者，编辑要审慎地使用自己的"选择权"，这和我们的做法不是非常相同吗？

四、关于审稿，我们强调的是"三审制"，目的是为了保证出版物的质量。但在实际当中，有些地方怀疑、忽视甚至放弃"三审制"的现象时有所见，有的甚至根本就不审稿，理由之一是外国也不审稿，我不知道他们所谓的外国也不审稿的说法是从哪里来的。事实上我们听到的是：外国也审稿。今年五月，中国编辑学会代表团访问奥地利的一个周刊《我们的维也纳》，它的稿子都是由编辑自己写的，写了以后，不仅部门负责人要审查，总编辑也要审查，而且重要的文章要送市政府专门管报刊的官员审查，有的还要送副市长或市长审定。再说格罗斯，他在《编辑人的世界》里，虽然说"我绝对不是在提倡任何形式的出版内容审查制度"（既然不提倡为什么还要说，这话的意思不是很明白吗），接着他又说"编辑通常具备了批判性的分析能力，超然的眼光……能够诊断出作品手稿中的优点和缺点，然后下一个可能正确的处方"，"作者应该对这种编辑才能怀抱着敬意，肯定这也是一种创造性的才华，同时从中获利"。既要对稿件进行分析，又要"处方"，这不是要写出一个像样的审读报告吗？这里，该书作者只是用了另外一种说法，来说明审稿对把握书稿质量的重要意义罢了。

五、关于编辑和作者的关系，是格罗斯讲得最多的问题之一。他讲到了如何处理编创之间的矛盾和争议，并且明确地告诉我们"无论在任何情况下，编辑必须牢牢记住，双方所讨论的作品是由作者所撰写的，必须尊重作者的决定"。编辑有"建议"权，但永远必须得到作者的"同意"。这对于我们有些编辑，利用策划手段，打着市场和读者的旗号，指挥作者这样写，那样改，把编创关系看成雇佣关系，实在是一种很好的教育。格罗斯认为作者和编辑的合作关系，应该是"友好的，而非对立的；是共生，而非寄生"，"应该是每一方都能为另一方提供许多助益"。这种编创关系，和我们要求的友好合作，和过去所讲的编辑和作者是同一战壕里的战友，不是非常类似的吗？

六、这本书告诉我们，什么样的编辑是好编辑。格罗斯说："最好的编辑所代表的不是最多的编辑或最少的编辑，而是编辑到什么程度最能让作者的才华发挥得淋漓尽致，使作者的作品放出最耀眼的光彩，引致如潮的佳评，提高作者的专业声誉和自我评价，吸引到作者原本想要吸引到的目标读者，而且读者群的数目大到令作者有足够的自信再度提笔写作，发挥创造力。"简单的一句话，看一个编辑好不好，不是看他编多或少，而是看他编得好不好。这和我们有的单位把年发稿量1000万、2000万字评为优秀编辑，并以此来鼓励发稿字数越多越好，不是一种针对性很强的批评吗？难道我们不应该从格罗斯的这段话中得到一些什么启发吗？这种观点和我们要求"精编细作"，不是非常一致吗？

七、许多人认为，只有我们社会主义国家才强调编辑的社会责任感，强调编辑要坚持自己的理想和信念，其实，情况完全不是这样。生长在资本主义最发达的美国的资深编辑格罗斯说："编辑在维护他自己的操守上，应该负起责任，也就是忠于自己在政治、道德、伦理、社会和美学上的信念。假如一个编辑不能有所坚持，我不相信他真的能对作者、出版商、消费大众，甚至书籍本身善尽职责"，"在我漫长的编辑生涯中，很多时候我所接到的编辑工作，严重违反了我的政治和社会理念，在这种时候，我都加以婉拒。"这里，我们看到了一个编辑的工作是受他的政治立场和社会观点所左右的。格罗斯甚至说："我也很清楚我必须能在夜晚安心入睡，早上醒来时能坦然地面对镜中的自己，和妻儿在一起的时候，也能毫无羞愧或罪恶的感觉。假如我必须编辑严重违反我的立场和信念的作品，我将无法面对自己，更无法为作者和出版社老板编好这本书。"在这个问题上，他甚至很动感情地说："永远要记得，人生苦短（你要明白，我是在即将踏入六十大关时，说出这句话），因此不值得忍受任何会在知识、生理或心理上折磨自己的痛苦。"这里，让我们看到一个编辑是如何把自己的日常编辑工作与自己的信念、操守紧密地联系在一起的。

前面我说了许多相同的地方，其实，相同的东西还很多很多，不必再说了。现在来说不同的地方，应该说，不同的地方也很多，我这里只简单地举几个例子。

一、本书作者之一舒斯特说："编辑在文学品味之外，还必须具备数字概念。他不能色盲，必须分得清'赤'字（亏损）和'黑'字（盈余）的差别。"这是大实话，搞出版不赚钱不行，不然再生产也难以维持。但这段话，尽管是说在"文学品味"之外，还是容易被人理解为只讲盈亏的问题。"文学品味"和"赤"字是并列的，甚至分清盈亏是必须的。这和我们是不同的。因为我们是要求社会效益第一，做到社会效益和经济效益的"正确结合"。我们不能说每一本书都赚钱，有的时候，出一些亏本书是可以的和必要的。但作为社会效益来说，不能有一本书不讲究。只要有一本书出问题，那就前功尽弃。

二、本书另一作者柯蒂斯说："今天的编辑和老一辈编辑不同的是，他们必须十八般武艺样样俱全，既要精通书籍制作、营销、谈判、促销、广告、新闻发布、会计、销售心理、政治、外交等等，还必须有绝佳的编辑技巧。"这里，作者着重强调的是编辑要从事商业行为、经营活动。这一点，目前我们不少出版社也是这样做的，但许多编辑认为这是不务正业，叫苦连天。看来至少在目前与中国的实际还有距离。这种距离是说明我国市场经济发育不全，是要我们的编辑去慢慢地实践适应，还是本来就和中国的国情不符，有待实践的进一步发展和检验。我的观点是：

社长、发行部经理应该对经济指标、经营目标负责；编辑要有经营意识，要从认真做好编辑工作的角度去实现经营目标，也就是主要是要对稿件的内容质量负责，用好书佳作去吸引更多的读者。

三、这是一本多人合集，但所有作者并不担心纸介质书刊会被电子出版物、网络传播所取代。作者之一莫尔斯说：至于未来，尽管有了像光碟、线上服务等新技术，电脑也将不断改变读者阅读参考资讯的方式，但"在我们内心深处，我们知道新科技永远不会真正取代美好的大部头工具书"。这是科技发达的美国编辑的看法。但在网络传播出现时间不长，电子出版物数量也不多的中国，有些人却已经忧心忡忡，大谈纸介质向网络过渡，有的居然认为纸质书几年内就会停产。最近看到业内一张小报，报道国外最近可以从网上下载某书刊的几个章节、段落，卖给读者，居然用了一个吓人的标题——"购买整本书刊的时代即将结束"。这实在令人不解，这位主编先生居然比洋人还洋人，岂不使人可怕。其实，在国外，书店可以根据读者需要，复印某书刊的一部分出售，这种事早已有之，但并不存在只拆零销售，就不卖整本书刊的情况，而且这种做法有的还引起作者的抗议。可见，这并不是一件简单的事。那种过早的"预见"，听风就是雨的做法是非常有害的。对于掌握媒体的头儿脑儿来说，更宜谨慎为好。

总之，《编辑人的世界》这本书是值得一读的。刘杲先生在本书中文版"序言"中说，这本书对我们研究市场经济条件下的编辑工作，有重要的参考价值。这话说得很中肯。它值得我们的编辑工作者，编辑理论研究工作者读一读、想一想。至少它可以帮助我们的编辑了解美国的编辑工作是怎么一回事，美国的编辑是怎么做编辑工作的，美国编辑是如何坚持自己的理念和信念的。这本书还可以帮助我们开展中美比较编辑学的研究。我还认为，这本书没有到过美国的人可以看，到过美国的人也同样可以看，因为，你即使到了美国，待了几个月，走访了好多出版社，也不可能接触那么多资深编辑，不可能那么深地了解美国的编辑工作。

最后，我们应该感谢工人出版社，主动出版这本不赚钱的书，使我们有机会进一步接触美国的编辑和编辑工作，这可以说是一种义举。

2000 年 10 月

《编辑的心力所向》P338，贵州人民出版社 2004 年 10 月版；《一切为了读者》P233，首都师范大学出版社 2010 年 7 月版

责任编辑的规定与界说

一、我国政府有关文件涉及"责任编辑"的有关规定和说明

在出版工作中实行责任编辑制度是新中国成立以后从前苏联引进的，并在实践中不断完善。

1952 年 10 月，国家出版总署曾作出《关于国营出版社编辑机构及工作制度的规定》，第五条规定说："编辑过程中的每一工作步骤完成时，所有有关负责人都须签字，以明责任。"这个规定，虽未提出"责任编辑"一词，但强调编辑的责任是十分明白的。后来，由此演变为"责任编辑"的工作制度，也是顺理成章的。

1954 年 4 月，出版总署公布了《关于图书版本记录的规定》，提出图书的版本纪录，"除作者、编辑者、翻译者姓名外，需要时可以载明负责的校订者，责任编辑，优秀的装帧设计者，插图者及校对者的姓名"。可见，"责任编辑"在那时已成为我国出版工作中的术语。

1978 年 7 月 18 日，"文化大革命"以后恢复工作时，国务院批转了《国家出版局关于加强和改进出版工作的报告》，提出要"恢复总编辑、主任编辑、责任编辑三级审稿制"，"恢复编辑人员的职称"。

1980 年 4 月 22 日，中宣部转发国家出版事业管理局制定的《出版社工作暂行条例》（以下简称《条例》）第 14 条规定："对决定采用的书稿，责任编辑要认真做好编辑加工整理工作，如有违背国家现行法律和政策，或泄露党和国家机密的问题，以及在其他内容上，论点上的疏漏缺陷，应向作者提出意见，或同作者磋商修改。属于学术思想，论点、考证以及风格的差异和是非，不强求作者修改……"这里对责任编辑的工作范围以及他的工作职责的规定是十分明确的。

《条例》第 13 条还规定："凡采用的书稿出版时，作者、编著者、译者以及集体编著书稿或执笔者都应署名。出版社的责任编辑、装帧设计也可以署名。"

1997 年 1 月 2 日，国务院颁布《出版条例》，其中第 24 条规定："出版单位实行责任编辑制度，保障出版物刊载的内容符合本条例的规定。"

1997 年 6 月 26 日，新闻出版署颁布《图书质量保障体系》，第九条规定："坚持责任编辑制度。"图书责任编辑由出版社指定，一般由初审者担任。除负责初审工作外，还要负责稿件的编辑加工整理和付印样的通读工作，使稿件的内容更完善，体例更严谨，材料更准确，语言文字更通达，逻辑更严密，消除一般技术性差错，防止出现原则错误；并负责对编辑、设计、排版、校对、印刷等出版环节的质量进行监督。为保证图书质量，也可根据稿件情况，适当增加责任编辑人数。从以上各项规定看，对责任编辑职责的规定，是相当明确的。

二、几种工具书对"责任编辑"的界说

在一些工具书中，对责任编辑的定性定位，也作过一些界说和解释。最早谈到"责任编辑"的是《出版词典》（边春光主编，上海辞书出版社 1992 年 12 月出版），对责任编辑的界说是："对稿件内容、文字，以及书刊的装帧、版式设计，报纸的版面安排等方面工作，负主要责任的编辑。一般由职务在编辑以上的人员担任。"

《编辑实用百科全书》（边春光主编，中国书籍出版社 1994 年 12 月出版）说是"承担某部书稿的组织、审读、加工整理，对稿件负全面责任的编辑人员"，又指出："责任编辑不是专业职称，而是一部书稿的具体责任实施者。"它的职责是："应对从选题到出书的每个环节认真负责，从书稿内容的政治思想性、学术性到稿件的文字水平和语言规范都要严格把关。"对书籍的开本，版式设计、装帧等提出建议，组织

或撰写书评。责任编辑一般由编辑室指定，并应在书上署名，"以示负责"。

《现代汉语词典》（中国社会科学院语言研究所词典编辑室编，商务印书馆 1996 年 9 月版）说："出版部门负责对某一稿件进行审读、整理、加工等工作的编辑人员，简称责编。"

《中国出版百科全书》（许力以主编，书海出版社 1997 年 12 月版）说"指全面负责某部书稿从选题、组稿、审读、加工整理到发排、读样全过程而具有独立发稿能力的编辑人员。通常由编辑室主任指定"。它的职责是：一提出选题，二选题批准后开展组稿，三处理责任范围的来信来稿，四负责发稿，对开本、版式、封面、装帧设计等提出建议，五撰写内容介绍，组织书评或编者的话等，六通读校样，七检查样书，八搜集读者反应和图书市场信息。

以上各种规定和界说，繁简不一，但总起来说，不外这样四点，即：一、对被指定经手责编的稿件的内容负全责；二、撰写有关辅文并负责全书的组合；三、对开本、版式和装帧设计等提出建议并监督其实施；四、评价书刊，进行宣传。

《中国新闻出版报》2000 年 10 月 11 日

《论责任编辑的工作》跋

中国编辑学会第五届年会于 2000 年 8 月 11—15 日，在塞外名城呼和浩特召开，这次年会的主题是：探讨如何做好责任编辑的工作，包括责任编辑的职责和工作重心等问题。目的在于总结交流经验，提高认识水平，推动队伍建设，提高出版物质量，在市场经济条件下，促进出版的繁荣发展。

为了有准备地开好这次年会，学会于 3 月底、4 月初发出征文通知。业内外积极响应，至 8 月初先后收到应征论文近 170 篇。经过专家评审，入选 80 余篇（约占全部应征论文总数的 48%），以便交流。

会议期间，应邀赴会的论文作者和专家、学者 80 余人，济济一堂，畅所欲言。除小组讨论外，30 余位同志作了大会发言，交流了彼此的看法和经验，引起了大家的兴趣，有的说，这次会议涉及到理论问题、制度问题、认识问题和做法问题，内容非常丰富，受到许多启发，对做好实际工作很有帮助。一些因故未能参加会议的同志，来信来电，希望得到一套会议论文。为了满足大家的要求，能够在更大范围内得到交流，学会决定委托专人，选编出版这本论文集，也希望有兴趣的同志，继续总结经验，探讨这个问题，以利进一步做好工作。

2000 年 10 月 25 日

《论责任编辑的工作》P456，中国建筑工业出版社 2001 年 3 月版

《未来编辑论坛——第二届未来编辑杯获奖文集》编后记

第二届"未来编辑杯"征文竞赛评选揭晓，有 32 篇优秀论文获奖。

经新闻出版署批准，中国编辑学会从 1999 年 9 月开始，举行了第二届"未来编辑杯"征文竞赛活动。这次征文竞赛的主题是：在建设有中国特色社会主义出版事业中，怎样做一个新世纪合格的编辑。《通知》发出以后，各校报名的学生非常踊跃，有的达到可参赛人员的 60% 以上。有关高校对这一活动也十分重视，有的组织了专门的领导小组或论文初评推荐班子，有的指定专人负责做这一工作，有的还请教师专门向报名参赛的学生作了如何撰写论文的辅导报告。各校对应征论文，都作了认真的初评推荐工作。

截至 2000 年 4 月中旬，评委办公室共收到 9 所高等学校经过初评后的推荐论文 79 篇。

评委会由出版界的领导同志、资深编审、专家和编辑学者组成，从 4 月下旬起开始审阅评卷，到 6 月下旬，历时 60 余天，先后召开过三次交换意见的碰头会。对 79 篇应征论文，每篇至少经三位评委、有的是五位以上评委的认真阅读，写出书面意见，个别的还专门请有关专家审读，提出意见。评委会主任刘杲同志亲自听取和研究了这些意见，并于 6 月底召开会议，进行研究，初选出 35 篇论文，提请评委会评选确定。在 2000 年 7 月 6 日的评委会全体会议上，经过讨论、比较，以 35 篇等额投票方式进行表决，结果何冬梅等同学写的 32 篇论文以超过半数票获奖。

本届应征论文的总体水平比首届有明显提高。主要表现在：多数文章内容新颖，有较强的时代气息；面对现实，注重理论联系实际；视野开阔，能多角度思考当前与未来编辑出版问题，并尽可能地提出对策或应对措施。有些论文探讨了古代的编辑活动，剖析了编辑活动的渊源。不足之处是有的文章逻辑不够严谨，文字不够通顺，错别字较多。根据评委们的意见，在获奖论文结集出版之前，又请论文作者在指导教师的指导下，认真修改了一遍。

中国编辑学会向获奖论文的作者颁发了获奖证书和奖金。

在本次评选活动圆满结束之后，在第二届"未来编辑杯"获奖论文集付梓之时，我们衷心感谢各校编辑学专业师生们的积极参与和大力支持，感谢各位评委所付出的辛勤劳动，感谢高等教育出版社的领导和同志们为出版这本论文集作出的贡献。

2000 年 11 月

《未来编辑论坛——第二届未来编辑杯获奖文集》P279，高等教育出版社 2001 年 10 月版

党的光辉照耀下的出版科研

中国共产党历来重视出版工作。党的第一次全国代表大会的决议中，就有恢复《共产党月刊》《新青年杂志》和创办人民出版社等内容。早在建党活动一开始，共产主义先驱者就积极开展出版活动，陈独秀不仅主编《新青年》，还与李大钊等创办《每周评论》杂志，毛泽东主编《湘江评论》，以及广州、上海、武汉创办人民出版社、上海书店和长江书店等出版机构，都是党早期活动的重要组成部分。在以后的历次国内革命战争时期，党中央的许多领导人，不是直接指导过出版工作，就是亲自领导过出版工作。新中国成立之初，毛泽东同志曾亲自题词，要求"认真作好出版工作"。其他中央领导人也有过许多重要的指示。

在中央三代领导人的关怀下，我国社会主义出版事业突飞猛进，无论在规模、质量、印刷、发行和管理等方面都取得了巨大的成就，改革开放，更开创了我国出版事业的崭新局面。值得一提的是，我国出版科研事业的发展，在这个时期经历了从无到有、从小到大，茁壮成长的过程，而这些都是在党的关怀下取得的。回想 20 多年前，中国的出版科研，基本上处于一片空白。还记得 80 年代初，王益同志在《出版工作》上发表题为《我对筹建出版发行研究所的设想》一文，他说："像我们这样一个历史悠久而且在世界上影响甚大的国家，对出版、发行的学术研究工作落后的现状是相当惊人的。"他明确提出这种落后表现在"五个没有"："一没有出版学院，甚至在大学中也没有出版系"；"二没有出版发行研究所"；"三没有出版过讨论出版发行工作的学术著作"；"四没有公开发行的讨论出版发行工作的学术性刊物"；"五没有社会公认的出版发行的专家学者"。（参见《王益出版发行文集》，中国书籍出版社 1993 年版）改变这种落后面貌的决心和力量来自党，始于 1983 年 6 月 6 日《中共中央、国务院关于加强出版工作的决定》。《决定》强调为了适应建设社会主义物质文明和精神文明的需要，"必须使出版事业有一个更大的发展"，同时明确指出："要建立出版发行研究所，充实印刷技术研究所，加强出版、印刷、发行的科研工作。"《决定》极大地鼓舞了我国的出版界，在它的指引下，当时的出版行政机关文化部出版局，积极筹建出版发行研究所，边春光、宋木文同志多次商议建所的问题，刘杲同志邀请倪子明、陈振伟、吴道弘、于青、方厚枢和我，一起座谈筹建研究所的具体问题。会后，决定要我起草《关于筹建中国出版发行研究所的报告》，于 1984 年 5 月上报文化部。7 月 20 日，文化部部长、党组书记朱穆之主持部务会议作出决定，批准筹建中国出版发行研究所，并组成了以王益同志为组长、叶再生和我为副组长的筹备组。刘杲、王益同志对筹建工作抓得很紧，他们首先要我走访新闻研究所，还要求向全国出版部门和单位发出函件，调查业余研究人员的状况。同时，制定"研究所暂行条例"，征求有关部门和专家的意见，陈翰伯、王子野、罗竹风、胡道静等发表了很好的意见。王益同志还专门提出了"三个 20"的设想（即开始要有 20 个人、20 间房、20 万元开办费），并且提出了建设方针和初期的工作计划。这个"设想"实际上成为建所初期的指导性文件。1985 年 3 月初，经党中央、国务院领导同志李鹏、胡乔木、胡启立、邓力群等批示："同意文化部意见。"3 月 21 日由劳动人事部正式发文，"经国务院批准，同意成立中国出版发行科学研究所，人员编制 90 人"。这里还有一个令人感动的情节。1985 年初，当时正值精简机构、压缩编制的当口，研究所的成立和 90 人编制的下达，是一件很不容易的事。开始，各方面对王益同志 20 人的设想，都觉得少了，于是筹备组提出 50 人，出版局党组讨论上报时改为 70 人，后来国家编制委员会要我们去具体商谈，王益同志和我准备了各方面材料，准备"力争"，思想上要力保 50 人的编制。编制委员会一个局长接见了我们，我们汇报了筹建情况和编制方案。这位局长没有提出疑问，也没有要我们论证。只问了一下，这样的研究所现在有几个，我们说"只此一家"。他沉思了一阵儿说：新闻方面有好几个研究所，连有的省和大学都有，出版只有一个研究所，70人也不多。并且说，目前编制是紧，但真正需要的应该给；不需要的一个也不能给。要我们研究所把正式编制方案上报。他这个表态出于我们的意料之外。后来，我们正式上报的编制方案是90人，结果是如数批准。这里我深感党对出版的关怀和实事求是的精神。

从1984年到现在，出版科研事业在党的关怀下，经过广大出版工作者不计名利，忘我劳动，艰苦奋斗，"五个没有"的面貌已经有了很大的改观。一、我们不仅有了设有出版系的印刷学院，有的大学还建了新闻传播或出版学院或出版科学系，有近20所大学设有编辑出版学专业；二、不仅建立了中国出版科学研究所，而且南京大学、河南大学、华中师范大学等好几所高等学校设立了出版或编辑研究所；三、讨论出版的著作，这几年有很大发展，初步统计不下500种，其中，大中型工具书和学术性著作，加起来也数以百计，同时，还翻译出版了一些国外的著作；四、公开发行的编辑出版方面的学术性刊物，除了《中国出版》《出版发行研究》《编辑之友》《编辑学刊》《编辑学报》《出版科学》和《中国图书评论》等理论性学术性刊物之外，还有《出版广角》《出版广场》和《新闻出版交流》等业务性期刊，而且在中国历史上第一次创办了专业性报纸——《中国新闻出版报》和《中国图书商报》，这些都在不同层面上代表了我国出版研究的水平；五、关于编辑出版方面的专家和学者，目前，仅在我国高等学校中就有编辑出版的专业教授20余人，至于副教授那就更多了，几年来，各校已毕业的以编辑出版为方向的硕士研究生已有100余人。还有的已经开始攻读博士研究生。这些都是历史上未曾有过的，足使广大出版工作者引以自豪。

不足的是，我国目前在高等学校还没有编辑出版学的硕士生授予点，这是和目前我国出版已有的规模和影响完全不相适应的，将严重影响编辑出版高级人才的培养，使我们不得不常"忙于扫黄打非"，又长期不能摆脱"无错不成书"的局面，培养高级人才的问题不解决，对我国出版业的进一步发展是十分不利的。这也告诉我们，在市场经济条件下，出版研究不仅要重视当前实际问题的研究，而且要进一步加强基础理论的研究，努力推进出版的学科建设。相信在党和国家的关怀下，这些问题将得到妥善的解决。

《中国出版》2001 年第 7 期

为推动编辑研究和出版繁荣而努力 ①

一、本会活动概况

四年来，遵照本会《章程》，根据编辑出版工作的实践状况，曾召开过两次年会，两次专题研讨会，三次编辑学理论研讨会，两次全国性的编辑史、出版史研究座谈会；本会各专业委员会和其他机构也先后开过十余次规模不等的研讨会、座谈会和工作研究会。本会和中国出版工作者协会、中国出版科学研究所一起，联合召开过两次全国出版理论研讨会。这些活动都是围绕着新形势下编辑出版工作的实际和编辑学研究的需要展开的，对于总结经验，探讨理论，交流思想，提高认识，培养编辑出版队伍，深化出版改革，促进出版繁荣，起到了积极作用。

（一）对编辑出版工作中的理论问题和实际问题的讨论

本会第一届理事会任职期间，根据社会主义市场经济兴起的实际情况，曾先后讨论过编辑出版工作要不要适应市场经济和如何适应市场经济；编辑出版工作如何既按市场经济规律又按精神产品生产规律办事；在市场经济条件下，编辑工作还是不是整个出版工作的中心环节；如何认识策划编辑，如何处理好编辑策划和编辑案头工作的关系等问题。在这个基础上，第二届理事会根据形势的发展，进一步推动研究编辑出版工作中的新情况和新问题。

1. 随着社会主义市场经济体制的逐步建立，竞争日益加剧，一些出版单位为了加速抢占市场，有意无意地放松了对书稿的审读，致使图书质量滑坡。读者和业内人士对此意见不少，他们批评有的编辑拿到书稿"不

---

① 此为中国编辑学会第二届常务理事会工作报告摘要。

严审精编"，"对案头工作不屑一顾"。在编辑当中也有些议论，有的人说："三审"是现代化的立交桥，转个圈子就过去了。有的人提出要"简化三审制"，"灵活"对待"三审制"。在市场竞争激烈的条件下，究竟还要不要坚持"三审制"，如何坚持"三审制"，本会第四届年会集中讨论了这个问题。会议经过讨论，再一次确认了中共中央、国务院《关于加强出版工作的决定》、新闻出版署颁发的《图书质量保障体系》等有关文件关于编辑工作是整个出版工作的中心环节，以及建立编辑责任制的规定是正确的，仍然应当坚持。实践证明，"三审制"是符合我国实际的编辑责任制度，有利于调动各级编辑人员的积极性，有利于提高图书质量，有利于出版事业的健康发展。认真坚持"三审制"，就可以多出好书，多出精品；反之，则使不健康读物、坏书甚至有政治性错误的图书得以出笼，平庸书也乘机上市，造成不良影响。所以，在社会主义市场经济条件下，尽管竞争激烈，仍然要坚持"三审制"，才能保证以优质图书占领市场。某些特殊稿件的处理属于例外，不能因此而否定"三审制"。会议强调了编辑的最高追求，把平凡的编辑工作和编辑的人生奋斗目标联系起来，强调了坚持出版物的质量。这次会议，对提高认识，进一步落实《图书质量保障体系》，坚持"三审制"提高图书质量起到了积极作用。

2. 在讨论坚持"三审制"，保证图书质量以后，提出了一个密切相关的问题，就是编辑室主任的作用和编辑室的工作问题。在社会主义市场经济条件下，出版工作要开拓、创新，离不开出版社的基层组织编辑室的建设。探讨和认识编辑室在出版社的地位和作用，研究编辑室主任如何履行职责和提高自身素质，成为深化出版改革、促进出版发展、保证图书质量的非常重要的实际的问题。目前，全国五百多家出版社有一支数千人的编辑室主任队伍，是充满生机和活力的骨干力量。编辑工作是出版工作的中心环节，编辑室又是出版社的基层组织，是图书质量的重要责任者，是出版社实现社会效益和经济效益的重要承担者。做好编辑室的工作，对出版社具有十分重要的意义。编辑室主任的作用尤为重要，他有着承上启下，贯通首尾的特殊地位和重要责任，他既是社领导出版意图的执行者，又是全室的领导者；既是生产者，又是管理者；既要努力学习，提高自己，又要认真地培养新编辑，编辑室主任是一个非常重要的工作岗位。现在有的出版单位，忽视编辑室担负精神产品生产的重要责任，把编辑室当作一个单纯完成编辑指标的单位，编辑室主任作为经济承包人忙于完成经济指标，有的编辑室甚至成为出卖书号的渠道。这种做法导致了严重的后果。会议总结了经验和教训，取得了一定的共识。认为编辑工作是整个出版工作的中心环节，编辑室又是完成编辑工作的基层组织。要保证出版物的正确导向和高质量，编辑室的工作应该强化而不应该淡化。编辑室的改革应当解决好激励机制和约束机制的问题，坚持提高图书质量的正确方向。与会同志认为策划、审读和加工是编辑室工作的不同环节，都很重要，不可偏废。当前重复出版严重，平庸书泛滥，编校质量下降，甚至宣传封建迷信、伪科学、反科学和政治上反动的出版物，得以出笼，都与审读把关不严有关。必须克服实际上存在的片面强调策划而忽视审读与加工的倾向。编辑室主任要自觉地坚持正确导向，正确处理社会效益和经济效益的关系，切实提高图书质量。同时，出版社的领导应当重视和支持编辑室的工作，帮助编辑室解决问题，而不要单纯拿经济指标压他们。

3. 在讨论编辑室主任和编辑室工作以后，许多同志提出希望进一步讨论责任编辑的工作问题。于是这个问题就成了本会第五届年会的主题。与会同志认为，当前一些出版单位责任编辑的工作岗位有"三不清"：性质不清、职责不清和工作范围不清。有的出版社搞利润指标到人，每个责编都要完成经济指标；有的出版社搞编印发"一条龙"，从选题到校对，直到计算成本、发行折扣、奖金分配、讨回欠款等等，都要责编管；有的出版社还提出责编"工作重心转移"，不再对书稿的内容和质量负责，而是对经济指标负责；等等。经过讨论，大体上弄清了这样一些问题：

（一）责任编辑的工作是编辑工作，要负责做好被指定的稿件的编辑工作，是一本书能不能编好出好的关键。（二）责任编辑的职责和工作范围，归结起来，主要包括：①对被指定经手处理的图书内容和质量负责；②编纂辅文并负责全书的组合；③对开本、版本和装帧设计等提出建议并监督其实施；④做好图书的宣传评价工作。责任编辑的责任是重要的，也是具体的、规范的，不是可以随意膨胀的。一个出版社有领导机构，有各个部门，彼此各有分工，各有职责，不能把工作都压在责编身上。（三）责任编辑的工作重心，就是按照编辑责任制度的要求，做好编辑工作，以保证生产优秀的精神产品。这是决定图书质量的重要环节。责任编辑的职责，不能从对书稿质量负责，转移到对经济指标负责。当然，在市场经济条件下，责任编辑应该同时具备市场意识和质量意识。这两者本来是统一的。因为只有高质量的产品，才能受到消费者的欢迎，才能得到市场的承认。现在有的人以为，市场意识和质量意识是矛盾的。他们以为市场竞争非常激烈，为了抢占市场，质量差一点无关紧要；出得晚了，市场被别人占领了，质量再好，也是白搭。在这里，抢占市场和保证质量的问题，归根到底是正确处理社会效益和经济效益的关系问题。要把社会效益放在首位，努力做到两个效益的正确结合。出版社要统筹安排，从整体上做到以盈补亏，略有盈余，就不错了，不能要求责任编辑每一本书都赚钱。只能要求责任编辑在保证图书质量的前提下，按照社里的统筹安排，处理图书的盈亏。

社长负责经营，这个经营既包括经济效益，又包括社会效益，而且首先是社会效益。要通盘考虑本社的发展战略、经营策略。每个责任编辑要在编辑工作中落实全社的统筹安排，从选题、组稿、审读、加工各个环节上下功夫，努力提高图书质量。始终坚持用高质量的图书去满足读者的要求，去开拓本版书的市场，去扩大出版社的影响。这就是责任编辑质量意识和市场意识的统一。

4. 农村读物的编辑出版工作是整个编辑出版工作的重要组成部分。

根据十五届三中全会精神和新闻出版署的部署，本会和江西新闻出版局联合召开了农村读物编辑工作座谈会。几年来，出版界为"三农"服务，做了大量的工作，做出了重要的贡献。但从总体上看，出版物的数量和质量仍不能适应农村的需要。座谈会在交流情况、总结经验的基础上，认真讨论了农村读物编辑工作的一些重要问题，并取得了广泛的共识。看到农村的变化，重新认识农村读者的构成和阅读需要；不仅要出版农村实用技术和科学普及读物，还要出版适合农村需要的政治、经济、法律和文化、艺术等各门类的读物；出版农村读物不仅是科技出版社和专业出版社的任务，人民、社科、文艺、少儿等出版社也都应该关心和重视出版农村读物；除了满足一般农民求温饱、奔小康的需要外，还要根据不同读者需要，满足各种专业户、农村干部、技术人员、管理人员和其他农村读者的需要，要出版多样化、多层次的读物；要提高农村读物的质量，并且压缩成本，降低售价，使农民"买得起、看得懂、用得上"，农村读物要求做到普及性、实用性、针对性相结合。

5. 为了改进编辑工作，以提高图书质量。本会第一届理事会曾委托湖北省编辑学会起草《图书编辑工作基本规程》（以下简称《规程》）。湖北省编辑学会几易其稿，于 1996 年 3 月提出初稿。8 月，提交本会第三届年会进行集中的讨论后，再次进行修改。第二届理事会继续做了一些工作，于 1997 年 7 月定稿。《规程》针对市场经济条件下的出版实际，强调了既要坚持编辑工作的基本要求，基本规范，又要大胆探索，积极创新；既要运用市场机制，显示出版活力，又要保证出版方向，提高图书质量。1997 年 9 月，本会将《规程》上报新闻出版署。1998 年 2 月，新闻出版署图书司以〔1998〕98 号文件转发，"供全国各出版社参考"。

6. 关于编辑素质和职业道德的讨论。本会于 1997 年 2—9 月，与新闻出版报合办专版，开展了"合格的跨世纪编辑应具有什么样的素质"的讨论，得到各地出版界的热烈响应，先后收到来稿近百篇，富有新意和创见，其中约 50% 的稿件在报上发表，得到好评。1997 年 5—8 月，本会又与江西《新闻出版天地》合办"关于培养编辑职业道德"的讨论，发表了一些有分量的文章。

7.跨世纪出版发展战略是出版界内外普遍关心的问题。本会和青年编辑专业委员会曾先后几次联合召开会议，专门研讨了这个重大问题。通过讨论，充分交流了思想，提出了各种设想和思路，研究了有些国家经济起飞、科技发展、国际接轨的同时，出版发展中出现的情况和问题；以及我国出版发展战略的目标和步骤，同时，探讨了诸多与出版发展战略相关的问题，尤其强调了编辑的人生价值和编辑工作的社会责任，在一些问题上提高了认识，促进了对这些问题的进一步思考。

8.探讨叶圣陶编辑出版思想与实践，弘扬优良传统，探究编辑出版理论。叶圣陶从事编辑出版工作60多年，功绩卓著，他的编辑出版思想与实践是博大精深的宝库，总结它，研究它，认识它，是编辑研究中的一个重要课题。在他诞生105周年之际，本会与叶圣陶研究会、中国出版工作者协会一起举行研讨会。与会的学者和专家从不同角度，论述了叶圣陶编辑出版思想和实践的内容，它的历史地位、意义，强调了他的社会责任感和历史使命感；全心全意"为一般读者着想"、竭诚为读者服务的精神；有所为有所不为,把最好的精神食粮提供给社会的出版品格；勤勤恳恳、一丝不苟、精益求精的严谨作风等等，对当代我国的出版事业具有的现实意义和历史意义。

以上讨论，是根据本会的宗旨，紧密结合编辑工作实际，尤其是结合编辑的思想实际，以进一步坚持编辑的理想和信念，牢固树立正确的世界观、人生观和价值观为目标进行的。这类研讨有利于编辑队伍的思想建设，有利于帮助编辑人员提高认识，做好实际的编辑工作。

（二）加强编辑学的学术研究，推进编辑学的学科建设

本会第二届理事会在第一届理事会工作的基础上和80年代初编辑学崛起以来，开展学术活动，出版了若干编辑学专著的基础上进行的，主要是作了一些梳理已有的学术成果，拓宽新的学术领域，深化理论研

究的工作，目的在于推动学科建设的新发展。

1. 经过几年的探讨、争鸣，学界在一些基本问题上有了某种相同和相似的看法，或者观点开始接近。这些问题是：编辑学起源于中国，1949年，在广州出版的李次民著《编辑学》一书可能是最早的以"编辑学"命名的专著；编辑学的学科性质是一门实践性很强的应用科学；编辑学的学科分类应属于社会科学的范畴；编辑学的研究对象是研究编辑活动的特殊矛盾，揭示这些特殊矛盾所反映的客观规律；编辑活动的本质特征是创意和把关；"编辑"的基本概念是：创意（策划、开发）、选择（选题、选作者和稿件审读）、优化（加工整理）和组合（编排、有序化）；充分肯定编辑劳动的创造性，以及编辑在优选、传播、积累社会文化中的能动作用。

2. 积极开展编辑学理论框架的研究，形成了若干共识。①编辑学理论框架服务于建立学科体系的目的，经过多次研讨，认为编辑学的学科体系应包含四个部分，即编辑学理论、编辑业务、编辑史和编辑学方法论。我们要研究的理论框架，就是学科体系中的第一部分内容。②理论框架的基本任务是要阐明编辑学的性质、任务、研究对象、编辑活动的特点和规律，以及它所反映的基本范畴和理论原理。③这个框架应该适用于书、报、刊、广播、影视、录音、录像制品等传播媒体；电子出版和网络传播，目前尚在发育中，还有待理论的进一步提炼，可以先不涉及或少涉及。④我们要建立的理论框架是普通编辑学的理论框架，它是总结、归纳最近20多年来编辑学研究的丰硕成果，形成具有现代科学形态的编辑学理论，使它能与新闻学、教育学、语言学等学科那样，耸立于我国人文社会科学的系统之中，成为一门相对独立的学科。⑤根据80年代以来，编辑学研究取得的成果，包括上百种的编辑学专著，数千计的论文，既有编辑学的理论著作，又有编辑学的实用著作，既有书、报、刊编辑学专著，又有新闻、广播、电影电视、电子出版物等编辑学专著的出版，说明形成普通编辑学理论框架的条件已经基本具备，基础也是相当好的。

⑥应该说明，我们研究理论框架是为了进一步深入研究编辑学，不是限制和束缚，而是提供一种参考和服务，以利于争取加快整个编辑学走向成熟的过程。⑦研究编辑学的理论框架，是总结近 20 年来编辑学研究成果的重要工程，特别是现代出版的迅速发展和编辑活动的演变，必将不断地提出新的问题，可以想见难度还会是相当大的，这方面应该有充分的思想准备。

3. 讨论了多种媒体编辑活动有没有共性的问题。书、报、刊、广播、电影、电视、音像制品甚至光盘和电子出版物等多种媒体的编辑活动有没有共性的问题，是在编辑学研究已经越出图书、杂志和报纸等文字传播媒介编辑学的范围，需要建立适用于更多媒体的普通编辑学的形势下提出来的。学界对这个问题一般有这样几种意见：

一种意见认为：编辑活动是指开发、选择和加工原型作品，使其成为可供复制的定稿品，并向公众传播的智力活动。以原型作品为工作对象是编辑活动的本质属性，使其成为定稿品是其主要任务，凡符合这种本质属性的特征，就是共性。

一种意见认为，各种传播媒介编辑活动的内涵或共性可简单地表述为：开发选题、选择和加工作品以向公众传播。"开发"不仅包括选题的制订，还可以包括选题优化、帮助作者修改作品内容以使作品增值等。

一种意见认为：现代各媒体的编辑活动既有特殊性，也有共性。这种共性就是为了传播、积累文化的目的，对精神产品进行"策划组织"，"选择优化"和"编排组合"工作。

又一种意见认为："编辑就是根据一定的思想原则，以相应的信息或者著作材料为基础，进行创意、优选、优化、组合等综合性的精神生产过程，使精神成果适合于制作传贮载体的创造性智力劳动。"这里所说的"创意""优选""优化""组合"等编辑活动的特征，是书报刊、广播、影视等都普遍存在的编辑活动，就是共性。

根据有关的讨论，一般认为：图书、杂志、报纸、广播、电影、电视、音像制品等各种媒体的编辑活动，有个性也有共性，这是肯定的。问题在于考察各种媒体的编辑活动的共性，可以有不同的层次，不同的视角。必需找到一个恰当的切入点，把个性指出来，再找到一些共有的横切面，就可以发现诸多媒体之间编辑活动的共性。这是一种理论上的创新。

4. 关于建立涵盖多种编辑的普通编辑学的讨论。一般认为编辑基本概念的逐步趋同，多种媒体编辑活动共性的认同，为建立涵盖多种媒体的普通编辑学奠定了理论基础。进一步的任务是要揭示多种媒体的编辑活动的普遍规律，解决构建这一学科的基本要素。

一种意见认为：不同类型的图书的编辑活动虽有很大差异，但并不妨碍寻找共同点，写出图书编辑学通论。不同传播媒介的编辑活动之间的差异虽然很大，并不否定其共同发展规律的存在。在科学认识各种传播媒介的共性的基础上，建立普通编辑学在理论上是可能的。尤其在出版多媒体化和网络化以后，出版媒体编辑，特别是音像出版物编辑和影视媒介编辑，越来越接近，彼此之间有了更多的共同语言，趋同的倾向日益明显。

一种意见认为：1998年版《辞海》对"编辑"定义的修订值得注意。1979年版把编辑工作看作新闻出版工作的一个重要环节。到1989年版，把编辑活动的范围扩大到新闻出版机构以外，包括电影业。1998年版再扩大到一切传播媒介，说"编辑"是"组织、审读、挑选和加工作品的工作"，"是传播媒介工作的中心环节"。这说明新版《辞海》已把它的"编辑"适用于报纸、广播、电影、电视等多种传播媒介，这有助于认识编辑的特点、共性和普遍规律。

一种意见认为：研究普通编辑学要着力于有实践意义的规律性问题的研究，如，一次性和创新规律，增值性和优化规律，有序性与最佳运行规律。

一种意见认为，现在出版的编辑学专著，已有100多种，不仅有图书、期刊编辑学，还有新闻、广播、电影和影视编辑学。有人还在研究电子出版编辑学。可见，建立普通编辑学已经有了很好的基础。至于它的普遍规律，应致力揭示编辑活动共有的内外关系，以及各种矛盾运动的基本发展趋势。

总之，认为建立普通编辑学的漫长之旅已经起步，这是编辑学理论的创新，而且开端是很好的。尽管前面的道路将是艰难的，但只要脚踏实地一步一步地走下去，前景应该是乐观的。

5. 推动编辑史、出版史研究的开展和交流。编辑史、出版史的研究，不仅是出版发展的需要，而且是编辑学学科建设的需要，没有编辑史、出版史的成果，没有对历史经验的科学总结，编辑学的学科体系是不完善的，这是本会一贯重视编辑史、出版史研究的根本原因。本届理事会期间先后召开过两次编辑史、出版史研讨会，即 1999 年的南京会议和 2000 年的温州会议。重点都是围绕近百年史进行的，集中探讨了 20 世纪中国出版史的特点、作用及其分期问题，同时交流研究成果，总结经验，提出改进意见。四年来，编辑史、出版史研究的成绩应该充分肯定。有一批出版界和高校的研究者，不管经济困难、资料缺乏，仍在锲而不舍、千方百计地进行研究和著述，而且取得了相当的成果。与会者提出编辑史、出版史研究，要开拓新的领域，研究新的课题，希望有代表性的成果问世。与会者认为中国作为历史悠久的出版大国，认真做好编辑史、出版史的研究工作，不仅有十分重要的历史意义和现实意义，而且有深远的国际意义。课题研究和史论著述，要大、中、小并举。要坚持运用历史唯物主义的原理，着重做好书、事、人的个案研究，做好收集和发掘材料等基础性工作。与会者要求领导机关和社会进一步重视编辑史、出版史研究，解决发表园地缺少的困难。

6. 为在高校保留编辑学专业本科目录和建议把"编辑出版学"列入国家《授予博士、硕士学位和培养研究生的学科、专业目录》作了力所能及的工作。"编辑学"作为高校本科已于 1993 年列入国家教委的"专业目录"，但建立硕士点的问题一直没有解决。1997 年 3 月，刘杲同志与出版界几位政协委员一起，在全国政协八届五次会议上提出《关于建立编辑学专业硕士点建议》。6月7日，国务院学位委员会答复："可以把编辑学作为新闻学或其他相近的学科的一个研究方向，培养编辑学方面的学科人才。""答复"虽然承认编辑学可以培养研究生，但仍没有列入"授予博、硕的专业目录"。1997年，教育部酝酿调整高校本科专业，需砍掉总数的二分之一，编辑学专业处境危艰。本会与有关方面和若干高校，分别向领导机关呼吁，请求保留"编辑学专业"，或与发行专业合并为"编辑出版学专业"。1998年1月，教委办公厅"关于对普通高校本科专业目录（草案）征求意见的通知"中，把"编辑出版"作为二级学科，列于一级学科"新闻传播学类"之下，并撤销了原来的"编辑学"与"图书出版发行学"两个专业。本会为此专门致函教委，提出保留"编辑学"作为二级学科，至少应在"编辑出版"后面加上"学"字，成为"编辑出版学"。1998年，国家教委正式发布的《专业目录》改为"编辑出版学"。1999年，鉴于学位委员会将调整"授予博、硕专业目录"，本会即于6月23日召开部分高校编辑学专业负责人和专家座谈会，呼吁把"编辑出版学"列入"授予硕士专业目录"。9月，又与中国版协联合向新闻出版署提出《关于建议在高等学校设立编辑出版学硕士学位授予点的报告》。2000年5月，我们再次上报新闻出版署提出建议，并向学位办有关专家提出呼吁。

综上所说，从总体上看，编辑学研究的发展势头是好的。目前，书、报、刊编辑学已经有了一定的基础，其他传媒编辑学的研究也已经开始，并取得了一定的成果；研究和建立普通编辑学也已经有了好的开端；"编辑出版学"已列入高校本科专业目录。从实践上看，编辑的主体作用得到了认同与提升，编辑的社会地位得到了前所未有的提高；现在无论承认与否，编辑有学，编辑学是编辑自己的学问，已经得到越来越多的人所认同。这些都是对编辑学学科建设的推动。我们相信，随着传媒的发展，编辑学将愈来愈被人们所关注，得到愈来愈多的人的支持和认同。

（三）各专业委员会的研究活动

本会所属各专业委员会在过去四年中，都根据专业需要，开展了一系列活动，具体如下：

1.青年编辑专业委员会除了和本会联合举办"跨世纪出版发展战略研讨会"外，还和《出版广角》杂志联合举办了"2000出版发展论坛"，讨论了由高新科技催生的网络传播时代的到来及其对出版业造成的冲击；寻求出版与高科技的联盟，催化出版的壮大与繁荣；以及市场竞争出版集团组建，引发出的出版理论新视点，如人机结合的编辑过程，纸与非纸介质的书籍形态的多样化，出版跨行业联合和协作的可能性的出现，以及出版作为服务与管理文化的本质等问题。这种讨论，有利于开拓出版研究的新思路和新领域，给编辑出版工作者以启迪。

2.少年儿童读物专业委员会先后开过两次研讨会，着重讨论了少年儿童读物的创新问题。根据江泽民同志提出要抓好电影、长篇小说和少年儿童读物"三大件"的要求，讨论编辑工作如何克服"四老"（老面孔、老祖宗、老外、老作家）和"四多""四少"，即：成套书多、单行本少，重复出版多、原创性作品少，图画本多、文字本少，适合城市儿童的多、适合农村少年儿童的少等现象，会议提出大胆创新，出版丰富多彩，生动活泼，适合广大城乡少年儿童需要的书刊，引起了广大少年儿童读物编辑出版工作者的共鸣，开展了创新问题的讨论。

3.期刊专业委员会召开了职教期刊主编研讨会，讨论了新形势下职教期刊的发展和提高问题，提出积极借鉴其他类型期刊的发展经验，大胆创新，形成自己的特点和风格；在加强面向读者、面向市场中拓展壮大自己。

4.科技编辑专业委员会召开了成立会议，提出了工作设想，并召开了电子出版物编辑经验交流会，要求编辑积累经验，加强交流，逐步为电子出版物编辑工作规范化创造条件。为提高科技编辑的素质，还建议清华大学开办不脱产硕士研究生班，并积极组织、考核，录取了23名学生参加学习。

图书编辑学专业委员会，编辑史专业委员会等这几年的活动，是和前面讲到的本会关于理论和实践的研究活动结合进行的，不再另述。

这里需要说明，作为学会的工作报告，不涉及学术问题是不应该的。但是在学术观点上要完全一致，也是不可能的，能够大同小异，就已经不错了；有同有异是正常的，报告中涉及的学术观点也是如此，即使是今天已经一致的看法，也不应该影响今后的继续讨论和争鸣。

（四）评优工作

1. 从 1997 年创议开始，本会以高等学校编辑学专业高年级学生和研究生为对象，开展了"未来编辑杯"征文竞赛活动，目的在于培养后备力量，使目前正在高校学习编辑学专业的学生，更快更好地了解出版，熟悉出版，矢志为编辑出版事业服务。先后开展二届，共评选优秀论文71篇（第一届39篇、第二届32篇）约占各校初选后推荐论文的48%左右，引起了各校师生的强烈反响，收到了很好的效果。

2. 本会和中国版协继续举办了第三届优秀中青年图书编辑评奖活动，共评出了76人，加上第一届105人，第二届73人，共254人。

（下略）

（八）与国外和港、台地区的编辑出版学术交流

1. 1997 年 8 月，应日本东西哲学书院邀请，本会和本会青年编辑专业委员会派出青年编辑专业委员会主任、中国青年出版社社长胡守文为团长，副主任、高等教育出版社副社长张增顺为副团长的赴日考察研修团，成员均为社一级中青年领导骨干。这次考察收获很大，在一些专题方面涉及较深，回国后结合我国实际，发表了有见解的文章，引起强烈的反响。

2. 同年10月，应日本出版学会邀请，本会派出副会长阙道隆，理事、人民文学出版社副总编辑李文兵前往日本参加第八届国际出版学研讨会，这次会议的主题是：当今出版的变化——探讨面向21世纪的东亚出版问题。会议就出版研究、出版电脑化的趋势与影响等问题交流了论文，有

助于了解国外出版和出版研究情况，获得启示。

3.1998 年 9 月，应台北市出版商业同业公会理事长曾繁潜先生的邀请，常务副会长邵益文等一行 9 人赴台进行两岸出版学术交流。互相介绍了情况，交流了学术见解，并和锦绣出版公司、新学友书局、五南出版公司负责人，分别座谈，进行交流。双方认为：两岸出版交流，始于 80 年代，并日益增多，但作为编辑理论研究的学术交流，这是第一次，颇有收获，今后应不断加强。

4. 在访台途中，应香港出版学会的邀请，代表团成员在香港会见了香港出版学会领导人，双方通报了近年研究情况，交换了学术书刊。

5. 同年 11 月，应日本东西哲学书院邀请，本会和本会青年编辑专业委员会派出二位青年编辑赴日学习，为期半年。

6.2000 年 5 月，应奥地利博曼出版集团等单位的邀请，常务副会长邵益文等一行 9 人，赴奥进行出版学术交流和业务参访，介绍我国出版现状，出版理论和编辑学研究情况，了解奥地利大小不同的出版社的经营特色、编辑工作的运作方式和培训情况，彼此增加了了解和友谊。

7. 在此期间，本会多次接待日本、韩国、奥地利等国的客人和港、台地区的同行。

二、对学会今后工作的建议

党的十五大报告指出："积极发展哲学社会科学，这对于坚持马克思主义在我国意识形态领域的指导地位，对于探索中国有特色社会主义的发展规律，增强我们认识世界、改造世界的能力，有着重要意义。"十五届五中全会又明确提出"推进学科建设和理论创新"。说明要深化改革，繁荣新闻出版事业，我们必须积极开展编辑学、编辑理论和实践的研究，在正确理论的指导下，为建设有中国特色社会主义新闻出版事业服务。新闻出版等传媒事业，是社会主义精神文明建设的重要方面，是正确舆论导向的把握者，是科学理论的传播者，是高尚道德的弘扬者，是优秀作品的生产者。因此，它本身就首先需要科学的理论支持。现在比较趋同的认识认为编辑工作是传播媒介工作的中心环节，编辑学是研究传播媒介中的编辑工作的规律和历史的科学。研究编辑学就是抓住了传播媒介工作的中心环节，就是探索有中国特色社会主义新闻出版等传播事业的规律，就可以深刻认识新闻出版等传媒事业的规律性，达到深化改革，健康繁荣的目的。要充分认识加强理论研究和理论创新是百年大计，是基本建设，是加强队伍建设最根本的一环。我们注意到一个情况，近几年来，我们没有发现哪个重视编辑出版理论研究的地区和单位，出过坏书；反过来说，凡是受到重大行政处分的单位，几乎没有一个是重视编辑出版理论研究的。实践证明，我们必须把编辑学和编辑出版理论研究进一步引向深入，向纵深发展，在实践中把编辑学的学科建设推向前进。

要进一步坚持马克思主义的指导地位，积极贯彻"百花齐放，百家争鸣"的方针。理论研究的活力，来自实践和争鸣，而争鸣又往往是诸多实践经验的交流。所以，坚持马克思主义的指导地位和"百花齐放，百家争鸣"，实为推动学术发展的根本途径。学会成立至今，在这方面一直是重视的，认真贯彻的，多次学术研讨会的召开，使大家畅所欲言，《编辑学概览》及其续编的编辑出版，把各种不同观点收集起来，公之于众，就是为了更好地开展争鸣。许多刊物，如《中国出版》《出版发行研究》《编辑之友》《编辑学刊》和《出版科学》，也就编辑学若干重要问题发表不少争鸣文章，应该说，学术争鸣的气氛是不错的。今后要继续加强在马克思主义指导下的"百花齐放，百家争鸣"。不同观点只要持之有据，言之成理，包括诸说并存，都是学术研究的成果。总之，争鸣为任何学术研究所必须，学会应该始终站在提倡、鼓励的最前列。但由于学会没有自己的发表园地，只能寄希望于兄弟报刊，力不从心，自己能做的工作十分有限。

（一）切实推进学科建设，是当前编辑学进一步发展的关键。从80年代起，编辑学研究已经走过了近20年的路程，取得了一定的成就，数以千计论文的发表和数以百计专著的出版，以及10多个高等学校编辑学本科专业的建立，包括"编辑学"条目在一些辞书中的设立，都说明编辑学在中国社会已经得到一定程度的承认。应该说，从编辑无学到编辑有学，从小到大，走到这一步是不容易的，这是广大研究者各方面努力和各有关部门支持的结果，应该充分肯定。但是，编辑学要真正成为一门具有科学形态的独立学科，还有大量的工作要做，今后的路还很长，很艰巨。为此，从学科建设看，当前首先要研究和建立编辑学的理论框架。要使编辑学真正站立起来，耸立于学科之林，必须揭示其研究对象的客观规律，阐明自己的理论原理，构建概念体系。这方面许多研究者已经做了许多工作，取得了很好的成果。目前需要归纳综合，使它更加系统化，使编辑学真正成为一门应用科学。因此，迫切需要研究、充实并广泛地开展编辑学的理论框架的讨论，力求构建一个能够得到更多人认同的理论框架。这应该是今后几年编辑学学科建设的中心任务。

（二）要加强编辑实践的研究。总结编辑实践经验是加强理论研究，提高编辑工作水平的一项基本工作，及时总结、交流精品工程和重要出版工程的成功经验，极为必要，应切实做好。特别是我国加入世贸组织以后，对编辑工作带来的冲击；以及高新科技发展，对传统编辑工作带来的挑战，电子出版物，尤其是网络传播中编辑工作的形式、手段及其新的特点都要研究。随着改革的深化，社会主义市场经济的逐步建立和小康社会的逐步建成，人们的思想观念也会发生不同程度的变化。为此，必须强调提高队伍的政治思想和道德素质，认真学习马克思列宁主义、毛泽东思想、邓小平理论，坚持江泽民同志关于"三个代表"的重要思想，巩固和发展马克思主义在意识形态的指导地位，增强民族的凝聚力，这是历史赋予当代编辑光荣而伟大的任务。同时，要不断提高文化科学知识。当前迫切需要编辑人员学习、掌握新的技术，才能跟上时代的步伐，做好本职工作，并且引导读者，不断地开拓创新。

（三）加强编辑史、出版史的研究、著述和出版工作。任何一门学科的构建，都需要阐明自己的历史轨迹，历史研究是学科建设中的重要方面。中国有悠久的编辑史和出版史，把古今编辑活动用历史的科学的方法加以阐释，是编辑学学科建设所必须。这方面许多学者已经做了大量的工作，已经奠定了很好的基础。今后应该有计划地有分工地编写一些史著和史料。学会除了要积极支持、呼吁把大型的编辑出版史著作及早列入国家计划，统一编撰之外，要量力而行，组织编写一些简史和个案史。这样做，既可以适应目前学科建设的需要，又有利于总结经验，更有利于锻炼和建立史学研究的队伍。

（四）继续努力，力争把"编辑出版学"列入国务院学位办编制的《授予博士、硕士学位和培养研究生的学科、专业目录》。经过 1997 年至1998 年的努力，1998 年，教育部调整后的本科专业目录中，保留了作为二级学科的"编辑出版学"，可以授予"学士"学位。目前，解决授予硕士以上学位的问题，对出版事业关系重大，它关系到编辑出版高级人材的培养，高校编辑出版专业师资队伍的稳定，编辑学学科地位的进一步确立。学会应该十分重视，并继续努力完成这个任务，除了主要要依靠行政机关、高等学校来做以外，学会应该积极呼吁，了解各有关方面的动向，提供必要的材料，以利领导机关决策。

（五）要加强团体会员和个人会员的工作。要进一步加强各会员单位的联系，了解编辑人员的想法和要求，从学会的角度，努力服务。要抓紧个人会员的学习和研究活动。扩大团体会员和个人会员之间的交流，帮助他们更好地做好本职工作和研究活动。

（六）加强研究队伍的建设，尤其是要努力吸引中青年编辑人员参加研究活动，这已成为当务之急。目前，编辑学研究队伍中一些有影响的骨干，年龄偏大，迫切需要有一批中青年骨干进一步深入参与，才能使学科建设常葆青春活力。更重要的是，在客观上也有这样一批人，可以充实到骨干队伍之中，担纲承重。吸收中青年骨干参与学术研究，困难是有的，主要是目前岗上的任务很重，有的即使想参与学术活动，也无暇分身。但是，这件事必须集中力量，坚定不移地去做，在做的过程中，逐步克服各种具体的困难，务使在三五年内，取得一定的成效。编辑学研究队伍需要加强，但发展壮大中青年队伍，应成为重中之重。

（七）加强对外和对港、台的学术交流。面对"入世"和高新科技迅猛发展的今天，不断了解国外和港、台地区的情况，及时交流信息，为编辑理论和实践研究所必需。我们要有意识地加强这方面的工作。

《编辑之友》2001 年第 3 期

探讨编辑规律，推动编辑学学科建设

——编辑规律研讨会侧记

经新闻出版总署批准，中国编辑学会于 2001 年 11 月 16—17 日在北京召开编辑规律专题研讨会。来自新闻出版界和北大、武大、浙大、北京印刷学院的约 20 位专家学者与教研人员参加了研讨，中国编辑学会会长刘杲主持研讨会，常务副会长邵益文首先介绍了 1987 年以来，我国编辑学界研究编辑规律的状况和 10 多位研究者对编辑规律的表述和见解。

副会长阙道隆提出：研究编辑规律要注意二个区分和二个了解。即区分编辑工作的方针、任务、要求和编辑规律；区分一般社会规律和编辑规律。要了解编辑工作的性质和编辑规律的关系；了解编辑工作特殊规律与普遍规律，图书编辑工作规律与一般媒体编辑规律的关系。同时，他认为自己原来在《编辑学理论纲要》中提出的新闻出版编辑活动的三条一般规律（即：尊重作者创作个性与编辑选择把关相统一的规律；传播已有文化成果与文化创新、重构相统一的规律；提高文化产品质量与掌握最佳传播时机相统一的规律）。现在需要再补充一条，即：编辑活动的内容、要求与传播媒介特点、功能相统一的规律。

杨晓鸣向这次研讨会提交了题为《认识和解构编辑活动的规律》的论文，认为：编辑规律是编辑活动的本质联系。"一切体现编辑活动过程的本质联系，从一个侧面制约着编辑活动过程，都可能是编辑活动中的一条规律。"最近出版新著《编辑学导论》的作者任定华提出："编辑基本规律就是信息、知识有序化、媒体化与社会化的规律。"同时提出"在这一基本规律的基础上也可以形成次一级的法则"。林穗芳认为研究编辑规律是编辑学科建设中的攻坚项目之一，难度很大。他认为作为编辑活动的基本规律只能有一条，他提出，传播媒体的基本规律是：在为内容向公众传播作准备的过程中，作者与读者（或精神生产者与消费者）之间的矛盾，以质量第一、社会效益第一的原则加以处理。庞家驹集中讲了网络时代的编辑活动，他认为"交融性是网络时代编辑活动的一个新特征"。

邵益文说，自1987年以来，在编辑规律探讨方面，有不少论文，也有专著，有一些很有影响的见解，为我们进一步探讨编辑规律提供了真知灼见，这是不容忽视的。但也存在一些问题，主要是各人的切入点不同，所以，在客观上形成了众说纷纭的局面，难于趋同。他认为有几个问题可以提出来讨论：

第一，要有一个共同的切入点。为了进一步揭示和确认编辑规律，我们必须站在同一个起跑线上，针对一个共同的目标，才能求得共同的认识，所以首先要解决这样几个问题。

1. 是定性问题。即什么是规律。徐柏容曾于1987年写过一篇文章:《什么是规律，什么不是规律》，他提出要区别出版理论与编辑规律，编辑理论与编辑规律，编辑工作中的局部属性与编辑规律，区别编辑工作的外部条件与编辑规律，目的是排除一些似是而非的认识。这是他根据当时的情况提出的。这段文字告诉我们，揭示规律，首先要认准规律是什么，也就是要解决定性问题。

2. 是定位问题。首先是学科层次的定位。如果大家注意的话，可以看到以上诸说，定位不同，有的定在图书编辑学，有的是包括书报刊，有的是直接涵盖多种媒体的普通编辑学。这里，我们不妨统一在普通编辑学上来考虑编辑规律的揭示。其次，是规律层次的定位。上述各说，有的专指编辑规律，有的说是编辑基本规律，有的又说是编辑一般规律。由于指称不同，所以，内容也不能要求相同。这里，我们是否先讨论涵盖多种媒体编辑活动的基本规律，也就是把关于规律问题的探讨，定在基本规律这个点上来开展。当然，在讨论基本规律时，也可能涉及其他带有普遍性的规律，但要有一个共同的切入点，即把主攻方向放在基本规律上，这样大家集中在一个问题上使劲，以求有所突破。

第二，从分析编辑活动的矛盾入手。首先要研究编辑活动内部的各种联系，也就是要研究编辑活动的内部矛盾。

编辑活动中的矛盾很多，首先是编辑本身的矛盾。如专业特长与非专业稿件审处的矛盾，认识的局限性与选题要求多样化的矛盾等等，总的是编辑本人的政治思想、理论水平、业务能力与工作要求的矛盾；其次是编辑与邻接者、邻接部门的矛盾，如编辑与编辑之间分工不同的矛盾，编辑与信息资料部门的矛盾，社内编辑与社外编辑的矛盾，编辑与校对的矛盾，文字编辑与美术编辑的矛盾，等等。总的是编辑与有关工作方面的矛盾；还有编辑与周围环境的矛盾，主要是政治气氛，社会环境，经济条件，文化动向，出版形势，包括出版管理、方针政策、出版社与出版社之间、出版社与文化教育和宣传部门之间的关系，等等，主要是指编辑如何面对宏观世界和社会大环境的问题。当然，还有编辑与作者、编辑与读者的矛盾。

在众多矛盾中，与编辑工作联系最多、关系最多的莫过作者和读者。它们关系到编辑活动的出发点和归宿，关系到编辑活动的成败。所以，编辑和作者的矛盾，编辑和读者的矛盾是编辑活动中的基本矛盾。

编辑和作者的矛盾，表现为编辑创意（包括选题的设计、策划）和作者创意的相互影响。表现为编辑对作者作品的选择（评价）和优化，也表现为对作品的把关和重新组合。编辑和作者的关系是互相信赖的关系，没有作者，编辑的本事再大，也难为无米之炊。反过来说，作者没有编辑，他的作品就不能社会化，不能面向广大读者、听众和观众（以下简称视听者），进行有成效的传播。所以，编辑和作者的矛盾，是编辑活动的一种基本矛盾。编辑和作者的矛盾，是共同生产精神产品过程中的矛盾，编辑代表社会、代表视听者的要求，经过优选、优化等编辑手段，使作者的作品适用于媒体的传播，从而使作者的作品社会化、产生作者和编辑所要求的社会效益。这是编辑和作者关系的基础。在和视听者关系中，他们处在矛盾的同一方。

编辑和视听者的关系，乃是服务和被服务的关系。视听者的需要是编辑活动的出发点，编辑的创意、策划、选择都是以他们的视听者的要求为依据的，对作者作品的加工整理、优化和对一个文化产品的重新组合，也是以适应视听者的接受水平为标准的。编辑提供的精神产品只有得到视听者的认可，才能算是成功的。这表明只有视听者才是编辑活动真正的归宿。如果离开视听者，那么一切编辑活动都将变得没有任何意义。所以，编辑和视听者的矛盾，也是编辑活动的基本矛盾，或者说是最根本的矛盾。

第三，要找出编辑活动的主要矛盾。分析编辑活动中这种错综复杂的矛盾状况，必须理清这些矛盾的主次地位，找出具有决定意义的主要矛盾。也许有人认为，揭示两种基本矛盾就足够了，没有必要生造出一个主要矛盾；也有人认为，编辑活动中的主要矛盾，在各个发展阶段表现不同，也就是说，不存在在整个发展过程中起决定作用的主要矛盾。应该说，这些看法乍一看似乎有一定道理，但细细一想，又觉得缺乏科学根据。考虑编辑活动中的矛盾状况，可以清楚地发现，它的主要矛盾就是编辑与视听者的矛盾，这是客观存在，不是什么人可以生造出来的。

编辑和作者的矛盾，处于精神产品生产过程中的同一个营垒，他们的目的是一致的，都是为了传播和积累文化，都是为视听者服务，都是为了向视听者提供优秀的精神产品。编辑和作者是矛盾的两个方面，但在为视听者服务的这一点上，两者又是统一的，成为与视听者矛盾的一个方面。视听者则是矛盾的另一个方面，包括编辑和作者发生矛盾，也往往是编辑站在视听者的立场，代表视听者对作者的作品提出要求，作出评估和判断而引起的。这就是为什么编辑有时被称为第一读者、观众的原因。可见，编辑和视听者的矛盾是起决定作用，编辑和作者的矛盾是服从于编辑与视听者这个矛盾的。视听者的需求，他们的接受水平和承受能力，决定了编辑和作者应该提供与之相适应的精神产品。

编辑与视听者的矛盾，往往表现为编辑与市场的矛盾，在市场经济条件下，这种状况更为凸显，有时甚至掩盖了编辑与视听者的矛盾，编辑、作者共同为市场占有率而努力。其实，这是一种现象。它的本质归根到底，应该是编辑与视听者的矛盾。比如，有的订货会上，订货的码洋很高，但结果是退货率也很高，造成产品积压。这说明，市场与视听者是有距离的，并不完全是一回事，只有真正摸透了视听者的需求，才能满足他们的需要。反过来说，编辑和作者的作品，只有适应视听者的需要，才能得到社会的承认，这就是矛盾的统一。

编辑和视听者的矛盾就是：编辑根据视听者的需求，向他提供适合需要的书、报、刊和电子、音像制品等各种出版物。认真为视听者服务，即服务者为一方，服务对象为另一方的矛盾。这对矛盾是一切编辑活动中的起决定作用的矛盾，它是编辑活动内外各种联系中本质的联系，它的存在和发展，规定或影响其他矛盾的存在和发展。没有这种联系，编辑活动就失去了存在的意义。

有的稿件不能用，或者需要退改，看上去是科学性、知识性，或者是文字方面的问题，追根溯源，仍然是编辑从视听者角度考虑作出的选择和判断。

有的稿件由于思想、观点、政治理论方面的问题，看上去是不符合某项规定，其实正是编辑着眼于视听者根本利益的考虑。

有的出版者为经济利益驱动，出版品位不高，质量不好，甚至粗制滥造，重复出版，形成积压、浪费，归根到底是没有理解视听者的真正需要。不明确或者没有摆正编辑出版工作者为视听者服务的位置。

实践的经验告诉我们，编辑活动的主要矛盾只能是编辑和视听者之间的矛盾，而不是其他。

第四，由编辑活动的主要矛盾看编辑活动的基本规律。主要矛盾是事物运动过程中最本质的关系。这种本质关系就是事物运动的基本规律。

编辑和视听者之间的矛盾既是编辑活动的主要矛盾，那么这种矛盾的运动形式将不可避免地反映出编辑活动的基本规律。这个基本规律的内容就是：编辑根据一定的原则，以众多的精神成果为基础，用优选、优化为手段，生产出新的精神产品，最大限度地满足视听者的需要，促进社会文明的发展。这个基本规律，如果说得简单一点，也可以说是"优选、优化规律"，或称"二优律"。这里的"精神成果"是指原创作品、半成品、可再次利用的成品，也包括信息和各种资料；"优选"是指选题的创意、策划、作者的物色与稿件的审读、评判和取舍；"优化"是指对信息、资料和原创作品的加工、整理、装帧设计、美化和整个产品的合理编排与优化组合；它的根本目的是满足视听者的需要，为视听者服务，为传承社会文明服务。

研究编辑活动基本规律的实践意义，在于：既然规律是客观的，不可改变的，那么研究和掌握基本规律，自觉地运用它，就可以因势利导，推动编辑出版工作的顺利发展；

既然编辑的优选、优化要凭借众多的信息、资料和原创作品（成品或半成品），那么编辑人员应该勤于学习，苦于探索，扩大自己的知识领域，努力提高自己的素质，才能适应日益发展的工作的需要；

既然编辑要通过优选来决定对原创作品的取舍，那么，就应该把握正确的导向，担负起推出优秀作品和把关的责任，才能达到用科学的理论武装人，正确的舆论引导人，高尚的精神塑造人，优秀的作品鼓舞人的目的；

既然编辑活动的根本目的是为了最大限度地满足广大视听者的需要，那么编辑心中必须有视听者，一切为了读者，竭诚为读者服务。

总之，"心中只有读者（观众、听众）"，应该是编辑职业道德的最高境界。

会议结束时，刘杲会长讲话，他说：编辑学会开这个会，是为了推动编辑规律问题的研究，这是学科建设中的一个重要问题。其中，基本规律的研究应该是重点。这次会议，对基本规律的讨论，取得了一些共识，即：一、要重视基本规律的研究，科学就是对规律的研究，把它作为重点，有利于编辑学研究的深化，取得的成果固然重要，研究的过程也很重要，它可促使各方面的思考；二、要尊重客观规律，基本规律只能是一个，它应该体现在古今中外各种媒体的编辑活动的全过程当中，对其他规律起主导的作用；三、基本规律如何形成。编辑学研究的基本方法是归纳的方法，它是基于大量实践活动的高度概括。它与其他学科有联系，但又有区别。类似的研讨活动，今后还要继续开，也希望大家继续努力，为编辑学的学科建设作出贡献。

《中国出版》2001 年第 12 期

编辑学走向新的发展阶段

20世纪已经过去，这是编辑学萌芽、崛起、走向新的发展阶段的年代。它的中叶是编辑学的萌芽时期，它的后期是编辑学的崛起时期，而它的最后几年则是编辑学开始走向新的发展阶段的开始。

一、回眸过去

（一）一批专著的出版和论文的发表

据不完全统计，到2000年底，我国已出版编辑学专著200余种，其中，书名标有"编辑学"字样的著作有80余种，最后几年发表的论文上千篇。这些论著的学术质量有了显著提高，已经超越了编辑业务的原始描述，开始在理论上作系统的探索。有的直接面对原理进行概括和阐述，有的针对概念、范畴进行全面的探讨，有的针对编辑工作的某一本质特征、基本环节进行系统的分析和论述，使编辑学理论的科学性得到进一步的开发和提升，使编辑学的学术研究领域得到很大的开拓。高等学校的编辑学专业教育也有进一步的巩固和发展，教研队伍有了相应的扩大，素质有较大的提高。其中，不少人到国外进行了研修和交流，吸收了国外有关学科的知识和经验。这是编辑学前进发展中不可忽视的因素。

（二）一些基本观点逐步趋同或开始接近

经过几年的探讨、争鸣，学界在一些基本问题上有了某种相同或相似的看法，或者观点开始接近。这些问题如：编辑学起源于中国，1949年，在广州出版的李次民著《编辑学》一书，是世界上最早以"编辑学"命名的专著；编辑学的学科性质是一门实践性和理论性都很强的应用学科；编辑学的学科分类应属于社会科学的范畴；编辑学的研究对象是研究编辑活动的特殊矛盾，揭示这些特殊矛盾所反映的客观规律；编辑是精神产品的生产者，是精神生产的重要参与者；编辑工作是新闻出版和其他许多传媒工作的中心环节；"编辑"的基本概念是：创意（策划、设计、开发）、选择（选题、选作者和稿件审读）、优化（加工整理、美化和质量的提高）和组合（编排、有序化）；编辑活动的本质特征是创意和把关；充分肯定编辑劳动的创造性，以及编辑在优选、传播、积累社会文化中的能动作用。

当然，在学术问题上，要百分之百地一致，是不太可能的，有同有异，求大同存小异，或者多数人同、少数人异，都是正常的。再说，学术是发展的，即使今天已经比较一致的看法，明天也还可能出现新的争论，正如达尔文的进化论和爱因斯坦的相对论，今天仍有人质疑一样。这都是不奇怪的。

（三）编辑学理论框架的研究取得进展

任何一门学科都有自己的理论，没有理论就不成其为一门学科，而只是一种工艺守则或操作指南。编辑学是一门应用科学，但编辑的成果却紧密地关系着人们的思想行为和社会的发展。所以，它又是一门理论性很强的科学。这样，揭示它的理论系统，建立自己的理论框架，就成为一桩不可缺少的基本工程。这就是说，我们所以要探讨编辑学的理论框架，目的是为了完善编辑学的学科体系。经过多次研讨，明确了这样两点：①认为编辑学的学科体系应包含四个部分，即编辑学理论、编辑业务、编辑史和编辑学方法论。我们要研究的理论框架，就是学科体系中的第一部分内容。②理论框架的基本任务是要阐明编辑学的性质、任务、研究对象、编辑活动的特点和规律，以及它所反映的基本范畴和理论原理。经过几年的努力，现在已经有了几种框架的轮廓，即分别从文化性、传播性或人文科学角度来研究的编辑学理论框架，或者以是否隶属于出版学为标志来构建的编辑学理论框架，这些都为我们研究编辑学理论框架提供了思路，铺设了道路，是学术研究的重要成果。

（四）多种媒体的编辑活动有个性，也有共性的问题得到了确认

书、报、刊、广播、电影、电视、音像制品甚至光盘和电子出版物等多种媒体的编辑活动有没有共性的问题，是在编辑学研究已经越出图书、杂志和报纸等文字传播媒介编辑学的范围，需要建立适用于更多媒体的普通编辑学的形势下提出来的。学界对这个问题一般有这样几种意见：

1. 编辑活动是指开发、选择和加工原型作品，使其成为可供复制的定稿品，并向公众传播的智力活动。以原型作品为工作对象是编辑活动的本质属性，使其成为定稿品是其主要任务，凡符合这种本质属性的特征，就是共性。

2. 各种传播媒介编辑活动的内涵或共性可简单地表述为：开发选题、选择和加工作品以向公众传播。用"开发"，不用"策划"，是因为"开发"不仅包括选题的制订，还可以包括选题优化、帮助作者修改作品内容以使作品增值等。

3. 现代各媒体的编辑活动既有特殊性，也有共性。这种共性就是为了传播、积累文化的目的，对精神产品进行"策划组织""选择优化"和"编排组合"工作。

4. "编辑就是根据一定的思想原则，以相应的信息或者著作材料为基础，进行创意、优选、优化、组合等综合性的精神生产过程，使精神成果适合于制作传贮载体的创造性智力劳动。"这里所说的"创意""优化""优选""组合"等编辑活动的特征，是书报刊、广播、影视等各种媒体都普遍存在的编辑活动，就是共性。

根据有关的讨论，一般认为：图书、杂志、报纸、广播、电视、电影、音像制品等各种媒体的编辑活动，有个性也有共性，这是肯定的。问题在于考察各种媒体的编辑活动的共性，可以有不同的层次，不同的视角。必须找到一个恰当的切入点。把个性指出来，再找到一些共有的横切面，就可以发现诸多媒体之间编辑活动的共性。

（五）建立涵盖多种媒体的普通编辑学的登山之路已经开启

一般认为编辑基本概念的逐步趋同，多种媒体编辑活动共性的认同，为建立涵盖多种媒体的普通编辑学奠定了理论基础。进一步的任务是要揭示多种媒体编辑活动的普遍规律，解决构建这一学科的基本要素。

一种意见认为：不同类型图书的编辑活动虽有很大差异，但并不妨碍寻找共同点，写出图书编辑学通论。不同传播媒介的编辑活动之间的差异虽然很大，但并不能否定其共同发展规律的存在。在科学认识各种传播媒介共性的基础上，建立普通编辑学在理论上是可能的。尤其在出版多媒体化和网络化以后，出版媒体的编辑，特别是音像出版物编辑和影视媒介编辑，越来越接近，彼此之间有了更多的共同语言，这种趋同的倾向日益明显。

一种意见认为：1999年版《辞海》对"编辑"定义的修订值得注意。1979年版《辞海》把编辑工作看作新闻出版工作的一个重要环节。到了1989年版，把编辑活动的范围扩大到新闻出版机构以外，包括电影业。1999年版再扩大到一切传播媒介，说"编辑"是"组织、审读、挑选和加工作品的工作"，"是传播媒介工作的中心环节"。这说明新版《辞海》已把它的编辑定义适用于书、刊、报纸、广播、电影、电视等传播媒介，这有助于认识编辑的特点、共性和普遍规律。

一种意见认为：研究普通编辑学要着力于有实践意义的规律性问题的研究，设想有三：一次性和创新规律；增值性和优化规律；有序性与最佳运行规律。

一种意见认为：现在出版的编辑学著作，已有二三百种，不仅有图书、期刊编辑学，还有新闻、广播、电影电视或影视编辑学。有人正在研究电子出版编辑学，还出版了一些阐述编辑活动一般原理的著作。可见，各门类的编辑学尽管发育程度不平衡，但已经形成了一种研究的势头，这说明建立普通编辑学已经有了很好的基础。至于它的普通规律，应致力于揭示编辑活动共有的内外关系以及各种矛盾运动的基本发展趋势。

总之，建立普通编辑学的漫长旅程已经起步，而且开端也是好的。尽管前面的道路将是不平坦的，但只要脚踏实地地一步一步地走下去，前景应该是乐观的。

（六）编辑史、出版史、新闻史研究是编辑学学科体系的重要组成部分，不可忽视

编辑史、出版史、新闻史的研究，不仅是传媒事业发展的需要，而且是编辑学学科建设的需要。没有编辑史、出版史、新闻史的成果，没有对历史经验的科学总结，编辑学的学科体系是不完善的。这是我们要重视研究编辑史、出版史、新闻史的根本原因。这方面，新闻史起步较早，出版史也有不少成果，相比之下，编辑史成果不是很多。这方面需要加强。目前，新闻界、出版界和高等学校有一批研究者，克服经济力量薄弱、资料缺乏等困难，锲而不舍、千方百计地进行研究和著述，并且取得了相当的成果。应该充分肯定和支持他们开拓新的领域，研究新的课题，希望能有代表性的成果问世。课题研究和史论著述，要大、中、小并举，要坚持运用历史唯物主义的原理，着重做好书、事、人、机构的个案研究，做好收集和发掘材料等基础性工作。中国作为历史悠久的文明古国，认真做好编辑史、出版史、新闻史的研究工作，不仅有十分重要的历史意义和现实意义，而且有深远的国际意义，需要大家努力，持之以恒，力争作出更大的贡献。

二、新航标的浮现

编辑学在发展过程中，自然而然地出现了新的航标。这就是要求普通编辑学的建立。

建立普通编辑学这个问题，提出是比较早的。20 世纪 80 年代就有人提出："编辑学的门类很多，诸如图书编辑学、报纸编辑学、杂志编辑学、电影编辑学、电视编辑学、广播编辑学等。诸凡一切需要传递或

存储信息的学科，都应有自己的编辑学。"[1]并且提出了要研究各门类编辑学的共性。此后，又提出"普通编辑学是研究如何通过视听读物开发人类智慧、创造性地构筑人类精神文明的宝库，传播和积累文化知识的科学"[2]。但当时，由于出版界不少同志先后从自己的实践经验出发，研究图书编辑学和杂志编辑学，并且很快形成了热潮，还提出了许多需要探讨的理论问题。这样学术研究的势头，就自然而然地转向书刊编辑学研究中来。也正是在这样的形势下，1994 年，在郑州召开的第三次全国编辑学学术研讨会，才把图书编辑学确定为主攻方向，目的是想通过图书编辑学的研究，取得一些基本理论问题上的突破，为编辑学奠定一定的理论基础。1995 年，第四次全国编辑学学术研讨会在四川举行，刘杲会长致信与会者，指出："编辑学的研究从图书编辑着手，对很多同志来讲，可能条件比较成熟。向外还有报纸、期刊、广播、电视、音像制品和电子出版物等多方面的编辑学研究。向内还可以分为辞书、科技图书等不同的图书编辑学研究。在此基础上，概括形成普通编辑学。这是从具体到抽象，从个性到共性的方法。"研究部门编辑学，要发展到建立普通编辑学，在这里已经说得很清楚了。经过几年的努力，书刊编辑学取得了丰硕的成果。与此同时，起步最早的新闻编辑学的研究和著述也取得了许多新的成果，有了新的发展，广播编辑学又脱颖而出，新兴的影视编辑学也从萌发而取得相应的进步，编辑学研究出现了空前繁荣的局面。

各种不同媒体编辑学的出现，为涵盖多种媒体的普通编辑学的形成打下了扎实的基础。值得提出的是，20 世纪最后几年中发生的几件令人难忘的事情，这就是：

1.1999 年版《辞海》对"编辑"概念的阐释和"编辑学"条目的设置。这是"编辑学"条目第一次在大众化的大型工具书中取得了自己应有的定位。

2.一些刊物发表专文正面呼吁建立普通编辑学。这些文章的发表，又一次正式提出了建立普通编辑学的问题，并且阐明了建立普通编辑学的必要性和可能性，引起了编辑学界的共鸣，有的提出讨论各种媒体编辑活动的共性，有的主张研究编辑学的理论框架，不应局限于书、刊编辑学的范围，应该包括新闻、广播、音像出版物等更多的媒体。这是对建立普通编辑学的促进。

3. 研究多种媒体编辑活动的共性。2000 年 3 月，中国编辑学会邀请新闻、出版、广播、影视等多种媒体编辑工作者和编辑学的研究者，共同研讨多种媒体编辑活动的共性，并且得到广泛的认同，肯定多种媒体编辑活动的共性是研究普通编辑学的必要前提。

4. 一些阐述编辑学一般原理的专著正式出版，为普通编辑学的建立准备了条件。

这些看来并不起眼的"琐事"，实际上就成为编辑学走向新的发展阶段的标志，即从建立部门编辑学走向建立普通编辑学新的发展阶段的转折点，就是要对各种门类编辑活动的特点加以综合、抽象、提升，使它条理化、普遍化、系统化，成为可以指导多种媒体编辑活动的理论原理。这对编辑学研究来说，无疑是一种发展，一种进步。当然，这也是一个"水到必须有渠"的问题。它不是一些好事者的多事之举，而是客观发展的必然。因为各种媒体的编辑学不能孤立地、分散地存在。这是学术发展规律所使然，是不能回避也不能逆转的。

三、未来的展望

顺着编辑学发展的轨迹，未来的目标是清楚的，这就是要建立普通编辑学。这是大家关心的 21 世纪初的热门话题。

建立普通编辑学当然不是一件易事，它需要实践经验的不断总结，学术研究的持续发展。总之，需要各有关方面的专家、学者的共同努力。

首先，是需要进一步积极贯彻"百花齐放，百家争鸣"的方针，大力开展学术争鸣。任何学术研究都不能忽视争鸣，何况是普通编辑学这样的新学科，更不能没有争鸣。争鸣是学术发展的动力，应该广泛地开展起来，诸如普通编辑学的学科性质、任务、研究对象、多种媒体编辑活动的个性和共性，它的基本矛盾，客观的发展规律、理论原理，以及它的基本范畴等等，都需要通过扎实的研究，深入的争鸣来逐步地形成。普通编辑学要建立、要成熟，需要一个相当长的时期。21世纪初的学术活动，应该是在认真研究的基础上发展积极的争鸣。

第二，要积极着手建立普通编辑学的理论框架。①这个框架应该适用于书、报、刊、广播、影视、录音、录像制品等传播媒体。电子出版和网络传播，目前尚在发育中，还有待理论的进一步提炼，可以先不涉及或少涉及。②这样的理论框架要总结、归纳最近10多年来编辑学研究的丰硕成果。主要是要科学地阐明基本概念、基本规律和基本原理，形成具有现代科学形态的编辑学理论。它属于应用科学范畴，但它的理论性应比各种媒体编辑学更强、更丰满，使它能像新闻学、教育学、语言学等学科那样，耸立于我国人文社会科学的系统之中，成为一门相对独立的学科。③建立普通编辑学理论框架的条件是相当好的。根据80年代以来编辑学研究取得的成果，包括上百种的编辑学专著，数以千计的论文，既有编辑学的理论著作，又有编辑学的实用著作，既有书、报、刊编辑学专著，又有新闻、广播、电影、电视、电子出版物等编辑学专著。这说明形成普通编辑学理论框架的条件已经基本具备，基础是相当好的。④应该说明，我们研究理论框架，不是要设置框框，而是为了"进一步深入研究编辑学，不是限制和束缚，而是提供一种参考和服务"，是为了"加快整个编辑学走向成熟的过程"。[3] ⑤研究编辑学的理论框架，是总结近20年来编辑学研究成果的重要工程，特别是现代传媒的迅速发展和编辑活动的演变，必将不断地提出新的问题，我们要有充分的思想准备，力求不断地有所发现，有所发展。

第三，为了建立普通编辑学，需要积极推动各种媒体、各种门类编辑学的研究。这不仅是目前发育还不够的那些媒体编辑学的需要，也是那些已经比较成熟的部门编辑学的需要。从各个角度，大家共同奋斗，使编辑学大大小小的花朵，争奇斗艳，才可能真正呈现出百花齐放、繁花似锦的局面。

第四，要联合各方面的力量，一起来做这项工作。除了从事新闻、出版、广播、音像、影视多媒体和其他电子出版工作的同行以外，还要认真依靠高等学校的教研力量来开展这方面的研究工作。高等学校的力量，主要在两个方面，一是有关专业的教研人员，二是学报编辑人员。这两方面的人员有很大的潜力，应该得到充分的发掘和发挥。这支力量人数不少，他们的知识和经验是多方面的，而且接触现代科学技术的前沿，联合他们对于建立普通编辑学是非常必要的，也是可行的。

相信只要目标明确，措施得当，依靠大家的努力，建立普通编辑学的目标，是可以在新世纪的第一个十年、二十年或更长一点时间，得到相应的实现，编辑学研究新的发展阶段也能得到具体的体现。

参考文献

[1] 邵益文著，编辑学研究在中国. 武汉: 湖北教育出版社，1992 年，4 页

[2] 同上书，102 页

[3] 刘杲著，我们的追求: 编辑学，见中国编辑研究（2000），北京: 人民教育出版社，2001 年

2001 年 1 月

《编辑学刊》2001 年第 2 期；《编辑学的研究与教育》第 1 页，机械工业出版社 2002 年 8 月版；《中国出版》2001 年第 3 期

"入世"，编辑如何面对

　　经过 14 年的艰难谈判，我国终于成为世贸组织的一员，使我国在开拓国际贸易的道路上迈出了一大步。经济是基础，我国加入世贸组织，将对我国的社会生活、文化教育、科学技术等各个方面产生重大的影响。同时，又要求我们在科技、教育工作及其发展战略上作相应的调整。

　　经济全球化的实质就是生产全球化和市场全球化。随着经济全球化的发展，市场准入程度的提高，生产竞争更加激烈。尽管我国出版在"入世"过程中并没有做出很多承诺，但是市场竞争的激化，必将带动出版竞争的超常发展。这种竞争不仅要占领本国的市场，而且要提升我国出版的国际竞争力，没有国际竞争力，也就很难占领本国市场。在这种空前剧烈的竞争面前，作为编辑应该如何面对，这是一个值得深思的问题。

　　竞争的内容是产品竞争，我们必须拿得出可以与人匹敌的产品，必须打造名牌，必须搞出与众不同的特色产品，能够拿得出手，能够与人比一比、拼一拼。这其中起决定作用的一条是质量。海尔原来只是一个不起眼的小厂，现在已经在国际家电市场上争得一席之地，决定的因素，就是质量。海尔的负责人，为了保证出厂产品的质量，宁愿把不符合标准的产品（尽管它还是可以使用的）当着职工大众的面，把它一一砸烂，从而提高了全厂上下的质量意识，确认质量就是产品的生命，进而保证海尔的产品顺利地走向国外。月饼是具有浓厚民族特色的中国时令食品，每到中秋，不用宣传，家家户户都会去买，是食品行业每年的一个营销热点。可是，今年南京冠生园月饼的生产原料一曝光，不仅砸了当事者一家的招牌，而且影响到整个行业，甚至不仅影响今年一年，还会波及以后。质量怎么样，可见其分量。

　　竞争靠质量，靠品牌，靠特色。质量、特色、品牌这些能不能搞起来，竞争能不能制胜，关键取决于人才，取决于是否有一支高素质的队伍。为此，作为编辑就是要提高自己的素质，包括政治素质、思想素质、业务素质和道德素质。出版物质量和编辑的素质是成正比例的。编辑的素质越高，出版物的质量也就越好，这是已被无数事实所证明的一条定律。当前，编辑首先要放平心态，不要被市场竞争冲得晕头转向，要克服相当普遍地存在着的浮躁心态，脚踏实地、勤勤恳恳地做好工作。如果这一点把握不住，把自己弄得坐立不安，像热锅上的蚂蚁，那么，要想在市场竞争中取胜是办不到的。只有冷静地分析、多方考虑，充分准备，保证自己的产品比他人有更多的优势，真正占据了制高点，才能战胜别人，保存和发扬自己。

经济全球化，不否认政治多极化，文化多样性，但是它不可避免地会给政治、文化以影响。编辑作为文化产品的生产者，应该有自己特殊的责任。这就是在东西方文化的碰撞和交融中，既要注意引进先进的思想、技术和管理经验，又要着力弘扬民族文化。文化是维系民族凝聚力的纽带，是民族繁衍的精神动力。先进文化是人类创新的结晶，是文化沉积的产物。弘扬民族的优秀文化，是创造现代文化的基础，是振奋民族精神，提高民族自信心、自尊心，增强民族凝聚力，提高全民族文化素质的根本保证。所以，必须弘扬代表民族优良传统，体现时代精神的先进文化，不断推出唱响时代主旋律，体现当代文明成果的优秀出版物。优秀的文化成果应该是现代的，也是传统的；是民族的，又是世界的。塑造具有鲜明的时代精神和浓重民族特色的中国文化，使它耸立于世界文化之林，这是当代中国编辑的历史使命和时代职责，也是中国编辑面对新世纪，可以做出自己贡献的舞台所在。

2001 年 2 月

《编辑的心力所向》P231，贵州人民出版社 2004 年 10 月版

也谈编辑与"洗泥"

2000 年 12 月 7 日的《新闻出版报》有一篇"杂谈"，题为《是编辑没"洗泥"》。文章说，有的书为了抢市场，编辑"不洗泥"，结果读者"火冒三丈"。这个批评无疑是对的，"编辑的责任不就是编辑、改稿，把错误的东西予以改正吗？"有错误，首先应该打"责任编辑及最后定稿人"的屁股。面对这种意见，编辑是无话可说的。问题是：第一，现在"萝卜"很多，而且带的泥也多得出奇，目前还没有洗泥的机器，全靠手工操作，要洗干净谈何容易，即使用电脑，还不是要眼到手到，同样是很费时间的。第二，现在的编辑不仅要"洗萝卜"，而且还要帮助生产者"种萝卜"，甚至订种植计划，用什么品种、施什么肥……编辑都要去参与。时下，要求编辑的不光是钱锺书先生说的要有"千手千眼"，简直是要求一个个都成为"万能博士"。要求不能说不对，但到底有几个人（即使是真正的博士）能做到，完得成，这就很难说了。第三，不光要"洗萝卜"，帮助"种萝卜"，而且还要去"卖萝卜"。巧得很，《新闻出版报》次日 7 版也有一篇短文：《莫要"躲进小楼成一统"》，文章批评编辑不了解图书发行情况，认为发行"与自己没有直接关系"，甚至把搞发行看成"掉价"，指出"出版社不抓紧进行内部改革的话，早晚难逃败落的厄运，把大好的出版前程葬送掉"。言之切切，不可谓不智。看来，出版社的生存、信誉、发展，统统集于编辑一身。这里，我们在看到编辑地位的重要性之余，还要细心想一想，编辑究竟应该怎么办？一个人只有两只眼睛一双手，一年只有 264 个工作日，还没有算必须参加的会议、学习和免不了的出差。所以，一年有 200 个实际工作日就谢天谢地了。200 天能干多少活儿，能"洗多少泥"，说实话，我接触到的编辑，几乎 100% 是超负荷的，但仍免不了出带"泥"的"萝卜"。

我不是为编辑叫屈，既然干了这一行，就应该爱这一行，就要按这一行的规矩办，这也是"爱你没商量"。但是，从出版想，从编辑想，内部改革确实很重要，把策划和审读、加工分开等等，都可以试。能够找出一条行之有效的路，是最好不过了。但是，在捷径没有找到之前怎么办？我的看法是：编辑主要应该对稿件的内容和质量负责，在这方面出问题，打屁股是应该的。这叫守土有责。当然，编辑在工作中要有市场意识、经营意识，使自己的产品最大限度地适应读者的需要，能够为更多的读者所接受，尽可能地扩大发行量，这是必要的。至于其他，也只好量力而行了。被人说囿于"老化"也没有办法，因为这总比打屁股好。

2001 年 3 月

《编辑的心力所向》P260，贵州人民出版社 2004 年 10 月版；《一切为了读者》P256，首都师范大学出版社 2010 年 7 月版

出版需要理论支持

百余年来，中国出版尽管跌宕起伏，但始终是不断发展、不断前进的。

从生产方式上说，这百余年，完成了由古代出版向现代出版的转变；从政治上说，实现了由旧中国出版到新中国出版的转变；从经济体制上说，它经历了资本主义市场经济、社会主义计划经济再到社会主义市场经济的转变。三个转变，说明20世纪的出版史具有非常丰富的内容，研究这一段出版演变也有着特殊重要的意义。

中华人民共和国的成立，使中国出版发生了质的变化。近20余年的改革开放又使中国出版从质量到规模，取得了巨大的跃进，近10年来，尤其是近5年来高新科技的发展，使包括出版在内的中国传媒事业出现了崭新的局面。回眸一百余年中国出版史，既有中国人民悲惨屈辱的遭遇，又有扬眉吐气的日子；既有惊涛骇浪，又有涓涓细流，是一个极不平凡的历史。这是一部具有远大理想和崇高出版理念，善于进取者的历史，是一个敢于站在时代潮流前头，抓住机遇，不失时机，奋发开拓者的历史。历史的经验证明，成功的出版家都是有理想、有抱负、善思考，又脚踏实地、诚实劳动、埋头苦干、勤俭节约的人，他们给后代留下的业绩、经验和优良传统是一份富贵的遗产，是后继者永远不能忘记的。反过来说，那些黑色、灰色出版物和各种混迹于出版行业的市侩，都是过眼烟云。他们不是被历史浪潮所吞灭，就是被钉在历史的耻辱柱上。历史是公正的，也是无情的，历史对出版物和出版者的评判是公平的，是泾渭分明的。

从历史看现实，当前，我国出版正处在社会主义市场经济条件下日趋激烈的竞争时代，面对高新科技发展、网络传播等的严峻挑战，面临加入世贸组织以后可能带来的这样那样的新情况，在这种既是挑战又是机遇，既是威胁又是竞争的时刻，对我们出版工作者，尤其是出版社的负责人来说，不能不说是一种考验，他们如何面对现实，筹措运作，是他们不能不作出的回答。盛衰荣辱将由他们自己去选择。

在复杂的环境中，面对现实，我们看全国 500 多家出版社，大体上是不是有这样三种情况：

第一种情况：指导思想正确，坚持为人民服务，为社会主义服务和为大局服务。读者定位明确，自觉地坚持把出版社办成社会主义精神文明建设的阵地。对出版社的未来，至少对新世纪的出版发展有自己的战略考虑，哪些方面应该开拓、扩大，哪些方面应控制、压缩，根据自己的人力物力，轻重缓急，心中有数，真正做到有所为有所不为。为了出版的健康发展，他们关心自己的队伍建设，注重人才培养，用他们的话说，"宁愿少分几间房，也要把队伍培养好"。把出版社的发展建立在队伍素质的提高上，努力塑造本社出版物的鲜明特色，使之具有他人的不可替代性，以优秀的产品使自己称雄一方。这种出版社是行业中的佼佼者。

第二种情况：指导思想基本正确，读者定位也比较明确，有较长时期的出书规划和年度计划，工作负责，作风平实，某些出版物有自己的创新，愿意花力气抓好书、出精品，也注意不出坏书和不健康读物。但没有把自己的出版社放在社会主义文化建设的全局上来定位，只是着眼于本社眼前的生存和发展，对出版社的未来发展战略并不那么明确。在人才招揽、队伍建设方面也缺乏明确的要求。

第三种情况：办社的指导思想不够端正，片面追求经济利益，把出版活动当作单纯的商业行为，内部管理混乱，甚至买卖书号。

说出版社有这样三种情况，是不是符合实际，可以讨论。但从平常见闻看，这种情况似乎是存在的，至多是程度不同而已。

当然，第一、二种情况的出版社加起来，肯定是多数或大多数，但第三种情况的出版社也绝不是一家、两家，也许十家、二十家，甚至更多一些。

我们希望通过实践，使第一、二种情况的出版社一天一天多起来；第三种情况的出版社不断改进工作，一天一天少下去。在新世纪到来之际，瞻望未来一百年，每个出版社都将更换好几代人。现在的各位社长，如果搞得好一点，那么后继者就可以更加开拓进取，创造超过以往的局面。反之，如果现在就问题很多，或者是一个烂摊子，那么，其影响绝不是现在，而是可以影响以后好几年，甚至更长。所以，面对现实，认真审视出版社的实际，考虑发展战略，就变得无比重要了。

一个有责任的出版工作者，始终不能忘记，任何出版社都是搞精神生产的，中国的出版社是为社会主义建设服务的，这个本质是无论何时何地，谁也不能改变的。换句话说，出版，尤其有中国特色的社会主义出版，它的特殊本质、基本功能、根本目的，首先在于追求社会效益，其次才是经济效益。搞编辑出版工作的人，无论何时何地都不能忘记邓小平理论中强调的精神生产应该以社会效益为"唯一准则"和"最高准则"的教导，牢记江泽民同志关于"思想文化单位生产和传播精神产品，必须把社会效益放在第一位，努力做到社会效益和经济效益的正确结合"①的论述。这是在中国办出版社不可须臾偏离的根本原则，也是一种定律，对每个出版工作者来说，都应该是一种刻骨铭心的意识形态。这些话说起来都是老生常谈，有人一听就笑，认为是多余的。其实不然，而且在目前更不能不说，因为现在有些人把这些基本的东西忘记了，模糊了，或者忽视了。有些人，也可能参加出版工作时间不长，所以不知道这些最起码的常识。这些都不可怕，可以提醒，可以重申。可怕的是现在有的人你讲你的，我干我的，他们不顾三令五申，敢于"顶风上"，公然把书号当作商品买卖，结果难免出差错、栽跟斗。弄得出版物被撤销，出版社被销毁，实在令人遗憾。有的人买卖书号，出了问题，居然还说，

---

① 江泽民. 适应新形势大力加强和改进党的思想政治工作. 人民日报, 2000 年 6 月。

不是卖书号出的问题，而是个体书商捣的鬼，他们把我们看过的稿子抽换了，掉包了，真是令人哭笑不得。这里的经验教训是什么？我看最根本的一条，就是办出版社必须有正确的指导思想、规范的编辑工作和科学的出版经营管理。

出版要为社会主义现代化建设和改革开放提供精神动力、智力支持、思想保证和舆论环境，这是毫无疑问的。但是现在看来，出版更需要为自己提供必要的精神动力、智力支持，思想保证和舆论环境。因为出版工作本来就是社会主义现代化事业的重要组成部分，是既有精神生产又有物质生产的重要生产活动。出版既是改革开放，建设有中国特色社会主义有力的舆论阵地，又是社会主义精神生产的重要方面。换句话说，出版发展本身需要强有力的理论支持。《中共中央关于制定国民经济和社会发展的第十个五年计划的建议》明确提出了"理论创新"的思想，这是符合当今社会发展和时代需要的，将对全局工作和各行各业的发展起到不可估量的作用，出版当然也不例外地需要理论创新和理论支持。

从宏观看，我们正面临着一系列新的情况和问题，如我国加入世贸组织以后的局面；知识经济在国际上兴起的形势；传媒事业和高新科技迅猛发展的现实；等等。它们将给我国出版带来什么样的机遇和挑战，我们应该采取什么样的对策。现实告诉我们，国际国内，主观客观，各种情况，互相交叉，错综复杂，亟须加强思想理论研究。就是说，在新的历史时期，我们必须对国内外这种新的形势、客观环境和它的基本特点，作科学的分析，正确审视和解决那些现实中重大的理论问题和实际问题，理出头绪，提出一个切合实际的科学认识，以期提高自觉性，减少盲目性。可是，目前在这方面，尽管做了不少工作，但仍有不少问题需要研究，需要结合中国的实际进行具体的研究和分析。也就是迫切需要从理论和实践上作全面深入的探讨，理顺理论思路，提高理性认识，做出科学的回答，以指导实践。

从实际工作看，我们也有一些问题迫切需要研究，比如，如何落实以调整结构为主线的出版发展战略；如何进一步发挥已有出版集团的优越性，促进出版的持续繁荣；如何遏制猖獗的非法出版活动；如何进一步提高出版物的品位和质量，控制平庸图书的上升势头；如何克服重复出版，认真做好社会主义文化传播和积累的工作；如何加强队伍建设，提高队伍素质，克服存在于出版队伍中的某种浮躁心态，脚踏实地做好出版工作，为建设有中国特色的社会主义服务等等。这些问题的出现，是和国际国内形势变化分不开的，问题的解决和条件的改善，不仅需要依靠法制、政策、行政管理，舆论监督和道德规范，还需要在理论上做出必要的论证，以便在思想上有所遵循。

从微观上说，当前的出版社工作，特别是第三种情况的出版社，它们迫切需要理论的指导，作为自己行为的准绳。但是，反过来说，正是这种出版单位最不重视出版理论研究。只要分析一下近两年受到内部整顿或更严重处理的一些出版单位，可以说其中大多是不太重视编辑出版理论研究的。十余年来，很少甚至没有发现这些出版社派人参加过全国性的出版理论研究活动。这种现象也可能是偶然的，但那么多偶然性，就可能带有某种必然性。正是由于这些出版社不重视出版理论研究，基本上没有编辑出版理论研究的氛围和环境，他们整天忙忙乎乎，难得有冷静思考，或者总结经验教训的时间，结果出这样那样的问题，也就不奇怪了。我并不是说，出版社有人写几篇研究文章，就可以使这个出版社不出问题，而是说出版社有没有这种气氛和影响很重要，作为一个意识形态工作部门，一个精神生产单位，没有一定的理论研究的氛围，忽视出版工作的根本性质和目的，整天考虑赚更多的钱，为经济利益所驱动，自觉不自觉地把社会效益置于脑后，以这种精神状态搞出版，要想不出问题恐怕很难。这种把社会效益和经济效益割裂开来，或者表面上讲社会效益第一，实际上以经济效益大小作为是否出书的根据的做法是十分有害的，也表明了精神生产者精神的贫乏。有人说，出版工作者如果只是为赚钱，为几十口，几百口人过好日子，那不如去开别的商店，做其他买卖。这样，还可以避免因出笼不健康出版物而贻害读者。这当然不是说，出版社不要赚钱，但不能见利忘义，更不能赚黑心钱，要对得起社会，要无愧于读者。要像江泽民同志所说的，"努力做到社会效益和经济效益的正确结合"。否则就有走上邪路的可能，这是有责任感的编辑出版工作者应该自警的。

出版理论支持的是什么，当前最主要的就是要学习江泽民同志提出的关于"三个代表"的重要思想。"三个代表"的重要思想，是全党全国各项工作的指导思想，当然也是出版工作的指导方针。石宗源同志说："新闻出版工作，是党的意识形态的重要阵地，必须以'三个代表'为最高准则，用代表先进文化的前进方向的要求统揽全局。"①正因为这样，出版工作的成就就成为落实"三个代表"要求的重要方面，"三个代表"思想也就成为出版工作最直接的理论支持。无论过去和现在，中国的出版者凡是代表中国先进社会生产力的发展要求，代表中国先进文化的前进方向，代表中国最广大人民根本利益的，诸如鲁迅、邹韬奋、胡愈之、张元济、茅盾、叶圣陶都是有成就、有作为的，是后人所敬仰的。反之，凡是违反"三个代表"思想的，无论过去和现在，都是失败的。历史和现实都证明，符合"三个代表"思想的出版者，出版物和出版机构是常新不衰的。这说明了"三个代表"的思想是中国出版最好的理论支持，最正确的出版方向，最根本的指导思想。"三个代表"的思想是统一的，不可分割的，因为出版既是一种物质生产，又是一种精神生产，出版社既是一个生产实体，又是一个文化单位，它们的活动，应该始终是"三个代表"思想的完整体现。

总之，搞出版，在建设有中国特色社会主义的道路上搞出版，需要有许多必要的条件，最重要的一条是要有正确的指导思想，也就是需要

① 石宗源，认真落实五中全会精神，坚持先进文化的前进方向，推动新闻出版业在新世纪的更大发展. 人民日报，2001 年 1 月 12 日。

理论支持。做实际出版工作的也要注意研究编辑出版理论，不断总结经验，提高编辑出版工作的规律，用以改进自己的工作，才能始终坚持正确的出版导向。

2001 年 4 月

《编辑之友》2001 年第 3 期；《编辑的心力所向》P57，贵州人民出版社 2004 年 10 月版

中国编辑学会第二届常务理事会工作报告

各位代表、各位同志：

我受中国编辑学会第二届常务理事会的委托，向大会作本届理事会的工作报告，请予审议。

中国编辑学会第二次全国代表大会于 1996 年 12 月 8 日在北京召开，迄今已经四年有余。按本会《章程》规定，任期届满。经新闻出版署批准，决定召开本会第三次全国代表大会，进行换届。

四年多来，本会在中宣部和新闻出版署直接领导下，在民政部的指导下，在广大会员、兄弟单位和有关方面的大力支持下，按照本会《章程》确定的宗旨和任务，开展各种活动，取得了一定成绩，现分述如下：

一、组织建设情况

本会第二次全国代表大会经选举产生第二届理事会理事 112 人，其中常务理事 30 人，选举会长 1 人，副会长 19 人，常务副会长兼秘书长 1 人；聘任顾问 12 人；学会设立秘书处，作为常务理事会的办事机构。1999 年聘副秘书长 1 人。

本会现有团体会员 262 个，其中中央一级出版单位 69 个，地方出版单位 171 个，科研机构、高校编辑学专业、学术团体 22 个。本届理事会任职期间，新吸收团体会员 11 个。根据本届二次常务理事会的决定，本会从 1997 年 3 月起开始吸收个人会员，现有个人会员 151 个。本会会员主要分布在出版社、杂志社、高等学校和科研机构。

本会原有 6 个专业委员会，即：青年编辑专业委员会，少年儿童读物专业委员会，图书编辑学专业委员会，期刊专业委员会，编辑史专业委员会，辞书百科全书专业委员会；其后又建立了《中国编辑研究》编委会和负责发展、管理个人会员的组织委员会。1997 年组建了科技编辑专业委员会，2000 年建成了北京地区个人会员联系小组。为适应开展学术活动、评估学术成果的需要。正在酝酿建立学术委员会；本会网站的建立事宜正在筹划中。

二、本会活动概况

四年多来，遵照本会《章程》，根据编辑出版工作的实际状况，曾召开过两次年会，两次专题研讨会，三次编辑学理论研讨会，两次全国性的编辑史、出版史研究座谈会；本会各专业委员会和其他机构也先后召开过十余次规模不等的研讨会、座谈会和工作研究会。本会和中国出版工作者协会、中国出版科学研究所一起，联合召开过两次全国出版理论研讨会。这些活动都是围绕着新形势下编辑出版工作的实际和编辑学研究的需要展开的，对于总结经验，探讨理论，交流思想，提高认识，培养编辑出版队伍，深化出版改革，促进出版繁荣，起到了积极作用。

（一）对编辑出版工作中的理论问题和实际问题的讨论

本会第一届理事会任职期间，根据社会主义市场经济兴起的实际情况，曾先后讨论过编辑出版工作要不要适应市场经济和如何适应市场经济；编辑出版工作如何既按市场经济规律又按精神产品生产规律办事；在市场经济条件下，编辑工作还是不是整个出版工作的中心环节；如何认识策划编辑，如何处理好编辑策划和编辑案头工作的关系等问题。在这个基础上，第二届理事会根据形势的发展，进一步推动研究编辑出版工作中的新情况和新问题。

1. 随着社会主义市场经济体制的逐步建立，竞争日益加剧，一些出版单位为了加速抢占市场，有意无意地放松了对书稿的审读，致使图书质量滑坡。读者和业内人士对此意见不少，他们批评有的编辑拿到书稿。

"不严审精编"，"对案头工作不屑一顾"。在编辑当中也有些议论，有的人说："三审"是现代化的立交桥，转个圈子就过去了。有的人提出要"简化三审制"，"灵活"对待"三审制"。在市场竞争激烈的条件下，究竟还要不要坚持"三审制"，如何坚持"三审制"，本会第四届年会集中讨论了这个问题。会议经过总结和讨论，再一次确认了中共中央、国务院《关于加强出版工作的决定》、新闻出版署颁发的《图书质量保障体系》等有关文件关于编辑工作是整个出版工作的中心环节，以及建立编辑责任制的规定是正确的，仍然应当坚持。实践证明，"三审制"是符合我国实际的编辑责任制度，有利于调动各级编辑人员的积极性，有利于提高图书质量，有利于出版事业的健康发展。认真坚持"三审制"，就可以多出好书，多出精品；反之，则使不健康读物、坏书甚至有政治性错误的图书得以出笼，平庸书也乘机上市，造成不良影响。所以，在社会主义市场经济条件下，尽管竞争激烈，仍然要坚持"三审制"，才能保证以优质图书占领市场。某些特殊稿件的处理属于例外，不能因此而否定"三审制"。会议强调了编辑的最高追求，把平凡的编辑工作和编辑的人生奋斗目标联系起来，强调了坚持出版物的质量。这次会议，对提高认识，进一步落实《图书质量保障体系》，坚持"三审制"，提高图书质量起到了积极作用。

2. 在讨论坚持"三审制"，保证图书质量以后，提出了一个密切相关的问题，就是编辑室主任的作用和编辑室的工作问题。在社会主义市场经济条件下，出版工作要开拓、创新，离不开出版社的基层组织编辑室的建设。探讨和认识编辑室在出版社的地位和作用，研究编辑室主任如何履行职责和提高自身素质，成为深化出版改革、促进出版发展、保证图书质量的非常重要的实际的问题。目前，全国500多家出版社有一支数千人的编辑室主任队伍，是充满生机和活力的骨干力量。编辑工作是出版工作的中心环节，编辑室又是出版社的基层组织，是图书质量的重要责任者，是出版社实现社会效益和经济效益的重要承担者。做好编辑室的工作，对出版社具有十分重要的意义。编辑室主任的作用尤为重要，他有着承上启下、贯通首尾的特殊地位和重要责任，他既是社领导出版意图的执行者，又是全室的领导者；既是生产者，又是管理者；既要努力学习，提高自己，又要认真地培养新编辑，编辑室主任是一个非常重要的工作岗位。现在有的出版单位，忽视编辑室担负精神产品生产的重要责任，把编辑室当作一个单纯完成经济指标的单位，编辑室主任作为经济承包人忙于完成经济指标，有的编辑室甚至成为出卖书号的渠道。这种做法导致了严重的后果。会议总结了经验和教训，取得了一定的共识。认为编辑工作是整个出版工作的中心环节，编辑室又是完成编辑工作的基层组织。要保证出版物的正确导向和高质量，编辑室的工作应该强化而不应该淡化。编辑室的改革应当解决好激励机制和约束机制的问题，坚持提高图书质量的正确方向。与会同志认为策划、审读和加工是编辑室工作的不同环节，都很重要，不可偏废。当前重复出版严重，平庸书泛滥，编校质量下降，甚至宣传封建迷信、伪科学、反科学和政治上反动的出版物，得以出笼，都与审读把关不严有关。必须克服实际上存在的片面强调策划而忽视审读与加工的倾向。编辑室主任要自觉地坚持正确导向，正确处理社会效益和经济效益的关系，切实提高图书质量。同时，出版社的领导应当重视和支持编辑室的工作，帮助编辑室解决问题，而不要单纯拿经济指标压他们。

3. 在讨论编辑室主任和编辑室工作以后，许多同志提出希望进一步讨论责任编辑的工作问题。于是这个问题就成了本会第五届年会的主题。与会同志认为，当前一些出版单位责任编辑的工作岗位有"三不清"：性质不清、职责不清和工作范围不清。有的出版社搞利润指标到人，每个责编都要完成经济指标；有的出版社搞编印发"一条龙"，从选题到校对，直到计算成本、发行折扣、奖金分配、讨回欠款等等，都要责编管；有的出版社还提出责编"工作重心转移"，不再对书稿的内容和质量负责，而是对经济指标负责，等等。经过讨论，大体上弄清了这样一些问题：

（一）责任编辑的工作是编辑工作，要负责做好被指定的稿件的编辑工作，是一本书能不能编好出好的关键。（二）责任编辑的职责和工作范围，归结起来，主要包括：①对被指定经手处理的图书内容和质量负责；②编纂辅文并负责全书的组合；③对开本、版本和装帧设计等提出建议并监督其实施；④做好图书的宣传评介工作。责任编辑的责任是重要的，也是具体的、规范的，不是可以随意膨胀的。一个出版社有领导机构，有各个部门，彼此各有分工，各有职责，不能把工作都压在责编身上。（三）责任编辑的工作重心，就是按照编辑责任制度的要求，做好编辑工作，以保证生产优秀的精神产品。这是决定图书质量的重要环节。责任编辑的职责，不能从对书稿质量负责，转移到对经济指标负责。当然，在市场经济条件下，责任编辑应该同时具备市场意识和质量意识。这两者本来是统一的。因为只有高质量的产品，才能受到消费者的欢迎，才能得到市场的承认。现在有的人以为，市场意识和质量意识是矛盾的。他们以为市场竞争非常激烈，为了抢占市场，质量差一点无关紧要，出得晚了，市场被别人占领了，质量再好，也是白搭。在这里，抢占市场和保证质量的问题，归根到底是正确处理社会效益和经济效益的关系问题。要把社会效益放在首位，努力做到两个效益的正确结合。出版社要统筹安排，从整体上做到以盈补亏，略有盈余，就不错了。不能要求责任编辑每一本书都赚钱，只能要求责任编辑在保证图书质量的前提下，按照社里的统筹安排，处理图书的盈亏。

社长负责经营，这个经营既包括经济效益，又包括社会效益，而且首先是社会效益。要通盘考虑本社的发展战略、经营策略。每个责任编辑要在编辑工作中落实全社的统筹安排，从选题、组稿、审读、加工各个环节上下功夫，努力提高图书质量。始终坚持用高质量的图书去满足读者的要求，去开拓本版书的市场，去扩大出版社的影响。这就是责任编辑质量意识和市场意识的统一。

4.农村读物的编辑出版工作是整个编辑出版工作的重要组成部分。

根据十五届三中全会精神和新闻出版署的部署，本会和江西新闻出版局联合召开了农村读物编辑工作座谈会。几年来，出版界为"三农"服务，做了大量的工作，做出了重要的贡献。但从总体上看，出版物的数量和质量仍不能适应农村的需要。座谈会在交流情况、总结经验的基础上，认真讨论了农村读物编辑工作的一些重要问题，并取得了广泛的共识。看到农村的变化，重新认识农村读者的构成和阅读需要；不仅要出版农村实用技术和科学普及读物，还要出版适合农村需要的政治、经济、法律和文化、艺术等各门类的读物；出版农村读物不仅是科技出版社和专业出版社的任务，人民、社科、文艺、少儿等出版社也都应该关心和重视出版农村读物；除了满足一般农民求温饱、奔小康的需要外，还要根据不同读者需要。满足各种专业户、农村干部、技术人员、管理人员和其他农村读者的需要，要出版多样化、多层次的读物；要提高农村读物的质量，并且压缩成本，降低售价，使农民"买得起、看得懂、用得上"。农村读物要求做到普及性、实用性、针对性相结合。

5. 为了改进编辑工作，以提高图书质量，本会第一届理事会曾委托湖北省编辑学会起草《图书编辑工作基本规程》（以下简称《规程》）。湖北省编辑学会几易其稿，于1996年3月提出初稿。8月，提交本会第三届年会进行集中的讨论后，再次进行修改。第二届理事会继续做了一些工作，于1997年7月定稿。《规程》针对市场经济条件下的出版实际，强调了既要坚持编辑工作的基本要求，基本规范，又要大胆探索，积极创新；既要运用市场机制，显示出版活力，又要保证出版方向，提高图书质量。1997年9月，本会将《规程》上报新闻出版署。1998年2月，新闻出版署图书司以〔1998〕98号文件转发，"供全国各出版社参考"。

6. 关于编辑素质和职业道德的讨论。本会于1997年2—9月，与新闻出版报合办专版，开展了"合格的跨世纪编辑应具有什么样的素质"的讨论，得到各地出版界的热烈响应，先后收到来稿近百篇，富有新意和创见，其中约50%的稿件在报上发表，得到好评。1997年5—8月，本会又与江西《新闻出版天地》合办"关于培养编辑职业道德的讨论"，发表了一些有分量的文章。

7. 跨世纪出版发展战略是出版界内外普遍关心的问题。本会和青年编辑专业委员会曾先后几次联合召开会议，专门研讨了这个重大问题。通过讨论，充分交流了思想，提出了各种设想和思路，研究了有些国家经济起飞、科技发展、国际接轨的同时，出版发展中出现的情况和问题，以及我国出版发展战略的目标和步骤，同时探讨了诸多与出版发展战略相关的问题，尤其强调了编辑的人生价值和编辑工作的社会责任，在一些问题上提高了认识，促进了对这些问题的进一步思考。

8. 探讨叶圣陶编辑出版思想与实践，弘扬优良传统，探究编辑出版理论。叶圣陶从事编辑出版工作 60 多年，功绩卓著，他的编辑出版思想与实践是博大精深的宝库，总结它，研究它，认识它，是编辑研究中的一个重要课题。在他诞生 105 周年之际，本会与叶圣陶研究会、中国出版工作者协会一起举行研讨会。与会的学者和专家从不同角度，论述了叶圣陶编辑出版思想和实践的内容，它的历史地位、意义，强调他的社会责任感和历史使命感；全心全意"为一般读者着想"、竭诚为读者服务的精神；有所为有所不为，把最好的精神食粮提供给社会的出版品格；勤勤恳恳、一丝不苟、精益求精的严谨作风等等，对当代我国的出版事业具有重大的现实意义和深远的历史意义。

以上讨论，是根据本会的宗旨，紧密结合编辑工作实际，尤其是结合编辑的思想实际，进一步坚持编辑的理想和信念，牢固树立正确的世界观、人生观和价值观进行的。有利于编辑队伍的思想建设，有利于帮助编辑人员提高认识，做好实际的编辑工作。

（二）加强编辑学的学术研究，推进编辑学的学科建设

本会第二届理事会是在第一届理事会和 20 世纪 80 年代初编辑学崛起以来，开展学术活动、出版了若干编辑学专著的基础上进行的，主要是做了一些梳理已有的学术成果，拓宽新的学术领域，深化理论研究的

工作，以推动学科建设的新发展。

1.经过几年的探讨、争鸣，学界在一些基本问题上有了某种相同和相似的看法，或者观点开始接近。这些问题是：编辑学起源于中国，1949年，在广州出版的李次民著《编辑学》一书可能是最早的以"编辑学"命名的专著；编辑学的学科性质是一门实践性很强的应用学科；编辑学的学科分类应属于社会科学的范畴；编辑学的研究对象是研究编辑活动的特殊矛盾，揭示这些特殊矛盾所反映的客观规律；编辑活动的本质特征是创意和把关；"编辑"的基本概念是：创意（策划、开发）、选择（选题、选作者和稿件审读）、优化（加工整理）和组合（编排、有序化）；充分肯定编辑劳动的创造性，以及编辑在优选、传播、积累社会文化中的能动作用。

2.开展编辑学理论框架的研究。1996年以来，本会一直积极推动编辑学理论框架研究，形成了若干共识：①编辑学理论框架服务于建立学科体系的目的，经过多次研讨，认为编辑学的学科体系应包含四个部分，即编辑学理论、编辑业务、编辑史和编辑学方法论。我们要研究的理论框架，就是学科体系中的第一部分内容。②理论框架的基本任务是要阐明编辑学的性质、任务、研究对象、编辑活动的特点和规律，以及它所反映的基本范畴和理论原理。③这个框架应该适用于书、报、刊、广播、影视、录音、录像制品等传播媒体；电子出版和网络传播目前尚在发展中，还有待理论的进一步提炼，可以先不涉及或少涉及。④我们要建立的理论框架是普通编辑学的理论框架，它要总结、归纳最近二十多年来编辑学研究的丰硕成果，形成具有现代科学形态的编辑学理论，使它能与新闻学、教育学、语言学等学科那样，耸立于我国人文社会科学的系统之中，成为一门相对独立的学科。⑤根据80年代以来，编辑学研究取得的成果，包括上百种的编辑学专著，数千计的论文，既有编辑学的理论著作，又有编辑学的实用著作，既有书、报、刊编辑学专著，又有新闻、广播、电影电视、电子出版物等编辑学专著的出版，说明形成普通编辑学理论框架的条件已经基本具备，基础也是相当好的。⑥应该说明，我们研究理论框架是为了进一步深入研究编辑学，不是限制和束缚，而是提供一种参考和服务，以利于争取加快整个编辑学走向成熟的过程。⑦研究编辑学的理论框架，是总结近二十年来编辑学研究成果的重要工程，特别是现代出版的迅速发展和编辑活动的演变，必将不断地提出新的问题，可以想见难度还会是相当大的，这方面应该有充分的思想准备。

3. 讨论了多种媒体编辑活动有没有共性的问题。书、报、刊、广播、电影、电视、音像制品甚至光盘和电子出版物等多种媒体的编辑活动有没有共性的问题，是在编辑学研究已经越出图书、杂志和报纸等文字传播媒介编辑学的范围，需要建立适用于更多媒体的普通编辑学的形势下提出来的。学界对这个问题一般有这样几种意见：

一种意见认为：编辑活动是指开发、选择和加工原型作品，使其成为可供复制的定稿品，并向公众传播的智力活动。以原型作品为工作对象是编辑活动的本质属性，使其成为定稿品是其主要任务，凡符合这种本质属性的特征，就是共性。

一种意见认为：各种传播媒介编辑活动的内涵或共性可简单地表述为：开发选题、选择和加工作品以向公众传播。"开发"不仅包括选题的制订，还可以包括选题优化、帮助作者修改作品内容以使作品增值等。

一种意见认为：现代各媒体的编辑活动既有特殊性，也有共性。这种共性就是为了传播、积累文化的目的，对精神产品进行"策划组织""选择优化"和"编排组合"工作。

又一种意见认为："编辑就是根据一定的思想原则，以相应的信息或者著作材料为基础，进行创意、优选、优化、组合等综合性的精神生产过程，使精神成果适合于制作传贮载体的创造性智力劳动。"这里所说的"创意""优选""优化""组合"等编辑活动的特征，是书报刊、广播、影视等都普遍存在的编辑活动，就是共性。

根据有关的讨论，一般认为：图书、杂志、报纸、广播、电影、电视、音像制品等各种媒体的编辑活动，有个性也有共性，这是肯定的。问题在于考察各种媒体的编辑活动的共性。可以有不同的层次、不同的视角。必需找到一个恰当的切入点，把个性指出来，再找到一些共有的横切面，就可以发现诸多媒体之间编辑活动的共性。这是一种理论上的创新。

4. 关于建立涵盖多种媒体的普通编辑学的讨论。一般认为编辑基本概念的逐步趋同，多种媒体编辑活动共性的认同，为建立涵盖多种媒体的普通编辑学奠定了理论基础。进一步的任务是要揭示多种媒体编辑活动的普遍规律，解决构建这一学科的基本要素。

一种意见认为：不同类型的图书的编辑活动虽有很大差异，但并不妨碍寻找共同点，写出图书编辑学通论。不同传播媒介的编辑活动之间的差异虽然很大，并不否定其共同发展规律的存在。在科学认识各种传播媒介的共性的基础上，建立普通编辑学在理论上是可能的。尤其在出版多媒体化和网络化以后，出版媒体编辑，特别是音像出版物编辑和影视媒介编辑，越来越接近，彼此之间有了更多的共同语言，趋同的倾向日益明显。

一种意见认为：1998年版《辞海》对"编辑"定义的修订值得注意。1979年版把编辑工作看作新闻出版工作的一个重要环节。到了1989年版，把编辑活动的范围扩大到新闻出版机构以外，包括电影业。1998年版再扩大到一切传播媒介，说"编辑"是"组织、审读、挑选和加工作品的工作"，"是传播媒介工作的中心环节"。这说明新版《辞海》已把它的"编辑"适用于报纸、广播、电影、电视等多种传播媒介，这有助于认识编辑的特点、共性和普遍规律。

一种意见认为：研究普通编辑学要着力于有实践意义的规律性问题的研究，如，一次性和创新规律，增值性和优化规律，有序性与最佳运行规律。

一种意见认为：现在出版的编辑学专著，已有100多种，不仅有图书、期刊编辑学，还有新闻、广播、电影和影视编辑学。有人还在研究电子出版编辑学，可见，建立普通编辑学已经有了很好的基础。至于它的普遍规律，应致力揭示编辑活动共有的内外关系．以及各种矛盾运动的基本发展趋势。

总之，认为建立普通编辑学的漫长之旅已经起步，这是编辑学理论的创新，而且开端是很好的。尽管前面的道路将是艰难的，但只要脚踏实地一步一步地走下去，前景应该是乐观的。

5. 推动编辑史、出版史研究的开展和交流。编辑史、出版史的研究，不仅是出版发展的需要，而且是编辑学学科建设的需要。没有编辑史、出版史的成果，没有对历史经验的科学总结，编辑学的学科体系是不完善的，这是本会一贯重视编辑史、出版史研究的根本原因。本届理事会期间先后召开过两次编辑史、出版史研讨会，即 1999 年的南京会议和 2000 年的温州会议。重点都是围绕近百年史进行的，集中探讨了 20 世纪中国出版史的特点、作用及其分期问题，同时交流研究成果，总结经验，提出改进意见。四年来，编辑史、出版史研究的成绩应该充分肯定。有一批出版界和高校的研究者，不管经济困难、资料缺乏，仍在锲而不舍、千方百计地进行研究和著述，而且取得了相当的成果。与会者提出编辑史、出版史研究，要开拓新的领域，研究新的课题，希望有代表性的成果问世。与会者认为中国作为历史悠久的出版大国，认真做好编辑史、出版史的研究工作，不仅有十分重要的历史意义和现实意义，而且有深远的国际意义。课题研究和史论著述，要大、中、小并举，要坚持运用历史唯物主义的原理，着重做好书、事、人的个案研究，做好收集和发掘材料等基础性工作。与会者要求领导和社会进一步重视编辑史、出版史研究，解决发表园地缺少的困难。

6. 为在高校保留编辑学专业本科目录和建议把"编辑出版学"列入国家《授予博士、硕士学位和培养研究生的学科、专业目录》做了力所能及的工作。"编辑学"作为高校本科专业已于 1993 年列入国家教委的"专业目录"，但建立硕士点的问题一直没有解决。1997 年 3 月，刘杲同志与出版界几位政协委员一起，在全国政协八届五次会议上提出《关于建立编辑学专业硕士点的建议》。6 月 7 日，国务院学位委员会答复："可以把编辑学作为新闻学或其他相近的学科的一个研究方向，培养编辑学方面的学科人才。""答复"虽然承认编辑学可以培养研究生，但仍没有列入"授予博、硕的专业目录"。1997 年，教育部酝酿调整高校本科专业目录，需砍掉总数的二分之一，编辑学专业处境危艰。本会与有关方面和若干高校，分别向领导机关呼吁，请求保留"编辑学专业"，或与发行专业合并为"编辑出版学专业"。1998 年 1 月，国家教委办公厅"关于对普通高校本科专业目录（草案）征求意见的通知"中，把"编辑出版"作为二级学科，列于一级学科"新闻传播学类"之下，并撤销了原来的"编辑学"与"图书出版发行学"两个专业。本会为此专门致函教委，提出保留"编辑学"作为二级学科，至少应在"编辑出版"后面加上"学"字，成为"编辑出版学"。1998 年，国家教委正式发布的《专业目录》改为"编辑出版学"。1999 年，鉴于学位委员会将调整"授予博、硕专业目录"，本会即于 6 月 23 日召开部分高校编辑学专业负责人和专家座谈会，呼吁把"编辑出版学"列入"授予硕士专业目录"。9 月，又与中国版协联合向新闻出版署提出《关于建议在高等学校设立编辑出版学硕士学位授予点的报告》。2000 年 5 月，我们再次上报新闻出版署提出建议，并向学位办有关专家提出呼吁。2001 年 3 月，刘杲会长又在九届四次全国政协会议上提案，把"编辑出版学"列入国家《授予博士、硕士学位和培养研究生的学科、专业目录》。

综上所说，从总体上看，编辑学研究的发展势头是好的。目前，书、报、刊编辑学已经有了一定的基础，其他传媒编辑学的研究也已经开始，并取得了一定的成果；研究和建立普通编辑学也已经有了好的开端；"编辑出版学"已列入高校本科专业目录。从实践上看，编辑的主体作用得到了认同与提升。编辑的社会地位得到了前所未有的提高；现在无论承认与否，编辑有学。编辑学是编辑自己的学问，已经得到越来越多的人所认同。这些都是对编辑学学科建设的推进。我们相信，随着传媒的发展，编辑学将愈来愈被人们所关注，得到愈来愈多的人的支持和认同。

（三）各专业委员会的研究活动

本会所属各专业委员会在过去四年中，都根据专业需要，开展了一系列活动，具体如下：

1. 青年编辑专业委员会除了和本会联合举办"跨世纪出版发展战略研讨会"外，还和《出版广角》杂志联合举办了"2000出版发展论坛"，讨论了由高新科技催生的网络传播时代的到来及其对出版业造成的冲击；寻求出版与高科技的联盟，催化出版的壮大与繁荣；以及市场竞争、出版集团组建，引发的出版理论新视点，如人机结合的编辑过程，纸与非纸介质的书籍形态的多样化，出版跨行业联合和协作的可能性的出现，以及出版作为服务与管理文化的本质等问题，进行了讨论，有利于开拓出版研究的新思路和新领域，给编辑出版工作者以启迪。

2. 少年儿童读物专业委员会先后开过两次研讨会，着重讨论了少年儿童读物的创新问题。根据江泽民同志提出：要抓好电影、长篇小说和少年儿童读物"三大件"的要求，讨论编辑工作如何克服"四老"（老面孔、老祖宗、老外、老作家）和"四多""四少"即：成套书多、单行本少，重复出版多、原创性作品少，图画本多、文字本少，适合城市儿童的多、适合农村少年儿童的少等现象，大胆创新，出版丰富多彩，生动活泼，适合广大城乡少年儿童需要的书刊，引起了广大少年儿童读物编辑出版工作者的共鸣，开展了创新问题的讨论。

3. 期刊专业委员会召开了职教期刊主编研讨会，讨论了新形势下职教期刊的发展和提高问题，提出积极借鉴其他类型期刊的发展经验，大胆创新，形成自己的特点和风格，在加强面向读者、面向市场中拓展壮大自己。

4. 科技编辑专业委员会召开了成立会议，提出了工作设想，并召开了电子出版物编辑经验交流会，要求继续积累经验，加强交流，逐步为电子出版物编辑工作规范化创造条件。为提高科技编辑的素质，还建议清华大学开办不脱产硕士研究生班，并积极组织、考核，录取了 23 名学生参加学习。

图书编辑学专业委员会、编辑史专业委员会等这几年的活动，是和前面讲到的本会关于理论和实践的研究活动结合进行的，不再另述。

这里需要说明，作为学会的工作报告，不涉及学术问题是不应该的。但是在学术观点上要完全一致，也是不可能的，能够大同小异，就已经不错了，有同有异是正常的。报告中涉及的学术观点也是如此，即使是今天已经一致的看法，也不应该影响今后的继续讨论和争鸣。

（四）评优工作

1. 从 1997 年创议开始，本会以高等学校编辑学专业高年级学生和研究生为对象，开展了"未来编辑杯"征文竞赛活动，目的在于培养后备力量，使目前正在高校学习编辑学专业的学生，更快更好地了解出版，熟悉出版，矢志为编辑出版事业服务。先后开展二届，共评选优秀论文 71 篇（第一届 39 篇、第二届 32 篇），约占各校初选后推荐论文的 48% 左右，引起了各校师生的强烈反响，收到了很好的效果。

2. 本会和中国版协继续举办了第三届优秀中青年图书编辑评奖活动，共评出了 76 人，加上第一届 105 人，第二届 73 人，共 254 人。

（五）完成社团清理整顿工作

根据《国务院办公厅转发民政部关于清理整顿社会团体意见的通知》和新闻出版署《关于清理整顿新闻出版社会团体的实施意见》的要求，以及新闻出版署的统一部署，本会做了以下几项工作：

1. 从 1997 年初开始，对本会近几年工作进行了自查自检，并按规定写出"清理整顿报告书"初稿，经二届三次常务理事会讨论通过。

2. 根据民政部的要求，对本会章程进行了修改，并写出了修改章程报告。

3. 经中新审计事务所进行财务审计，完成审计报告书。审计结论："经审验我们认为贵会能按社会团体的有关规定开展业务活动，对经费收支管理也较精密，符合要求。贵学会对库存现金、银行存款、有价证券管理手续健全"，"会计人员工作扎实，能够认真执行财会制度"。

4. 由银行出具资金证明，本会就办公场所和房主签订用房协议证明。

完成上述各项工作以后，经会长办公会议审核，按规定完成上报工作。各专业委员会也按期完成了自查上报工作。

社团清理整顿工作已经结束，经新闻出版署党组讨论同意、民政部批准，中国编辑学会为新闻出版署主管的具有独立法人资格的 8 个骨干社团之一。

（六）抗灾捐献

本会响应党中央号召，为抗洪救灾捐款人民币 3 万元整，于 1998 年 8 月 28 日请新闻出版署机关党委收转。

（七）编辑工作

1.1996 年 12 月，本会编印了《中国编辑学会第二次全国代表大会纪念册》，分送给本会团体会员和个人会员。

2. 组织了《中青年编辑论丛》9 本书的评介文章，由《中国图书评论》杂志发表。

3. 和人民教育出版社联合编辑出版了《中国编辑研究》1996 年刊、1997 年刊、1998 年刊、1999 年刊、2000 年刊，2001 年刊正在编审中。

4. 编辑了本会第三届年会论文选——《编辑工作的规范与创新》，承河北教育出版社支持出版。

5. 编辑了全国首届未来编辑杯获奖论文集——《未来编辑谈编辑》，承北京出版社支持出版。

6. 委托佟文秀、宋富盛等同志主编了本会第四届年会论文选——《论稿件的审读和加工》，承书海出版社支持出版。

7. 委托向新阳等同志主编了《编辑学概览（续编）——编辑学理论观点选编》，承高等教育出版社支持出版。

8. 在陕西教育出版社的支持下，出版了《编辑学研究文集》。

9. 本会组织翻译了日本编辑学校编的《日本出版社概况》，承高等教育出版社支持出版。

10. 本会青年编辑专业委员会编辑了第二届《优秀中青年图书编辑小传》，承中国青年出版社支持出版。

11. 第二届理事会产生四年来编印《简报》45 期，《动态与资料》11 期，共 56 期。

（八）与国外和港、台地区的编辑出版学术交流

1. 1997 年 8 月，应日本东西哲学书院邀请，本会和本会青年编辑专业委员会派出青年编辑专业委员会主任、中国青年出版社社长胡守文为团长，副主任、高等教育出版社副社长张增顺为副团长的赴日考察研修团（共 12 人），成员均为社一级中青年领导骨干。这次考察收获很大，在一些专题方面涉及较深，回国后结合我国实际，发表了有见解的文章，引起强烈的反响。

2. 同年 10 月，应日本出版学会邀请，本会派出副会长阙道隆，理事、人民文学出版社副总编辑李文兵前往日本参加第八届国际出版学研讨会，这次会议的主题是：当今出版的变化——探讨面向 21 世纪的东亚出版问题。会议就出版研究、出版电脑化的趋势与影响等问题交流了论文和看法，有助于了解国外出版和出版研究情况，获得启示。

3. 1998 年 9 月，应台北市出版商业同业公会理事长曾繁潜先生的邀请，常务副会长邵益文等一行 9 人赴台进行两岸出版学术交流，互相介绍了情况，交流了学术见解，并和锦绣出版公司、新学友书局、五南出版公司负责人，分别座谈，进行交流。双方认为：两岸出版交流，始于 20 世纪 80 年代，并日益增多，但作为编辑理论研究的学术交流，这是第一次，颇有收获，今后应不断加强。

4. 在访台途中，应香港出版学会的邀请，代表团成员在香港会见了香港出版学会领导人，双方通报了近年研究情况，交换了学术书刊。

5. 同年 11 月，应日本东西哲学书院邀请，本会和本会青年编辑专业委员会派出二位青年编辑赴日学习，为期半年。

6. 2000 年 5 月，应奥地利博曼出版集团等单位的邀请，常务副会长邵益文等一行 9 人，赴奥进行出版学术交流和业务参访，介绍我国出版现状，出版理论和编辑学研究情况，了解奥地利大小不同的出版社的经营特色、编辑工作的运作方式和培训情况。彼此增加了了解和友谊。

7. 在此期间，本会多次接待日本、韩国、奥地利等国的客人和港、台地区的同行。

三、对学会今后工作的建议

党的十五大报告指出："积极发展哲学社会科学，这对于坚持马克思主义在我国意识形态领域的指导地位，对于探索有中国特色社会主义的发展规律，增强我们认识世界、改造世界的能力，有着重要意义。"十五届五中全会又明确提出"推进学科建设和理论创新"。说明要深化改革，繁荣新闻出版事业，我们必须积极开展编辑学、编辑理论和实践的研究，在正确理论的指导下，为建设有中国特色社会主义新闻出版事业服务。新闻出版等传媒事业，是社会主义精神文明建设的重要方面，是正确舆论导向的把握者，是科学理论的传播者，是高尚道德的弘扬者，是优秀作品的生产者。因此，它本身就首先需要科学的理论支持。现在比较趋同的认识认为编辑工作是传播媒介工作的中心环节，编辑学是研究传播媒介中的编辑工作的规律和历史的科学。研究编辑学就是抓住了传播媒介工作的中心环节，就是探索有中国特色社会主义新闻出版等传播事业的规律，就可以深刻认识新闻出版等传媒事业的规律性，达到深化改革，健康繁荣的目的。要充分认识加强出版理论研究和理论创新是百年大计，是基本建设，是加强队伍建设最根本的一环。我们注意到一个情况，近几年来，我们没有发现哪个重视编辑出版理论研究的地区和单位，出过坏书；反过来说，凡是受到重大行政处分的单位，几乎没有一个是重视编辑出版理论研究的。实践证明，我们必须把编辑学和编辑出版理论研究进一步引向深入，向纵深发展，在实践中把编辑学的学科建设推向前进。

要进一步坚持马克思主义的指导地位，积极贯彻"百花齐放，百家争鸣"的方针。理论研究的活力，来自实践和争鸣，而争鸣又往往是诸多实践经验的交流。所以，坚持马克思主义的指导地位和"百花齐放，百家争鸣"，实为推动学术发展的根本途径。学会成立至今，在这方面一直是重视的，认真贯彻的，多次学术研讨会的召开，使大家畅所欲言，《编辑学概览》及其续编的编辑出版，把各种不同观点收集起来，公之于众，就是为了更好地开展争鸣。许多刊物，如《中国出版》《出版发行研究》《编辑之友》《编辑学刊》和《出版科学》，也就编辑学若干重要问题发表不少争鸣文章，应该说，学术争鸣的气氛是不错的。今后要继续加强在马克思主义指导下的"百花齐放，百家争鸣"。不同观点只要持之有据，言之成理，包括诸说并存，都是学术研究的成果。总之，争鸣为任何学术研究所必须，学会应该始终站在提倡、鼓励的最前列。但由于学会没有自己的发表园地，只能寄希望于兄弟报刊，力不从心，自己能做的工作十分有限。

1. 切实推进学科建设，是当前编辑学进一步发展的关键。从 20 世纪 80 年代起，编辑学研究已经走过了近 20 年的路程，取得了一定的成就，数以千计论文的发表和数以百计专著的出版，以及 10 多个高等学校编辑学本科专业的建立，包括"编辑学"条目在一些辞书中的设立，都说明编辑学在中国社会已经得到一定程度的承认。应该说，从编辑无学到编辑有学，从小到大，走到这一步是不容易的，这是广大研究者各方面努力和各有关部门支持的结果，应该充分肯定。但是，编辑学要真正成为一门具有科学形态的独立学科，能够自立于学科之林，还有大量的工作要做，今后的路还很长，很艰巨。为此，从学科建设看，当前首先要研究和建立编辑学的理论框架。要使编辑学真正站立起来，耸立于学科之林，必须揭示其研究对象的客观规律，阐明自己的理论原理，构建概念体系。这方面许多研究者已经做了许多工作，取得了很好的成果。目前需要归纳综合，使它更加系统化，使编辑学真正成为一门应用科学。因此迫切需要研究、充实并广泛地开展编辑学的理论框架的讨论，力求构建一个能够得到更多人认同的理论框架。这应该是今后几年编辑学学科建设的中心任务。

2. 要加强编辑实践的研究。总结编辑实践经验是加强理论研究，提高编辑工作水平的一项基本工作，及时总结、交流精品工程和重要出版工程的成功经验，极为必要，应切实做好。特别是我国加入世贸组织以后，对编辑工作带来的冲击；以及高新科技发展，对传统编辑工作带来的挑战，要研究电子出版物，尤其是网络传播中编辑工作的形式、手段及其新的特点。随着改革的深化，社会主义市场经济的逐步建立和小康社会的逐步建成，人们的思想观念也会发生不同程度的变化。为此，必须强调提高队伍的政治思想和道德素质，认真学习马克思列宁主义、毛泽东思想、邓小平理论，坚持江泽民同志关于"三个代表"的重要思想，巩固和发展马克思主义在意识形态的指导地位，增强民族的凝聚力，这是历史赋予当代编辑光荣而伟大的任务。同时，要不断提高文化科学知识。当前迫切需要编辑人员加强学习、掌握新的技术，才能代表先进文化的前进方向，跟上时代的步伐，做好本职工作，并且引导读者，不断地开拓创新。

3. 加强编辑史、出版史的研究、著述和出版工作。任何一门学科的构建，都需要阐明自己的历史轨迹，历史研究是学科建设中的重要方面。中国有悠久的编辑史和出版史，把古今编辑活动用历史的科学的方法加以阐释，是编辑学学科建设所必须。这方面许多学者已经做了大量的工作，奠定了很好的基础。今后应该有计划地有分工地编写一些史著和史料。学会除了要积极支持、呼吁把大型的历史著作及早列入国家计划，统一编撰之外，要量力而行，组织编写一些简史和个案史。这样做，既可以适应目前学科建设的需要，又有利于总结经验，更有利于锻炼和建立史学研究的队伍。

4. 继续努力，力争把"编辑出版学"列入国务院学位办编制的《授予博士、硕士学位和培养研究生的学科、专业目录》。经过 1997 年至 1998 年的努力，1998 年，教育部调整后的本科专业目录中，保留了作为二级学科的"编辑出版学"，可以授予"学士"学位。目前，解决授予硕士以上学位的问题，对出版事业关系重大。它关系到编辑出版高级人材的培养，高校师资队伍的稳定，编辑学学科地位的进一步确立。学会应该十分重视，并继续努力完成这个任务，除了主要要依靠行政机关、高等学校来做以外，学会应该积极呼吁，了解各有关方面的动向，提供必要的材料，以利领导机关决策。

5. 要加强团体会员和个人会员的工作。要进一步加强各会员单位的联系，了解编辑人员的想法和要求，从学会的角度，努力服务。要抓紧个人会员的学习和研究活动。扩大团体会员和个人会员之间的交流，帮助他们更好地做好本职工作和研究活动。

6. 加强研究队伍的建设，尤其是要努力吸引中青年编辑人员参加研究活动，已成为当务之急。目前，编辑学研究队伍中一些有影响的骨干，年龄偏大，迫切需要有一批中青年骨干进一步深入参与，才能使学科建设常葆青春活力。更重要的是，在客观上也有这样一批人，可以充实到骨干队伍之中，担纲承重。吸收中青年骨干参与学术研究，困难是有的，主要是目前岗上的任务很重，有的即使想参与学术活动，也无暇分身。但是，这件事必须集中力量，坚定不移地去做，在做的过程中，逐步克服各种具体的困难，务使在三五年内，取得一定的成效。编辑学研究队伍需要加强，但发展壮大中青年队伍，应成为重中之重。

7. 加强对外和对港、台的学术交流。面对"入世"和高新科技迅猛发展的今天，不断了解国外和港、台地区的情况，及时交流信息，为编辑理论和实践研究所必需。我们要有意识地加强这方面的工作。

学会是群众性的学术团体，学会的一切工作，离不开领导部门、兄弟单位和广大会员的支持和帮助，没有各方面的支持、帮助，学会的工作就寸步难行。我们衷心地希望继续得到各领导部门、兄弟单位、广大会员一如既往地支持、帮助，共同为繁荣出版、繁荣学术而努力。

2001 年 4 月 3 日

《中国编辑学会第三次全国代表大会纪念册》P24，商务印书馆 2003 年 9 月版

学报编辑是编辑学研究的重要力量 ①

欣逢山东省高等学校学报研究会第五次会员代表大会暨学术交流会在济南召开，我谨代表中国编辑学会向大会致以热烈的祝贺！

我国的高校学报，从 19 世纪末萌芽以来，走过一百余年艰难坎坷同时又是不断发展、不断壮大的光辉路程，至今正式出版发行的学报，已达 2000 种之多，是我国高校开展教育和科研的重要力量，在推动我国高校建设和促进我国社会主义两个文明建设中发挥着特殊的作用，也是今后我们培养人才，建设我国社会主义现代化事业，提高综合国力，实现中华民族伟大复兴的不可缺少的重要方面军。

在马克思列宁主义、毛泽东思想和邓小平理论的指引下，坚持江泽民同志关于"三个代表"的重要思想，学报界在加强自身的理论研究和学报编辑学的学科建设中，也取得了卓有成效的成绩，在实践中涌现了一支为数众多、素质很高的编辑学研究队伍。他们思想活跃，知识结构科学合理，而且年富力强，是有目共睹的我国编辑学研究的重要力量，也是我们整个编辑学学科建设的一个重要的希望所在。

山东是齐鲁之邦，孔孟之乡，自古以来，就是出思想、出理论、出人才的地方，人们有理由希望山东学报界能在编辑理论和实践研究，也就是在编辑学学科建设方面，做出更大的贡献。

山东省高校学报研究会，是我国学报界一支很活跃的力量。近年来，在中共山东省委和省教委的支持下，又在总结、梳理编辑学理论，推动编辑学研究的深入发展方面筹划了重要的工程，这是值得称道的，它对编辑学的学科建设将起到重要的鼓舞和推动作用。

---

① 这是笔者在山东省高校学报研究会第五次会员代表大会上所作的祝辞。

包括高等学校学报研究会在内的我国的学术团体，大多是在一无经费、二无编制的情况下，依靠社会的支持开展工作的，物质条件可想而知，它的工作人员和研究人员，说白了，主要是出于奉献。所以，我们要感谢他们，他们的业绩和精神，将鼓舞我们，并泽被后人。

我一直认为，一个学术团体，他们的工作能不能开展，能不能取得一些成就，除了需要领导重视，社会支持以外，关键在于有没有热心人，只要有真正热心做这件事的人，能够真干实干。那么，条件再差，困难再多，都是不在话下的，这一条，已为无数的事实所证明。

祝山东省高校学报研究会在今后的工作中取得更大的成就，涌现更多的积极分子和热心人，为高校建设和我国社会主义现代化事业做出更大贡献。

预祝大会圆满成功！

2001 年 5 月

《编辑的心力所向》P81，贵州人民出版社 2004 年 10 月版

科学发展得越快越需要科普读物

感谢科学家，感谢《钱塘晚报》，感谢浙江少年儿童出版社，为我们推出了一本很好的科普读物——路甬祥主编的《科学改变人类生活的100个瞬间》。

这本书有三个鲜明的特点：一是新，它反映的都是近百年来最新的科学成就；二是全，它全面地介绍了20世纪主要的创造发明，使人对刚刚过去的上一个世纪的科学进步有一个清晰的了解；三是近，这本书介绍的科学知识与人类生活非常贴近，使我们感到科学就在我们身边。

这本书在介绍20世纪100个重大的创造发明时，不仅告诉我们知识，而且告诉我们科学和人的关系；它不仅说明了人和科学的关系，而且说明了我们人掌握了科学，就可以改变世界，改变人类自己。更重要的是，透过这本书所讲的知识，可以引导我们认识一种精神，就是求真务实，开拓创新的科学精神。人们只要掌握这种精神，就可以不断创新、不断前进，就能战胜前进道路上的任何困难和艰险，自觉地通过科学来改变自己的命运，创造人类自己的新生活。求真务实，开拓创新，就是我们需要的科学精神。它的精髓就是实事求是，这是人们科学文化素质的灵魂。大力弘扬科学精神，崇尚真理，勇于创新，我们就能无往而不胜。

当前是科学技术突飞猛进的时代，科学技术发展得越快，科盲也就越多。所以，越加需要普及科学知识，越加需要出版科普读物。不光是少年儿童需要，成年人同样需要。我们认识科普读物，不能仅仅看成科学知识的普及，而且要看到科学精神，科学方法的普及，让人们从这种精神和方法中获得启迪，去面对各自在前进道路上碰到的诸多问题，去战胜各种挑战。说到底，它可以帮助我们树立科学的世界观，掌握不断革新的方法论。

少年儿童是世界观形成的时期，有很大的可塑性，给他们编辑出版科普读物，有着特殊重要的意义。人们都说，一本书可以改变一个人的一生，我们有30多家少年儿童读物出版社，如果每一家都能出版一两本优秀的科普读物，对于树立少年儿童科学的世界观、价值观，将起到无比积极的作用。我们有许多著名的科学家，如果每年有百分之一或二的人，能够抽出一点时间，来写科普读物，那将是一种重大的贡献。当然，科普读物要有自己的创作队伍，他们要善于通俗地宣传科学知识和科学成果，记者、编辑和教员应该是这支队伍中的重要力量。

当前，科学读物的出版状况，在中央的关怀下，在广大科学家、科普作家的支持下，近几年来，情况已有所改善，出了一批优秀的书刊，应该肯定。但是，也有一些地区和单位，仍然不够重视，即使出一点也是任务观点，没有自己的特色，或者说影响不大，这是值得考虑的。同时，还应该看到，在我们的科普读物出版工作中，目前还存在着三多三少的现象，即：原创作品少，编写的多；介绍新知识的少，讲传统知识的多；讲科学精神、科学方法的少，讲具体知识的多。这反映了我们对科普读物的认识上还存在这样那样的问题。我们只有从科教兴国的战略高度，从肩负民族复兴的历史使命上来认识发展科学、普及科学的重要意义，尤其要重视做好面向少年儿童科普读物的出版工作，真正从娃娃抓起，切实提高整个民族的科学文化素质，才能加强我们的综合国力。

我们是编辑出版工作者，编辑工作重在选择和优化，在高新科技突飞猛进的时代，知识爆炸，信息如潮，对编辑工作而言既增加了难度，又展现了广阔的天地。我们只有努力提高自己的水平，精心编好出好反映新知识的优秀的科普读物，提供给广大读者。这是时代赋予我们当代编辑出版工作者的光荣任务，也是我们每个中国人为中华民族的伟大复兴应尽的义务，更是一个有责任感的编辑出版工作者应有的追求。

2001年5月18日

《编辑的心力所向》P275，贵州人民出版社2004年10月版

我国出版科研今昔谈

一

中国共产党历来重视出版工作，党的第一次全国代表大会的决议中，就有恢复《共产党月刊》《新青年杂志》和创办人民出版社等内容。早在建党活动一开始，共产主义先驱者就积极开展出版活动，陈独秀不仅主撰《新青年》，还和李大钊等创办《每周评论》杂志，毛泽东主编《湘江评论》。广州、上海、武汉等地创办人民出版社、上海书店和长江书店等出版机构，都是党早期活动的重要组成部分。在以后的各次国内革命战争时期，党中央的许多领导人，不是直接指导过出版工作，就是亲自领导过出版工作。新中国成立之初，毛泽东同志曾亲自题词，要求"认真作好出版工作"，其他中央领导人也有过许多重要的指示。

在中央几代领导人的关怀下，我国社会主义出版事业突飞猛进，无论在规模、质量、印刷、发行和管理等方面，都取得了巨大的成就。改革开放，更开创了我国出版事业的崭新局面。值得一提的是，我国出版科研事业的发展，在这个时期经历了从无到有、从小到大、茁壮成长的过程，而这些都是在党的关怀下取得的。回想 20 余年前，中国的出版科研，基本上处于一片空白。还记得 80 年代初，王益同志在《出版工作》①上发表题为《我对筹建出版发行研究所的设想》一文，他说："像我们这样一个历史悠久而且在世界上影响甚大的国家，对出版、发行的学术研究工作落后的现状是相当惊人的。"他明确提出这种落后表现在"五个没有"，"一没有出版学院，甚至在大学中也没有出版系"；"二没

---

① 当时，文化部出版局办的内部刊物。

有出版发行研究所"；"三没有出版过讨论出版发行工作的学术著作"；
"四没有公开发行的讨论出版发行工作的学术性刊物"；"五没有社会
公认的出版发行的专家学者"①。改变这种落后面貌的决心和力量来自
党，始于 1983 年 6 月 6 日《中共中央、国务院关于加强出版工作的决定》
（以下简称《决定》）。《决定》强调为了适应建立社会主义物质文化
和精神文明的需要，"必须使出版事业有一个更大的发展"，同时明确
指出："要建立出版发行研究所，充实印刷技术研究所，加强出版、印刷、
发行的科研工作。"《决定》极大地鼓舞了我国的出版界，在它的指引下，
中国出版发行科学研究所的筹建工作马上启动，一些高等学校加强了编
辑出版教育，设了编辑学专业和图书发行专业，各省纷纷创办编辑出版
研究方面的信息性、资料性刊物，研究编辑出版理论和出版史的学术活
动频频举行，出版了几百种专著、几千篇论文，出现了一派欣欣向荣的
局面。

二

从 1984 年到现在，出版科研事业在党的关怀下，经过广大编辑出
版科研和教育工作者的辛勤劳动，艰苦奋斗，王益同志所说的"五个没有"
的面貌已经有了很大的改观。①我们不仅有了设有出版系的北京印刷学
院，北大、清华、武大等著名高校还建了新闻传播学院或信息管理学院，
有的建立了出版科学系，还有南开大学、南京大学等近 30 所高等学校设
立了编辑出版学专业；②不仅建立了中国出版科学研究所，而且南京大学、
河南大学、华中师范大学等八九所高等学校也设立了编辑出版研究所；
③讨论出版的学术研究著作，这几年有很大发展，初步统计不下 300 种，
其中大、中型工具书和学术性著作，加起来也数以百计，同时，还翻译

---

① 参见《王益出版发行文集》，1993 年中国书籍出版社。

出版了一些国外的著作；④公开发行的编辑出版方面的学术性刊物，除了《中国出版》《出版发行研究》《著作权研究》《出版经济》《编辑之友》《编辑学刊》《编辑学报》《出版科学》和《中国图书评论》等理论性学术性刊物之外，还有《出版广角》《出版广场》和《新闻出版交流》等业务性期刊，编辑学的学术理论性刊物——《中国编辑》杂志也正在筹办，而且在中国历史上第一次创办了全国性专业性报纸——《中国新闻出版报》和《中国图书商报》，这些都在不同层面上代表了我国出版研究的水平；⑤关于编辑出版方面的专家和学者，目前，仅在我国高等学校中就有编辑出版学专业的教授数十余人，至于副教授那就更多了。几年来，各校已毕业的以编辑出版为方向的硕士研究生已有100余人，还有的已经开始攻读博士研究生。至于几年来培养的编辑出版学专业的本科生早已数以千计。通过多年的研究实践，出版界本身也磨炼出了一批有素养的研究人员。这些在20年前是难以设想的。

出版科研事业在中国茁壮成长，日益壮大，这在中国出版史上是破天荒第一遭，在世界出版史上也是罕见的。一些国际同行，对于中国有几十人的出版科学研究所，出版科研发展得这么快，都竖起大拇指，认为"了不起"。这是中国广大出版工作者引以为豪的。

三

现在王益同志所说的"五个没有"的状况，已经有了很大的改变，很大的进步。但从另一方面看，也还存在一些不足，或者说出现了一些新的问题，这主要表现在：

（一）迄今为止，我们还没有一个正式的编辑出版学的硕士授予点，编辑出版学还未能列入国家制定的《授予博士、硕士学位和培养研究生的学科、专业目录》，现有的硕士研究生培养，都是挂在别的学科上进行的，所谓"借鸡生蛋"。这种状况，非常不利于高级出版人才的培养，非常不利于目前高校从事编辑出版学教育的教师队伍的发展和稳定，更不利于出版事业的进一步繁荣和发展。

（二）公开发行的讨论编辑出版的学术性刊物，近两三年来不是在增加而是在减少。20 世纪 90 年代中期，最高峰时期全国大概有三四十种报刊，现在有些已经停办，有些已经改变成以营利为目的刊物。这种趋势还有可能进一步发展。

（三）编辑出版方面的学术著作的出版越来越困难。受到出版费用的种种限制，一些学者、教授，辛苦好几年写出一本书，没有地方接受出版，或者是要作者掏多少钱才予以出版，至于多年的劳动根本没有报酬可言。有些单位还不允许有研究兴趣的编辑出版工作者外出参加出版研讨会，原因据说也是怕花钱。这种情况不改变，出版学术研究就不可能有多大的发展。

（四）编辑出版的研究者之间缺乏交流。在多方的倡导和推动下，有研究兴趣的人，应该说还是不少的，但长期以来，基本上是各自为战，处于分散的自流状态。至多是通过协会、学会有一点松散的联系。尽管有的人写了论文，收到了会议通知，但无法参加，主要是报销不了旅差费。要想搞一些研讨活动，就更困难了。这种状况不改变，出版研究的前景，可想而知。

（五）研究机构和学术团体还太少。王益同志在 1984 年统计，新闻方面有 30 多个研究所和研究会，而出版到今天，把所有包括只有名义、很少活动，甚至没有活动的学术团体，加在一起也不足 10 个。

总之，目前我国的出版科学事业，还远远地不能适应出版发展的需要，是我国整个出版体系中最薄弱的环节。这种情况，不能不说与出版界和社会其他方面对出版理论研究的认识不够有关。

我国有 500 多家出版社，300 多家音像出版社，9000 多种期刊，几千家大小不等的新华书店，多少个印刷厂，每年出书已达 15 万种以上，印数五六十亿册（张），杂志就更多了。从业人员少说也有三四十万人，这样一个规模的产业，而且还是影响人们的精神世界、指导社会实践的行业，为什么不能有一个培养高级出版人才的硕士点，这是令人不可思议的。我在一个有研究员、各科教授、高工、医生参加的会议上，谈到这件事，他们不是感到奇怪，就是哈哈大笑，说一个硕士点算什么呀！我听了真是哭笑不得。现在指责出版物编校质量不高者不少，调侃"无错不成书，错误百出是好书"者有之，说扫黄打非是"扫而不尽，打而再生"者也有之，但就是想不到创造条件为出版培养高级人才，来解决出版工作中的这种"麻烦"。当然，有了硕士，甚至博士授予点，不一定就能彻底扭转这种局面，但总是多了一些能够研究解决这些问题的力量，就可能比现在只有用行政手段来解决要好一些。

还应该看到出版是一种舆论，而舆论往往更需要舆论来加以引导和监督。所以，出版界为自己办些刊物，本来是十分必要的，就最起码的功能来说，它至少可以起到使办刊者、撰文者，正人律己，同时，便于了解各种意见和看法，是自己教育自己的有效手段。可是刚刚办了几个刊物，有人就喋喋不休地说"多了，多了"，是"重复建设"，于是宁愿让这些刊物转变办刊宗旨，去搞那种面向市场，成为盈大利、赚大钱的工具，其实还不是照样地"重复建设"，只是它并不重复在自己教育自己，而是重复在满足某些人所谓生活中不可缺少的追求时尚和消闲的欲望而已。

我们的时代是理论创新的时代，理论创新既要靠实践，又要靠研究，只有结合当前实际的科学理论，才能指导实践的前进。在新的历史时期，在社会主义市场经济条件下，我们的出版研究必须在邓小平理论和"三个代表"重要思想的指引下，既要放眼长远，又要立足现实，既要重视当前应用课题的研究，又要进一步加强基础理论的研究，才能积极推动我国出版事业的繁荣和发展。

2001 年 6 月

《编辑的心力所向》P307，贵州人民出版社 2004 年 10 月版

中国出版科学研究所的筹建

中国出版科学研究所于 1985 年 3 月 21 日经国务院批准正式成立，隶属于文化部，由文化部出版局（后改为国家出版局）具体领导。1987 年 1 月，新闻出版署成立后，改由新闻出版署主管。原名中国出版发行科学研究所，1987 年 8 月起改现名。

建所时确定的研究所方针是：在马克思列宁主义、毛泽东思想和邓小平同志建设有中国特色社会主义理论的指引下，坚持理论联系实际，贯彻"百花齐放，百家争鸣"的方针，研究出版工作中重大的理论问题和实际问题。要对中国出版发行工作的历史和现状、理论和实践，进行全面系统的研究；组织编撰有关出版发行科学的学术性、资料性和信息性书刊和教材性读物；收集、翻译国外学者、专家有关出版发行工作的学术著作、资料，作为发展中国出版科学的借鉴。

科研工作实行专业研究和业余研究相结合的原则，广泛依靠出版战线及有关方面从事编辑、出版、发行科学研究的人员，交流研究资料和研究成果。研究所成立后，在开辟出版科研战线，拓宽出版科研领域方面获得了一定的进展，取得了一批开创性成果。

研究所成立的当年，即 1985 年就召开了"全国首届出版科学学术讨论会"，以后每年一次，至 1995 年已举行 10 次。组织出版了《全国首届出版科学学术讨论会论文集》《编辑学论文集》《论编辑和编辑学》《近现代中国出版优良传统研究》《中国近现代出版史学术讨论会文集》《新民主主义革命时期出版史讨论会文集》《出版教育文集》和《毛泽东邓小平出版实践和出版思想探论》等论文集，团结了数以千计的出版研究工作者。

1985 年，创办了《出版与发行》杂志（后改名《出版发行研究》）、后又接办《国外出版动态》，停刊后改出《出版参考》，根据新闻出版署要求，接办《中国出版年鉴》（1993 年后，又由中国出版协会主办）等学术性、信息性、资料性刊物。

由文化部出版局边春光同志亲自担任主编，组织编纂了《出版词典》《编辑实用百科全书》《中国出版人名词典》等具有学术价值、实用价值和资料积累价值的重要工具书。由王子野同志任主编，组织编纂了《当代中国丛书》中三卷本的《当代中国的出版事业》等，总结历史经验和新鲜经验的研究性、资料性书籍。

研究所成立以来先后完成的科研课题有：以研究我国社会主义出版事业的基本理论、基本经验和阐述出版基础知识为主要目的的《出版词典》《新闻出版署直属高等院校出版专业设置及可行性研究报告》《近现代编辑家优良传统研究》《我国出版社专业分工探讨》《社会主义市场经济条件下出版社坚持"二为"方向问题的探讨》《毛泽东邓小平出版思想出版实践探论》等，对出版领导机关和出版从业人员有一定的参考意义。

1986 年 9 月，成立了中国书籍出版社，隶属于研究所。建社以后出版的第一本书是《实用编辑学》（阙道隆主编，1986 年 10 月出版），这是我国历史上第一本图书编辑学著作，也是世界上第一本图书编辑学著作。1949 年，广州出版的李次民著《编辑学》主要是讲新闻编辑的，兼及期刊。此后，又陆续出版的出版专业著作有：周文熙编著《马克思恩格斯的书刊出版活动》、林穗芳编著《列宁和编辑出版工作》、徐柏容著《杂志编辑学》、王耀先主编《科技编辑学概论》、张玫和林克勤著《书籍编辑学简论》、肖东发等著《年鉴学概论》等，历史方面的有：韩仲民著《中国书籍编纂史稿》、宋原放和李白坚著《中国出版史》、金常政著《丛类书到百科全书》，其他还有《书评例话》《世界出版概观》等。以上有些书已被收入由边春光同志主编的《出版知识丛书》。

翻译出版了《国外出版译丛》，已出的有：《出版概论》〔英〕斯坦利·昂温著、吴仁勇译，《出版学概说》〔美〕J.P.德索尔著、姜乐英、杨杰译，《现代出版学》〔日〕清水英夫著、沈洵沣、乐惟青译，《出版的科学和艺术》〔美〕小赫伯特.S.贝利著、高明光等译，《外国出版史》〔英〕G.昂温 P.S.昂温著、陈生铮译。当时还以《简明出版百科词典》〔日〕布川角左卫门主编，申非、祖秉和译，作为中译本书名，出版了日本的《出版事典》。以上都是中国书籍出版社成立后头几年的出版物。稍后，又翻译出版了《日本出版流通图鉴》《日本出版流通及其体例》《法国出版业》和后来的《西方六国出版管理研究》等。目前，正在为我国当代出版家出版一套《中国出版论丛》，计划出 10 种，已出版的有《叶圣陶出版文集》《陈轮伯出版文集》《王益出版文集》《边春光出版文集》《许力以出版文集》《王仿子出版文集》《陈原出版文集》等，即将出版的有《胡愈之出版文集》《王子野出版文集》《宋木文出版文集》和《刘杲出版文集》等。

成立经过

成立出版发行研究所，见诸于中央文件的，最早当推 1983 年 6 月 6 日，中共中央、国务院《关于加强出版工作的决定》（以下简称《决定》），这个文件明确提出："要建立出版发行研究所，充实印刷技术研究所，加强出版、印刷、发行的科研工作。"

根据中央文件的精神，文化部党组和出版局领导对筹建这个研究所很重视。文化部出版局局长边春光，副局长宋枚、刘杲等多次研究建所工作。副局长刘杲同志于 1984 年 3 月，曾邀请仇子明、陈振伟、干青、方厚枢和我，一起座谈筹建出版发行研究所的问题。会后，局里决定要我起草《关于筹建中国出版发行研究所的报告》，于 5 月上报文化部。

7 月 20 日，文化部部长、党组书记朱穆之同志主持的部务会议，作出决定，批准筹建中国出版发行科学研究所，并且成立了以文化部出版局顾问王益同志为组长、叶再生同志和我为副组长的筹备组，当时的办公地点就在文化部出版局楼内，即现在新闻出版署新楼北面的旧楼一层107室。

此后，具体分工负责建所的刘杲、王益同志对筹建工作抓得更紧，作了许多具体的指示，他们首先要我走访新闻研究所等兄弟所的办所经验，刘杲同志又提出要求，制定《中国出版发行科学研究所工作条例（草案）》，并征求有关部门、有关单位和有关专家的意见。陈翰伯、王子野、罗竹风、胡道静等领导同志和专家，都发表了很好的意见。王益同志还具体布置向各省、各出版社和新华书店系统发出函件，调查业余研究人员的状况，得到各地各单位的积极响应。同时，还以文化部出版局的名义发出文件，向有关单位征集开展研究工作必需的资料，同时着手制订工作计划并强调所内工作制度的建设，非常重视精干的管理干部和有真才实学的业务干部的调入。

除业务工作外，王益同志对于建所的硬件方面，提出了"三个20"的设想，即20个人、20间房、20万元钱的开办费。根据这种意向，筹备组当时最早调进的人是人事干部和行政干部，即后来成为研究所人事处长、党委委员、新闻出版署系统优秀党务作者的王秀芹同志和后来成为行政处长、现已离休的冯建成同志。此后陆续调了一批业务骨干和相关专业的高校毕业生，这些人中，不少已成为出版科研的专门人才，有的则成了几个出版社的领导骨干。

经过半年多的筹建，"三个20"的设想已基本实现。1985年2月5日，文化部向中共中央宣传部报送了《关于报送建立中国出版发行科学研究所的说明的报告》，中宣部于2月26日将《关于同意建立中国出版发行科学研究所的报告》上送中央。3月初，中央经李鹏、胡乔木、胡启立、邓力群等同志批示："同意文化部意见。"3月21日，由劳动人事部正式发文：经国务院正式批准，同意成立中国出版发行科学研究所，人员编制90人。这么快就批准了，出乎我们的意料，可见上面的工作效率是很高的。中国出版发行科学研究所至此才正式成立。

当时正值精简机构、压缩编制的时候，研究所的成立和90人的编制下达，是一件很不容易的事，这里有一个情节是很值得回忆的。在王益同志"三个20"设想的基础上，我们征求各方面的意见，都认为这个研究所任务很重，要干的事很多，20个人太少。在这种情况下，我们曾提出50人，后来确定70人的编制方案报给国家编制委员会。编制委员会要我们去面谈，王益同志和我，准备了各种材料，考虑了很多方面的理由，准备力争70，死保50。可是到了编制委员会，一位局长接见了我们。我们汇报了筹建情况和编制方案，这位局长，没有提出疑问或要我们论证。只问了一下，这样的研究所现在有几个。我们说"只此一家"。他沉思了一阵儿说：新闻有好几个研究所，连有的省和大学都有，出版只有一个研究所，70人也不多。并说，目前编制是紧，但真正需要的，应该给，不需要的一个也不能给。你们回去研究以后，把正式的编制方案报来。他这个表态，真出乎我们的意料。后来，我们正式上报的编制方案是90人，结果是如数批准。在这里我深感党和政府对出版事业的关心和实事求是的精神。

创业之初

研究所虽然正式批准成立了，但是要迈出第一步还是很难很难的。许多人说创业维艰，这一点过去是听听而已，并无实际体会。经过研究所的头几年的工作，感受具体了。别的不说，只说由于经费不足，为了找办公用房，从1985年到1989年，一共搬过五次家，差不多是每年一次。即1984年7月筹备组成立，办公地点在东四南大街文化部出版局楼内；后来人多起来，原有办公室容纳不了；11月初就搬到东四南大街前厂胡同，为了勤俭办事业，不想花很多钱，就租用了一个中学校办工厂的旧址，房子虽有22间，符合"三个20"的设想，可是其中有6~7间是危房，外面下大雨，里面下小雨。冬天没有暖气，每间办公室都要自己生火炉，有的青年大学生根本不会生炉子，有的干部也已多年不生炉子了。每天早晨上班，自来水都是冰了的。要先用火烤水龙头，才能出水。订做的办公用具、柜子、桌子等，白天卡车不能进市区，只能晚上送来。我们就一直守着。等到晚上十点十一点钟，才能送货上门。卸完货，先放在学校的院子里，往往已过了午夜，大家才蹬着自行车回家。那时既没有夜宵，也不算加班。第二天还是8点上班。包括当时已年过六十的叶再生同志，都是带头干的。即使这样的地方，第二年学校提出要增加租金，没法子，1986年1月，又租用赵家楼1号一个部队招待所办公。但同样因租金偏高，一年下来，难以承受，1987年9月又搬到西坝河东里一所未启用的幼儿园办公。1988年下半年，新闻出版署把西绒线胡同甲7号800平方米的房子，交付给研究所使用。于是1989年初，研究所又进行了一次搬家，但是800平方米房子根本不够用，光资料室就要占四分之一，只好又在附近学校租用10多间房子，造成了两地办公。后来，租用的房子到期，租金要大幅度增加，不得已退了出来，全部集中到甲7号800平方米房间内办公，把走廊都挤满了，只好把大批的图书资料打捆，送到郊区北京印刷学院暂时存放起来。后来新闻出版署又安排了新的基建方案，到1996年就搬进了现在的丰台区太平桥西里38号，和中华书局在一起，这里当然要比原来的西绒线胡同宽些。但是，以后事业发展了，也许还会不够用。但无论如何，与刚刚筹建时的情况相比，已经有天壤之别了。相信随着我国经济发展，社会主义现代化建设的前进，出版研究所的环境和条件，也会不断地得到改进。

2001年7月

《编辑的心力所向》P167，贵州人民出版社2004年10月版

新时期编辑活动的特点和要求 ①

随着社会主义市场经济的新发展和"入世"以后的新形势，在高新科技迅猛发展，走向信息化、数字化的新时期（如电脑在编辑出版工作中的应用，尤其是互联网的问世），编辑活动发生了新的变化。这种变化是非常大的。

一、编辑活动的新变化

编辑活动的变化主要表现在：

1. 编辑活动的领域扩大了。如果说，在上一个世纪，中国的编辑活动主要还滞留在图书、杂志、报纸、广播、电影、电视和广告制作等方面的话，那么现在的编辑活动已扩展到光盘、磁盘、网络传播、计算机软件和信息资讯等非常广阔的领域。编辑活动的技术也超越了以纸介质为中心的印刷时代，而走向了光、电和软件传播的时代。同时，由于它的容量大，信息多，检索方便，编辑活动的选择性大大增加，使得编辑活动能够在更大的范围内进行。这说明编辑活动的空间扩大了。

2. 编辑活动的频率大大加快。过去的编辑活动都需要相当长的时间过程，如图书的编辑出版过程，动辄以年、月计，杂志以月、旬、周计，报纸快些，也以日计，就是最快的电视也要有一个制作过程。现在电脑、互联网，如果你愿意的话，可以当场传播。有人认为这和即席发言一样，所以把它称作"即席编辑"，说明它的速度之快，与原来编辑活动的速度不可同日而语。

---

① 本文是作者在"中国编辑学会第六届年会"上的讲话。

3. 编辑活动透明度加大，传播空间更广阔了。网络传输的编辑活动不仅时间快，而且透明度大，传播空间广阔，可以无远弗届，甚至可以超越国界。

4. 编辑活动由单向向双向、多向交互式转化。过去的编辑活动，从书、报、刊到电影、电视，都是单向的。有了电脑、网络以后，编辑活动由单向转换为双向，它可以马上把视听者的要求、建议吸收进来，改编自己所编辑的作品，而且随时补充新的信息、资料，删除不需要的文字、图画、符号与音像，使编辑活动能够互动、交流，使编辑活动由静态变为动态，始终保持新型和前沿。

5. 多媒体的出现，使编辑活动复杂化，它由原来的单一服务变为多样化的综合服务。过去，书、报、刊的编辑活动，主要面对的文字、图片、符号等，即使是广播，主要也是通过单一的声音来表示编辑活动的成果。自从有了电影、电视，特别是多媒体以后，它把文字、图片、音响、视频等集中在一起，把某种单一传播方式的编辑活动转化为多种功能综合性的编辑活动，使编辑活动由原来单一的传播方式转化为多样化的传播方式，反映了编辑活动的综合性和多样性。这些都是高新科技在编辑活动中的运用带来的。

同时，由于社会主义市场经济的发展，竞争日益加剧，经济利益对传媒事业的影响，也使编辑活动受到一定的冲击。如现在有些编辑除了处理稿件和信息以外，还要从事一些成品的营销活动。正如有人所说，现在的编辑，需要十八般武艺件件拿得起来，即从选题、组稿、审读、加工、校对到版税谈判、广告联系、印刷成本核算、印数分配、发行折扣洽谈、奖金分发……直至向书商催讨欠款，什么都要管。编辑工作的战线拉长了，尽管不是每一个编辑都这样，但是市场经济使传统的编辑工作受到相当的冲击，编辑的工作正在起着某种变化，也是毋庸讳言的。

尤其是"入世"以后，我们需要面对的不仅是国内的竞争，而且要面对国际同行的竞争。政治多极化、经济全球化正在曲折地发展，东西方文化的交融和碰撞每时每刻都在发生，世贸组织的各种规则、协议，也将约束我们，我们在运用这些规则、协议时，要力争使它有利于我们事业的发展。这一切都会给我们的工作带来重大的影响。

以上这些也可以说是新形势下编辑活动新的特点。

二、编辑活动的根本性质和基本特征是不变的

在谈到编辑活动变化的时候，我们还应该看到编辑活动还有稳定的一面，这种稳定表现在哪里呢？主要表现在：

1.编辑活动作为精神生产和再创性智力劳动的性质不变。不管电脑软件也好，网络传播也好，编辑活动面对的仍然是信息、资料和各种精神成果，这种活动仍然是精神生产活动。编辑活动面对的信息、资料和精神产品，一般均属于原创作品、半成品，或可以再次利用的成品，通过编辑活动的再创性智力劳动，形成新的精神产品。这说明编辑活动性质是不变的。

2.编辑活动为了传贮文化的目的不变。这里的"传"是指文化传播，"贮"是指文化积累。一切编辑活动的目的都是为了传播和积累文化。传播依赖于积累，积累是传播的基础，同时又在不断传播中得到丰富和充实，形成新的积累。

3.编辑活动的创意（策划、设计）、优选、优化和组合的基本特征不变。任何媒体，包括多媒体、网络传播（网上的组织传播和个人传播），必须通过创意、优选、优化和组合来完成（即使是个人传播也是有选择地进行的，尽管这里优选、优化的标准不同，这属于审美范畴的问题），这些基本特征是无法回避的。这说明编辑活动的这些特征是不变的。

4.编辑活动既要适应精神生产规律，又要适应市场经济的价值规律和竞争规律的原则不变。在社会主义市场经济条件下，精神生产规律和市场经济规律，在编辑活动中是同时起作用的。这种规律性也不会因编辑活动有前面那些变化而发生变化。

5.编辑活动是一切传播工作的中心环节的地位不变。在市场经济条件下，编辑人员可能需要去从事一些营销工作，甚至有时从绝对时间上来说，还并不算少，但体现基本特征的编辑活动仍然是中心环节，这个中心地位不会因市场经济或者价值规律的作用而发生改变。

上述情况，说明编辑活动的环境可以发生变化，编辑活动的手段可以发展演变，编辑成果的载体可以多样化、复杂化，编辑活动的领域可以扩大，但是编辑活动的根本性质、目的、基本特征和客观规律不会发生变化。在一定的条件下，它可以获得新的因素，但它的根本性质是不变的。这是因为编辑活动是一种独立的活动，它是客观的，它有不同于其他活动的固有的特殊性，而这正是编辑学得以建立的根本基础。

从中外编辑史上来看，也是这样的。中国从手写的竹简、木牍、帛书，到雕版、活版印刷的纸书，及至近现代机器印刷的报纸、杂志、图书的出现和广播、电影、电视的产生，编辑工作的手段、信息、资料和出版物的载体，已经经历了许许多多重大的变化。但是，编辑活动的根本性质、基本特点，非但没有改变，反而不断得到巩固和强化。在国外也是这样，随着市场经济的发展，出现了组稿编辑、文字编辑、社内编辑和社外编辑，但也只是分工不同，并没有改变编辑活动的性质和职能。即使在网络非常发达的地方，仍然强调信息的公信度，内容的最优选择和编辑成品的质量。这同样说明编辑活动的基本要求是不变的，变化的只是它的组织形式和活动方式而已。

上述编辑活动的变与不变这种客观状况，既为我们现代的编辑工作创造了新的条件，也提出了更高的要求。

所谓新的条件，就是信息量大了，它使我们有更大的挑选余地，能够进行充分的比较，为我们在工作中不断创新提供了机会。其次能够使我们编选出更有特色，更符合视听者需要的东西。总之，为我们的编辑活动提供了广阔的天地。天高任鸟飞，海阔凭鱼跃，只要我们用心去做，就可以把我们的工作做得更好。

所谓更高的要求，就是信息似潮，甚至互相矛盾，使我们眼花缭乱，一时无所适从。而编辑活动的时效性大大加快，是与非、正与误、真与假的各种信息往往同时出现在我们面前，迫使我们很快地作出判断。取或舍，抑或是加以改造，需要我们在须臾之间，作出决定。由于多向交互式活动，我们很可能还要面对许多今天还想不到的各种情况和问题，这增加了我们工作中的难度。

三、提高编辑队伍的素质是当务之急

新的形势、新的问题，说明现在的编辑工作更复杂了，要求也更高了。为此迫切需要提高我们编辑队伍的综合素质。应该说，改革开放以来，尤其是最近几年来，出版社队伍在新老交替中有较大的改变，尤其是高学历的人才开始更多地流向出版行业，这个现象是十分可喜的。据对几个出版社的了解，编辑队伍的状况大致如下：

几个出版社编辑人员的学历情况

单位	编辑人员数	博士	%	硕士	%	本科	%	本科以上合计	%	本科以下	%
商务印书馆	126	8	6.4	37	29	74	59	119	94	7	6
中国青年出版社	93	6	6.5	14	15	66	71	86	92.5	7	7.5
北京出版社	158	1	0.6	34	21.5	87	55.1	122	77.2	36	22.8
首都师大出版社	21	2	9.5	3	14.3	16	76.2	21	100	0	0

当然，这几家出版社编辑人员的学历情况，总体上是比较高的。首都师大出版社编辑人员全是本科以上学历，是可以理解的，因为它是大学出版社。但是从整个出版社队伍（即全国出版社全体人员）看，情

况就不同了。据统计：全国出版社的从业人员中，本科以上学历人员占40%、硕士占8%、博士占0.5%，三者相加，还不到50%（这里有两个情况要提请注意：一是出版社全体从业人员的学历要低于编辑的学历的平均水平；二是全国各出版社编辑人员的学历也可能低于所列4社的水平）。这样的队伍要适应现代化的需要，实现社会主义文化建设的需要，应该说是有相当困难的，所以，迫切需要提高。出版队伍的综合素质，包括政治素质、知识水平、业务技能和职业道德，都需要进一步提高。

人人都说，当代是竞争激烈的时代，是高科技迅猛发展的时代，是数字化、信息化兴起的时代，是东西方文化互相交融、互相激荡十分剧烈的时代。在这样的时代，我们要出精品，拒平庸；争双效，反唯利；重法纪，绝违规；讲道德，除恶行。新时期对编辑出版工作者提出了极高的要求，尤其是对一个有责任感的编辑来说，任务确实是非常艰巨的。

我们的社会主义市场经济还处在发育成熟的过程中，还存在不少问题。如我们图书市场的秩序，近几年来已有显著好转，但统一的、有序的图书市场有待进一步形成，在某些地方还存在着相当严重的地方保护主义。又如买卖书号，屡禁不止。有的人还"理直气壮"地说，人家在卖，我为什么不能卖，好像不卖书号就吃了大亏似的。这样的队伍素质，当然不能适应新时期出版发展的需要，也有损出版工作者应有的形象。

再说，现代化手段是好东西，网络、多媒体将给出版带来无限的机遇，将造就新世纪出版的新局面，但这也必须由高素质的队伍去运作。不然，现代化也可能把你推向平庸。如果因为有了现代化的手段，就一味忙于找信息、搞选题、编书稿，而不讲究出版方向和出版物的质量，什么思想性、学术性、艺术性统统被置于脑后，一味地找那些能够迎合某些读者低级趣味的东西来出书，结果形成严重的重复出版，这不是和现代化手段不相称吗？可见，关键在于队伍的素质。

出版是精神生产，出版是搞文化，而文化发展从来依靠沉积。文化需要创新，创新的基础也是沉积，文化交流，正是文化沉积的交流，才能形成新的优秀的文化成果。而哪些东西值得交流，哪些东西可以创新，则需要依靠优选、优化，根据创意策划，再加工，再创造，重新组合。这些都取决于编辑队伍的素质，取决于他们的智慧、境界和识别能力。

在社会主义市场经济条件下，我们需要强调市场意识、竞争意识，但同时更需要强调质量意识。海尔集团为了在职工中建立质量意识，宁愿把质量差的产品，用大锤砸烂，也不出厂，终于使自己由一个濒临破产的企业发展成为具有一定国际竞争力的家电集团，充分说明了质量的意义。只有质量，才能在竞争中取胜，在市场中最终抢占有利的地位。而出版物的质量，是和编辑队伍的素质高低成正比的。任何现代化的工具，最终还是靠高素质的人来掌握。江泽民同志说："关键在人才"，"人才问题，关系党和国家的兴旺发达和长治久安"。全党全社会都要关心和支持人才的培养工作。他强调要实现现代化建设的宏伟目标和中华民族的伟大复兴，必须进一步发挥知识分子的作用，充分发挥人才的主观能动性和创造精神。[①] 同样，编辑工作要发展，也取决于建设好一支高素质的队伍，这支队伍不仅要头脑敏锐，知识丰富，精通业务，熟练地掌握现代化手段，而且要有很高的政治素质。要始终坚持以马克思列宁主义、毛泽东思想和邓小平理论为指导，认真学习和贯彻江泽民同志关于"三个代表"的重要思想。"三个代表"的重要思想是新时期的理论创新，是我们全党全国各项工作的根本指导方针，是推进中国特色社会主义事业，在本世纪中叶基本实现社会主义现代化，迎接中华民族伟大复兴的根本保证，也是我们编辑工作的根本指导方针，是我们在新世纪做好编辑工作，实现出版繁荣的根本保证。

"三个代表"的思想是统一的整体，互相联系，互相促进。党要始终体现社会发展的先进性，共产党人要坚持站在物质生产和精神生产的最前列，成为推动社会发展的先进分子，关键是代表和发展先进生产力。

---

① 参见《党和国家领导人在北戴河亲切会见部分国防科技和社会科学专家并与他们座谈》，载《人民日报》，2001 年 8 月 8 日。

政治、文化是经济的反映，又反过来促进经济的发展，代表先进文化，必然会促进生产力的发展，目的都是为了实现中国广大人民的根本利益。发展生产力也好，发展文化也好，最终必然体现在广大人民的根本利益上。人民的利益高于一切，这也可以说是"三个代表"重要思想的出发点和归宿。为人民服务是共产党人的天职，人民满意不满意，才是鉴别我们工作好坏的根本标准。出版是社会主义现代化建设的重要组成部分，是重要的精神生产活动。搞出版就是要竭诚地为读者服务，它的目的首先应该体现在最广大读者的根本利益上，看广大读者是不是满意，只有体现广大读者的根本利益，才能最终体现广大人民的根本利益。"党来自于人民，植根于人民，服务于人民，党的全部工作的出发点和落脚点，就是实现好、维护好、发展好人民的利益。"[1]不符合广大读者根本利益的任何东西、任何做法都不可能符合"三个代表"重要思想的精神，这一点是出版工作者在任何时候都不应该忽视的。

要实现我国社会主义出版事业的新发展，关键是要塑造一支政治强、业务精、作风正、纪律严的编辑队伍。

提高思想道德和知识水平，提高理论素养，最根本的是要学习马列主义、毛泽东思想、邓小平理论，贯彻落实江泽民同志关于"三个代表"的重要思想，坚持巩固和发展马克思主义在意识形态领域的指导地位，认真学习现代化编辑技能，尤其要提倡创新精神、敬业精神和服务精神。实施精品战略，坚持不懈地提高出版物的质量，为出版的健康繁荣积极奉献，才能不辜负当代出版工作者的光荣职责和神圣使命。

2001 年 8 月

《山西师范大学学报》（社科版）2001 年第 4 期；《编辑的心力所向》P19，贵州人民出版社 2004 年 10 月版

---

[1] 人民日报社论《光荣属于中国共产党和中国人民》，载《人民日报》，2001 年 7 月 1 日。

我为少年儿童的健康成长贡献了什么

——世纪之初寄语少年儿童读物编辑

21 世纪是一个新的世纪，世界的变化将会很大，发展也会很快。经济全球化、政治多极化、文化多元化、科技革命等等，整个社会的发展、科技的进步，将以出乎人们意料的速度前进。这是一个充满着挑战和机遇的时代。根据这个时期的特点和中国的实际，中央提出了《关于制定国民经济和社会发展第十个五年计划的建议》，为我们指明了进入新世纪的明确方向和宏伟目标，确定了发展总体部署，是全国人民的奋斗纲领。为了实现社会主义现代化建设，我们必须把发展作为主题，坚持以经济建设为中心，抓住机遇，加快发展，提高人民生活水平，努力加强我国的综合国力。同时，建设社会主义精神文明，发展有中国特色的社会主义文化，作为社会主义现代化建设的重要内容和基本保证，满足人民群众日益增长的多方面的精神文化需求，全面提高国民素质，着力增强民族凝聚力。这是我们面临的新形势和新任务。我们做实际工作的要加强信息的交流，资料的交换，以适应新的形势，完成新的任务。

21 世纪是一个充满希望，同时又需要我们进行艰苦卓绝的奋斗的年代。21 世纪的真正主人是年轻的一代，是青少年，尤其是今天的少年儿童的时代。把今天的少年儿童培养塑造成什么样的人，关系着我们国家的命运。可贵的是这几年，在教育工作中，全面加强了德、智、体、美的教育，爱国主义、社会主义和集体主义教育，也收到了相当的效果，使青少年一代的精神面貌积极健康、奋发向上，这是主流，应该得到充分的肯定。这个主流的形成，应该归功于党的领导和正确的宣传、教育方针，也和我们少年儿童出版物的积极引导和正面教育分不开。说到问题，总是会有的，只是我没有充分的调查研究，说不清楚。但有时接触到一些中小学教师，从他们的反映中，我觉得有些方面还是可以注意一下的。

一是要强调爱国必先建设强国的思想教育。加强对青少年进行爱国主义教育，是我们党的一贯方针，随着不同的历史时期，根据不同的具体情况，党在青少年中进行了大量的工作，取得了巨大的成就。青年学生中爱国主义思想越来越巩固，爱国情绪越来越高涨。"中国，我爱你""祖国在我心中"，已经成为青少年思想教育中的一个重要组成部分，成为一种意识形态，这是毋庸置疑的。当然，爱国主义教育还要不断深化，爱国必须强国，必须把我们的祖国建设好，把中国建设成为社会主义现代化强国。青少年今天的任务是学习，学习的目的就是建设强大的祖国。好好学习，不是像现在有些孩子想的那样，将来可以找个好工作，将来可以挣大钱。对学生，我们要求他们今天努力学习，将来诚实劳动，这是最起码的。但仅仅这样是不够的，我们必须让他们从小就十分明确，要爱国，就要建设强大的中国。要学好本领，准备为祖国建设付出最大的力量，就是要把中国建设成为强大的社会主义现代化国家，这一点任何时候都不能动摇。

我们进行的爱国主义教育，必须突出振兴中华，一切为了实现中华民族的伟大复兴，这一点无论如何不能忽略。这是新世纪对中国少年儿童进行爱国主义教育的一个非常重要的内容。当科学家、作家、编辑、教师、医生，都要爱岗敬业，诚实劳动，都要和发扬爱国主义精神，建设强大祖国、实现中华民族的伟大复兴联系起来。要认真树立爱国强国意识。21世纪是竞争激烈的时代，国家不强盛就会吃亏，我们不能再遭遇1840—1949年那个年代的国家命运。不然，人民太痛苦了。所以，爱国就要强国。现在的学习，将来的劳动，都是为了强国，一切为了建设强大的祖国，这一点模糊不得。

二是要突出爱国必需强身的思想教育。现在生活好了，少年儿童的健康状况也好了，营养不错，与旧社会孩子们吃不饱、面黄肌瘦的情况，已经大不一样，这是因为社会制度不同了，值得庆幸。但也要避免产生新的问题。据有的报纸报道：目前儿童的肺活量、弹跳力、柔韧性、耐力等身体指标，有明显的下降趋势。现在的城市孩子，住在高楼里，上下有电梯，所有玩具，大都是动手动脑不动窝，电脑游戏机一玩就是半天，看电视还躺着，活动的范围超不过一二百平方米。待在室内的时间多，户外活动少，运动量小。有的又偏食挑食，加上不活动、少活动，不要说让他跳高、跳远、赛跑、打球，就是平时走路都气喘。当然，也有课业负担重、锻炼时间少等方面的原因。有的家长望子成龙，在有限的业余时间里，还要让孩子上这个班、补那个课，星期天更是上下午不得空，弄得孩子没有一点时间运动。结果，一些老年病如高血压、心脏病，越来越低龄化，提前在青少年身上出现。据一个学校调查，学生近视眼占全校学生总数的43%。有的报道还说，小学生近视眼占30%~40%，中学生占50%~60%，这实在不是一种好兆头。近年来，三次中日青少年体质抽样调查，中国学生均不及日本同龄组的学生。日本学生在体重、身高、肩宽、胸阔、胳膊等方面都超过同龄的中国学生。更令人不能接受的是有的孩子，小小年纪，养成了吸烟的坏习惯。据一个国际禁烟的机构调查，发达国家吸烟的比例很低，烟民主要在发展中国家，中国是吸烟大国，每年因吸烟致死的有300万人。全世界三分之一到二分之一的烟民在中国，中国三分之一的烟民在青少年当中，其中中小学生占了相当比例。这个数字实在惊人。吸烟对健康不利，人所共知，为什么中国有如此庞大的学生烟民，问题如此严重！这难道还不值得重视吗？这种状况不改变，人民体质将受到严重的损害。作为少年儿童读物的出版工作者，有责任在这方面引起注意，加以认真的引导，这恐怕不应该说是小题大做吧！

三是做好爱国还需要进行"强心"的思想教育，这个"心"，我的意思就是孟子说的"心志"，我们现在一般称作"意志"，也就是要培养坚强的意志，要养成敢于艰苦奋斗的精神。孟子曾经说过："天将降大任于斯人也，必先苦其心志，劳其筋骨，饿其体肤，空乏其身"，以"增益其所不能"。这就是说，凡事要想取得成功，必须能吃苦，学会不仅在顺利环境而且在逆境中斗争。但是，我们现在不论是学校还是家庭，娇生惯养的情况相当普遍，不让孩子们受一些委屈，吃一点苦，把他们整天泡在"糖罐"里，一点磨炼的机会都没有。结果，孩子们变成温室里的鲜花嫩草，经不起风吹雨打。大家可能还记得有报纸报道2000年高考时，有的家长让学生住高级宾馆，上考场用轿车接送；有的学生还埋怨救护车鸣笛和树上的知了叫声干扰了自己，使自己的思想不能集中。在学生参加高考时，提供必要的支持是需要的，如政府组织民警为不能准时到达考场的学生提供交通支援，医务人员在考场外随时服务。但现在许多家庭有一句口头禅，"孩子只要把学习搞好，其他什么也不用管"。结果，初中毕业了，还是衣来伸手，饭来张口，连用过的手帕也不会洗，桌子也不会抹，有的连煮熟的鸡蛋都不会剥。最近，从报上还看到一件事，北京某中学，办了一个职业培训班，为了适应学生将来就业的需要，设有意志训练课，培养学生的纪律性、合作精神和吃苦精神。意志训练课要求定期出操，练列队等。可是到了5月中旬，气温刚过了32℃，就有家长打电话，怕孩子中暑，还反映到教育局，要求取消意志训练课，给学校造成很大压力。这样对待孩子，将来会成什么样子。

《新民晚报》2001年4月15日还刊登过一个很好的对比材料，描写了两次中日少年夏令营的情况：第一次是1992年8月，100多名中国和日本的孩子，在内蒙古乌兰察布盟举行草原探险，暴露出中国孩子的许多弱点。日本人狂妄地说："你们这些孩子不是我们孩子的对手！"第二次是中日少年举行登山探险，征服日本2503米的原始野山——黑姬山。报道说是一次艰难的较量，整个登山过程是：登山之前，日本孩子准备充分，中国孩子丢三忘四，缺这少那；在攀登途中，中国孩子引吭高歌，高谈阔论，日本孩子默不作声，埋头走路；一路上日本孩子有使不完的劲，中国孩子总想休息；日本孩子忍着口渴，不到目的地不把水喝光，中国孩子半路上已经壶底朝天，结果是口干舌燥。这种对比，说明中国孩子的生存能力存在问题。

这种情况，使我们深深感到，我国在少年儿童意志方面的训练还需要花很大的力气，尤其是对于教育观念（包括学校教育和家庭教育）要作认真的思考和调整。

面对这种现状，我们少年儿童读物编辑不能熟视无睹，置身事外，应该考虑自己的责任以及可以发挥什么样的作用。谁都说，21世纪的竞争，归根到底是人才的竞争。所以，人才的培养问题，包括培养出什么样的人的问题，就是我国在21世纪能不能有所作为，能不能站在不败之地的根本问题。

在高科技的信息社会，我们当然要培养高新科技人才，这是制胜的手段，但更重要的是高新科技由谁来掌握，这是一个决定性的问题。新中国成立以后，我们的高等教育也培养过不少人。但是走出国门，为外国服务的不少。据报道，在美国硅谷20万名工程技术人员中，有6万是中国人；清华大学、北京大学涉及高科技专业的毕业生，有80%和76%去了美国。[①] 我不是说科学家、高新科技人才不能出国。相反，应该出去开眼界、作交流、长知识、学经验。问题是我们必须从小给他们牢固地树立起正确的世界观、人生观，爱中国强中国，把建设中国作为自己的天职。与发达国家比较起来，中国无非是穷一点、条件差一点，但它毕竟是生我养我的祖国。所以，我们一定要要求少年儿童从小就胸怀全局，志存高远，爱国为民，奋不顾身，艰苦奋斗，爱岗敬业，刻苦学习，勇于创新，弘扬正气，严于律己。无论形势任务发生什么样的变化，以民族复兴，建设强国为己任这种使命感和责任感不能改变，这种民族精神和传统美德永远是我们中华民族极其宝贵的财富。

我们少年儿童读物的编辑给孩子们以知识是我们的责任，但这还不够，首先要塑造一代又一代少年儿童的爱国强国的"心"和"志"。其

---

① 参见《瞭望》杂志，2000年8月。

次要有强健的体魄、顽强的意志、艰苦奋斗的作风。为达到这个目的，我们要重视这方面的教育内容，加强引导，使我们的少年儿童真正成为现代化社会主义大厦的钢梁铁柱。我们只有在马克思列宁主义、毛泽东思想、邓小平理论和"三个代表"的重要思想的指引下，从实际出发，努力编辑出版方向正确、内容健康向上、广大少年儿童爱看好懂的出版物，特别强调要把书刊出到小读者的思想上，也就是编辑工作要结合读者的基本思想状况，我们才能完成历史赋予我们这一代少年儿童读物编辑的光荣使命。

出版工作，这几年很活跃，新事物新气象越来越多，可以说大家都在埋头苦干、闯路子、找经验。总的看，事业兴旺，队伍稳定，日趋成熟。我只想说一点，就是能不能考虑一下，加大抓重点书的力度的问题。

1998 年绍兴会议① 上，我着重讲了创新的问题，这个问题后来有所讨论，也发表了不少文章，有的同志认为编辑工作的创新主要在选题上，有的同志强调主要在典型创造和品牌塑造方面。我想只要是创新，有格调的创新，都应该肯定。至于张三怎么创，李四怎么创，那就八仙过海，各显神通了。

今天，我想说的，是另外一个问题，就是编辑工作要集中精力抓好重点书的问题。提出这个问题也许有人觉得有点唐突，现在的得奖书，不就是重点书吗？为什么还要讨论这个问题呢？

大家知道，人们吃饭，有两种菜往往是受人关注的，即：一种是特色菜；一种是重点菜，或者叫重头菜，就是身价高的菜。在许多时候这两种菜，两者是统一的，特色菜就是重点菜，重点菜也是特色菜。但两者又不完全是一回事。在新疆吃羊肉串，在内蒙古喝奶茶，到延边吃泡菜、狗肉冷面都是特色，但这些不一定是重点。

现在我们每个少儿社，每年出几百种、上千种的书，一般说，社会

---

① 指"中国编辑学会少年儿童读物编辑专业委员会 1998 工作会议"。

效益可以，经济效益不错，再抓几种得奖书，大家虽然忙忙碌碌，总的说来，日子比较好过。但是，我们仔细一看，这些书印数都不是很高，一两万、三五万册而已，上 10 万册的很少；就质量说，大问题没有，或者很少，但小毛病，有一般性差错的不难见到；从书籍寿命看，各社的重印率大概在 30% 左右，少数社可达到 40%，但印次很多的书也不多。有很大影响的书，如过去的《十万个为什么》这种影响很大的书不多，许多小读者都看的书也不多。有人说，现在书多、品种重复多、杂志多，还有电视、游戏机、录像带、光盘、网络，孩子们可以看的东西很多，图书一般不容易占有很多读者。这话有一定道理，但是不是也与我们没有做调查研究、摸透读者心理，没有集中精力，去搞出一些读者爱看的书有关；与我们出的书都是可看可不看，或一般看看，没有磁铁般的吸引力，没有能抓住读者心理，使读者不得不看有关。如果有一种书，孩子很愿意看，家长也认为孩子应该看，那么状况是否可以有些改变。这种书哪里来，就靠我们编辑去做，去想办法。这种书就是重点书。

重点书要有明确的出书目的，要有具体的读者对象，要有读者非看不可的内容，要有生动的文字表述能力，要有很高的编校质量，要有便利读者的装帧设计。

这些要求怎么达到，就要集中编辑部的优势力量，认真调查分析，认真选择作者和稿件，要舍得花力气去加工提高书稿的质量，一稿不行二稿，二稿不行三稿，不搞得读者、专家满意，决不罢手。这种书可以从调查、创意、选题开始，一步一步去做，也可以选一些基础好的稿件，重新加温，使它达到新的高度，来实现新的要求。不打出品牌，不印几万、几十万、上百万，决不收兵。

有人说，现在这样搞不现实，集中一大帮人，花几年时间，不但奖金拿不着，工资也受影响，叫我们去喝西北风吗？这是一个分配制度问题，但如果是全社的重点工程，这个问题应该也不难解决。

《红岩》是名著，印数好几百万册，怎么搞出来的，开始只是一个小本本，后来组织作者重新写，是作者和编辑，包括总编辑、编辑室主任、副主任和责任编辑，不断地讨论，不断地修改，几易其稿才搞出来的，是由作者和编辑的心血和汗水共同浇灌出来的，并且从这个母体中，孕育出了《江姐》《双枪老太婆》等有影响的作品。我总觉得天生的专业作家是没有的，或者说是不多的。许多专业作家都是在和编辑合作的过程中，或者是在实际生活的磨炼中造就的。编辑和作者合作，就形成一种对读者有充分了解的集体力量，也就有可能创作出合乎读者需要的作品。所以，我的意思是：要出重点书，就需要有编辑力量的更大投入。附带说一句，让编辑和作者共同创作重点书，也是提高编辑水平的一种重要途径。

所以，我觉得抓重点书很重要，有兴趣的单位不妨试一试，需要说明的是，我说的重点书不是单纯地为了获大奖（当然，客观上获奖是另外一回事），而是真正为了服务读者，做好了，社会效益和经济效益都会不错，对出版社形象的树立也有好处。当然，重要的是编辑价值的实现，是出版使命的张扬。

我还想讲一点，就是认真总结新鲜经验。

前面我们讲到 21 世纪世界将会发生很大的变化，这一点我们已经能够很明显地感觉到，从国际到国内，从经济到文化，从出版到编辑，情况确实有了很大的变化。尤其是我们社会主义市场经济的日趋成熟，高新科技在出版行业中的运用以及我国逐步进入小康社会，都使我们的思想和生活逐渐起着某种变化，反映在出版物的要求上也和过去有所不同。这些说明，我们需要不断地总结新鲜经验，要正确认识和对待新生事物。

对待发生在我们周围的新情况和新问题，我们要有敏锐的眼光去认识它和识别它，对于符合客观规律的新生事物，我们要积极支持，促使它发展壮大，至于一些一下子还看不准的东西，要冷静观察。比如工作室的电脑图书，一时里来势很猛，风光万千。可是，曾几何时，由于急功近利，这类图书在抢占市场的激烈竞争中，质量滑坡，泛滥成灾，风光不再。仔细观察一下，这林林总总的工作室中，真正有编辑实力和经济实力的为数不多，高质量的东西不是很多，有的很难再火起来。但是，它不会就此罢休，还会花样翻新，在市场经济条件下，这也许是不可避免的。

又比如网络传播，是一个现代化的东西，信息量大，时效性快，检索方便，互动性强，肯定有发展前途。从网上可以找到许多好东西，对编辑工作可以起到十分重要的作用。冯小竹同志发表在《出版广角》2001 年第 7 期上的文章《网络上飞来的书》，就是一个很好的证明。但有的人不好好利用，而是找一些有兴趣的东西，东截一段，西摘一点，拼拼凑凑，粗制滥造，拿来出版，结果造成严重的重复，大量的积压，用现代化的手段造出了平庸的产品，虽然快了，又有什么用？

因此，在新的形势下，新的环境中，我们更需要不断地总结新经验，要不断地开拓，要勇于创新，敢闯才有新路，但创新必须与创优相结合，真正推出精品来。我们要走精品之路，而不是走平庸之路。平庸之路是不会有好结果的。

总结经验是重要的，在新形势、新条件下，总结新鲜经验更重要。只有不断地用新经验来充实我们自己，才能提高我们的编辑出版队伍，才能适应新时期更高的工作要求。

编辑出版工作，是在众多的精神产品和半成品中，进行选择和优化的工作，必须要有正确的指导思想，必须坚持以马克思列宁主义、毛泽东思想和邓小平理论为指导，认真学习贯彻"三个代表"的重要思想，尤其是在经济全球化、文化多样化，东西方思想文化互相交融、互相激荡非常激烈的时候，一定要遵循江泽民同志多次告诫我们，发展社会主义文化的根本任务，是培养一代又一代有理想、有道德、有文化、有纪律的公民。要坚持以科学的理论武装人，以正确的舆论引导人，以高尚的精神塑造人，以优秀的作品鼓舞人。坚持和巩固马克思主义的指导地位，帮助人们树立正确的世界观、人生观和价值观，坚定对马克思主义的信仰，坚持对社会主义的信念，增强对改革开放和现代化建设的信心，增强对党和政府的信任，增强自立意识、竞争意识、效率意识、民主法律意识和开拓创新精神。

同志们，编辑工作是一种神圣的工作，少年儿童读物的编辑工作首先是一种神圣的教育工作，社会主义社会的少年儿童读物编辑工作首先要引导读者解决信仰、信念、信心、信任问题。这一点不能因少儿读物、知识读物而有所松动。信仰、信念、信心、信任的问题是世界观、人生观问题，必须从娃娃抓起。

最后，我想提请大家经常反思这样一个问题，我们搞出版，编少年儿童读物，究竟为了什么？就是为了工资高一点，奖金多一点，每年得几个大奖吗？每当年终总结的时候，请你想一想，这一年我为少年儿童的健康成长究竟贡献了什么？

2001 年 8 月

《编辑的心力所向》P281，贵州人民出版社 2004 年 10 月版；《一切为了读者》P124，首都师范大学出版社 2010 年 7 月版

略论编辑活动的主要矛盾和基本规律

一、从乌鲁木齐会议谈起

编辑规律，或者说是编辑活动规律的研讨，和编辑概念、编辑学的性质、研究对象等一样，是编辑学最早关注的基本课题之一。早在 1987 年，由中国出版科学研究所在乌鲁木齐召开的全国第一次编辑学学术研讨会上，就是会议的主题之一（另一个主题是为什么要研究编辑学）。这个约 20 人参加的会议，探讨编辑规律的论文和发言稿，几乎占了一半以上，提出了好多种关于编辑规律的见解。福建的吴世灯同志（现在是《出版广场》的副主编）曾经写过一篇文章，题为《编辑学研究的"热点"和"难点"》，最早而且相当全面地介绍过与会者的各种观点。1988 年 2 月发表的拙文《编辑学的五次全国性学术研讨会》中也涉及到这方面的问题。徐柏容在他的《编辑创意论》中谈到"编辑规律百家说"，也比较全面地介绍了在这个问题上的各种看法。

乌鲁木齐会议虽然提出并讨论了编辑规律问题，发表了一批文章，但此后并没有形成热点。原因是当时许多研究者认为：讨论编辑概念和编辑学研究对象更是学科建立首先需要解决的问题。所以，1990 年 8 月，在衡山召开的第二次全国编辑学学术研讨会上，就开始集中讨论了编辑概念问题，而且很快形成了热点，并且在整个 90 年代中没有间断过。

二、90 年代起提出的若干见解

1987 年以后，编辑规律问题的研讨，虽然没有形成热点，但文章和有关著作还是有一些的，印象比较深的有：

1992 年 8 月，高斯的专著《编辑规律探论》出版，作者强调了"为政治服务""为人民服务""为推进社会主义两个文明建设服务"是编辑工作的客观规律性。

1995 年 12 月，武汉大学出版社出版的向新阳著《编辑学概论》一书中提出编辑劳动的基本规律是：

第一，编辑劳动实践与社会经济、政治、文化相统一的规律；

第二，编辑劳动实践与社会文化需求相统一的规律；

第三，编辑劳动实践与精神文化产品内在要求相统一的规律。

1996 年起，编辑规律的研讨逐步升温，原因是这一年中国编辑学会提出两项研究任务，一是研讨《图书编辑工作基本规程》，一是研讨编辑学的"理论框架"。这两项任务，尤其是理论框架的研讨，不仅必然要涉及到编辑规律，而且是基本内容之一。正因为这样，1997 年，在银川召开的第五次全国编辑学学术研讨会，比较集中地探讨了"理论框架"问题，它进一步引发了编辑规律的讨论。此后，有关这个问题的论著也有上升的趋势。

1996 年 12 月，马惠敏在《试论编辑活动的基本规律》一文中提出："编辑活动的基本规律应该是：以出版、发行为目的，按照一定的（个人的或集团的）世界观，对他人作品进行选择、组构和完善，从而施加影响于社会。"

1997 年 3 月，黄治正在他的《图书编辑学》一书中说："在众多的规律中，能够对图书编辑出版工作的发展起全面的决定性作用的规律，是社会效益与经济效益既对立又统一的规律。"

1997 年 4 月，陈建国在《中国出版》第 4 期上发表题为《略论编辑四大规律》的文章。他把徐柏容的编辑"三规律"，析为"四规律"，即：编辑主导规律，又称编辑第一规律，编辑第一基本规律；质效同步规律，又称编辑第二规律，编辑第二基本规律；同异互济规律，又称编辑第三规律，编辑第三基本规律；主客观矛盾统一规律，又称编辑第四规律。

他说：编辑主导规律，就是在编辑规律中起主导作用的规律。编辑基本规律与主导规律之间是主与次的关系。前者是总规律，后者是分规律。主导规律具有统帅作用，故应具有更为重要的位置。但是，徐柏容在此后发表的文章中，不同意这种意见，他认为求同、求异、求和与求同、异、和互济规律不能分开。没有异、同，和就失去了基础。

1998 年 7 月，在西宁召开的中国编辑学会第四届年会上，刘杲作了题为"遵循编辑活动的客观规律"的讲话，提出："编辑活动基本的客观规律是对科学文化成果的选择和加工。"1999 年，他在题为《我们的追求：编辑学》的文章中又说："我认为编辑活动的基本规律是对人类创造的文明成果的选择、加工和传播。"

1999 年，阙道隆在《编辑学理论纲要构想》中提出："在社会主义新闻出版事业中，编辑原则包括党性原则、质量第一原则、社会效益第一原则和读者至上原则等。"并说："这些原则反映社会对编辑的要求，也反映编辑活动的性质、功能和规律。"

1999 年，逸士在《普通编辑学随想》一文中提出："研究普通编辑学要着力于有实践意义的规律性问题的研究。设想有三：一是一次性和创新规律。每次编辑活动对象不允许与过去完全重复，每一次编辑活动都必须创新；二是增值性和优化规律，创作活动创造原始价值，编辑活动给精神产品增值，这种增值主要在于优化；三是有序性与最佳运行规律，编辑活动是有序的，质量、时效、周期三者相结合，才能达到最佳运行的目标。"

1999 年 12 月，徐柏容在他的《编辑创意论》中，对他 1987 年在乌鲁木齐会议上提出的"编辑三规律"重新调整次序，分别加以论述。他提出的第一规律是：求同、求异、求和与求同、异、和互济规律；第二规律是：质量与效益同步规律；第三规律是：主体、客体矛盾统一规律。

2001 年，阙道隆在他的长文《编辑学理论纲要》中提出：新闻出版编辑活动的一般规律有三条，即：尊重作者创作个性与编辑选择把关相统一规律；传播已有文化成果与文化创新、重构相统一的规律；提高文化产品质量与掌握最佳传播时机相统一规律。

2001 年 4 月，杨晓鸣在《编辑活动规律论》一文中提出"能动性与受动性相统一是编辑活动的普通规律"，具体"是指凡有编辑活动的地方，就存在着编辑主体通过编辑活动能动地参与社会文化大厦的构建，并同时受到所处的社会环境（包括作者、读者、社会制度、出版体制、自然条件等）的制约和影响的现象"。

2001 年 7 月，潘宏丽、钱荣贵在《文化制约：编辑活动的普遍规律》一文中提出"文化制约规律是贯彻古今中外人类一切编辑活动的普遍规律"，具体表述为："文化制约编辑规律就是编辑三元（作者、编辑、读者）文化结构之间互相制约矛盾运动的规律。同化和顺应是其互相制约的主要形式，文化结构间的差异性是制约运动的内在动力。这种普遍存在的差异性也决定了文化制约编辑规律是编辑活动的普遍规律，这一规律对占今中外人类一切编辑活动均起决定和支配的作用。"

上述诸说，各有所指，为我们认识编辑规律提供了许多真知灼见。但由于他们的切入点不同，所以，在客观上造成了众说纷纭的局面，难于趋同。

三、要有一个共同的切入点

为了进一步揭示和确认编辑规律，我们必须站在同一个起跑点上，针对一个共同的目标，才能求得共同的认识。所以，首先要解决这样几个问题：

（一）定性问题

即什么是规律。徐柏容在 1987 年曾写过《什么是规律，什么不是规律》的文章。他提出要区别出版理论与编辑规律，编辑理论与编辑规律，编辑工作中的局部属性与编辑规律，区别编辑工作的外部条件与编辑规律，目的是排除一些似是而非的认识。这是他根据当时的情况提出的。这段文字告诉我们，揭示规律，首先要认准规律是什么，也就是要解决定性问题。马克思主义经典著作家认为："规律就是关系……本质的关系或本质之间的关系"，是"不以人的意志为转移的客观过程的反映"。简单地说，作为规律，首先必须体现它的客观性。毛泽东说，规律是"客观实际对于我们头脑的反映"。其次是本质性，即规律是事物运动过程中必然的本质联系。它不是片面的、形式的，而是事物发展过程中起主导作用的联系；它不是运动过程的描述，也不是操作方式的规律。第三是特殊性，即这种规律是编辑活动所独有的，是不同于其他活动的，即不同于政治、经济和其他文化活动，而且是编辑活动所特有的，即它和其他运动形式的质的区别。

（二）定位问题

首先是学科层次的定位。如果大家注意的话，可以看到以上诸说定位不同。有的定在图书编辑学，有的是包括书报刊，有的是直接涵盖多种媒体的普通编辑学。这里，我们不妨统一在普通编辑学下来考虑编辑规律的揭示。

其次是规律层次的定位。上述各说，有的专指编辑规律，有的说是编辑基本规律，有的又说是编辑一般规律。由于指称不同，所以，内容也不能要求相同。这里，我们是否先讨论涵盖多种媒体编辑活动的基本规律，也就是把关于规律问题的探讨，定在基本规律这个点上来开展，以免各说各的。当然，在讨论基本规律时，也可能涉及其他带有普遍性的规律，但要有一个共同的切入点，即把主攻方向放在基本规律上，这样大家集中在一个问题上使劲，以求有所突破。

如果上述观点可以基本趋同，那么我们就可以沿着这个思路作进一步的思考。

四、从分析编辑活动的矛盾入手

既然规律是事物在运动着的内部过程中各种联系之间最基本的联系，那么，我们首先就要研究编辑活动内部的各种联系，也就是要研究编辑活动的内部矛盾。

编辑活动中的矛盾很多，首先是编辑本身的矛盾，如专业特长与非专业稿件审处的矛盾，认识的局限性与选题要求多样化的矛盾，对社会状况、国内外形势、学术动态的掌握和编辑工作实际需要的矛盾，新旧观念碰撞的矛盾，工作与学习的矛盾，总的是编辑本人的政治思想、理论水平、业务能力与工作要求的矛盾；其次是编辑与邻接者、邻接部门的矛盾，如编辑与编辑之间分工不同的矛盾，编辑与信息资料部门的矛盾，社内编辑与社外编辑的矛盾，编辑与校对的矛盾，文字编辑与美术编辑的矛盾；编辑与广告宣传部门的矛盾，编辑与出版、印制部门的矛盾；编辑与发行、销售的矛盾，编辑与管理部门、财务部门的矛盾，编辑和领导之间的矛盾。总的是编辑与有关工作方面的矛盾，还有编辑与周围环境的矛盾，主要是政治气氛、社会环境、经济条件、文化动向、出版形势，包括出版管理、方针政策、出版社与出版社之间、出版社与文化教育和宣传部门之间的关系等等，主要是指编辑如何面对宏观世界和社会大环境的问题。当然，还有编辑与作者、编辑与读者的矛盾。

在众多矛盾中，与编辑工作联系最多、关系最多的莫过作者和读者。它们关系到编辑活动的出发点和归宿，关系到编辑活动的成败。所以，编辑和作者的矛盾，编辑和读者的矛盾是编辑活动中的基本矛盾。

编辑和作者的矛盾，表现为编辑创意（包括选题的设计、策划）和作者创意的互相交流和相互影响，表现为编辑对作品的选择（评价）和优化，也表现为对作品的把关和重新组合。编辑和作者的关系是互相信赖的关系，没有作者，编辑的本事再大，也难为无米之炊。最能干的裁缝，没有工人织的布料是做不出衣服的；最高明的厨师，没有农民养的猪、种的菜，没有渔民捕的鱼，也做不出美味佳肴。反过来说，作者没有编辑，他的作品就不能社会化，不能面向广大读者、听众和观众（以下简称视听者）进行有成效的传播。所以，编辑和作者的矛盾，是编辑活动的一种基本矛盾。编辑和作者的矛盾，是共同生产精神产品过程中的矛盾，编辑代表社会、代表视听者的要求，经过优选、优化等编辑手段，使作者的作品适用于媒体的传播，从而使作者的作品社会化、产生作者和编辑所要求的社会效果。这是编辑和作者关系的基础。在和视听者的关系中，他们处在矛盾的同一方。所以，有人说，编辑和作者是一个战壕里的战友，是一个车间里的两个工序，他们的目的是一致的，都是为了向视听者提供合适的精神产品。

编辑和视听者的关系，乃是服务和被服务的关系。视听者的需要是编辑活动的出发点，编辑的创意、策划、选择都是以视听者的要求为依据的，对作者作品的加工整理、优化和对一个文化产品的重新组合，也是以适应视听者的接受水平为标准的。编辑提供的精神产品只有得到视听者的认可，才能算是成功的。这表明只有视听者才是编辑活动真正的归宿。如果离开视听者，那么一切编辑活动都将变得没有任何意义。所以，编辑和视听者的矛盾，也是编辑活动的基本矛盾，或者说是最根本的矛盾。

分析编辑活动中这种错综复杂的矛盾状况，必须理清这些矛盾的主次地位，找出具有决定意义的主要矛盾。也许有人认为，揭示两种基本矛盾就足够了，没有必要生造出一个主要矛盾：也有人认为，编辑活动中的主要矛盾，在各个发展阶段表现不同，也就是说，不存在在整个发展过程中起决定作用的主要矛盾。应该说，这些看法乍一看似乎有一定道理，但仔细一想，又觉得缺乏科学根据。毛泽东说："在复杂的事物发展过程中，有许多的矛盾存在，其中必有一种是主要的矛盾，由于它的存在和发展，规定或影响着其他矛盾的存在和发展。"又说："研究任何过程，如果存在着两个以上矛盾的复杂过程的话，就要用全力找出它的主要矛盾。捉住了这个主要矛盾，一切问题就迎刃而解了。"当然，在事物发展的不同阶段，矛盾的性质是可以转化的，但这并不能否定在一个统一的发展过程中有一个起主导作用的矛盾，即主要矛盾的存在。

考虑编辑活动中的矛盾状况，可以清楚地发现，它的主要矛盾就是编辑与视听者的矛盾，这是客观存在，不是什么人可以生造出来的。

编辑和作者的矛盾，处于生产精神产品生产过程中的同一个营垒，他们的目的是一致的，都是为了传播和积累文化，都是为视听服务，都是为了向视听者提供优秀的精神产品。编辑和作者是矛盾的两个方面，但在为视听者服务这一点上，两者又是统一的，成为与视听者矛盾的一个方面。视听者则是矛盾的另一个方面，包括编辑和作者发生矛盾，也往往是编辑站在视听者的立场，代表视听者对作者的作品提出要求，作出评估和判断而引起的。这就是为什么编辑有时被称为第一读者、观众的原因。可见，编辑和视听者的矛盾是起决定作用，编辑和作者的矛盾是服从于编辑与视听者这个矛盾的。视听者的需求，他们的接受水平和承受能力，决定了编辑和作者应该提供与之相适应的精神产品。

编辑与视听者的矛盾，往往表现为编辑与市场的矛盾，在市场经济条件下，这种状况更为凸显，有时甚至掩盖了编辑与视听者的矛盾。编辑、作者共同为市场占有率而努力，其实，这是一种现象。它的本质归根到底，应该是编辑与视听者的矛盾。比如，有的订货会上，订货的码洋很高。但结果是退货率也很高，造成产品积压，这说明，市场与视听者是有距离的，并不完全是一回事，只有真正摸透了视听者需求，才能满足他们的需要。反过来，编辑和作者的作品，只有适应视听者的需要，才能得到社会的承认，这就是矛盾的统一。

编辑和视听者的矛盾就是：编辑根据视听者的需求，向他们提供适合需要的书、报、刊和电子、音像制品等各种出版物，认真为视听者服务，即服务者为一方，服务对象为另一方的矛盾。这对矛盾是一切编辑活动中起决定作用的矛盾。它是编辑活动内外各种联系中本质的联系，它的存在和发展，规定或影响其他矛盾的存在和发展。没有这种联系，编辑活动就失去了存在的意义。

有的稿件不能用，或者需要退修，看上去是科学性、知识性，或者是文字方面的问题，追根溯源，仍然是编辑从视听者角度考虑作出的选择和判断。

有的稿件由于思想、观点、政治理论方面的问题，看上去是不符合某项规定，其实，正是编辑着眼于视听者根本利益的考虑。

有的出版者为经济利益驱动，出版品位不高，质量不好，甚至粗制滥造，重复出版，形成积压、浪费，归根到底是没有理解视听者的真正需要，不明确或者没有摆正编辑出版工作者为视听者服务的位置。

实践的经验告诉我们，编辑活动的主要矛盾只能是编辑和视听者之间的矛盾，而不是其他。

五、由编辑活动的主要矛盾看编辑活动的基本规律

矛盾就是对立面的统一和斗争，就是相互间的关系。这种客观存在的关系反映到人的头脑当中，从感性到理性，形成科学的规律性认识，而主要矛盾就是事物运动过程中最本质的关系。这种本质关系就是事物运动的基本规律。用它来考察编辑活动，就可以说明，编辑和视听者之间的矛盾既然是编辑活动的主要矛盾，那么这种矛盾的运动形式将不可避免地反映出编辑活动的基本规律。这个基本规律的内容就是：编辑根据一定的原则，以众多的精神成果为基础，用优选、优化为手段，生产新的精神产品，最大限度地满足视听者的需要，顺应社会文明的发展。这个基本规律，如果说得简单一点，这里的"精神成果"是指原创作品，可再次利用的成品，也包括信息、各种资料或半成品。"优选"是指选题的创意、策划、作者的物色和稿件的审读、评判和取舍；"优化"是指对信息、资料和原创作品的加工、整理、装帧设计、美化和整个产品

的合理编排与优化组合；它的根本目的是满足视听者的需要，为视听者服务，为传承社会文明服务。

研究编辑活动基本规律的实践意义在于：

既然规律是客观的，不可改变的，那么研究和掌握基本规律，自觉地运用它，就可以因势利导，推动编辑出版工作的顺利发展；

既然编辑的优选、优化要凭藉众多的信息、资料和原创作品（成品或未成品），那么编辑人员应该勤于学习，苦于探索，扩大自己的知识领域，努力提高自己的素质，才能适应日益发展着的工作的需要；

既然编辑要通过优选来决定对原创作品的取舍，那么，就应该把握正确的导向，担负起推出优秀作品和把关的责任，才能达到用科学的理论武装人，正确的舆论引导人，高尚的精神塑造人，优秀的作品鼓舞人的目的；

既然编辑活动的根本目的是为了最大限度地满足广大视听者的需要，那么编辑心中必须有视听者，一切为了读者，竭诚为读者服务。要全心全意的，不是半心意的，或者是掺杂其他什么的。总之，"心中只有读者（观众、听众）"，应该是编辑职业道德的最高境界。

2001 年 9 月

《编辑的心力所向》P37，贵州人民出版社 2004 年 10 月版；《编辑学的研究和教育》P101，机械工业出版社 2002 年 8 月版

为陈建国著《编辑哲学》作序

　　陈建国先生提出的建立编辑哲学的构想，这是一个创举，是很有意义的。爱因斯坦说过，提出一个问题比解决一个问题更重要。编辑哲学的提出，拓宽了编辑理论研究的领域，它将和《编辑社会学》《编辑思维学》《编辑语言学》《编辑逻辑学》《编辑美学》等一起，从理论上支持编辑学的研究，使编辑学更快地趋于成熟。

　　编辑哲学在现在提出，不是偶然的。作者在本书第一章一开头就说，编辑哲学的构建是文化缔构的迫切需要，这不仅是中国编辑学界的呼唤，而且是编辑实践、编辑理论和编辑思维发展的需要，是人类文化缔构进程的客观要求，这是非常符合实际的。

　　编辑学在中国，萌芽于 20 世纪中叶，崛起于 20 世纪 80 年代，在一个不长的时间里，《图书编辑学》《期刊编辑学》《报纸编辑学》《影视编辑学》《电子新闻媒介栏目编辑学》以及《文艺编辑学》《学报编辑学》《百科全书学》《辞书编纂学》等等，应运而生。到 2000 年末，仅书名上有"编辑学"字样的书籍已有 80 余种。尤其值得重视的是 20 世纪的最后几年，中国编辑学界已经在部门编辑学的基础上，开始研究多种媒体编辑活动的共性，探索它们的共同规律，为构筑适用于多种媒体编辑活动的普通编辑学绘制蓝图。这应该是编辑学学科建设的重大发展，也为编辑哲学的构建铺设了路基。

　　编辑哲学是研究科学的编辑观和方法论，并用以发展和改进编辑实践的学问。它是中国编辑优良传统的结晶，是当代编辑时代精神的精华。编辑哲学的建成将是编辑学学科建设成熟的最重要的标志。

　　当代是理论创新的年代，理论创新的基础是实践，包括编辑工作的实践和理论研究的实践，编辑学界只有扎实工作，艰苦奋斗，认真总结经验，努力发扬创新精神，推进学科建设，才能使包括编辑哲学在内的编辑理论研究不断取得新的成果。

祝贺《编辑哲学》的出版，祝编辑哲学不断发展，尽快地走向成熟。

2001 年 9 月

《编辑的心力所向》P401，贵州人民出版社 2004 年 10 月版

心存读者

——编辑不可缺少的职业品格[①]

　　这次全国出版理论研讨会是在全党全国人民深入学习、全面领会江泽民同志"七一"重要讲话和党的十五届六中全会精神的热潮中召开的，这是一个很好的时机，使我们这次会议有很好的理论学习的氛围。中央最新的精神，使我们这次会议的指导思想更加明确，可以使我们把会开得更好。讲话和全会《关于加强和改进党的作风建设的决定》的精神，是我们迎接新世纪发展的机遇和挑战，是战胜国内外各种风险和考验、实现中华民族伟大复兴的时代重任与历史使命的重要保证，也是我们在新时期做好编辑出版工作的重要保证。十五届六中全会关于国际国内形势的分析，指出党所面临的挑战，需要我们认真地去应对，是十分及时和非常必要的，对于我们的编辑出版工作同样是十分重要的。

　　这种国内外形势造成的挑战和考验，对我们编辑不仅同样存在，在某些环节上还显得更加严峻。因为编辑工作是思想文化部门的工作，是思想教育工作，思想阵地能不能守住，对于应对各种风险和挑战，具有决定性的意义。因而也是各种势力格外关注而且力图争夺的制高点。这说明一个编辑在加强和改进作风方面有着特殊重要的责任，需要分外的警觉。我们不能忘记，一些局长、社长、经理，不久前还在大发议论，过后就暴露出他们已被票子、女子、房子所打倒，而身陷囹圄。我们也有一些编辑由于搞歪门邪道而臭名远扬，身败名裂。这些人所以发展到这一步，不仅有社会大环境的影响，而且有出版小环境中的负面影响，他们不能正确对待党的出版工作，以权谋私，是一个重要的原因。

---

① 本文是作者在安徽召开的"2001 年全国出版理论研讨会"上的发言。

我国现有 565 家出版社，年出书 14.3 万多种；期刊 8700 多种，总印数 29.42 亿册；报纸 2007 种，总印数 329.29 亿份；音像出版社 290 家，出版录音制品 8982 种，出版数量 1.22 亿盒（张），录像制品 8666 种，出版数量 8082.44 万盒（张）。总的看，出版物质量已有所提高，出了许多好书好作品，图书的结构得到了进一步调整，图书市场的秩序已有显著好转，出版法制建设也取得了明显的进步。更重要的是出版队伍素质得到了较大的提高，出版社社长、总编辑、编辑室主任及其副职的上岗培训工作已基本完成，一些具有高学历学位的人员如博士、硕士，流向编辑出版队伍的越来越多，高学历人员的比重在整个编辑出版队伍中也越来越大。出版队伍的职业道德也有进一步的加强，绝大多数同志艰苦奋斗、开拓创新，涌现了许多优秀分子和先进工作者，塑造了编辑出版工作的良好形象和应有的精神面貌。这些都为我们迎接 21 世纪的出版工作奠定了坚实的基础。2001 年 9 月 27 日的《人民日报》称赞"出版业，跨进黄金时代"，这也说明，21 世纪我国的出版事业可望出现一个新的面貌，出版环境将进一步向好的方面转变，有利的条件将越来越多，出版工作者的舞台将更加广阔。

但在另一方面，我们也应该看到，社会主义市场经济的不断发展，竞争日趋激烈，特别是加入世贸组织以后，我国出版不仅要面对国内的竞争，还将面对国际的竞争，情况会更加复杂；同时，高新科技的发展，数字技术，尤其是网络技术的发展，对我们的出版工作带来了多重影响，有的我们已经看到，有的也许我们还没有看到，这是需要我们加以注意的。

这种客观环境，不能不给我们出版工作者带来这样那样的新问题。在我们有些人的头脑中，从思想上说，似乎存在着"五多""五少"的现象，即：讲中国出版走向世界的多，讲走向读者的少；讲市场竞争的多，讲建设社会主义精神文明的少；讲"狼来了"的多，讲合理运用世贸组织的游戏规则，使它有利于我们国家的少；讲争取获大奖的多，讲创造自己出书特色的少；讲抢"热点"的多，讲精工细作，切实提高图书质量、图书寿命的少。应该说这"五多""五少"，不是绝对对立的。不是说不要讲走向国外，不要讲市场竞争，争取获大奖，也不是不能讲"狼来了"，只是说，如果倚轻倚重，或者过分地偏重一面，而忽视另一面，就会对出版发展带来不良的影响。从实践上看，现在选题重复，出版物质量滑坡，库存积压……有的单位还买卖书号，屡禁不止。这种状况，细细追溯下去，都和指导思想不够端正有关，反映了出版工作者脱离读者，脱离群众，是一个作风问题。

一切为了读者，竭诚为读者服务，是出版工作者的天职，也是出版工作的宗旨，是马克思主义出版观的核心，是做出版工作的人任何时候都不能模糊的原则。但是，我们现在有些出版工作者，他们首先考虑的不是读者，不是为读者服务，不是真心实意地为读者出一些有益的书，而是整天想着"追星"、猎奇、抓热点，或者是着意做一两种书，所谓"获奖工程"。花大成本，精装精印，只要大奖到手，名利双收，就完成任务。至于书是不是符合读者需要，根本不在考虑之列。也就是说，读者在他们头脑里，几乎不占什么地位。有的对"读者来信"，不屑一顾。个别的甚至对读者的意见、批评有反感，似乎读者的意见、批评，不是支持出版，帮助我们改进工作，而是有损自己的"颜面"和"尊严"，把国家赋予的出版权当作个人的权力，任意买卖，胡乱糟蹋，用以换取自己的私利。结果，编辑出版工作不仅脱离读者，脱离群众，而且造成了角色错位，本来应该是服务员，现在却成了指手画脚的老爷，被服务者反而成为任人摆布的阿斗。总之，头脑里没有读者的出版工作者，只能是一个盲人，他的出版就会变味。

党风问题，是关系到党的生死存亡的大问题，出版工作者的作风问题，同样是关系到出版事业盛衰荣辱的大问题。每一个有责任感的出版工作者，一定要引以为戒，千万不能掉以轻心。

我们呼吁，出版工作者心中要有读者，"心中只有读者"，任何时候都要想到你的读者，要千方百计为读者着想，把"竭诚为读者服务"，"一切为了读者"作为自己工作的真正出发点和归宿。

江泽民同志在论述"三个代表"重要思想时明确指出：共产党人必须始终代表中国最广大人民的根本利益。对我们出版工作者来说，就是首先代表广大读者的根本利益，我们只有代表广大读者的根本利益，才能真正代表广大人民的根本利益。换句话说，编辑出版工作者要代表广大人民的根本利益，首先就应该体现在竭诚为读者服务，处处为读者着想，代表广大读者根本利益这个基本点上。

曾子说："吾日三省吾身。"我们编辑出版工作者在每天晚上是否也要反思一下，今天我有没有想到过读者，我为他们干了些什么。

"心中只有读者"是我们出版工作者编辑不可缺少的职业品格，是我们最强大的精神动力，也是我们最高的追求。愿我们以此共勉。

2001 年 10 月

《一切为了读者》P17，首都师范大学出版社 2010 年 7 月版；《编辑的心力所向》P227，贵州人民出版社 2004 年 10 月版

在汉城召开的第十届国际出版学研讨会简述①

第十届国际出版学研讨会于 2001 年 10 月 26 日至 27 日在韩国汉城举行。本次会议轮到韩国出版学会主办，中、日、韩、马来西亚及英国的五十多名专家学者参加了会议。经新闻出版总署批准，中国编辑学会派出了以常务副会长邵益文为团长的老、中、青相结合的七人代表团，团员有王建辉（中国编辑学会副会长）、杨陵康（中国编辑学会副会长）、阙道隆（中国编辑学会原副会长）、孙琇（《编辑之友》杂志主编）、伍旭升（《出版参考》杂志常务副主编）和郝捷（《出版发行研究》杂志副主编）。韩国对此次会议很重视。年初，韩国出版学会会长尹炯斗曾亲自来华，与刘杲会长商量会议的宗旨和主题。会上，韩国文化观光部部长南宫镇特派代表出席开幕式并宣读祝辞。有关情况如下：

一

本次会议的主题是：21 世纪国际出版环境的变化及其对策。围绕这一主题，会议分四个单元宣读了 21 篇论文，涉及出版学研究，出版人才教育与培养，21 世纪的出版环境与新技术的影响，网络出版、电子出版及其著作权保护，翻译出版及国际出版合作与交流等方面。与会代表交流了思想观点和研究情况，提出了一些值得重视的问题和建议。

会议关心新世纪的编辑出版理论研究和出版人才培养问题。邵益文在论文《面对 21 世纪的出版》中，全面介绍了中国出版业在职人员继续教育和高校编辑出版学专业教育的情况；指出 21 世纪的出版竞争取

---

① 此文先由杨陵康、孙琇、郝捷等同志分头起草，经阙道隆同志和笔者统稿，并由笔者定稿。

决于人才，必须全面提高出版队伍的素质；并强调加强编辑出版理论研究的迫切性。杨陵康在论文《中国的出版教育培训工作》中，补充介绍了中国岗位培训工作的具体情况。日本代表团团长、日本出版学会会长植田康夫在论文中回顾了日本自 1969 年建立出版学会以来，出版研究与教育所走过的历程，并指出当前在日本 188 所大学和 46 所专科学校中，已有日本编辑学校、日本新闻职业学校等 31 所学校开设了有关出版或编辑的课程，但仍比开设新闻和广播课程的学校少得多。韩国金波学校电子出版学系教授金关一在《韩国专科学校出版学系学科规范的必要性》一文中，指出进行出版学理论教学的必要性以及出版学教育必须建筑在学术研究的基础上。韩国惠泉大学教授李锺国在论文《出版科学研究的方向》中，回顾了韩国出版学研究的历程及今后的研究方向，指出自 20 世纪后半叶世界进入信息时代，出版业的发展速度就成为研究课题之一。王建辉在《对中国近代出版史研究的回顾与思考》一文中指出，中国改革开放以来的前十年中，出版史研究体现出从上而下的有组织的特点，而后十年则表现出研究的自觉与学术的自信。孙琇在《当代中国的出版研究》一文中，回顾了中国近二十年来编辑出版学研究的成果，提出编辑学研究的五个层次。

会议从多方面研讨了当前出版环境的变化及对策。阙道隆的《21 世纪的出版与文化》一文认为，在当今经济全球化和信息传播网络化的新环境中，出版与文化相互依存、相互促进的关系并没有改变；强调弘扬民族优秀文化和出版文化精品的重要意义。马来西亚 J.A. 衣沙克与恰里尔·沙麻尼在合写的论文《出版文化：变化与挑战》中指出，"图书的出版环境随出版企业所处的国家不同而不同"，而出版环境主要是由国家的政策决定的。他们在论文中把出版机构的活动分为出版经济与出版实务两大部分，根据两大部分是由政府控制还是由私人控制分为四种运营类型，即：两大部分均由政府控制或均由私人控制，以及政府和私人各控制两大部分之一。论文探讨了这四种类型出版机构的运营特点，这种分类或许对探索建立宣传业务与经营业务相对独立的组织结构有借鉴作用。

会议上有多篇文章谈及新技术环境下尤其是网络时代出版业面临的问题。中国代表团郝捷在论文《中国网络出版与传统出版的关系》中，分析了两者各自的优势和存在的问题，指出传统出版必须与网络出版结合，而网络出版必须借传统出版的内容支持。日本出版学会秘书、东京电机大学出版局植村八潮在《出版企业与 e-learning》一文中披露了日本紧随美国之后，于 2000 年夏季以来 e-learning 在语言测试、资格认证及信息识别三大领域中迅速扩展的情况。所谓 e-learning，是以电脑为学习者使用的终端，通过 CD-ROM 或 WWW（World Wide Web）载体，学习虚拟大学在网上开设的课程。此外，会上还宣读了《论日本的在线书店》（日本星野涉）、《数字化时代的阅读与出版环境的变化》（韩国金才允教授）和《电子出版物视觉符号的研究》（韩国尹才进）等论文。现在看来，对于这些问题，大家还处在探索中。

日本出版学会清田义昭的《日本再贩制度：发展与结果》及韩国 Wonkwang 大学教授金胜男的《韩国翻译出版的现状与未来》两篇论文引起了与会者的注意。前者介绍了日本对 1953 年制定的《出版物再贩价格维持制度》中关于图书多次重复销售（英译 resale、日本原文"再贩"）时必须保持固定定价的规定存在的争论。1978 年，日本公平贸易委员会（FTC）主席 Hashiguchi 宣称：固定定价的制度造成图书定价过高、图书传递到读者的时间过长、书店选择余地小等等弊端，造成销售垄断的势头增加，不利于自由竞争，因此必须废除。此后在日本引起长期激烈的争论。2001 年 3 月 23 日，FIC 宣布："从政府自由贸易政策的角度来看，这项制度必须改变，但是目前的条件不利于获得公众同意，建议再维持一段时间。"看来争论虽暂时缓和，但问题并没有根本解决。后一篇论文介绍了韩国政府决定成立韩国"文学翻译院"的始末。1999 年，韩国出版翻译书 6860 种，占图书总品种的 19.6%，为 1970 年 494 种的 13.9 倍，可以看出韩国翻译出版发展极为迅速。但从翻译图书的结构看，却存在不可忽视的问题。在1999年的6860种图书中，艺术类及卡通读物3095种，占45.1%；文学作品1247种，占18.2%；儿童读物707种，占10.3%，而引进西方先进自然科学的图书仅96种，占1.4%，技术科学图书316种，也仅占4.6%。更引起韩国上下严重关注的是：大量翻译书质量低下和重复出版；引进的绝大多数为英语著作，其他语种的著作寥寥无几；韩国出版物难以打入国外市场。为了根本改变这种局面，韩国政府拨专款资助出版，并建立了"文学翻译院"，旨在解决上述问题，尤其是不惜工本向外国介绍韩国的优秀文学作品，提高韩国文化在世界上的影响，为获取诺贝尔文学奖造势。

会上还有三篇论文涉及出版合作与交流问题。伍旭升在《华文出版将进入结构整合与交融时代》一文中指出：随着中国加入WTO，海峡两岸与港澳出版市场的互动和技术带来的资源共享，是华文出版结构整合与交融的基础。日本落合博康在会上宣读了题为《法兰克福书展——文化促进的场所》的论文。韩国金胜一作了《信息技术革命时代的东亚出版业合作》的书面发言。

二

从这次会议中，我们感到有一些具有共性的问题值得重视和研究：

1. 关于出版教育与出版人才培养。这个问题已引起亚洲一些国家的重视。日本、韩国在出版教育方面都已形成一套较完备的做法。参加这次会议的日、韩两国代表主要是在高等院校从事出版教育与出版研究的专家。他们注重的是文化、技术、市场和高层次人才的培养。日本上智大学的出版学教授植田康夫在会下给我们讲，他已经带过若干名出版学专业的博士研究生，但他们对从业者的再教育似乎没有涉及。相比之下，我国抓了从业人员的培训教育，但从业前的院校教育似乎不如他们重视，如编辑出版学尚未列入学位办的硕士专业目录，有待推动教育部门早日解决。

2. 关于出版研究。与会各国对出版研究都较为重视。从论文看，日、韩等国的出版研究虽也强调学术性，但似乎还没有形成相对完整的学科体系，更多的是对现实问题从理论上予以说明，与我国出版学尤其是编辑学的研究相比不见得更深入。但他们关注现实出版问题的研究，这一点值得我们借鉴。在研究队伍中，他们主要是院校的专职研究人员，出版从业者参与似乎不多。我们的研究队伍中有一大批出版从业者，这是优势，但要使研究深化，还需要有从事出版教育与研究的专业人员，我们在这方面应该予以重视和加强。出版研究需要加强信息交流，注意研究成果的引进与输出，这方面的工作韩国做得比较多。从会议论文及他们赠送的著述中可以看到，他们引用参考了不少我国的研究成果，而我们的论文中引用外国的论著较少。今后我们应该加强编辑学、出版学研究成果的国际交流，以促进学科的建设和发展。

3. 关于弘扬民族文化。在经济全球化和多元文化的情况下，如何出版弘扬和传播民族文化的产品，是代表们比较关注的问题，并介绍了一些具体措施和做法。日本代表介绍了在法兰克福书展举办"日本年"，突出宣传日本民族文化的情况和经验。韩国则成立"文学翻译院"，由政府资助，把韩国的优秀作品翻译介绍到国外去。他们的做法值得我们借鉴。我国"入世"以后，保持和弘扬民族文化，是出版界的一项重要任务，我们应该高度重视，同时也需要政府制定具体的政策和措施。

4. 关于知识产权问题。著作权问题作为出版知识产权的重要方面，在新的出版环境下必然出现新的情况和问题。

2001 年 10 月

《编辑的心力所向》P324，贵州人民出版社 2004 年 10 月版

"认真为读者服务"是编辑出版工作者应有的职业品格

——在 2001 年全国出版理论研讨会上的发言

这次全国出版理论研讨会是在全党全国人民深入学习、全面领会江总书记"七一"重要讲话和党的十五届六中全会精神的热潮中召开的，这是一个很好的时机，使我们这次会议有很好的学习理论的氛围，有中央最新的精神，使我们这次会议的指导思想更加明确，可以把会议开得更好。讲话和全会《关于加强和改进党的作风建设的决定》精神，是我们迎接新世纪发展的机遇的挑战，战胜国内外各种风险和考验、实现中华民族伟大复兴的时代重任与历史使命的保证，也是我们在新时期做好编辑出版工作的重要保证。十五届六中全会关于国际国内形势的分析，指出党所面临的挑战，需要我们认真地去应对，是十分及时和非常必要的，对于我们的编辑出版工作同样是十分重要的。这种国内外形势造成的挑战和考验，对我们编辑出版工作者不仅同样存在，在某些环节上还显得更加严峻。因为编辑出版工作是思想文化部门的工作，是意识形态工作，思想阵地能不能守住，对于应对各种风险和挑战，具有决定性意义。因而也是这种势力格外关注而且力图争夺的制高点。这说明一个编辑出版工作者在加强和改进作风方面有着特殊重要的责任，需要分外的警觉。我们不能忘记，一些局长、社长、经理，不久前还在大发议论，曾几何时就暴露出他们已被票子、女子、房子所打倒，而身陷囹圄。我们也有一些编辑由于搞歪门邪道而臭名远扬，身败名裂。这些人所以发展到这一步，不仅有社会大环境的负面影响，而且有出版小环境中的负面影响，他们不能正确对待社会效益和经济效益的关系，也就不能正确对待党的出版工作，以后以权谋私，是一个重要的原因。

我国现有 565 家出版社，出书 14.3 万多种，期刊 8700 多种，总印数 29.42 亿册，报纸 2007 种，总印数 329.29 亿份，音像出版社 290 家，出版录音制品 8982 种，出版数量 1.22 亿盒（张）录像制品 8666 种，出版数量 8082.44 万盒（张）。总的看出版物质量已有所提高，出了许多好书好作品，图书的结构得到了进一步调整，图书市场的秩序已有明显好转，出版法制建设也取得了明显进步。更重要的是出版队伍素质得到了较大的提高，出版社社长、总编辑、编辑室主任及其副职的上岗培训工作已基本完成，一些具有高学历学位的人员如博士、硕士，流向出版队伍的越来越多，高学历人员的比重在整个编辑队伍中也越来越大。出版队伍的职业道德也有进一步加强，绝大多数同志艰苦奋斗，开拓创新，涌现了许多优秀分子和先进工作者，塑造了编辑出版工作者的良好形象和应有的精神面貌。这些都为我们迎接 21 世纪的出版奠定了坚实的基础。2001 年 9 月 27 日的《人民日报》称赞"出版业已跨入黄金时代"。这也说明，21 世纪我国的出版事业可望出现一个新的面貌，出版环境将进一步向好的方面转变，有利的条件将越来越多，编辑出版工作者的舞台更加广阔和亮丽。

但在另一方面，我们也应该看到，社会主义市场经济下的不断发展，竞争日趋激烈，特别是加入世贸组织以后，我国出版不仅要面对国内的竞争，将面对国际的竞争，情况会更加复杂，同时，高新科技的发展，数字技术，尤其是网络技术的发展，对传统出版带来的多重影响，有的我们已经看到，有的也许我们还没有看到，这是我们加以注意的。

这种客观环境，不能不给我们编辑出版工作者带来这样那样的影响。在我们有些人的头脑中，从思想上说，似乎存在着"五多""五少"的现象，即中国出版走向世界的多，讲走向读者的少；讲市场竞争的多，讲建设社会主义精神文明的少；讲"狼来了"的多，讲合理运用世贸组织的游戏规则，使它有利于我们国家的少；讲争取获大奖的多，讲创造自己出书特色的少；讲论"热点"的多，讲精工细作，切实提高图书质量、图书寿命的少。应该说这"五多""五少"，不是绝对对立的，不是说不要讲走向国外，不要讲市场竞争，争取获大奖，也不是不能讲"狼来了"。只是说，如果倚轻倚重，或者过分地偏重一面，而忽视另一面，就会对出版发展带来不良的影响。从实践上看，现在选题重复、出版物质量滑坡、库存积压……有的单位还买卖书号，屡禁不止。这种情况，细细追溯下去，都和指导思想不够端正有关，反映了编辑出版工作者脱离读者，脱离群众，是一个作风问题。

　　一切为了读者，竭诚为读者服务，是编辑出版工作者的天职，也是出版工作的宗旨，说到底就是全心全意为人民服务，是马克思主义世界观的核心，是编辑出版工作的人任何时候都不能模糊的。但是，我们有些出版工作者，他们首先考虑的不是读者，不是为读者服务，不是真心实意地为读者出一些有益的书，而是整天想着"追星"、猎奇、抓热点，或者是着意做一二种书，所谓"获奖工程"。花大成本，精装精印，只要大奖到手，名利双收，就完成任务，至于书是不是符合读者需要，根本不在考虑之列。也就是说，读者，在他们头脑里，几乎不占什么地位。有的对"读者来信"，不屑一顾。个别的甚至对读者的意见、批评有反感，似乎读者的意见、批评，不是支持出版、帮助我们改进工作，而是看作有损自己的"颜面"和"尊严"，把国家赋予的出版权当作个人的权力，任意糟蹋，用以换取自己的私利。结果，编辑出版工作不仅脱离读者，脱离群众，而且造成了角色错位，本来应该是服务员，现在却成了指手画脚的老爷，被服务者反而成了任人摆布的阿斗。总之，头脑里没有读者的编辑出版工作者，就只能是一个盲者，那么，他的出版就会变味。正因为这样，随意买卖书号也就没有什么好奇怪的了。

　　党风问题，是关系到党的生死存亡的大问题，编辑出版工作者的作风问题，同样是关系到出版事业盛衰荣辱的大问题。每个有责任感的出版工作者，一定要引以为戒，千万不能掉以轻心。

　　我们呼吁，编辑出版工作者心中永远要有党要有读者，只要"心中有党有人民"，任何时候都能想到你的读者，就可能千方百计地为读者着想，把竭诚为读者服务，把"一切为读者"作为自己工作的真正出发点和归宿。

江泽民总书记在论述"三个代表"重要思想时明确指出：共产党人必须始终代表中国广大人民的根本利益。从我们编辑出版工作者来说，就是要代表广大读者的根本利益，我们只有代表广大读者根本利益，才能真正为人民服务。换句话说编辑出版工作者要代表广大人民的根本利益。首先就应该体现在竭诚为读者服务，处处为读者着想，代表广大读者根本利益这个基本点上。

曾子说："吾日三省吾身。"我们编辑出版工作者在每天晚上是否也要反思一下，今天我有没有想到过读者，我为他们做了什么。"心中只有读者"是我们编辑出版工作者应有的职业品格，是我们最强大的精神动力，也是我们最高的追求。愿我们以此共勉。

2001 年 10 月 17 日

培训高素质人才是出版专业教育的当务之急

一、21 世纪的出版竞争取决于人才

过去的一百年，是科学技术高速发展和广泛应用的一百年。在这一百年中，技术科学和人文科学的紧密结合，大大提高了人类改造自然、改造社会和改造自己的能力，极大地推动了生产力的发展和社会的进步，对世界经济、政治、文化带来了极为深刻的影响，给新闻、出版、传播事业的发展，奠定了坚实的基础，创造了良好的条件。在这一百年中，出版告别了铅与火，迎来光和电，写下了划时代的一页。未来的一百年，将是科学技术更加迅猛发展的时代，我们的出版将面对一个全方位、加速发展的新局面，这是一个机遇难得、挑战严峻的时期，竞争必将更加激烈，如果用一句简短的话来概括，那就是：竞争将决定谁是最大的赢家。

竞争，21 世纪的竞争，归根到底是人才的竞争。说到人才，人们往往会提到美国的硅谷。据说它有 20 万工程技术人员，其中有不少来自世界各地，特别是发展中国家，仅华人就有 6 万。美国之所以能在科学技术上居于领先地位，使自己成为超级大国，网罗各方面的人才，不能不说是重要原因之一。

既然人才对于未来是如此重要，那么出版要发展，首先就要解决好人才问题。从中国的情况看，目前出版队伍的情况大体是这样的，根据对几个省市和几家出版社的调查，出版社工作人员当中，本科以上学历的占 40%，硕士和双学位人员占 8%，博士仅占 0.5%，三者加起来还不到 50%。其中，编辑人员中高学历的比例虽然高于一般的行政管理和发行销售部门的人员，但从总体上看，这个队伍还是很难适应高新科技迅

速发展的知识经济时代的出版工作的需要。人才从哪里来，我们是发展中国家，不可能用高薪去聘用国外的人才，只能采取自己培养的办法来解决。

二、全面提高出版队伍的素质已成为当务之急

要适应21世纪出版发展的要求，必须全面提高整个出版队伍的素质。一方面要加强在职人员的继续教育，力求使 50% 未达到本科以上学历人员中接近半数的 45 岁以下人员，能较快地达到相当于本科同等学力的水平；另一方面，要切实做好高等学校编辑学、出版学专业教育，提高出版队伍后备人员的素质。

培养我国出版人才，目前只能从这样两方面着手，即：

（一）加强在职人员的继续教育

主要分为两个方面：一是鼓励在职人员攻读高一级的学位；二是普遍实行在职培训。在过去的三年中，我们实行了全行业的上岗培训，取得了很好的效果。今后要继续实行有计划、有目标的针对性培训。已经取得各种学位的人员，在新知识面前也要及时"充电"。

（二）搞好高等学校编辑学、出版学的专业学习

编辑出版学的专业学习分为两种：一种是本科专业学习，一种是以培养硕士研究生为目的的专业学习。

编辑出版学的本科专业教育，大体分为培养编辑人员（包括美术编辑）和出版营销管理人员两类。根据国家规定，本科教育的目标是："培养具有系统的编辑出版理论知识与技能，广泛的文化与科学知识，能在书刊出版、新闻宣传和文化教育部门从事编辑出版、发行业务与管理工作以及教学与科研的编辑出版学高级专门人才。"[1] 换句话说，作为一

---

[1] 参见 1998 年教育部颁布的《普通高等学校本科专业目标》。

个文科或理工科大学生除了应该学习基础知识课以外，编辑出版专业知识则应该是这些学生的基本课程。鉴于他们入学以前没有接触过编辑出版工作，根据目前一些学校的做法，推行编辑出版学专业系列教育的经验是可行的。

这种系列教育一般可分为三个层次：

第一个层次是：出版基础教育。

主要是讲出版的性质、任务、方针政策，编辑、出版工作的特点和方法，包括如何做读者调查、寻求信息，作市场分析、策划和选题论证，如何组织、审读和加工整理稿件，如何进行美术设计，如何组合全稿，如何校对，如何宣传评价；如何进行成本核算、定价；如何销售出版物以及出版法规，版权知识和版权贸易；还有编辑出版工作者应有的理论功底、知识结构、思想品格、职业道德等等。实际上是作为一个编辑出版工作者应知应会各个方面的操作实践的教育。

第二个层次是：编辑出版学专业的理论教育。

主要是讲编辑出版理念，编辑史、出版史，编辑学、出版学的学科性质、任务、研究对象和研究方法，编辑、出版的概念、功能（包括政治功能、文化功能、传播功能、经济功能和其他社会功能）、出版系统的构成及其各相关部分的关系，出版物的生产及其一般过程的分析（包括精神生产、物质生产和商品流通过程的不同性质和特点），出版管理的性质、意义、内容、原则、制度、方法和机构，出版的经济活动、出版与出版物的市场，出版经济活动的性质、效益及其相互关系，编辑出版有关的法规教育，编辑、出版的国际交流，中外编辑出版的比较，编辑出版工作现代化（包括电子出版与多媒体、网络出版等），编辑、出版的科学研究，编辑、出版教育与人才的培养，编辑、出版队伍的知识结构，应该具备的政治、思想素质和道德修养以及培养合格编辑、出版人才的途径（教育和实践的结合）等，并且辅以必要的实习。实际上是作为培养编辑、出版专业人才的理论与实践相结合的专业教育，它要达到国家规定的本科学生素质教育的要求。当然，第一和第二层次不能截然分开，可按各校教育实际分别合理安排。

第三个层次是：以培养硕士研究生为目标的学位教育。

一般也分为两种：一种是本科毕业以后，在指定导师的指导下，继续深造两年，经过答辩，获硕士学位；另一种培养对象是组织本科毕业，且在高校编辑出版学专业有三年以上教育经验的青年教员，和本科毕业后在出版社有三年以上实际工作经验的编辑出版工作者，在职攻读硕士学位，学制两年，每年有两个月的集中学习时间，进行面对面授课，其他时间是定期向导师汇报自己的学业进程并取得进一步的指导，取得足够的学分（考试成绩）以后，可以开始撰写毕业论文，经过社会（出版专家）鉴定和学校答辩，确认合格以后，正式授予硕士学位。从另一角度看，这也是在职人员继续教育的一个组成部分。

三、迫切需要加强编辑出版理论研究

高等学校编辑出版教育的发展，迫切需要教材，这就在无形中推动着编辑学、出版学学术研究的开展。需要研究编辑学、出版学更重要的原因是编辑、出版实际工作的迅速发展。改革开放以来，国民经济体制由原来的计划经济向社会主义市场经济转变，出版业当然也不例外。这个转变使出版业得到前所未有的飞速发展。在这个大发展的过程中，同时也出现了许多新的情况和问题，迫切需要加强理论上的研究，并作出科学的回答。

（一）编辑出版学研究热潮的出现

首先，编辑工作是各种传播媒介，也是出版工作的中心环节，编辑工作决定着出版物的方向、内容和质量。编辑出版工作的好坏，直接关系着我国社会主义精神文明和物质文明建设的成就。这就是我国出版界、教育界为什么首先把编辑工作作为一门科学来加以研究，并且在中国得到迅速发展、崛起的原因。

经过短短的 20 年，我国现在已经有了《图书编辑学》《杂志编辑学》《报纸编辑学》《广播编辑学》《影像编辑学》《摄影编辑学》和《电子新闻媒介栏目编辑学》等。电脑软件的制作、多媒体、网络出版和其他电子出版物的编辑活动，也已有人在认真地研究，相应的教材，也已经陆续出版。尽管其中有一些目前发育还不够健全，但是，它的发展势头是很好的，方向是完全正确的。

（二）涵盖多种媒体编辑活动的普通编辑学正在形成，理论框架的构建工程正在取得进展

各种媒体编辑学的形成，反映了它们既有个性也有共性，从而就提出了构建以多种媒体编辑活动的共同特点和共同规律为基础的普通编辑学，它是书、报、刊、影视等多种媒体编辑学的理论升华，是各种媒体编辑学研究并继续发展的必然结果，它对各种媒体的编辑活动有广泛的理论指导意义。

普通编辑学框架的构建，使编辑学完整的学科体系得以顺利地形成，即以普通编辑学为独立的学科，而以图书编辑学、期刊编辑学等上面提到的各种媒体的编辑学作为分支学科。而这些分支学科是交错的，它们同时又是有关学科的分支学科。如图书编辑学、杂志编辑学是出版学的分支学科，报纸编辑学是新闻学的分支学科，广播编辑学是广播学的分支学科，影视编辑学是电影学和电视学的分支学科等等。这样既奠定了编辑学作为独立学科的品格，明确了它和出版学、新闻学、传播学在学科地位上是并列的；又回答了它的分支学科与出版学、新闻学、传播学的关系，是一种交叉学科。如果没有普通编辑学，就像动物学家只研究马、牛、羊，而不研究脊椎动物学一样，这当然是不可思议的。

编辑学的知识结构，经过学界的反复讨论，也取得了共识。一般认为它包括：理论部分、业务部分、历史部分和方法论部分。现在这些方面都有了一些著述。其中，后面三个部分，由于内容比较具体，认识上

比较易于趋同。理论部分则比较抽象，需要作更多的研究和讨论。目前正在集中探讨的就是这一部分，习惯上把它称作理论体系或理论框架。

研究编辑学理论框架的基本任务是要阐明编辑学的学科性质、任务、研究对象，编辑活动的基本特点和客观规律以及它所反映的基本范畴和理论原理。它的内容要适用于书、报、刊、广播、影视、录音录像制品等多种传播媒体，也包括电子出版和网络出版，力求吸纳近20年来编辑学学术研究的成果。强调理论思维的提炼，建立起具有现代科学形态的独立的编辑学，更好地为高等学校编辑出版学专业教育服务，同时也便于在这个基础上，开拓创新，开始进一步研究。

（三）高等学校的编辑出版学专业，正在蓬勃发展

这方面除了原来有十多所高校建有编辑学专业以外，近一两年有一批学校（如浙江大学、河北大学、首都师范大学、山西师范大学、湖南师范大学等）新建立了编辑出版学专业，数量已达30余所，有的还成立了编辑出版研究所（如浙江大学、河南大学、南京大学、山西师范大学、河北大学、华中师范大学、西北师范大学等）。编辑出版学教育的师资队伍，也有了壮大和提高，目前已有教授20余人，副教授就更多了。

（四）把编辑学出版学列入国家《授予博士、硕士学位和培养研究生的学科专业目录》刻不容缓

以上这些都说明，建立编辑出版学硕士研究生点的基本条件已经具备。实践告诉我们，出版要发展必须得到高等教育的进一步支持。出版教育和出版研究必须跟上，它们互相支持，互相促进，才能培养出一大批高层次、复合型的出版人才，才能适应21世纪出版发展的需要。这个问题现在已经不能再拖，我们应该大声向出版教育部门发出呼吁，这个问题再不解决，将影响高层次出版人才的造就，将严重影响出版事业的健康发展，将不利于我国社会主义精神文明建设。

目前，我国已有编辑出版学专著好几百部，其中编辑学著作上百部，仅书名上有"编辑学"字样的就有80余部。这和其中许多已有硕士点的

学科相比，应该说并不逊色。

从实践上看，我国有 500 多家出版社，8000 多种杂志以及各种政府的编志机构，编辑队伍的数量已超过 10 万人，这还没有把报纸、电台、电视台等诸多媒体的编辑人员计算在内。现在我国每年出书 14 万种以上，70 多亿册，杂志 28 亿多册，电子音像、电脑网络单位已超过 100 家，产品几万种。我国现有的出版规模以及它在社会主义精神文明建设中的地位使我们不禁要问，为什么还不能建立硕士授予点呢？

社会上包括教育界，不时对出版工作和出版物提出这样那样的批评，对此应该表示感谢。我们承认出版工作中确实存在一些格调不高、编校质量差等问题。但是，造成这些问题的原因是什么？很重要的一条，就是队伍素质问题。我们希望社会各界在以批评方式支持出版的同时，也帮助和支持出版界解决高素质人才培养问题。当前，首先需要解决编辑学、出版学硕士授予点的问题。

我们承认新闻事业的重要地位，但是新闻学（包括传播学）开始在中国设立博士、硕士授予点时，其规模和数量，恐怕也和目前中国出版状况差不多。至于其研究水平和教育规模，可能还没有达到目前出版业的状况。如果我们从实际出发，真正从有利于社会主义精神文明建设考虑，实事求是地看待这个问题，建立编辑学、出版学硕士授予点的问题，理应迅速得到解决。当然，这里有一个区别，新闻学、传播学都是从国外输入的，国外先有这些学科，中国也跟着设，似乎难有异议。而编辑学是中国开始搞起来的，有些国家，虽有出版学科，但出现的时间，有的晚于我国，有的也和我国差不了多久，但现在他们都已经在培养出版学的硕士和博士了，而我们这个编辑学的首创之地反而落后了，还在讨论要不要设立硕士授予点，这是令人难以理解的。

有人说，我国现在有以培养编辑出版学为方向的硕士研究生，即"借鸡孵蛋"的办法，但这只能是权宜之计。因为这里存在着"学"和"术"的矛盾，被挂靠的学科，只能解决"术"，而不能解决"学"的问题，因为其他学科不可能深入地研究编辑学、出版学，反而使对"编辑"的理解，更加五花八门。对编辑学、出版学来说，也没有或者说很难有从根本上加强和推动学科建设的含义。我们应该认真学习和贯彻"三个代表"的重要思想，从代表中国先进生产力的发展要求，代表中国先进文化的前进方向，代表中国最广大人民的根本利益上来考虑并解决这个问题。

　　为了应对 21 世纪的发展和中国"入世"后的新形势，中国出版将进一步深化改革，扩大开放，立足发展，调整产业结构，壮大出版业的经济实力，以适应激烈的竞争，出版业要运用高新技术，加快信息化步伐，提高出版生产能力，大力在编、印、发、供等环节采用高科技手段，开拓新的出版媒体，创新出版产品，进一步提高出版物质量，着力推进精品战略，努力使出版物更加适应读者的需要。管理部门要加大"扫黄""打非"力度，进一步整顿图书市场，建立统一开放、竞争有序的出版物大市场，创造出版物营销的良好环境；促进国际出版交流，开拓国外市场。但是，要实现这一切，都必须有高素质的人才的支撑。江泽民同志说："关键是人才。"不解决人才问题，一切都是空话。

　　形势喜人，形势逼人，我们应该努力。

2001 年 12 月

　　《编辑的心力所向》P134，贵州人民出版社 2004 年 10 月版；《一切为了读者》P163，首都师范大学出版社 2010 年 7 月版

中国编辑学研究评述

摘要：中国编辑学研究始于 20 世纪中叶，起步于 20 世纪 80 年代，在 20 世纪最后 10 年中得到深化、发展，取得了重要成果。世纪之交，编辑学研究在三大问题上开始进行探索，即普通编辑学的建立，编辑学理论纲要的讨论，编辑规律的探讨。

关键词：编辑学研究 重要成果 重点工程

一、编辑学在中国"破土"

中国的编辑学研究始于 20 世纪中叶。

1949 年 3 月，广州自由出版社出版了国民大学教授李次民先生的讲稿——《编辑学》，这大概是中国的第一本编辑学著作。这本书只在个别章节中讲到期刊的编辑工作，大量的篇幅是讲新闻编辑学，说明当时的报纸很重视编辑工作。

中华人民共和国建立以后，各项事业欣欣向荣，新闻出版工作也走上迅速发展的道路，对编辑人才的需求倍增。为此，中国人民大学创办了新闻系，并设置了编辑出版专业。根据教学需要，中国人民大学出版社于 1956 年 8 月翻译出版了苏联莫斯科大学出版社 1954 年 10 月出版的《书籍编辑课教学大纲》，作者是 K.и. 倍林斯基，中译本名为《书籍编辑学教学大纲》。这是新中国翻译出版的第一本编辑学著作。

20 世纪 60 年代和 70 年代，我国的香港和台湾也先后出版过余也鲁的《杂志编辑学》、张觉明的《现代杂志编辑学》、陈石安的《新闻编辑学》和荆人的《新闻编辑学》，还出版过陈世琪的《英文书刊编辑学》，其中《杂志编辑学》多次再版，说明港台对报刊编辑工作是很重视的。

二、编辑学研究的起步

党的十一届三中全会以后，我国实行改革开放政策，新闻出版工作突飞猛进。以 1983 年胡乔木同志致信教育部，倡议在高等学校设立编辑学专业为契机，北大、南开、复旦三所大学试办了编辑学专业，此后清华、武大、河南大学等也相继设立了这个专业。编辑学专业正式列入了高校本科的专业目录。同年 6 月，中共中央、国务院作出《关于加强出版工作的决定》，提出"要建立出版发行研究所……加强出版、印刷、发行的研究工作"，从此我国出版理论研究走上了历史上空前繁荣的道路。1984 年，中国出版发行科学研究所开始筹建，1985 年 3 月 21 日正式成立，它的重要任务之一就是研究和建立编辑学、出版学、图书发行学，并且立即着手组织编写图书编辑学、期刊编辑学和编辑学论文集等书稿。在整个 20 世纪 80 年代（1980—1989），共出版编辑学著作 14 种（不含港台），其中三分之一是由中国出版发行科学研究所领导的中国书籍出版社出版的。中国书籍出版社成立于 1986 年 8 月 23 日，10 月初出版的第一本书就是《实用编辑学》（阙道隆主编），这本书在出版以后的几年里，曾成为培训编辑人员的主要教学用书。

20 世纪 80 年代出版的编辑学著作，有《报纸编辑学》（郑兴东等著）、《编辑学论集》（中国出版发行科学研究所科研处编）、《实用编辑学概要》（俞润生编著）、《编辑学概论》（朱文显、邓星盈著）、《图书编辑学概论》（高斯、洪帆主编）、《编辑学概论》（肖汉森、戴志松、曾毓英、彭守权主编）、《编辑学论稿》（刘光裕、王华良著）、《书籍编辑学简论》（张玟、林克勤著）、《科技编辑学概论》（王耀先主编）、《编辑学通论》（王振铎、司锡朋主编）、《社会科学期刊编辑学》（李学昆主编）等。这是一批拓荒之作，它提出了问题，阐明了观点，规划了内容，构建了框架，是编辑学走向科学的先导，也是编辑学崛起的表现，并为以后的编辑学研究开辟了道路。

在这 10 年中，编辑理论和编辑业务的研究也蓬勃发展，有影响的著作有曾彦修、张惠卿等著《编辑工作二十讲》、戴文葆等著《编辑工作基础知识》、金常政著《百科全书编纂概论》和《百科全书及其编辑研究》、韦君宜著《老编辑手记》、杨牧之著《编辑艺术》。编辑史和人物研究方面的成果有韩仲民著《中国书籍编纂史稿》、姚福申著《中国编辑史》、姜椿芳著《从类书到百科全书》、赵家璧著《编辑生涯忆鲁迅》、汪绍曾著《近代出版家张元济》、汪家熔编著《大变动时代的建设者——张元济传》、钱小柏、雷群明编著《韬奋与出版》、费孝通等著《胡愈之印象记》、中国出版工作者协会编《我与开明》、中国出版科学研究所科研办编《近现代中国出版优良传统研究》、伍杰著《中国古代编辑家小传》、丁景唐主编《中国现代编辑家的编辑生涯》、陈原等编纂《商务印书馆大事记》、中华书局编辑部编《回忆中华书局（上、下编）》。

在这 10 年中，对国外编辑工作的研究和翻译方面也取得了进展，主要译著有《马克思恩格斯的书刊出版活动》（周文熙著）、《列宁与编辑出版工作》（林穗芳编著）、《科技书刊编辑工作》（奥康诺尔著，王耀先译）、《编者与作者之间——萨克斯·康明斯的编辑艺术》（多萝西·康明斯著，林楚平等译）、《编辑工作原理与方法》（米利饮著，李文惠译）、《85 次喜与忧——一个编辑的思考》（塔波·伏优科娃著，屈洪、宁宝双译）。

在这个时期中，有关编辑工作的工具书和百科全书的编纂，成绩卓著。

边春光主编的《编辑实用百科全书》引人注目，这本书比较好地做到了理论和实践的结合，是编辑学学科建设的奠基之作，是有史以来在编辑工作方面的第一本百科全书。对编辑工作阐释最多、内容最丰富的《出版词典》，也是在这个时期编纂完成的。

我国第一部《中国大百科全书》中的《新闻出版卷》，还刊列了戴文葆编撰的特大条目《编辑与编辑学》，表明了社会对编辑学的认同。《当代中国丛书》中的《当代中国的出版事业》一书，以很大的篇幅论述了中国历代的编辑事业和编辑家的活动，并以专章介绍了当代中国的编辑出版研究。

同时，《编辑社会学》《编辑心理学》《编辑思维学》等多种著作的出版，反映了编辑学跨学科的研究成果。

在这10年中，编辑学研究有了一批自己的阵地。继中国书籍出版社之后，山西建立了出版类图书的专业出版社——书海出版社。山西的《编辑之友》是最早创办的编辑出版类期刊，此后创办的《中国新闻出版报》《中国出版》《编辑学报》《出版发行研究》《编辑学刊》《出版科学》都是编辑学学科建设的鼓动者和参与者，在国内外具有很好的影响。

编辑学研究正是这样起步和崛起的。在这10年中，它亮出了牌子，形成了队伍，建立了阵地，出版了第一批著作。

三、编辑学研究的发展

如果说，20世纪80年代是编辑学研究起步、崛起的年代，那么在90年代即20世纪最后10年则是编辑学研究深化、发展，结出更多硕果的年代。

在20世纪最后10年中发生了一些令人难忘的事情。

继1986年上海编辑学会和1987年中国科技期刊编辑学会的成立，1992年10月，全国性学术团体——中国编辑学会正式成立，编辑学界有了自己的组织，为开展国内外学术交流，组织、引导学术研究，创造了有利的条件。与此同时，湖北、江苏、天津、辽宁、河北、湖南等省市也成立编辑学会，对当地的研究工作起到了积极作用。

高等学校的编辑出版学本科专业有了较大发展，目前已有30所高校设立了这个专业，是 20 世纪 80 年代的两倍。有近 10 所高校招收以编辑出版学为方向的硕士研究生，有的开办了研究生班。河南大学、南京大学、浙江大学、华中师大、山西师大等还建立了编辑出版研究所（或研究中心），正在积极开展工作，有的已取得了很好的成果。

编辑出版学的教研队伍得到壮大，特别是有一批学历较高的年轻教研人员的积极参与。他们思想敏锐，接触信息多，又善于吸收其他学科的成果，借鉴其他学科的研究方法，使编辑出版学能够紧跟时代的步伐，不断前进。

在 20 世纪最后 10 年中，我国共出版书名上有"编辑学"字样的编辑学著作 62 种（含台湾 1 种），不仅有书、报、刊编辑学，而且有广播、影视、摄影、图片、新闻栏目、版面等方面的各种门类的编辑学。

这些书大体可以分为这样几个方面：一是概论性教材性的，如钱伯诚主编的《图书编辑学概论》，阙道隆、徐柏容、林穗芳著《书籍编辑学概论》，郑兴东主编、徐怀玉副主编《报纸编辑学教程》，蔡雯著《现代新闻编辑学》，吴飞著《新闻编辑学》，庞家驹主编《科技书籍编辑学教程》，徐柏容著《期刊编辑学概论》，奚尧生、孙秋生、丛林主编《学术期刊编辑学研究》。二是理论性的，如顾荣佳、王德年、马国柱著《编辑学的文化思考》，雷起荃主编《学术编辑学研究》，王振铎、赵运通著《编辑学原理论》，刘光裕、王华良著《编辑学理论研究》，钟立群著《新闻编辑学研究》，邵京起著《当代编辑学思维》，徐柏容著《书刊编辑学系列——创意论》，还有几本论文集，如《论编辑和编辑学》《编辑学纵横谈》和《编辑学研究文集》等。三是观点摘录，主要有朱美士主编《编辑学概览》、向新阳主编《编辑学概览（续编）》。四是以实用性为主的著作，如：王瑞棠主编，曹仁义、汪苏华副主编的《广播编辑学》，林永仁、杨尚聘、熊庆文编著《小型报纸实用编辑学》，张晓菲著《影视编辑学》，任根珠著《实用版面编辑学》，刘志筠、宋方著《电子新闻媒介栏目编辑学》，康大荃著《摄影图片编辑学》等，这些书视觉较宽，涉及面也广。

在这段日子里，还有一些书，如刘杲著《出版论集》、戴文葆著《寻觅与审视》、林穗芳著《中外编辑出版研究》、赵航著《选题论》，虽然未用"编辑学"命名，但书中不少内容涉及编辑学研究，并有自己的创见。

总的说来，在这10年中编辑学著作为数众多，成果不少，这是20世纪80年代编辑学研究的继续，是在前10年基础上的新发展。这些著作大多议题专一，观点鲜明，各有特色，它们的问世，是编辑学学科建设的一次攀登。

对编辑实践的研究也取得了较大的进展。20年来，由于改革开放不断深化，编辑工作中的新情况、新问题不断出现，探索和认识这些问题，始终是我国编辑出版研究的工作重心。中国编辑学会成立以后，更有意识地加强这方面的工作，进行了一系列的探讨。20世纪90年代初，计划经济向社会主义市场经济转变过程中，图书质量滑坡，市场无序突出，编辑工作如何适应市场经济，成为出版界内外关心的热点；随着市场经济的发展，市场经济规律的作用在出版工作中日渐凸显，作为精神生产的出版工作，如何既按经济规律办事，又坚持社会主义文化产品的价值取向，也是迫切需要解决的问题；在社会主义市场经济条件下，编辑工作还是不是整个出版工作的中心环节；在新的形势下，编辑究竟应该如何工作，如何正确认识和对待编辑策划与案头工作的关系等问题，都摆到了研究者面前，中国编辑学会和其他有关部门召开了一系列专题研讨会，报刊也发表了许多论文。对这些问题的研讨是有成效的，它不仅提高了对相关问题的认识，从而在不同程度上推进了实际的编辑工作，更重要的是在研讨中逐步形成这样一种共识，即要保证图书质量，必须贯彻新闻出版署公布的《图书质量保障体系》，并在这个前提下，严格按照编辑规范操作，做到规范化和创新相结合。根据这种形势，中国编辑学会于1995年初决定编撰《图书编辑工作基本规程》，并且委托湖北省编辑学会负责。湖北出版界对这项工作非常重视，组织了专门小组，由中国编辑学会副会长、湖北省编辑学会会长蔡学俭具体负责并执笔来完成这项任务。经过反复研讨，并在 1996 年中国编辑学会第三届年会作为中心议题进行讨论，又多次征求京内外专家的意见，几易其稿，《图书编辑工作基本规程》终于在 1997 年 7 月完稿，9 月上报新闻出版署。1998 年由新闻出版署图书司以文件形式转发，"供全国出版社参考"。这个《规程》讲了图书编辑工作的性质、方针和任务，编辑工作的基本过程，应该完成的要求和如何完成的做法，以及各环节之间的联系；既总结了实践经验，又注意了新形势下出现的新情况、新问题，使基本规程与积极创新相结合。目的是使编辑工作做到精细有序，保证图书的质量。只要认真贯彻，必将收到良好的效应。

《规程》的研讨告诉人们，讨论当前实际的编辑工作，不仅要研究存在的问题，找出解决问题的途径和方法，而且要不断提高对编辑工作性质、职责、基本制度的认识，分析它在新形势下的要求和特点。为此，又开展了要不要坚持和如何坚持"三审制"，编辑室工作和编辑室主任的职责和任务，以及责任编辑的地位、工作范围、职责，新形势下编辑工作新特点等问题的讨论。这些专题讨论，比较及时，切合实际，针对性强，对实际工作有一定帮助，更重要的是，它使编辑学研究能够不断地吸取新鲜经验，丰富理论内容，有利于探索编辑规律在新形势下的表现形态，促进编辑学的学科建设。

四、世纪之交的迈进——学科建设若干重点工程的启动

时代在前进，社会在发展，到了世纪之交，也就是 1999—2001 年这段时间里，编辑学以新的姿态，在三个重大问题上开始进行探索。

（一）由各种门类编辑学向普通编辑学发展

1995 年，中国编辑学会根据高等院校编辑学专业教研人员的要求，

提出编写《编辑学理论框架》的任务。从 1996 年 4 月起，以天津市书刊编辑学会提出的框架为基础，进行了多次讨论。1997 年 9 月，以此为中心议题在银川召开的全国编辑学理论研讨会进行了研讨。在讨论中，与会者提出：要建立什么样的编辑学理论框架，是图书的，书报刊的，还是涵盖各种媒体的？经过反复酝酿，问题又集中到涵盖各种媒体的普通编辑学能不能建立？它的理论基础是什么？尤其是各种媒体的编辑活动有没有共性？如果只有各自的个性（特殊性），没有共性，那么，建立普通编辑学就不可能。学界经过三年的思考，在报刊也发表了一些文章，有些专著还对有关问题作了论述。2000 年 3 月，中国编辑学会在北京召开全国编辑学理论研讨会，邀请一批有编辑学专著的新闻、出版、广播、电影、电视和高等学校的教研人员参加了会议。讨论的问题有：（1）关于多种媒体编辑活动有没有共性的问题。与会者认为，图书、期刊、报纸、广播、电视、电影、音像制品等各种媒体的编辑活动，有个性也有共性，这是肯定的。也有的同志认为，共性有，但比较难概括。有的同志认为，多种媒体编辑活动的共性，可以从几个方面考虑：一是编辑学体系一般包括总论和分论。分论即部门编辑学，如音像编辑学、书刊编辑学等。总论的内容，如编辑的概念、性质和作用等，这些总论就是共性。二是多种传媒编辑活动的共性可简单地表述为：开发选题、选择和加工作品以向公众传播。三是共性就是为了传播、积累文化，对精神产品进行策划组织、选择优化和编排组合工作。四是创意、优选、优化、组合等编辑活动的特征是书、报、刊、广播、影视、音像制品等普遍存在的，这些就是共性。与会者认为，考察各种媒体编辑活动的共性，可以有不同的层次、不同的视角，需要找到一个恰当的切入点，把个性指出来，再找到一些横切面，就可以发现共性。（2）关于涵盖多种媒体的普通编辑学能不能建立的问题。一种意见认为，不同类型图书的编辑活动虽有很大差异，但不妨碍寻找共同点，写出图书编辑学通论。不同传媒编辑活动之间的差异很大，并不否定其共同发展规律的存在，问题是我们认识不认识或认识深浅而已。在科学认识各种传播媒介共性的基础上建立普通编辑学，在理论上是可能的。尤其在出现多媒体和网络以后，出版媒体编辑特别是音像出版物编辑和影视媒介编辑彼此越来越接近，有了更多的共同语言，这种趋同的倾向日益明显。一种意见认为，1999年版《辞海》，说"编辑"是"组织、审读、挑选和加工作品的工作"，"是传播媒介工作中的中心环节"。这将有助于认识编辑活动的特点与共性，为普通编辑学的建立提供佐证。一种意见认为，现在出版的编辑学专著已有好几十种，不仅有图书、期刊编辑学，还有新闻、广播、电影和影视编辑学，有人还在研究电子出版编辑学。这些书充分论述了各种媒体编辑活动的特点，从这些特点中可以抽出带有普遍性的东西，可见，建立普通编辑学已有很好的基础。再说，现在已经有了《编辑学原理论》《编辑学理论纲要》《编辑学基本原理》等书，可以说普通编辑学的初步形态已经萌现，这说明建立普通编辑学的条件是很好的。会上，刘杲作了颇有见解的讲话。他说：搞普通编辑学确实很不容易，因为不同传媒编辑学本身发育状况不同，有的发育还不够。但是，事情在向前发展，普通编辑学早晚会建立起来。

（二）关于《编辑学理论纲要》的讨论

经过这次会议，建立普通编辑学的问题取得一定的共识。但是，还是存在一些疑虑，如有人认为，依据各种媒体编辑活动的共性，建立普通编辑学的观点是可以成立的，但这样宏观的编辑学的实际效用如何？普通编辑学涵盖的媒体范围究竟以多大为宜，或者说根据目前学界对多种媒体编辑活动认识的程度和有些学科本身的发育情况，在编辑学理论框架中，对这个问题究竟如何处理才比较合适。为此，中国编辑学会于2000年召开了编辑学理论框架座谈会进行了专门讨论，会议着重讨论了这样两个问题：（1）建立什么样的编辑学理论框架。有的同志提出，要总结十多年来各种媒体的分支编辑学研究成果，建立一门通用的编辑学理论，使它能像新闻学、教育学、语言学、文艺学等学科那样，列入我国人文社会科学系统之中，成为一门相对独立的学科。至于说，普通编辑学对某一个具体媒介的从业者来说有多大用处，认为不能以狭隘的实用观点看待。理论从来都是抽象的，它作为一种观念形态存在，对实践有指导意义。编辑理论对任何一位编辑职业工作人员来说是一种应该具备的素质，对自己从事职业的性质、意义、前景、价值的理解和信念，并不是仅仅学会实用技能就可以自发获得的，编辑的专业理念是由普通编辑学理论培养起来的。（2）编辑学理论框架涵盖的范围。有的同志认为，从现状看，书、报、刊编辑学研究发展较快，有的媒体编辑学发育不全，"框架"能否把所有媒体的编辑活动都包括进去，值得研究。另一种意见认为，不同传播媒体的编辑活动虽有较大的差异，但有普遍性的东西、有共同规律可以总结。因此，我们要建立的普通编辑学理论框架，应该涵盖各种媒体的编辑活动。有的部门编辑学，虽然目前看来还发育不够，但作为编辑活动来说，它离不开某种共同规律，应该是有基础的。会上还涉及到一些其他问题，如编辑学的学科定位、编辑学的理论及编辑活动的规律、编辑学学科的起点及终点和编辑模式等。

编辑学理论框架问题的提出，引起研究者极大的兴趣。1988年初，杨焕章发表了《当前编辑学研究的任务》的文章，指出"所谓编辑学体系，实质上就是编辑学诸概念之间、诸原理之间以及概念与原理之间的内在联系"，主要是"揭示这些内在联系"。阙道隆发表了《建立和完善编辑学的学科体系》的文章，提出了12个研究课题，认为在这些问题的研究和交流的基础上，"可以形成一种或几种比较公认的编辑学理论框架"。1999年，刘杲发表了题为《我们的追求：编辑学》的文章，对编辑学的研究目的、性质、编辑活动的基本规律、编辑的地位以及关于编辑人才的培养等问题作了阐述。他说提出这些问题的目的是在推动编辑学理论框架的研究。林穗芳、逸士也分别就《编辑学理论纲要》发表论文，阙道隆并就《纲要》提出了具体的"构想"。这些都大大推动了《编辑学理论纲要》的研究。2001年4月，中国编辑学会召开第三次全国代表大会，在大会的工作报告中，对研究编辑学理论框架的目的、意义和基本内容，涵盖的范围以及有利条件等作了分析和说明，并且把它作为今后学会的重要工作加以强调。

2001年下半年，阙道隆提出了《编辑学理论纲要》（以下简称《纲要》）初稿。《纲要》全文5万余字，除导言外，分为13章，包括编辑概念、编辑活动、编辑过程、编辑工作者、编辑与作者、读者（受众）、编辑与传播媒介、编辑与社会、编辑规律、编辑价值、编辑模式、编辑规范、编辑风格各方面。中国编辑学会为此召开在京部分专家学者座谈会进行讨论。与会者对《纲要》给予充分肯定和很高评价，认为是几年来探索编辑学理论框架的一个重要成果，将有利于编辑学走向成熟，同时也提出了一些可以进一步探讨的问题和具体的修改建议。会后，作者又作了必要的修改。2001年第3期和第4期《出版科学》全文发表了《纲要》，编者还加了热情洋溢的按语。

（三）关于编辑规律的探讨

在讨论理论框架的过程中，有人提出要回答三个问题，即编辑学的基本概念、基本规律和基本原理。有人认为研究科学就是研究规律。根据这些主张，中国编辑学会召开了编辑规律专题研讨会，并介绍了20世纪80年代以来学界对编辑规律的研究以及提出的各种观点。会上阙道隆提出"两个区分"和"两个了解"，即区分编辑工作的方针、任务、要求和编辑规律，区分编辑活动需要遵循的社会规律和编辑规律；了解编辑活动的本质和编辑规律的辩证统一关系，了解编辑活动的特殊规律和普遍规律的辩证统一关系，并且在《纲要》提出编辑活动三条普遍规律（即"尊重作者创作个性与编者选择把关相统一规律，传播已有文化成果与文化创新重构相统一规律，保证文化产品质量与掌握最佳传播时机相统一规律"）的基础上，补充一条，即"编辑活动的内容、要求与传播媒介的特点、功能相统一的规律"，说"这条规律反映了编辑活动与传播媒介的关系"。

　　杨晓鸣向这次研讨会提交了《认识和解构编辑活动的规律》的论文，认为：编辑规律是编辑活动的本质联系。"一切体现编辑活动过程的本质联系，从一个侧面制约着编辑活动过程，都可能是编辑活动中的一条规律。"他提出："能动性和受动性相统一是编辑活动的普遍规律"，即"举凡有编辑活动的地方，就存在着编辑主体通过编辑活动能动地参与社会文化大厦的构建，并同时要受到所处的社会环境（包括作者、读者、社会制度、出版体制、自然条件状况等等）的制约、影响的现象"。

　　任定华提出："编辑基本规律就是信息、知识有序化、媒体化与社会化的规律。"同时提出"在这一基本规律的基础上也可以形成次一级的法则：即选择优化法则、加工创造法则、标准规范法则、媒体结合法则、扩散传递法则和完整美化法则"，认为"所有的编导个体与群体，在编导实践中，必须严格遵守这些法则"，它是客观的。

　　林穗芳认为研究编辑规律是编辑学学科建设中的攻坚项目之一，难度很大。作为编辑活动的基本规律是最高层次的规律，最好归纳成一条，其他法则处于从属地位。要是基本规律也列举多条，便没有主次之分了。他提出，传播媒介编辑活动的基本规律是："在为作品的内容向公众传播作准备的过程中作者和读者／用户之间的供需关系的矛盾在全面而准确评价的基础上依照质量第一和社会效益第一的原则加以调节和解决。"要点是全面准确评价，两个"第一"。

　　庞家驹集中讲了网络时代的编辑活动，他认为"交融性是网络时代编辑活动的一个新特征"。他说，"有一种现象：在不同传播媒介之间，一方会交叉利用另一方的优势功能，扩展自己的活动空间和存在价值，并协同发挥一加一大于二的作用。这种现象姑称之为交融性。这种现象，从多种媒介产生以来，实际上一直存在……光盘的问世，使这种现象开始显现。网络的兴起，由于其无比强大的功能，更使交融性提高到一个新的高度"。他认为：这种相互的循环不息的运动，"应该是一种规律"。

　　有人主张研究编辑活动的基本规律要从分析编辑活动的矛盾入手，认为编辑活动的矛盾很多，但基本矛盾是两个，即编辑与作者的矛盾，编辑与视听者的矛盾，其中编辑与视听者的矛盾是主要矛盾。在这个主要矛盾中，编辑与作者同处在矛盾的一方，即都是精神产品的生产者，都是为视听者服务的，而视听者是被服务的，同时提出根据主要矛盾的状况，编辑活动的基本规律可以作这样的概括，即：编辑以众多的精神成果为基础，用优选、优化为手段，生产新的精神产品，最大限度地满足视听者的需要，促进社会文明的发展。说得简单一点，可说是"优选、优化规律"或称"二优律"。这里的"精神成果"是指原创作品，可再次利用的成品，也包括信息、各种资料或半成品。"优选"是指选题的创意、策划，作者的物色，稿件的审读、评价和取合。"优化"是指加工、整理、装帧设计、美化，合理地编排和优化组合。根本目的是满足视听者的需要，为视听者服务，为传承社会文明服务（参见《探讨编辑规律，推进编辑学的学科建设》，《中国出版》2001 年第 12 期）。

　　刘杲强调要重视基本规律的研究。他认为编辑活动的规律，可以有特殊规律、普遍规律和基本规律。基本规律应是体现在古今中外各种媒体编辑活动中的规律，是全局性的，不是局部性的，是全过程的，不是阶段性的，应当对编辑活动的其他规律有指导作用。因此说基本规律只有一个，不是很多个。基本规律的研究方法是一种归纳的方法，是基于大量编辑实践的概括。他希望大家在现有基础上继续努力，完成这个课题。

五、回顾与展望

　　综观 20 年来的编辑学研究，取得了一定的进展，这是多数人的共识。当然有不足，还有许多问题要研究，同时，时代在进步，编辑学的理论应该创新，编辑学的学科建设应该不断前进。

回顾过去，编辑学所以能够取得一些进展，主要是：

（一）不断拓展编辑学的研究领域

从新中国建立以后到 20 世纪 80 年代，编辑学研究可以说是从编辑业务开始的，如对编辑"六艺"的研究，几本实用性编辑学著作的问世，就是佐证。后来逐步发展到一些理论问题的探讨，各种门类编辑学的研究，又发展到关注电子出版和网络，直到建立普通编辑学的讨论。从业务到规范，从实践到理论，是符合学科建设发展规律的。今后要继续开拓编辑学的研究领域，包括编辑历史和相关学科的研究，有选择地对一些重要理论问题进行攻坚。

（二）加强理论和实践的结合

编辑学作为一门应用学科，必须更加强调理论和实践的结合。过去，我们对学科定位的研究，以图书编辑学为主攻方向的确定，对《图书编辑工作基本规程》的讨论，都是从实际出发的；对编辑概念、规律等的探索，都强调了理论和实践相结合。这是几年来编辑学研究能够取得进展的重要原因之一。当然，学科不同、研究者的理论视角不同，和实际相结合的要求也是不一样的。有的需要一个过程，有的只是提供一种观点，一种指导方法。加强理论研究，可以出人才，有利于培训队伍，可以从宏观上改变舆论氛围，可以影响人们的思想，可以指导人们实践。这些都密切关系着实际工作。当然，也有的纯属具体业务，如有人问研究工作者："现在有的刊物付酬很高，我们单位很穷，付不起稿酬，组不到稿件怎么办？"有的说："现在投来的稿子很多，没有人看稿，怎么办？"可见，实际工作中的问题很多，不是所有问题都属于理论层面上的问题。理论只能阐明立场、观点、方法。至于做不做，怎么做，还是要靠实践者去进行。现在编辑学研究在理论和实践相结合方面还存在不少问题，如有的只注意从其他学科的理论移植，不看中国编辑工作的实际，有的只注意"老一套"的研究，忽视新情况和新问题等实际工作的变化，等等。这些都值得研究者注意，并在今后的研究中加以改进。

（三）继续坚持"百花齐放，百家争鸣"的方针

"双百"方针是学术发展的根本途径，也是 20 年来编辑学研究的根本方针，是编辑学发展的生命线，今后要继续坚持，特别是涉及不同观点、不同学派之间的问题，更宜审慎。要提倡讨论的方法，不能"一棍子打死"，不能不分青红皂白，一概否定。对于学术批评，应该提倡，只要是建设性的，就应该吸取其合理部分。只有坚持真理，又善于修正错误，任何学术问题才可以得到解决，即使有些观点一时统一不了，也可求同存异，让实践和历史作出判断。编辑学作为一门应用性很强的学科，有广泛的实践领域，经验来自四面八方。所以，更需要坚持"百花齐放，百家争鸣"的方针，这是任何时候都不能动摇的。

（四）狠下功夫，总结经验，认真读书，刻苦钻研，坚持不懈

大凡要做成一件事，必须认真对待，狠下苦功，刻苦钻研，不能走捷径。实际工作发展很快，尤其像编辑工作这类精神生产活动，人文科学和高新科技对它都有重大影响，更需要关注现实，不断发展和总结新鲜经验，使它具有很强的时代感，同时要认真读书，既要关注其他学科的进展，又要着重掌握本学科的发展趋势。但是，现在有的研究者并不关心这些，只是从自己的实践经验出发，走已经走过的老路，造成不必要的重复。高尔基有句名言：书籍是人类进步的阶梯。培根说："书籍是在时代的波涛中航行的思想之船，它小心翼翼地把珍贵的货物运送给一代又一代。"如果我们的研究者能踏上已有的"阶梯"，乘上已经启航的"船"，那么研究成果一定能事半而功倍。

（五）知自己的不知，善于取长补短，互相学习

在编辑学研究的队伍中，有白发苍苍的老人，有风华正茂的青年；有做了一辈子编辑工作的老编辑，有长期站在讲台上授课的教师，也有刚刚接手的新人；有搞自然科学的专家，也有攻社会科学的学者。可以说人才济济，各个方面的都有。目前的问题是要互相学习，取长补短。如有的老专家现在不熟悉网络，一些年轻教师对网络很内行，但没有接

触过实际的编辑出版工作，有的只知新闻，不了解出版，有的只知出版，不了解新闻，这都影响了对问题的深入研究，融会贯通。因此必须强调读书，强调互相学习。

编辑学学科建设的进程不算慢，发展势头是很好的，相信今后会更快更好。

2001 年 12 月

《中国编辑》2005 年第 3 期

将精品战略进行到底

——在中国编辑学会第八届年会闭幕式上的发言

发展先进文化　实施精品战略

我们这次年会是党的十六大以后召开的第一次年会。党的十六大以来，全国上下掀起了学习贯彻十六大精神的热潮，取得了学习贯彻"三个代表"重要思想的巨大成效。大家在领会精神，分析国际、国内形势和社会发展规律的基础上，群策群力，紧紧抓住本世纪头 20 年的重要战略机遇期，集中全力，落实全面建设小康社会的宏伟目标，气势磅礴。为了全面建设小康社会，坚持以经济建设为中心，大力发展社会主义文化，建设社会主义精神文明，已经成为摆在广大出版工作者面前的头等重要任务。牢牢把握先进文化的前进方向，发展面向现代化、面向世界、面向未来的，民族的、科学的、大众的社会主义文化，丰富人们的精神世界，增强人民的精神力量。"最根本的是要坚持马克思列宁主义、毛泽东思想和邓小平理论在意识形态领域的指导地位，坚持用'三个代表'重要思想统领社会主义文化建设。"[①] 文化是人类社会历史实践过程中所创造的财富。特定社会的文化，是一种历史现象，它随着社会物质生产的发展而发展，是一定社会政治、经济的反映，并作用于一定社会的政治和经济。所以，一定国家的文化，是一定国家综合国力的重要组成部分。我国现在处在社会主义初级阶段，社会文化的主流是社会主义的，并有共产主义因素的萌芽，但是资本主义、封建主义的影响仍然大量存在，仍然在不同范围、不同层面上起着不同的作用。为此，我们一定要

---

① 胡锦涛在中共中央政治局第七次集体学习时讲话（《人民日报》2003 年 8 月 12 日）。

大力发展先进文化，积极支持健康有益的文化，努力改造落后文化，坚决抵制腐朽文化。这是全面体现"三个代表"重要思想，更是始终坚持中国先进文化前进方向的根本要求，也是积极培育社会主义"四有"公民，营造一个使高素质优秀人才大量涌现的社会环境的需要，是努力开创人才辈出的新局面的需要。

出版作为社会主义文化活动的重要方面，肩负着大力发展先进文化的重要使命，就要"多出精品，多出人才"，这是我们出版工作者贯彻落实"三个代表"重要思想的重心所在。在实际工作中更要大力推行精品战略，努力体现中国先进文化的前进方向。

为了发展先进文化，我们就要把"精品战略"进行到底，要多出精品，也就是要为读者提供更多的优秀的精神食粮，达到以科学理论武装人、以正确舆论引导人、以高尚精神塑造人、以优秀作品鼓舞人的目的，同时又要抵制坏书，不出格调不高的不健康读物，避免平庸图书出笼。只有这样，才能营造良好的社会文化氛围，促进物质文明、政治文明和精神文明建设，以利高素质的优秀人才脱颖而出。这是多出精品的根本要求。

多出精品、多出人才是出版社工作的基本要求

大力推进"精品战略"，积极通过多出精品，以人类文明的优秀成果，吸引读者、服务读者、引导读者、提高读者，造就大量高素质的专门人才，为建设有中国特色的社会主义事业服务。在多出精品的实践中，广大的出版工作者，在干中学，在学中干，不断提高自己，使自己也成为社会主义建设的有用人才，这同样是多出精品的重要目的。我们的先辈，许多都是在编辑这个工作岗位上边干边学，刻苦锻炼，使自己成为有用之才，这已被无数历史事实所证明。现在活跃在出版战线上的老总、能人和优秀人物，不也都是在实践中增长才干，脱颖而出的吗？正是他们，今天支撑着我们整个出版事业，为社会主义文化建设忘我工作，贡

献着自己的全部力量，和全国人民一起开创了为全面建设小康社会而团结奋斗的生动局面。既出书，又出人，这是历史赋予广大编辑出版工作者的光荣职责，也是对一个出版社工作的基本要求。

有人问：什么是精品？这个问题仁者见仁，智者见智，看法很不一致。我从这次论文和平时报刊所见，列举以下几种看法，供大家研究参考：

认为，精品图书是指反映当代社会科学和自然科学发展水平的标志性著作和思想性、艺术性俱佳的优秀出版物；具有民族特色，在传承中华民族文明传统方面能发挥重要作用的图书。

认为，精品图书是拥有自己独特文化品位和价值的图书。

认为，精品图书应该具有扎实的内容和深刻的思想性、严谨的科学性和完美的艺术性。

认为，精品图书应该具有特定的文化内涵，有自己的特色，能够使读者奋进的图书。

认为，精品图书应该内容正确，体例严谨，文字通顺，逻辑严密，设计合理，形式美观。

认为，精品图书是指那些高品位、高质量、高效能的图书。所谓高品位，主要是指思想性；高质量是指科学性、艺术性，又有优良的编校质量；高效能是指图书的社会效能，尽管图书的类型不同，都能发挥最大的社会作用。这里当然也包括了可读性和特定读者的可接受性等等。

认为，认定是不是精品图书应以人民群众欢迎不欢迎，满意不满意，是不是为广大读者喜闻乐见为标准。

可见，在对精品的认识上，观点不同，角度不同，标准更是不同。事实上，要对各类读物提出一个统一的说法，难度是很大的。但是，我觉得我们可以进行讨论，即使一下子弄不清楚，统一不了，也不要紧。通过探讨至少可以对我们的思想有所清理，使我们对精品的理解，日益清晰，逐步成型。我个人认为，作为精品图书，至少要具备这样三个条件：一、它必须能够体现中国先进文化的前进方向；二、它必须是高质量的；三、它应该是人民群众欢迎的、喜爱的。这个说法不一定全面、贴切，目的是抛砖引玉，开展讨论。不然，我们天天想着出"精品"，但对精品理解却不同，也不好办。当然，这不是说，我们现在没有精品，不是的。我们现在精品是有的，而且不少。正因为我们现在有许多精品，才使我们有可能总结出精品的经验，并且通过总结经验，来进一步认识什么是精品，怎样出精品，使我们在今后的工作中能够更加自觉一些，出版更多的精品，也使我们的出版工作在推进社会主义文化建设的同时，能够更加自觉地推进社会主义物质文明、政治文明和精神文明建设，在建设有中国特色的社会主义事业中发挥更大的作用。

多出精品，关键在人才

推行精品战略，多出精品，关键在人才。编辑的劳动是一种创造性的智力劳动，个体性很大，依赖于编辑深厚的知识底蕴和创造性智慧。所以，编辑队伍必须拥有一批高素质的优秀人才。建设一支既具有专门知识，又具有编辑工作的专业知识，同时具有广博的社会知识和科技知识相结合的复合型人才队伍，是做好编辑出版工作，发展出版事业的根本保证。

编辑的素质要求是多方面的，包括政治素质、思想素质、文化知识素质和职业素质等，缺一不可。

我们现在有些地方，出笼一些格调低、不健康的东西，往往跟编辑的思想素质有关，这是我们应该认真注意的。

所谓思想素质，这里主要是指编辑的精神境界和思想品位。编辑的精神境界、思想品位不同，选稿的标准就不一样，加工的要求也不一样。编出来的书当然也不一样。有的编辑热衷于搞一些格调很低的东西，这里我顺便讲点情况。

现在有的书起了很恶心的书名，造成了很坏的影响。究其原因，大概有几种：一个原因是被书商逼的。有人说"书名不坏，书商不卖"。出版社为了抢市场、找销路，不得不出此下策。其实，书商当中良莠不齐，并非所有的书商都赞成这样。上海有一家书店，就标榜"三不卖"，其中有一个"不卖"，就是不卖这类书，这也是一种风格。可见，在商言商，也要讲自己的理念和境界。第二个原因是作者本身境界欠高，或者是自己的作品在内容上艺术上吸引不了人，于是，只好在书名上做些文章，借以招揽一些人。第三个原因是这些出版社的编辑、管理人员和一些有发言权的人，为了扩大市场份额，故意把书名搞得富有挑逗性和诱惑性，给人以刺激。当然，也不排除可能还有其他的原因，或者是与这类书名的提出者自己的内心世界有关。这种滥起书名的做法，是对读者、对社会、对文化传承不负责任的行为，是对出版的玩弄，是对阅读环境的污染，是对社会主义文化的玷污，是对出版社形象的破坏，甚至是对中国出版形象的损害。

有人说"书名不坏，读者不爱"，这是对读者的污蔑。我们不讳言读者中是有一些人，有追求低级趣味的问题，但这绝不是中国读者的多数，而且出版者的神圣责任本来就在于引导读者，提高读者，怎么能够无原则地迁就他们呢？这是与正确的出版方向相悖的。

又如现在有的出版物，好打擦边球，而且手段也越来越"高明"。在他们看来，这样做一不犯法，二不违纪，有何不可。你说不好，他说是你思想赶不上潮流，还可以给你举出这样那样类似的事例来说明人家张三在这样做，李四也在这样做，为什么我就不能做。他们说，读者是多种多样的，有人反对，有人喜欢。所以，我出我的低格调，你出你的高品位，井水不犯河水，谁也不要管谁。这正像在公共场所随地吐痰，有人觉得问题很严重，有人觉得没有什么大不了。这就是观念、境界、品位的不同。现在的问题就是这样，如果他明明白白地背离出版方向，违反出版政策和纪律，那是可以查处的。但是打擦边球，或者因为思想品位问题反映出来的某种带有消极因素的东西就比较难办，需要加以格外的关注。我们有的编辑正是这样，一步一步地背离职业道德，违反了认真做好出版工作的教导，违背了向读者提供优秀精神食粮的社会责任。他们开始也许是不自觉的，但逐步发展到难以收拾的地步，实在是可惜得很。

精神境界、思想品位，听起来好像很虚，看不见，摸不着，也很难用一个具体的标准去衡量。但是一反映到审稿上，反映到出版物上，反映在对书商、对作者的关系上，它又是很具体的东西。为什么同样的出版社、同样的编辑，都贯彻执行同样的出版方针，但效果却大不一样，编辑的境界和品位不同，可能是重要的原因之一。所以，当编辑的在这个问题上要有自觉性，自觉地锻炼自己，提高自己的思想品位和精神境界。不然就谈不到发展先进文化，体现先进文化的前进方向。

搞出版要有点骨气

有的同志曾经提出搞出版要有点骨气。他以自己的遭遇为例说，出版社和书店的关系，总的是"蜜月"少，别扭多。有时为了一点折扣，争得脸红脖子粗，有时因为突然遭到退货，气得发抖。有时查封了书商的盗版书，书商就通过关系约我赴宴，去桑拿，想把我"拿"过去。我谢绝以后，每天深夜都有恐吓电话，吓得老婆孩子一听电话铃响就惊慌，只好通过"扫黄""打非"办公室正告盗版者，再有这类电话，一旦逮住，就法庭上见，才使恐吓电话消失。可见，搞出版确实需要有点骨气，骨气也是一种品位和境界。[1]

搞出版需要骨气，出精品更需要骨气。我们有的出版社，可能一时里经济情况不太好，但穷也要穷得有骨气，所谓"贫贱不能移"，决不

---

[1] 参见 2003 年 8 月 6 日《中国新闻出版报》。

能因为穷，就背着良知，不负责任地乱出书，"先捞一票再说"。如果这样，迟早会出问题，实际生活中这种例子很多，报刊上也刊登过一些，值得警惕。

当编辑要讲操守

这里我想讲一个编辑的操守问题。前几天《中国新闻出版报》发了一篇短文《记者的操守》。文章说，西班牙"皇马"足球队访华，在新闻发布会上，有记者利用与球星坐得近的"优势"，递上采访本，请求签名，结果被断然拒绝，而在另一处，球星劳尔热情地为突破"封锁线"的小学生签名。事后，球星表示，不能容忍记者利用自己的职业"谋私"，哪怕是索要签名这样的小事。短文作者呼吁记者同行，请恪守自己的职业操守，要把它看成重于生命，可见记者操守的重要。编辑的操守也同样重要。出版作为内容产业，出版物的内容对人们的思想和行为每时每刻都在发生着影响，编辑的操守问题，因而也就具有特殊重要的意义。编辑的操守主要反映在编辑工作上，美国有一位资深编辑讲过一段话，很有意思。他说，已经有很多文章讨论过编辑对于作者、出版商、消费者，还有书籍本身所应该负的种种责任，然而很少有人谈论过，编辑在维护他自己的操守上应该负起什么责任；也就是在忠于自己的政治、道德、伦理、社会和美学的信念方面有什么责任。如果一位编辑在操守上不能有所坚持，我不相信他真的能够对作者、出版商、消费大众，甚至书籍本身善尽职责。在我漫长的编辑生涯中，很多时候我所接触到的工作严重违反了我的政治和社会理念。在这种时候，我都加以婉拒。我很清楚我必须能在夜晚安心入睡，早上醒来的时候能坦然面对镜中的自己，和妻儿在一起的时候，也能毫无羞愧或罪恶的感觉，假如我必须编辑严重违反我的立场和信念的作品，我将无法面对自己，更无法为作者和出版社老板编好这本书。永远要记住人生苦短（你要明白，我是在即将踏入六十大关时，说出这句话的），因此不值得忍受任何会在知识、生理或心理上折磨自己的痛苦。[①]一个资本主义国家的编辑，对于政治、道德、社会和美学的信念和责任，能够有如此深刻的理解，把它看成自己的操守，而加以反对或坚持，这是很不容易的。他要求自己做的编辑工作、编的书，在夜晚能够扪心无愧，使自己入睡，在面对妻儿时能毫无愧色或者毫无犯罪的感觉，这就是社会责任感的表现。不像我们有的编辑编的书，可以上市场，但不能带回家给自己的孩子看。这里提出编辑的操守问题，值得每一个编辑深思。人生苦短，不值得因为编了某一本书而一辈子留下内疚，使自己不敢去面对自己的妻儿。希望每一个编辑，在你退休的时候，在回首往事时，不会因为曾经出版过某一本书而心跳脸红。

治书和治社必须结合

大力促进先进文化，积极推进精品战略，多出精品，这是一个系统工程，有许多工作要做。从理论创新到实务操作，从体制改革到机制运作，从规章制度到管理实施，从人才培训到团队组合，从道德弘扬到作风改进，等等，这些都是应该做的。这里，尤其要重视完善精品的生产机制，既需要编辑、出版、校对、印制等各个环节的工作人员有正确的指导思想、丰富的知识和精湛的技能，更需要生产管理者有先进的管理理念、高超的管理艺术，既要实施现代化的科学管理，又要建立行之有效的监督机制，向管理要效益、向管理要质量、向管理要精品。只有把管理放在突出的地位，又有高素质的从业人员善尽职守，才能把精品战略进行到底。如果管理松弛甚至混乱，精品战略就不可能实现。可见，出精品依赖于人才，包括治书的人才和治社的人才。只有把治书和治社辩证地结合起

---

① 参见〔美〕格罗斯主编《编辑人的世界》第 5 页，中国工人出版社 2000 年 9 月出版。

来，人尽其才，物尽其用，精品图书才能源源不断、层出不穷，同时也使优秀人才不断涌现。出精品、出人才是一个事物的两面，是互相促进，相辅相成的。为此，我们必须把精品战略进行到底，这也是本届年会所要求的。为了我国社会主义出版的繁荣，希望大家积极积累出精品的经验、不断总结出精品的经验，认认真真地多出精品，为发展社会主义先进文化开创崭新的局面，为全面建设小康社会做出更大的贡献。

培养高素质人才是出版专业教育的当务之急

（一）21世纪的出版竞争取决于人才

过去的一百年，是科学技术高速发展和广泛应用的一百年。在这一百年中，技术科学和人文科学的紧密结合，大大提高了人类改造自然、改造社会和改造自己的能力，极大地推动了生产力的发展和社会的进步，对世界经济、政治、文化带来极为深刻的影响，给新闻、出版、传播事业的发展，奠定了坚实的基础，创造了良好的条件。在这一百年中，出版告别了铅与火，迎来光和电，写下了划时代的一页。未来的一百年，将是科学技术更加迅猛发展的时代，我们的出版将面对一个全方位、加速发展的新局面，其对世界各国都将产生不可估量的影响。这是一个机遇难得、挑战严峻的时期，竞争必将更加激烈，如果用一句简短的话来概括，那就是：竞争将决定谁是最大的赢家。

竞争，21世纪的竞争，归根到底是人才的竞争。说到人才，人们往往会提到美国的硅谷。据说它有20万工程技术人员，其中有不少来自世界各地，特别是发展中国家，仅华人就有6万。美国之所以能在科学技术上居于领先地位，使自己成为超级大国，网罗各方面的人才，不能不说是重要原因之一。

既然人才对于未来是如此重要，那么出版要发展，首先就要解决好人才问题。从中国的情况看，出版队伍的基本情况大体是这样的，根据几个省市和几家出版社的调查，出版社工作人员当中，本科以上学历的占40%，硕士和双学位人员占8%，博士仅占0.5%，三者加起来还不到50%。其中编辑人员中高学历的比例虽然高于一般的行政管理和发行销售部门的人员，但从总体上看，这个队伍还是很难适应高新科技迅速发展的知识经济时代的出版工作的需要。人才从哪里来，我们是发展中国家，不可能用高薪去聘用国外的人才，只能采取自己培养的办法来解决。

（二）全面提高出版队伍的素质已成为当务之急

要适应21世纪出版发展的要求，必须全面提高整个出版队伍的素质。一方面要加强在职人员的继续教育，力求在50%未达到本科以上学历人员中接近半数的45岁以下人员，能较快地达到相当于本科同等学历的水平；另一方面，要切实做好高等学校编辑出版学专业教育，提高出版队伍后备人员的素质。

培养我国出版人才，目前只能从以下两方面着手：

1. 加强在职人员的继续教育

主要分为两个方面：一是鼓励在职人员攻读高一级的学位；二是普遍实行在职培训。在过去的三年里，我们实行了全行业的上岗培训，取得了很好的效果。今后要继续实行有计划、有目标的针对性培训。已经取得各种学位的人员，在新知识面前也要及时"充电"。

2. 高等学校编辑出版学的专业学习

编辑出版学的专业学习分为两种：一种是本科专业，一种是以培养硕士研究生为目的的专业学习。

编辑出版学的本科专业教育，大体分为培养编辑人员（包括美术编辑）和出版营销管理人员两类。根据国家规定，本科教育的目标是："培养具有系统的编辑出版理论知识与技能，宽广的文化与科学知识，能在书刊出版、新闻宣传和文化教育部门从事编辑出版、发行业务与管理工作以及教学与科研的编辑出版学高级专门人才。"①换句话说，这种教育除了作为一个文科或理工科大学生应该学的基础知识课以外，编辑出版专业知识的学习是这些学生的基本课程。鉴于他们入学以前没有接触过编辑出版工作，根据目前一些学校的做法，推行编辑出版学专业系列教育的经验是可行的。

这种系列教育一般可分为三个层次：

第一个层次是：出版基础教育。

主要是讲出版的性质、任务、方针政策，编辑、出版工作的特点和方法，包括如何做读者调查、寻求信息，作市场分析、策划和选题论证，如何组织、审读和加工整理稿件，如何进行美术设计，如何组合全稿，如何校对，如何宣传评价；如何进行成本核算、定价；如何销售出版物，以及出版法规、版权贸易和版权知识；还有出版工作者应有的理论功底、知识结构、思想品格、职业道德等等。实际上是作为一个出版工作者应知应会各个方面的操作实践的教育。

第二个层次是：编辑出版学专业的理论教育。

主要是讲编辑出版理论，编辑史、出版史，编辑学、出版学的学科性质、任务、研究对象和研究方法，编辑、出版的性质概念、功能（包括政治功能、文化功能、传播功能、经济功能和社会其他功能）、出版系统的构成及其各相关部分的关系，出版物的生产及其一般过程的分析（包括精神生产、物质生产和商品流通过程的不同性质和特点）、出版管理的性质、意义、内容、原则、制度、方法和机构，出版的经济活动、出版与出版物的市场，出版经济活动的性质、效益及其相互关系，编辑出版有关的法规教育，编辑、出版的国际交流，中外编辑出版的比较，编辑出版工作现代化（包括电子出版与多媒体、网络出版等），编辑、出版的科学研究，编辑、出版教育与人才的培养，编辑、出版队伍的知

---

① 参见 1998 年教育部颁布的《普通高等学校本科专业目标》。

识结构，应该具备的政治、思想素质和道德修养，以及培养合格编辑、出版人才的途径（教育和实践的结合等）等，并且辅以必要的实习。实际上是作为培养编辑、出版专业人才的理论与实践相结合的专业教育，它要达到国家规定的本科学生素质教育的要求。当然，第一和第二层次不能截然分开，可按各校教育实际分别合理安排。

第三个层次是：以培养硕士研究生为目标的学位教育。

一般也分为两种：一种是本科毕业以后，在指定导师的指导下，继续深造两年，经过答辩，获硕士学位。

另一种培养对象是组织本科毕业，且在高校编辑出版学专业有三年以上教育经验的青年教员，和本科毕业后在出版社有三年以上实际工作经验的编辑、出版工作者，在职攻读硕士学位，学制两年，每年有两个月的集中学习时间，进行面对面授课，其他时间是定期向导师汇报自己的学业进程并取得进一步的指导，取得足够的学分（考试成绩）以后，可以开始撰写毕业论文，经过社会（出版专家）鉴定和学校答辩，确认合格以后，正式授予硕士学位。从另一角度看，这也是在职人员继续教育的一个组成部分。

（三）迫切需要加强编辑出版理论研究

高等学校编辑出版教育的发展，迫切需要教材，这就在无形中推动着编辑学、出版学学术研究的开展；需要研究编辑学、出版学更重要的原因是编辑、出版实际工作的迅速发展。改革开放以来，国民经济体制由原来的计划经济向社会主义市场经济转变，出版业当然也不例外。这个转变使出版业得到前所未有的飞速发展。在这个大发展的过程中，同时也出现了许多新的情况和问题，迫切需要加强理论上的研究，并做出科学的回答。

1. 编辑出版学研究热潮的出现

首先，编辑工作是各种传播媒介，也是出版工作的中心环节，编辑工作决定着出版物的方向、内容和质量。编辑出版工作的好坏，直接关系着我国社会主义精神文明和物质文明建设的成就。这就是我国出版界、教育界为什么首先要把编辑出版工作作为一门科学来加以研究，并且在中国得到迅速发展、崛起的原因。

经过短短的 20 年，我国现在已经有了《图书编辑学》《杂志编辑学》《报纸编辑学》《广播编辑学》《影视编辑学》《摄影编辑学》和《电子新闻媒介栏目编辑学》等。电脑软件的制作、多媒体、网络出版和其他电子出版物的编辑活动，也已有人在认真地研究。相应的教材，也已经陆续出版。尽管其中有一些目前发育还不够健全，但是，它的发展势头是很好的，方向是完全正确的。

2. 涵盖多种媒体编辑活动的普通编辑学正在形成，理论框架的构建工程正在取得进展

各种媒体编辑学的形成，反映了它们既有个性也有共性，从而就提出了构建以多种媒体编辑活动的共同特点和共同规律为基础的普通编辑学，它是书、报、刊、影视……多种媒体编辑学的理论升华，是各种媒体编辑学研究并继续发展的必然结果，它对各种媒体的编辑活动有广泛的理论指导意义。

普通编辑学框架的构建，使编辑学完整的学科体系得以顺利地形成，即以普通编辑学为独立的学科，而以图书编辑学、期刊编辑学等上面提到的各种媒体的编辑学作为分支学科。而这些分支学科是交错的，它们同时又是有关学科的分支学科，如图书编辑学、杂志编辑学是出版学的分支学科，报纸编辑学是新闻学的分支学科，广播编辑学是广播学的分支学科，影视编辑学是电影学和电视学的分支学科等等。这样既奠定了编辑学作为独立学科的品格，明确了它和出版学、新闻学、传播学在学科地位上是并列的，又回答了它的分支学科与出版学、新闻学、传播学的关系，是一种交叉学科。如果没有普通编辑学，就像动物学家只研究马、牛、羊，而不研究脊椎动物学一样，这当然是不可思议的。

编辑学的知识结构，经过学界的反复讨论，也取得了共识。一般认

为它包括：理论部分、业务部分、历史部分和方法论部分。现在这些方面都有了一些著述。其中，后面三个部分，由于内容比较具体，认识上比较易于趋同；理论部分则比较抽象，需要做更多的研究和讨论。目前正在集中探讨的就是这一部分，习惯上把它称作理论体系或理论框架。

研究编辑学理论框架的基本任务是要阐明编辑学的学科性质、任务、研究对象，编辑活动的基本特点和客观规律，以及它所反映的基本范畴和理论原理；它的内容要适用于书、报、刊、广播、影视、录音录像制品等多种传播媒体，也包括电子出版和网络出版，力求吸纳近10年来编辑学学术研究的成果。强调理论思维的提炼，建立起具有现代科学形态的独立的编辑学，更好地为高等学校编辑出版学专业教育服务，同时也便于在这个基础上，开拓创新，开始进一步研究。

3.高等学校的编辑、出版学专业，正在蓬勃发展

这方面除了原来有十多所高校建成有编辑学专业以外，近一两年有一批学校（如浙江大学、河北大学、首都师范大学、山西师范大学、湖南师范大学等）新建立了编辑、出版学专业，数量已达30余所，有的还成立了编辑、出版研究所（如浙江大学、河南大学、南京大学、山西师范大学、河北大学、华中师范大学、西北师范大学等）；编辑、出版学教育的师资队伍，也有了壮大和提高，目前已有教授数十人，副教授就更多了。

4.把编辑、出版学列入国家《授予博士、硕士学位和培养研究生的学科、专业目录》刻不容缓

以上这些都说明，建立编辑、出版学硕士研究生点的基本条件已经具备。实践告诉我们，出版要发展必须得到高等教育的进一步支持。出版教育和出版研究必须跟上，它们互相支持，互相促进，才能培养出一大批高层次、复合型的出版人才，才能适应21世纪出版发展的需要。这个问题现在已经不能再拖，我们应该大声向出版教育部门发出呼吁，这个问题再不解决，将影响高层次出版人才的造就，将严重影响出版事业

的健康发展，将不利于我国社会主义精神文明建设。

目前，我国已有编辑出版学专著好几百部，其中编辑学著作近百部，仅书名上有"编辑学"字样的就有80余部。这和其中许多已有硕士点的学科相比，应该说并不逊色。

从实践上看，我国有500多家出版社，8000多种杂志，以及各种政府的编志机构，编辑队伍的数量已超过10万人，这还没有把报纸、电台、电视台等诸多媒体的编辑人员计算在内。现在我国每年出书14万种以上，70多亿册，杂志28亿多册，电子音像、电脑网络单位已超过100家，产品几万种。我国现有的出版规模，以及它在社会主义精神文明建设中的地位使我们不禁要问，为什么还不能建立硕士授予点呢？

社会上包括教育界，不时对出版工作和出版物提出这样那样的批评，应该表示感谢。我们承认出版工作中确实存在一些格调不高、编校质量差等问题。但是，造成这些问题的原因是什么？很重要的一条，就是队伍素质问题。我们希望社会各界在以批评方式支持出版的同时，也帮助和支持出版界解决高素质人才培养问题。当前，首先需要解决编辑、出版学硕士授予点的问题。

我们承认新闻事业的重要地位，但是新闻学（包括传播学）开始在中国设立博士、硕士授予点时，其规模和数量，恐怕也和目前中国出版状况差不多。至于其研究水平和教育规模，可能还没有达到目前出版业的状况。如果我们从实际出发，真正从有利于社会主义精神文明建设考虑，实事求是地看待这个问题，建立编辑、出版学硕士授予点的问题，理应迅速得到解决。当然，这里有一个区别，新闻学、传播学都是从国外输入的，国外先有这些学科，中国也跟着设，似乎难有异议。而编辑学是中国人开始搞起来的，有些国家，虽有出版学科，但出现的时间，有的晚于我国，有的也和我国差不了多久，但现在他们都已经在培养出版学的硕士和博士了，而我们这个编辑学的首创之地反而落后了，还在讨论要不要设立硕士授予点，这是令人难以理解的。

　　有人说，我国现在有以培养编辑出版学为方向的硕士研究生，即"借鸡孵蛋"的办法，但这只能是权宜之计。因为这里存在着"学"和"术"的矛盾。被挂靠的学科，只能解决"术"，而不能解决"学"的问题，因为其他学科不可能深入地研究编辑出版学，反而使对"编辑"的理解，更加五花八门。对编辑出版学来说，也没有或者说很难有从根本上加强和推动学科建设的含义。我们应该认真学习和贯彻"三个代表"的重要思想，从代表先进生产力的发展要求，代表先进文化的发展方向，代表广大人民的根本利益上来考虑并解决这个问题。

　　为了应对 21 世纪的发展和中国"入世"后的新形势，中国出版将进一步深化改革，扩大开放，立足发展，调整产业结构，壮大出版业的经济实力，以适应激烈的竞争；要运用高新技术，加快信息化步伐，提高出版生产能力，大力在编、印、发等环节采用高科技手段，开拓新的出版媒体，创新出版产品；进一步提高出版物质量，着力推进精品战略，努力使出版物更加适应读者的需要；加大"扫黄""打非"力度，进一步整顿图书市场，建立统一开放、竞争有序的出版物大市场，创造出版物营销的良好环境；加强国际出版交流，借中国"入世"之机，开拓国外市场。但是，要实现这一切，都必须有高素质人才的支撑。江泽民同志说："关键是人才。"不解决人才问题，一切都是空话。

　　形势喜人，形势逼人，我们应该努力。

2001 年 12 月

　　《编辑之友》2003 年第 3 期；《编辑的心力所向》P125，贵州人民出版社 2004 年 10 月版

为邓雷仓著《现代编辑素养探微》作序

邓雷仓同志的新著《现代编辑素养探微》即将出版，我有幸拜读到部分校样。这是编辑实践经验的结晶，充满着闪光的思想亮点。一读这些文章，就可以知道雷仓同志是一位踏实、认真，辛劳有加，而且有成就的资深编辑，是一位既做实际工作，又兼做出版理论研究的有心人。文章中既没有"深奥"的理论，也没有难懂的新名词、生造的概念和定义。有的是发自作者肺腑的心声，有的是可以引以为鉴的经验和教训，不管是直接的或者是间接的。我很喜欢读这样的文章，它不枯燥，不空洞。对于做过几天编辑工作的人，可以很快地引起共鸣，对于没有做过编辑工作的人，可以引起索真探幽的心情。一句话，我读了以后，很受启发，获益匪浅。

学术问题，可以有不同意见，不同意见的争鸣才能使学术发展前进。一位有影响的新闻学教授曾对我说过，新闻的定义有好几十种，几乎每一位教新闻学的教授都有自己的"新闻"定义。编辑学也是这样，"编辑"的概念不下几十种，我也曾冒昧地表述过编辑概念，不想在这里王婆卖瓜。不过，有一点我赞成，就是编辑的定义，必须针对编辑或编辑活动。不能落实到"著作活动""著作方式"上去，因为研究"著作活动"等，应该是著作学的任务。如果把编辑活动都纳入著作活动，那么研究编辑学就成为多余的了。编辑和著作两者必须分清，编辑学只研究特殊的属于编辑活动的内容，不去研究那些属于著作的活动和方式等等。

雷仓同志在讨论编辑职业道德时，把"替读者着想，为读者服务，对社会负责，把最好的精神产品提供给人们"放在第一条，这一点在现在意义重大。编辑出版本来是为读者服务的，这在我国的出版传统中是很突出的。可是现在"读者"二字，在有些人的头脑中不占什么地位，他们根本不知道读者需要什么，结果库存积压越来越多，退货率越来越高，书越出越厚，装帧越来越豪华，有的书纯粹是一种摆设，根本不是给读者看的，请问有多少人能捧着好几斤重的书在那里看？这说明我们有些编辑出版工作者，头脑里没有读者，更不用说那些善于炮制平庸、低级出版物的"行家"了。编辑出版工作者头脑中要有读者，要处处为读者着想，竭诚为读者服务，要把"一心向着读者"作为自己工作的第一要则，这应该是编辑出版工作者职业道德的最高境界。那些把读者当"阿斗"的人，总有一天会被读者看清看透，原形毕露，把自己摆在尴尬的境地。

雷仓同志在他的新著中，非常强调听取别人的意见和批评的问题。这一点我觉得是非常重要的，任何人工作做得再好，难免有错点、不足；无论什么好文章，也不可能没有可以推敲的地方。所以，听取意见和批评，并予以改正，就十分必要，这是一个人能进步的关键。作者在书中说，一听恭维就笑，一听批评就跳。这种现象对于一个编辑来说，更需警惕。读者分布在各行各业、各个阶层，出版物要面对社会的各个角落，不可能十全十美，因而特别需要听取读者的批评。可是，现在有些编辑，听不得批评，他们大多有三种心态：一是觉得脸上无光；二是千方百计地辩解；三是火冒三丈，甚至要追究批评者的动机，说人家"别有用心"，恨不得把批评者"一棍子打死"。这样的编辑恐怕是做不好工作的。总之，要像作者所说的那样，对批评要有胸纳百海的雅量，要多听"别人意见中的合理部分，要有君子风度"。这是做一个合格编辑最起码的条件。

雷仓同志的新著中，可以品味的东西很多，我不过是取其万一，表示一下共鸣而已。

雷仓同志是中国编辑学会的个人会员，他的新著问世，我理应表示祝贺，何况，它给我很深的教益。

2001 年 12 月

《编辑的心力所向》P403，贵州人民出版社 2004 年 10 月版

初读世纪之交的几本编辑学新著

　　世纪之交的两三年间，出版的编辑专著相当丰富，不仅有一定的数量，而且在理论研究的深度上有所发展。有几本书给我印象较深，以出版前后，当是：

　　《编辑创意论》，徐柏容著，天津古籍出版社 1999 年 12 月出版。这是作者计划写的四本书：《编辑创意论》《编辑选择论》《编辑结构论》《编辑优化论》中的一本，而且是第一本，已经出版。"选择论"和"结构论"也已脱稿，目前正处于出版社编审过程中。"优化论"预计年底可以脱稿。过去，某个单位，或几个人合作编写一套编辑学或编辑理论丛书是有的。但是，由一个人来写一套系列书，在编辑研究方面，柏容同志还是第一人，这不能不令人起敬。作者是散文家，"创意论"虽是学术性著作，但却是用散文形式写成的。全书很少头头是道的定义和面面俱到的概念，但却在轻松愉快中阐明了许多基本问题。

　　作者开宗明义地交待了这本书的内容。他说本书所要论述的编辑创意中的编辑一词有一个确定的范围。那就是："一、涉及的范围只限于书刊稿件的编辑工作，不包括广播影视等部门，也不包括新闻，更不是任何部门都包括在内。二、工作的对象只限于书稿与文稿。"同时指出：本书不是全面论述书刊的编辑工作，"论述的内容，只限于编辑创意工作"。根据以上"交待"，作者明确提出：书稿编辑工作的内容，就是对拟出版的稿件进行创意、选择、结构、优化的工作，认为编辑工作的主要内容就是这四项。作者的这个判断，是对编辑活动本质的科学概括，它所强调的内容既对当前实际工作有十分重要的指导意义，又是一种理论上的成就。编辑创意论就是作者要论述的上述四项内容中的第一项。在本书中，作者阐释了创意的本质特征，它在编辑工作中的地位和作用。

他认为，创意就是创新，创意意味着路是人走出来的。创新是编辑出版进步的灵魂，创新是根本、基础是创意。他说，编辑创意，指的就是在编辑工作中创立有高品位之新意的工作。这对目前市场竞争激烈，有些编辑在竞争中出现价值取向失衡的状况，有重要的实践意义。作者不仅阐述了编辑创意的理念，而且指出了创意的实践和实践创意的原则，主张运用编辑规律进行创意，并且划分了创意实践的三个层次，即：宏观编辑创意、中观编辑创意和微观编辑创意。同时，也为编辑人员指明了实践创意的几种思维方法，有助于创意在实践中的应用。笔者认为，"编辑创意论"的提出本身就是一种理论创新，这本著述的构思和撰写无疑已经为编辑创意论的建立打下了很好的基础。本书广征博引，大量而巧妙地运用了比喻的手法，使作者的观点更为传神，从而提高了学术著作的可读性。

《百科全书学》，金常政著，中国大百科全书出版社 2000 年 11 月出版。这本书讲的是百科全书的编纂理论、实践和历史，是地地道道的百科全书编辑学。作者是中国现代百科全书的著名专家之一。他亲历了 1993 年 10 月出版全 74 卷本 1.26 亿字的《中国大百科全书》，这是我国第一部现代百科全书，作者参与了组织和编纂，是我国现代百科全书事业的重要开拓者和实践者之一。作者写过好几本关于百科全书的书，如 1985 年出版的《百科全书编纂概论》、1987 年出版的《百科全书及其编辑研究》、1991 年出版的《话说百科全书——百科全书编辑札记》、1994 年出版的《百科全书、辞书、年鉴的研究与编纂方法》等。本书就是继承了前面几本的成就，并以 1985 年版《百科全书编纂概论》为基础，增加内容，扩大篇幅，充实修订而成的。全书 23 章，大体可分为三个部分。第一部分：前 3 章，包括"引论"的大部分内容，主要是讲百科全书的历史发展，古今中外都有涉及，实际上是一篇百科全书简史。第二部分：即 4—15 章，主要讲百科全书编纂的理论和实践，作者强调了百科人要有百科意识，着重阐明了总体设计、框架和体例的制订，对于编纂百科全书的重要意义及其相关的原则，同时讲述了编纂实践中基本环节和重要方面的指导思想和操作要领。第三部分：即16—23章，主要是讲各种类型百科全书的性质、特点和编纂方法，以及影响百科全书定位和质量的读者、作者和编者的研究，百科全书的鉴别、评价和方便检索使用的原则和方法等。最后，还收入了一些附录，以利读者进一步了解百科全书事业在我国发展的轨迹。这是我国第一部论述百科全书编纂工程的学术著作，在史、论、术的结合上做得比较好，是我国现代百科全书学的奠基之作。它的出版，对于指导百科全书的编纂实践，推动百科全书的理论研究，都有重要意义，对编辑学学科建设也做出了重要贡献。

《现代编辑学概论》，张才明、杨文华著，中央编译出版社2000年12月出版。本书是由山西师范大学副校长、编辑出版研究所所长齐峰任编委会主任的《编辑出版研究丛书》之一，这套丛书目前已出5种。全书作者张才明从事编辑工作和编辑出版教育工作多年，也有兴趣做编辑研究工作。本书共15章。除第一章"导论"讲编辑概念、起源、编辑活动的特点、作者和编辑学学科性质等以外，分上下两编。上编讲编辑理论。本书和有些编辑学专著不同，它强调编辑主体，主张把编辑队伍的素质、道德修养、知识和能力，放在重要的地位。它把作者、稿件和客观的社会生活环境，当作客体来研究，又对受众作了专章分析，同时对不同媒体的特点给予了相当的关注。下编讲编辑艺术。作者从编辑艺术和编辑风格的角度，来论述编辑过程和各个环节，并对编辑在运作实践中可能形成的艺术特色和风格个性作了论证，还应该提到的是本书研究的编辑活动不仅限于书刊编辑活动，而且包括报纸、广播、电视在内，所以，它用"受众"代替了"读者"，应该说它涵盖的编辑活动的范围已相当广阔。同时，在字里行间可以看出本书作者比较注意理论和实践的结合，努力追求在阐明理论时，没有那种玄而又玄的东西，在讲述实践操作时又比较注意明确实用。这不仅因为前面提到的作者曾当过编辑和教员的关系，而且因为作者所在的山西师大，和一般仅仅从事教育的大学不同，他们不仅设有编辑出版研究所，而且拥有一个报业集团，是一个学、研、产相结合的集团，拥有一支分工明确，又互相结合而形成的教育、科研、编辑和"汉语天地"网站为一体的学术研究队伍。这样，更有利于学术研究的开展和学科建设的顺利进行。这种资源和人才的配置，笔者认为是值得提倡和应该发掘的。

《编辑学理论研究》，吴飞著，浙江大学出版社 2001 年 1 月出版。作者是一位副教授，是浙江大学新闻传媒与社会发展研究所的副所长。写书时（1999 年）正在攻读博士学位，在此之前已经出版过《新闻编辑学》（1995 年出版）等书。《编辑学理论研究》是一本地道的学术著作。作者集中在编辑本体论、编辑主体论和编辑客体论等三个方面，作了相当深入的研究。本书在三个方面给人留下较深的印象：一、在作者的研究中给受众以重要的地位。受众（在书报刊中称作读者），本来是编辑的服务对象，是编辑活动的出发点和归宿，但不知从什么时候起，受众在一些编辑的眼里，已经变得不那么重要，口中念念不忘的只是市场、书商、订数。本书作者在"本体论"和"客体论"中都论述了受众在编辑活动中的意义，强调了重视受众，了解受众，直接向受众作调查的重要性。他说："媒体提供的信息、知识等娱乐内容应该以受众的社会需求为起点——应当从受众的需求出发。"又说："从事精神文化产品的生产，是以受众的精神文化消费为依归的。作者的产品如果不合符受众的需求，那作者的劳动就成了无效劳动。"登在报上的东西，读者不看，就成为没有任何意义的东西。本书作者说："我们一再强调为受众服务是编辑的最终目的。这一基本思想，应该作为编辑工作的基本指导思想牢固地树立在现代编辑的思维意识中。"编辑工作的基本目标是满足受众的正当需求，而编辑工作的表现形式就是为受众服务。他说："以受者为中心，那么其所办的出版物便会得到社会的首肯。"即使是刊登文选也是为受众服务，他引用韬奋的话说："报纸上刊登广告，不应该专为报纸的营业收入，而应该同时顾到多数读者的利益。"应该说，本书作者这些观点并不新鲜，但是在今天来加以强调，却具有十分重要的现实意义。二、本书作者比较注意吸收国内外专家学者的研究成果，包括新闻学、传播学、文化学、心理学、社会学的研究成果（主要是 1999 年以前的，这和写这本书的时间有关），加强了作者自己观点的说服力，使作者的研究成果得到进一步的深化，也使本书的知识含量加大，并显得材料相当丰富。三、本书观点鲜明，条例清晰，没有什么模棱两可的观点。在编辑主体论中为"编辑的法律素质"设立专章，这是一种新的尝试，值得注意。应该提到的是：作者说"在本书中，我们既研究图书、杂志的编辑活动，但主要考察的是新闻编辑活动"，又说："我们把主要的研究目标放在新闻编辑活动上，这是因为我们认为现代化的新闻编辑活动应该说是最高级形态的编辑活动。""新闻编辑活动是一种高级的群体连续活动。这与图书编辑相比要复杂得多，也紧张得多……"作者是新闻学的教研人员，对新闻编辑学情有独钟是可以理解的。希望作者对书刊和其他媒体的编辑活动，有更多的研究。

《现代科技期刊编辑学》，胡传焯著，湖南科技出版社 2001 年 4 月出版。作者是一位资深编辑，从事编辑工作和教育工作数十年。本书是他实践经验的结晶，学术研究的成果。全书包括 8 篇 16 章，分三个部分，即编辑理念、编辑简史、编辑工作与编辑管理等。作者把科技期刊编辑学定位为部门编辑学，是编辑学的一个分支学科。作者认为"编辑活动是选择的活动，是发现的活动，是优化的活动"，"编辑活动的基本规律是文化选择规律"。作者提出中国编辑史有三个辉煌时期：第一次是西汉时期，尤其是从汉武帝以后到刘向父子校书编目时期；第二次是唐贞观时期；第三次是北宋中期，以仁宗时期为最。同时，认为明清时期也有相当成就。作者还总结概括了历代编辑工作的启示。这些可作为编辑史研究者参考。作者强调了编辑学的学科建设要研究相关学科理论，借助它们来丰富自己的理论体系。弄清编辑学与邻近学科，如出版学、逻辑学、社会学、伦理学、语言学、美学、新闻学、情报学、文献学、目录学、图书馆学、传播学、心理学和创造学的关系。这个见解扩大了编辑学的相关学科，有利于拓宽编辑学研究的思路。作者用了大部分篇幅来阐述科技期刊编辑工作的标准化与规范化，编辑工程，各个环节的运作制度、要求、原则与实务，编辑手段现代化和编辑管理等，具有很强的应用性。作为科技期刊编辑学，作者重视了编辑学基础理论的阐述，把它作为这门分支学科一个不可缺少的组成部分，是科技编辑学重视理论探讨的一个新的发展。

《编辑学导论》，任定华、胡爱玲、郭西山著，中国经济出版社2001 年 5 月出版。任定华先生是一位资深教研人员，从事编辑学研究多年，是 80 年代初编辑学开始崛起时就投身研究的积极分子，发表过一些很有见解的论文，曾主编过《科技期刊编辑学导论》，于 1991 年出版。《编辑学导论》共 31 章，53 万字。由四大块构成，即：总论篇、原理篇、方法篇和编辑工程篇。作者认为，从知识结构看，编辑学的学科框架由五个要素构成，即编辑史、基础理论、编辑学原理、编辑与编辑方法、编辑系统工程，而在写作布局上，作者把编辑史和基础理论两个学科要素安排在一起，作为总论篇，其余三个要素，各成一篇。在"总论篇"中，作者首先讲编辑史，叙述了文字符号的演化，科学技术的进步，编辑体制和手段的进化。它说明了编辑的起源和发展依赖于文字符号的发展、科技的进步和传播媒体的演变。它不仅介绍了汉字的起源和演变，也说明了其他文字演化的概况，这是以往出版的编辑学著作中所少见的。本书叙述了人类社会近代科技中心的五次转移和近现代三次科技革命，尤其是传播媒体的发展演变，对编辑活动带来的深刻影响，视角比较广阔。正是在这个基础上，作者阐述了编辑的产生和发展、学科的性质、学科的构建、学科的归属、它和邻近学科特别是新兴学科的关系，从而论证了编辑学应运而生的历史必然性，讨论了编辑和编辑活动的本质、功能以及编辑的地位与使命等编辑学的一系列重要问题，形成了自己的见解。如对基本概念方面，作者在考察了编辑活动的出发点和落脚点以后，提出编辑的定义是：信息、知识有序化、媒体化、社会化的业务活动。编辑学是研究和探索编辑现象和编辑活动规律的科学。详言之，编辑学是研究信息、知识有序化、媒体化与社会化的发生、发展和运动的基本理论、基本规律和基本方法的科学。与此同时，作者还强调了编辑学作为一门独立的学科，应该有自己的学科结构的科学原则。作者认为这是形成一门公认的、科学的学科所必须的。作者首先强调了学科构成的科学性原则，也就是这个知识体系必须具备客观性、相对真理性和逻辑严密性等特征。同时，要讲究实践性，既研究实践的发展又有指导实践的能力，还要有整体性即结构的相对完备，最后是层级性，即主干学科和分支学科等等层级分明。在"原理篇"中，作者对编辑信息原理、编辑语言原理、编辑美学原理、编辑再创性原理，分别作了论述，尤其着重介绍了编辑学自 80 年代在中国崛起以来先后出现的若干关于编辑原理的观点，以及由此反映出来的几种编辑观，进行比较和评述，并且表明了自己的看法，有利于学术研究的深化。在"方法篇"中，作者论述了编辑学方法论研究的现状和发展趋势，各种不同的学术观点及其倾向，着重讨论了哲学方法、自然科学方法、数学方法及信息论与控制方法的应用等，给人以新的启发。作者强调：编辑学是一门新兴的、综合性的横断学科，它的创立与构建，必须注意研究方法，并在方法论上有所突破。否则，是难以想象的。所以，作者非常关注方法论的研究，并且对目前流行的几种常见的方法论加以分析和评估，这也是已有的编辑学著述中不常见的。在"编辑工程篇"中，作者考察了编辑活动的全过程，并把它作为一个系统流程和整体性工程来论述，尤其强调了编辑策划和编辑成果的质量。最后，作者用专章展望了知识经济时代的编辑活动，强调了编辑工作既要适应新形势，又要努力创新，也是有意义的。从全书看，这是一本学术含量相当浓厚的编辑学专著，是一本以探求信息、知识有序化、媒体化、社会化为编辑活动的本质，并以此为基础，提出基本规律和基本原理，构建起编辑学整个理论体系的代表性学术著作，在编辑学的学科殿堂里树一家之言，是近年来编辑学研究的一个重要成果。同时，还应该看到，这本书虽有较强的理论性，但在实用性方面也有自己的长处，特别是根据不同媒体的个性，阐明编辑运作的原则和方法，有利于指导编辑实践。

综观世纪之交出版的几部编辑学著作，质量有一定提高。编辑学的研究正在向纵深发展，学科的构建比过去更关注新媒体的特点；加强了编辑的读者意识，尤其是市场经济条件下，如何坚持"一切为了读者""竭诚为读者服务"的观念得到新的提升；对于国内外形势以及由此而来的新的出版环境，对社会主义市场经济挑战和影响，对竞争规律的作用及其控制，对编辑活动的功能和意义，对于进一步造就一支政治强、业务精、作风好、纪律严的编辑队伍有了新的认识；对于加强编辑学学科建设的重要性有更新的体会。可见，编辑学研究服务于实际工作的目的是明确的，发展是健康的，是可以和能够指导实践，推动社会主义出版事业发展的。

编辑学研究今后的发展，要进一步做好"三个结合"，即研究传统媒体的编辑活动和新媒体编辑活动的结合，新闻、出版、广播、影视、电子出版、多媒体、网络出版从业人员与高等学校教研人员的结合，还有一个就是研究队伍中老中青的结合。这是编辑学学科建设今后能否顺利发展的关键，是一切指导编辑学研究的部门、单位、组织，以及每一个有志于编辑学研究的个人都需要关注的问题。

以上是我初读几本书的一些印象，不妥处恳请有关作者和同仁指正。

2002 年 1 月

《中国出版》2002 年第 3 期；《编辑的心力所向》P377，贵州人民出版社 2004 年 10 月版

写在《新时期编辑活动特点探讨》后面

——中国编辑学会第六届年会论文选

中国编辑学会第六届年会于 8 月中旬在哈尔滨召开。这次年会的主题是：以"三个代表"的重要思想为指导，探讨新时期编辑活动的性质、特点、任务和要求，总结新鲜经验，交流思想观点，提高认识水平，推动编辑出版的理论研究和编辑学的学科建设，做好实际工作，进一步促进我国社会主义出版事业的新发展。

年会的这个主题引起出版界和编辑出版理论工作者的极大兴趣，在短短的两个月中，共收到 26 个省、市、区 160 余篇应征文章。学会邀请其中 80 余人参加了会议。这次年会的特点是：与会者年轻人多，40 岁以下的约占到会总数的二分之一以上；涉及的新问题多，如网络出版、电子出版物的编辑工作等；讨论认真，交流充分，除 30 余人作大会发言外，小组会上发言踊跃，讨论的问题有一定的深度。这说明，在新的历史时期，在高新科技发展的条件下，怎么做好编辑出版工作的问题，大家是十分关心的。鉴于此，我们认为有必要把有关的文章编印成书，供同行参考。承中国水利水电出版社的支持，才能使这本文集及早和大家见面。

感谢中国水利水电出版社汤鑫华社长和王国仪总编辑亲自担任本书的主编和副主编，汤社长还特地为本书写了前言。感谢责任编辑马爱梅同志为这本书做了认真细致的编辑工作。衷心感谢中国水利水电出版社的同志对学会工作的积极支持，祝他们在出版工作中不断取得新的成就！

2002 年 3 月

《新时期编辑活动特点探讨》P472，中国水利水电出版社 2002 年 4 月版

1949 年 3 月—2001 年 5 月已出版的编辑学专著书目汇编（含已知的港台出版著作）

编辑学　李次民著　广州自由出版社　1949.3

书籍编辑学教学大纲　（苏）K.и.倍林斯基编　中国人民大学出版社
1956.8

报纸编辑学　郑兴东等著　中国人民大学出版社　1982.6

实用编辑学　阙道隆主编　中国书籍出版社　1986.10

编辑学论集　中国出版发行科学研究所科研处编　中国书籍出版社
1987.10

实用编辑学　俞润生编著　天津人民出版社　1987.12

编辑学概论　朱文昱 邓星盈著　四川社会科学院出版社　1988.3

编辑学　刘文峰主编　安徽人民出版社　1988.8

图书编辑学概论　高斯 洪帆主编　江苏教育出版社　1989.4

编辑学概论　肖汉森 戴志松 曹毓英 彭守权主编　华中师范大学出版社
1989.4

编辑学论稿　刘光裕 王华良著　山东教育出版社　1989.7

书籍编辑学简论　张玟 林克勤著　中国书籍出版社　1989.9

科技编辑学概论　王耀先主编　中国书籍出版社　1989.10

编辑学通论　王振铎 司锡明主编　河南大学出版社　1989.10

新科学与编辑学　高等学校自然科学学报研究会学术委员会编选　成都
科技大学出版社　1989.11

社会科学期刊编辑学　李学昆主编　江西人民出版社　1990.5

论编辑和编辑学　钱伯诚主编　上海新闻出版局职工大学　1991.3

杂志编辑学　徐柏荣著　中国书籍出版社　1991.8

中国现代编辑学词典　孙树松 林人主编　黑龙江人民出版社　1991.9

学报编辑学概论　卜庆华主编　湖南教育出版社　1991.10

科技期刊编辑学导论　任定华 曹振中 周光达主编　西安交通大学出版社　1991.11

书籍编辑学　徐柏荣 杨钟贤著　黑龙江教育出版社　1991.12

编辑学研究在中国　邵益文著　湖北教育出版社　1992.1

文艺编辑学　陈景春著　天津教育出版社　1992.2

报纸编辑学教程　郑兴东主编 徐怀玉副主编　武汉大学出版社　1992.4

广播编辑学　王瑞棠主编 曹仁义 汪苏华副主编　新华出版社　1992.4

编辑学教程　宗贤均 郭少波著　广西教育出版社　1992.4

学术期刊编辑学研究　奚尧生 孙秋生 丛林主编　中国中医药出版社　1992.6

小型报纸实用编辑学　林永仁 杨尚聘 熊庆文编著　新华出版社　1992.7

编辑学基础　方集理主编　杭州大学出版社　1992.8

现代编辑学　潘锦华 李小玲　尚星明 邹毅主编　广西民族出版社　1992.8

学术编辑学研究　雷起荃主编　西南财经大学出版社　1992.10

编辑学原理及应用　黄幼民著　香港大学出版服务公司（深圳）1993.2

编辑学的文化思考　顾荣佳 王德年 马国柱著　辽宁大学出版社　1993.3

图书编辑学　李建臣主编　北京师范大学出版社　1993.8

实用编辑学教程　郭有声编著　辽宁科学技术出版社　1993.8

编辑学概览——编辑学理论观点选辑　朱美士主编　云南人民出版社　1993.12

影视编辑学　张晓菲著　河南大学出版社　1994.1

编辑学原理及应用　张玉 张建华主编　哈尔滨出版社　1994.4

编辑学探索与思考　李荣生著　哈尔滨工业大学出版社　1994.6

编辑学基本原理　赵立志著　四川大学出版社　1994.12

报刊编辑学探索——河南省部分期刊研讨会文集　王幅明　中原农业出版社　1994.7

教育期刊编辑学　朱世和主编　中国青年出版社　1995.3

现代杂志编辑学　陈仁风著　中国人民大学出版社　1995.7

现代新闻编辑学　蔡雯著　四川人民出版社　1995.7

四川编辑学概论（增订本）　高斯　洪帆主编　江苏教育出版社　1995.8

出版学 编辑学漫议　邵益文著　河南教育出版社　1995.8

编辑学理论研究　刘光裕　王华良著　山东教育出版社　1995.9

期刊编辑学概论　徐柏容著　辽宁教育出版社　1995.9

编辑学概论　尤红斌著　百家出版社　1995.10

新闻编辑学　吴飞著　杭州大学出版社　1995.11

实用版面编辑学　任根珠著　山西高校联合出版社　1995.11

编辑学概论　向新阳著　武汉大学出版社　1995.12

图书编辑学概论　阙道隆 徐柏容 林穗芳著　辽宁教育出版社　1995.12

现代新闻编辑学　胡武编著　武汉大学出版社　1996.4

科技书籍编辑学教程　庞家驹主编　辽宁教育出版社　1996.7

编辑学纵横谈　邵益文 苏振才编　广西教育出版社　1996.8

科技编辑学通论　司有和著　中国科学技术大学出版社　1996.8

编辑工作与编辑学研究　喻建章主编　江西教育出版社　1996.8

现代编辑学　李海崑 刘光裕主编　江西教育出版社　1996.12

图书编辑学　黄治正著　湖南出版社　1997.3

编辑学理论纲要　柴瑞海编著　内蒙古科学技术出版社　1997.3

电子新闻媒介栏目编辑学　刘志筠 宋昉著　中国人民大学出版社　1997.4

编辑学　潘树广编著　苏州大学出版社　1997.5

学报编辑与编辑学　周晓燕 马国柱主编　北京师范大学出版社　1997.7

新闻编辑学研究　钟立群著　人民日报出版社　1997.7

摄影图片编辑学　康大荃　辽宁美术出版社　1997.8

编辑学原理论　王振择 赵运通著　中国书籍出版社　1997.11

当代编辑学思维　邵京起著　内蒙古文化出版社　1998.4

编辑学研究文集　邵益文 祝国华编　陕西人民教育出版社　1998.6

出版编辑学论集　韩旺辰著　北京广播学院出版社　1999.3

编辑学概览（续编）——编辑学理论观点选择　向新阳主编　高等教育
出版社　1999.7

编辑创意论　徐柏容著　天津古籍出版社　1999.12

20 世纪中国的编辑学研究　邵益文著　河北教育出版社　2000.1

报刊编辑与编辑学　齐峰 畅引婷 靳太保 蔡智敏编著　中央编译出版社
2000.12

现代编辑学概论　张才明 杨文华著　中央编译出版社　2000.12

编辑学理论研究　吴飞著　浙江大学出版社　2001.1

现代科技期刊编辑学　胡传焯著　湖南科技出版社　2001.4

编辑学导论　任定华 胡爱玲 郭西山著　中国经济出版社　2001.5

已知港、台出版的编辑学著作

杂志编辑学　余也鲁著　（港）海天书楼　1965

英文书刊编辑学　陈世琪著　（台）"中国出版公司"　1968

现代杂志编辑学　张觉明著　（台）商略出版社　1970

新闻编辑学　陈石安著　（台）长风出版社　1975

新闻编辑学　荆人著　（台）"商务印书馆"　1979.10

新闻编辑学　徐昶著　（台）三民书局　1984.10

注：由于掌握材料有限，这个书目以书名上有"编辑学"字样者为限，出版先后为序，但肯定是不完全的，仅供参考，并欢迎读者补充。

2002 年 5 月

《编辑学的研究与教育》P350，机械工业出版社 2002 年 8 月版

《编辑学的研究与教育》编后记

编辑学研究在中国，始于 20 世纪 40 年代，真正热起来是在 80 年代。从 1987 年起，人们开始做了这样一件事，即把已发表的编辑学论文选编成书，目的是供研究者检索参考，先后已出版过四本。

第一本《编辑学论集》，汇编了 1987 年上半年以前发表的部分文章，由中国书籍出版社于 1987 年 10 月出版。

第二本《论编辑和编辑学》，收编了 1987 年下半年至 1990 年间的部分文章，仍由中国书籍出版社出版，时间是 1991 年 3 月。

第三本《编辑学纵横谈》，收集了 1991 年至 1993 年间的部分文章，由广西教育出版社于 1996 年 8 月出版。

第四本《编辑学研究文集》，选编了 1994 年至 1997 年夏秋以前的部分文章，由陕西人民教育出版社于 1998 年 6 月出版。

时间又过去了四五年，这几年正是世纪之交，编辑学研究也出现了新的进展，这样编第五本书就变得很有必要。承中国机械工业出版社的支持，这本书才得以及时问世。

这本书定名为《编辑学的研究与教育》，收编的文章都是在 1997 年夏秋到 2002 年初的作品。加一个副标题"编辑学研究文集之二"，是为了与以前出版过的研究文集衔接起来，或者说带有续编的意思，也表明了这件事情的连贯性。

应该说明的是从 1997 年起，中国编辑学会和人民教育出版社联合编辑出版了《中国编辑研究》年刊，每年一本，主要是选编前一年发表的文章。由于篇幅有限，年刊也只能收集其中一部分文章，不少有一定参考价值的文章未能入编。这正是我们在《中国编辑研究》年刊已经出版五本的情况下，仍有需要继续选编"编辑学研究文集"的原因，也是为了方便读者。

为避免重复，按惯例，我们对已收入其他书籍的文章，一般不再编入。在收编的文章中，除个别文字错误外，均未作修改，力求以原作的面貌来反映这个时期编辑学研究的实际状况。但是，由于我们手头资料不全，难免会有遗漏，使不少有价值、应该收编的文章没有编入。

收入的文章大体分三类：一是对编辑和编辑学的性质、特征、原理、原则、范畴、规律进行探讨的文章；二是研究一些古今编辑家、编辑工作者、编辑思想的文章；三是一些有关高等学校编辑学专业教育的文章。至于近几年来，对编辑学研究的现状，发表各种议论的文章，为数甚多，有许多好的见解。但由于视角不同、起点不同，或者掌握材料的多寡不同，没有一一照登，只收了其中几篇，供大家了解一个大概。

由于收编的文章有限，我们请有关同志编了一个文章目录附件，以便大家查找。当然，这个目录也不可能很全面，因为它只是从与编辑和编辑学研究比较密切的一部分杂志中收集起来的，是沧海一粟，聊胜于无吧！

我们非常欢迎读者对本书提出批评和建议，以利改进今后的工作。

再次感谢机械工业出版社在有些出版者主张所谓"不赚钱的书不出"的情况下，来做这桩亏本的事，实实在在地支持编辑学的学科建设，我们衷心地祝愿他们工作顺利，事业兴旺。

2002 年 5 月

与孙鲁燕同志合作，《编辑学的研究与教育》P365，机械工业出版社2002 年 8 月版

一位令人敬重的科普工作者
——祝《贾祖璋全集》出版

在贾祖璋先生诞辰 100 周年之际，福建科学技术出版社出版了 230 余万字的《贾祖璋全集》，并且在这里开出版座谈会，这是一件十分有意义的事。贾祖璋先生是我国当代著名的科普作家，但他首先是一位科普编辑。他的本职工作一直是编辑，创作则是他在工作之余的成就。贾祖璋先生和我都是浙江人，都生长在杭州湾。上世纪 50 年代，在中国青年出版社还有过一段同事的关系。不过，那时候他已经是编辑室主任，后来又当了编委，我则是一个 20 余岁刚刚踏进出版行业的新兵。那时他在自然科学读物编辑室，我在青年工作、思想修养读物编辑室。我们在同一个四合院办公，在同一个锅里吃饭。贾先生平时笑嘻嘻的，话不多，如果问他什么事，他会详详细细地告诉你，平易近人，有学者风范。

80 年代初，我去福建出差，曾经去看过他。那时他已八十高龄，但身体很好，很健谈，问了许多"中青"老人的情况，还问到现在出版社有多少人，每年发多少稿等等。谈到他自己，他说以休养为主，平时看看书报，偶尔也写点东西，有时还帮出版社看点稿子。但出版社照顾他，送他看的大都是不急着要的稿子，精神好就看一点。从谈话中，使人感到他身体挺好，心情也舒畅，对老朋友、老同事很关心，对出版工作也有感情，是一位乐观谦和的长者。

贾祖璋先生从 1922 年开始写科普作品，直至临终。60 余年从未辍笔，无论是战火纷飞的年代，还是史无前例的"文化大革命"时期；无论是社会活动繁忙，还是中年丧妻，既要编杂志又要抚养 3 个小孩儿的艰难岁月；无论是被迫闲居乡间，还是白内障、高度近视使得他看书认字十分困难的日子，他始终紧握他的笔，从不间断地在写科普作品。科普读物一般不是热门话题，不可能形成轰动效应，要一辈子坚持不懈地去做，没有一个点精神是办不到的。贾祖璋先生为满足广大读者的需要，普及科学知识，为社会的进步，为国家现代化建设，为全民族文化科技素质的提高，始终不渝地艰苦工作，他的业绩将彪炳史册，人们是不会忘记的。

贾祖璋先生的科普作品，富有时代精神。他批判伪科学性，反对迷信，是进行唯物主义教育的好教材。许多作品的字里行间，闪烁着爱国主义、社会主义的亮点，把科学知识和自己的理想、追求紧密地结合起来。

贾先生写的作品，内容广泛，知识丰富，兼及古今中外，充分体现了作者深厚的学养；他的作品不仅有严谨的科学，而且有文学味，读起来既能获得知识，又可以接受艺术的熏陶；他的作品贴近生活，鼓励读者积极向上，充分体现了作者的创作观、编辑观和高度的社会责任感。

贾祖璋先生曾经说过："科普创作，包括科普小品，都要注意'三性'：即思想性，科学性和艺术性。"又说"思想性是作品的灵魂"，"科学性是科普创作的基础"，"文艺性是引人入胜的一种手段，写得生动活泼，富有文采，为读者所喜爱，从而达到普及科学技术知识的目的"。

贾祖璋先生不仅这样要求别人，也这样要求自己，他的作品就是"三性"结合的结晶。这也是他留给科普创作、科普编辑的最珍贵的遗产，是我们应该珍惜和发扬的。

贾祖璋先生孜孜不倦、坚持不懈地从事科普创作，为普及科学知识，奋斗到最后一息，为我们当代科普工作者树立了光辉的榜样，是新一代科普工作者学习的典范。

现在是高科技迅猛发展的时代。我一直认为科学技术越发展，新的科学技术越是层出不穷，就越需要做科学普及工作。由于高新科技成果的出现，目前，科普作品不仅市民需要、工人需要、农民需要、青年学生需要，而且科学家也需要。隔行如隔山，科学家往往对本专业有很高的造诣，但对其他专业也可能只是一般水平、中等水平，也许不甚了了。

因此，科学普及的真正意义，就在于既要提高全民族的文化科学素质，又在于为科学发展培养后备力量，还在于让已经有成就的科学家获得更多的知识，使他们触类旁通，融会贯通，受到更多的启迪，进一步促进他在本专业取得更大的研究成果。从这个意义上说，科普工作就是推进整个科学事业的一项重要工作。

科普读物的创作和出版，应该说领导上是比较重视的。前几年曾经专门组织一批第一流的科学家，请他们写科普作品，推出了《院士科普丛书》。新闻出版总署在国家图书奖系列中，专门设立了"全国优秀科普作品奖"和"优秀少儿读物奖"两个分支。最近又对科普读物的出版状况作了一次全面的调查。一些地方，如北京市科委，还设立了"北京科普创作出版专项基金"，这些都有利于科普读物的创作和出版。

但从另一方面看，在科普读物的创作和出版工作中，问题也不少。

首先，写科普读物的作家越来越少，能写出优秀科普读物的更少。原因是科学家很忙，没有时间写；或者说写科普读物也不像写科学著作那样有成就感，被领导和同事们重视，被社会承认，在晋级、分房、出国、奖励等方面都可以成为有力的筹码。就是说，搞科普创作得不到鼓励，不像搞科研那样有好处、能得到实惠。我的看法，我们要欢迎科学家写科普读物，搞科普创作离不开科学家，这是事实，科学家能够写科普读物，当然应该欢迎，但科学家的主要任务不是搞科普创作，这一点我们必须谅解。科普读物谁来写，我主张"专家脑袋编辑手"。就是由编辑和科学家合作，或者请记者、组织学校里有文字能力的教师，向科学家采访，与科学家合作，共同来完成，也可以就一些项目进行专题采访。科普创作与学术著作是有区别的，不能都要求第一流的科学家来写。这里，我想特别强调，科普工作的领导部门、有关组织和机构，要加强对科普编辑、记者和有关教员的工作。因为，实践证明：包括贾祖璋先生在内，许多科普作家都是从科普编辑和爱好科普的工作的记者、教员演变过来的。这一点无论如何不能忽视。

其次，有人认为现在科普读物没有人看。人们有了电视，有的还有电脑，读书的时间会受到影响，这是肯定的。但一个人知识的积累、巩固，主要还是靠图书，图书写好了还是有人看的，关键在于质量。有一本科普读物叫《宇宙与人》，已经重版了多次，印数也不算少了。

第三，有人说，科普读物本子薄，利润低，书店销售的积极性不高。这个问题主要还是在作者和读者，如果有人愿意写，又写得好，也就有人看，书店也就愿意销，哪有有生意不做的道理。

当然，要加强对科普读物的奖励，要提高科普工作者和科普读物的社会地位，为科普工作多造点舆论，这种工作也是应该做的。

今天，大家在这里座谈《贾祖璋全集》的出版，纪念他诞辰100周年，缅怀他的业绩，重温他的著作，激励我们学习贾祖璋同志不为名、不为利、勤勤恳恳、埋头苦干、一辈子献身于科普事业的奉献精神。我们应该记住这样一位令人敬重的科普工作者。非常希望在我们的中青年科普作家当中，在中青年科普编辑当中，能够涌现出更多的贾祖璋、更多的科普作家，那么我国的科普事业、科学技术将会发展得更快，我国的现代化建设将会更加辉煌。

2002年6月

《编辑的心力所向》P255，贵州人民出版社2004年10月版

读者在哪里

这次退货的原因是什么

一位编辑，在国际书展上受到"启发"，提出了一个选题，马上组织有关作者写稿。书稿出来以后，精装精印，大肆炒作，在书市上使出浑身解数，全力搞"公关"，把一切可以使用的推销"窍门"都用上了。皇天不负有心人，订数居然达到五位数，这在目前的市场行情中，已经很难得了。编辑同志总算松了口气，心想，这一炮算是打响了。可是书出来以后，原来的订数有的吹了，有一些虽然没有吹，但也若即若离，不明不暗。出版社不敢怠慢，抓紧发货，希望能够得到回报。可是几个月过去，这些书又一捆一捆地送回仓库，其中有许多甚至连包都没有拆开过。编辑想不通，也无可奈何。搞发行的也搞不清原因在哪里，是不是"公关"没有到家？是不是同类书太多？为什么，究竟为什么？

有些报刊，原来由主管部门发通知，层层征订，下任务，搞摊派。结果订数上升，发行量相当可观。可是"治理报刊摊派"一来，情况马上发生变化，订数大幅下降，几乎弄得开不了印，揭不开锅。这是为什么？

为什么我们有的获奖书没有印数？为什么有的出版社为塑造形象而出版的豪华本没有人过问？为什么我们有的课外书非要通过学校的校长、教师向小读者"做工作""布置阅读"，给学校几个折扣，才能把书销售出去？

以上种种，究竟为什么？原因也许很多，但根本的一条，是这些报、刊、出版单位的编辑，编辑部门的决策者，不知道这些出版物的读者在哪里，或者说不知道自己的出版物究竟为谁而出，有多少人要看。

说实在的，现在我们有些编辑，在市场经济的冲击下，在激烈的竞争中，在经济指标的压力下，气喘吁吁，只顾多要书号，多上品种，多发字数。说得好听一点儿是广种薄收，努力完成任务。至于辛辛苦苦搞出来的东西，给谁看，读者在哪里，脑袋里浑浑噩噩，或者是一片空白，甚至压根儿就没有想过，即使想，也是一拍脑门儿就搞定了事。这才是问题的症结所在。

读者在你的思想上分量有多重

读者在哪里？这个问题的提出，不只是说，你的出版物的读者是些什么样的人，这是第二步的问题。首先是要问编辑，你的头脑中有没有读者，读者在你的思想上占有什么样的位置，有多重的分量。这才是问题的实质。

从理论上说，读者是编辑活动的出发点和归宿，这一点是大家都知道的，也是我们搞编辑出版工作的基本常识。但是，眼下有多少人能够经常想到这一条，或者能自觉地把它作为衡量自己工作的准绳，这就很难说了。

对读者的问题，究竟应该怎么看，让我们重温一下著名编辑家、出版家的追求和实践吧！老话重提，也许会给我们一些有益的启迪。

鲁迅在贫病交加的情况下，仍常常自费出书，目的是为"中国大众工作"，为了向劳动群众"输送精神食粮"。这是鲁迅"为人生""为大众"的人生追求。

邹韬奋创办"生活书店"，其"精神"就是热忱为读者服务，目的是要"创办一种合于大众需要"的出版物。"把读者的事看成自己的事"，适应读者的需要，为读者服务，这就是他办刊物的主张。总之，在为读者这一点上，他考虑得非常具体，甚至连刊登什么样的广告都纳入了思考范围。他说，报纸上面刊登广告，也"不应该专为营业收入，而应该同时顾到多数读者的利益"。这就是邹韬奋的编辑出版观。

叶圣陶做编辑出版工作的原则是：一切为了读者。他说做编辑工作，就要"认定这么个方向，为的是为广大的读者群服务"。又说：读者是多层次的，"他们对出版工作各有主观的或者客观的要求，我们非好好地为他们服务不可"，"读者诸君的满足，也就是我们的欣慰"。他明确说："明知对读者没有好处，甚至有害的东西，我们一定不出……我们决不为了追求经济效益而不顾社会效益，我们决不肯辜负读者。"这是一个著名编辑家、出版家的话，现在听起来还是那么掷地有声。这就是叶圣陶的编辑思想和实践。

再看一看巴金对这个问题是怎么说的。他在一封致《十月》杂志的信中写道："刊物是为读者服务的。用什么服务呢？当然是用作品。读者看一份读物，主要看他发表的作品，好文章越多，编辑同志的功劳越大。倘使一篇好作品也拿不出来，这刊物就会受到读者冷落，编辑同志也谈不到为谁服务了。"这是巴金对编辑的教诲。

为什么许多著名的编辑家、出版家都强调"为读者服务"

编辑出版工作要为读者服务，许多著名的编辑家、出版家、作家，竟然众口一词，如出一辙，这是为什么呢？说来也简单，因为：

第一，出书、出报、出刊……都是为了给读者看的。不给读者看，或者读者不看，那么任何编辑出版工作就毫无意义，哪怕是精装书、银装书，也是白搭。

第二，编辑出版工作是宣传思想工作、文化传播工作、知识教育工作，是陶冶情操的工作。这一切都是对人的，都是以人的认知为对象。党的十五大提出社会主义文化建设的目标就是培育"四有"公民。江泽民同志更明确要求要"以科学的理论武装人，以正确的舆论引导人，以高尚的精神塑造人，以优秀的作品鼓舞人"，都是为了人，文章都落实在"人"字上。

第三，编辑出版工作的基本方针是为人民服务、为社会主义服务，这和党的宗旨"为人民服务"是完全一致的。

这里说到"人""人民"，对编辑出版工作来说，毫无疑问，就是读者。1944年，邹韬奋逝世时，党中央对他做出了极高的评价，称他为"出版工作的模范"，就是因为他坚持正确的导向，竭诚为读者服务。毛泽东同志还亲自为他题词："热爱人民，真诚地为人民服务，鞠躬尽瘁，死而后已，这就是邹韬奋先生的精神，这就是他之所以感动人的地方。"这里为读者服务，就是为人民服务，应该而且完全是一回事。编辑，尤其是社会主义的编辑，必须竭诚地为人民服务，千方百计地满足读者的正当需求，真正做好人的工作。换句话说，编辑出版工作的根本宗旨是：为读者，为人。我们的编辑，要十分明确、十分坚定地遵守在出版工作中读者是第一位的原则。忘记了读者就是忘记了当编辑、搞出版的全部意义。这一点，应该是毋庸置疑的。

但是，现在我们有的编辑出版工作者恰恰不是这样，在他们的心目中根本没有读者，或者很少有读者。他们整天泡在市场里，却不愿意去作读者调查，脑子里没有读者的具体形象，不知道读者究竟在想什么，真不知他们的书是怎么编的。以这样的精神状态搞出版，就算让他去和书商谈判，也是心中没底，腰板儿不硬，说话无力，不能真正达到满足读者需要的目的。

读者是市场的基础，但市场能不能如实地反映读者的需求呢

有人也许会问："为什么你要把市场和读者分开？"这个问题问得好。照理说，市场是具体的，是由读者、卖者、管理者、中介者……组成的。读者就是出版物的消费者，应该是构成市场的第一要素。没有读者，也就没有市场。读者多少，就是市场大小。所谓市场调查，

第一位的或者说核心部分就是做读者调查，这是非常清楚的。所以，人们认为市场和读者是一回事，这是合乎逻辑的。从这个意义上说，市场应该反映读者的需求，这是没有什么好怀疑的。但从现状和结果来看，市场又不一定能全面地、如实地反映读者的要求。这是为什么？原因在于市场活动的基本形式是交换，交换的目的是营利。市场行为从根本上说是受到经济利益驱动的。无利可图的事，即使非常神圣，在市场上也很难掀起浪花。出版物是传播思想文化的，它有自己的价值取向，而这种特定的价值取向，又很难获得所有人的一致认同。因为读者是多种多样的，他们的需求是多层次的。所以，市场所反映的往往只是这个局部或那个局部读者的要求，或者是某种"热点"，再加上经营者受到利益驱动，很容易迎合某些读者的需要。这样，市场上反映的读者需求，常常带有很大的时空局限性，这也是经常听到买书难、卖书难的原因之所在。如果我们的编辑出版工作者头脑里没有读者，不作艰苦扎实的读者调查，不了解读者基本的正当的需要——不只是眼前的而且是长远的需要，不仅是现实的而且是潜在的需要——只看到市场上的一时一事或五花八门的现象，认为这就是市场，就是读者的真正需求，那就难免会被这样那样的表面现象所蒙蔽，弄得自己也说不清是怎么一回事，就像目前许多顾客被假货次品所欺骗一样。

我们社会主义的编辑出版工作，不仅是单纯地满足读者需要就算完事的，还有坚持正确导向的问题。这就是说，社会主义的书刊出版不仅要面向市场，更重要的是要引导市场，用好书引导市场，这就是从根本上为读者服务。

不辜负读者就要"有所为，有所不为"

叶圣陶是不肯辜负读者的。他有一句名言，做编辑出版工作要"有所为，有所不为"，就是为读者出版他们所需要的好书，而不出版不健康的东西，决不以牺牲社会效益为代价来换取经济效益。这就是社会主义出版工作者应该坚持的价值取向，一切工作始终是为了树立读者科学的世界观、人生观和价值观。一句话，就是落实在培养"人"上。马克思主义哲学不仅是为了认识世界，更重要的在于改造世界。社会主义编辑出版工作不仅在于满足读者的需要，更重要的在于造就一代新人。这才是社会主义文化建设追求的目标，编辑出版当然也不例外。

为了更好地为读者服务，为人民服务，把读者看成我们全部工作的第一要素，我们在选题、策划、审读、加工、装帧设计、定价等编辑工作的全部过程中，都要想到读者，以读者利益为重，要考虑怎样对读者有利，怎样才能符合读者的需要。只有一切为了读者，处处为读者着想，真正做到竭诚为读者服务，我们才有资格回答：读者在哪里？读者，就在我们编辑出版工作者的脑袋里。

要不辜负读者，首先就要做到：自己头脑里有读者

"为读者"，说到底是编辑出版工作为谁服务的问题。"一切为了读者"是编辑的职业追求。是不是为读者，能不能为读者，就反映了编辑出版工作者的精神境界、人生观和价值观。只有一切为了读者，才能千方百计地去发现读者的需要，才能为满足读者的需要去奋斗、去创新，才能去做那些在一般人看来是做不到的事，才能鞠躬尽瘁，才能实现一个编辑的全部价值。这样，在你回首往事时，才能问心无愧地说：我没有辜负读者。

2002 年 7 月

《编辑的心力所向》P221，贵州人民出版社 2004 年 10 月版；《中国出版》2002 年第 1 期；《一切为了读者》P11，首都师范大学出版社 2010 年 7 月版

一定不要忘了质量第一这个铁的原则

如果说多出好书，是出版工作的永恒话题，那么，质量问题就是出版工作的根本问题。作为精神产品，质量问题的重要性，似乎已不待言，出版部门要坚持质量第一，是写进《中共中央、国务院关于加强出版工作的决定》的重要方针，这也是众所周知的。说得明白点，讲究质量，是对出版工作最基本的要求，是任何时候都不能动摇的。坚持不懈地抓质量，是出版工作者最起码的职责。

可是，不知从什么时候开始，在有些出版单位、有些出版工作者那里，质量第一不见了、淡漠了、忽视了，至少是不那么重视了，结果是出现了令人难以置信的后果。

前面谈到编校质量不合格的状况是多么的令人吃惊！

究其原因，也许很多，但是有一条可能是跑不了的，就是在有些出版社的领导人的思想上，编校质量问题没有放在应有的重要地位。在他们那里，质量第一可能已经变成了质量第二、质量第三，甚至更往后放了。对他们来说，"第一"是什么？很难说得清楚。不过，出版是创新、传播和积累文化的崇高事业。编辑被誉为人们灵魂的工程师。在这样的事业中，如果生产的有不少是不合格产品，那不是有负这种光荣的称号，有损这种神圣的事业吗？

当然，也有可能，出版社领导思想上没有忽视编校质量的问题，问题出在某些编辑人员身上，他们在激烈的市场竞争中，压力重重，心态失衡，浮躁不安，结果顾此失彼，在这里那里出了问题。这里不能不说，面对出版物质量滑坡这个事实的编辑同志，也许可能心存委屈，但失职这一条是明明白白的，受到批评指责也是不可避免的，问题就是如何吸取教训，改进工作，真正能够把读者放在心上，让质量第一在自己的脑袋里生根。

编辑这个职业就是这样，你一年发 10 本稿子，几十万、几百万字，其中 9 本都是好的，99 万 9 千字没有问题，可就是有一本，有那么一句话出了问题，读者还是有权责问你，这就是编辑工作。在稿件面前，在校样面前，你不能有一丝一毫的走神。正像有一位有名的足球教练要求他的每一个队员，从上场到下场，面对对手，自始至终，必须全神贯注。如果有一分钟精神不集中，问题就可能出在这里。也许这一分钟就决定全局，决定胜负，决定千百万球迷对你这个足球队的态度。

编辑工作也是这样，一个疏忽就可能带来不堪设想的后果，甚至会给你在其他图书中做出的贡献带来阴影。编校工作无小事，哪怕一个标点也不能忽视，我们一定不要忘了质量第一这个铁的原则。

勤勤恳恳，认认真真，一丝不苟，精益求精，任何时候都不要忽视案头工作，这始终是编辑劳动的重要部分。否则，弄不好，失败在于转瞬之间。编辑啊编辑，请你记住这句饱含苦涩的话吧！

2002 年 7 月

《一切为了读者》P44，首都师范大学出版社 2010 年 7 月版

他首先是编辑

——在《贾祖璋全集》出版座谈会上的发言

应邀参加著名科普工作者贾祖璋先生的《全集》出版座谈会，出席者济济一堂，发言的大多称贾老为我国著名的科普作家，福建科技出版社出版的230余万字的《贾祖璋全集》放在那里，是谁也不能视而不见的。

遗憾的是，许多发言中，很少有人提到贾老的本职工作是编辑，而且是干了一辈子的科普编辑。科普创作只是他的业余工作。如果有人把他做编辑工作中写的东西——编辑计划、审读报告、退改意见，加工整理时写下的文稿手记、与作者的往来信件和答复读者的回信等等，收集统计一下，我相信肯定是230万字的好几倍，而且有许多好东西，可惜没有人做这样的工作。

当前，推广科普作品，宣扬科普作家是非常需要的。我只是希望不要忘了科普队伍中的重要力量——科普编辑。科普编辑（包括其他学科的编辑）许多不出名，是因为他们的劳动成果都依附在作者的作品中，所谓"为他人作嫁衣裳"。这是不同的职业特点决定的。正如电视台的大小节目主持人，可以成为名人，而取舍稿件、加工整理的编辑又有几个人见过他们的庐山真面目！是因为编辑的劳动有潜隐性，但不能因此而抹煞编辑的成就，我们应该记住他们的功绩。而编辑自身也应该积累整理自己在编辑工作中的成就、经验和思想观点，为我们的事业留下一鳞半爪的时代记述，同时也可表明了编辑的社会存在。

2002 年 7 月

《编辑的心力所向》P259，贵州人民出版社 2004 年 10 月版

编辑研究三题

——中国编辑学会第七届年会闭幕式上讲话

一、在经济全球化的形势下，编辑要为弘扬民族文化而奋斗

在经济全球化的形势下，提出了一个文化发展的趋势问题。有人认为经济全球化必然要影响到文化即所谓文化趋同化，认为这是不可避免的。这实际上就是西方有些人主张的经济一体化必然带来文化趋同化。这种观点我认为是错误的。

谁都知道，有人类就有文化，不同的原始部落就有不同的部落文化，这种不同文化的形成，因素很多也很复杂，但自然条件、地域特色和历史传统是重要因素。一种文化就是一个民族的特定符号，一种文化是一个民族的亲和力和凝聚力的根源，具有一种不可分性，所以，文化是区别不同民族的一个重要标志。不同民族的文化各有自己不同的特点。正因为这样，文化从来是多元的，不是一元的，它也不能一体化、趋同化，更不能用某一种文化去代替另一种文化。一个民族如果失去了自己文化特征，那么，它和其他民族的区别就消失了，这个民族也就不存在了。

现在有些国家，由于过去长期受殖民统治，导致了本民族语言和文字的弱化，外来的语言、文字成了主流的语言、文字，或者占了相当的比重，甚至连教科书也是外来的。结果本民族的文化就越来越削弱、淡化，作为民族标志的文化正在失去活力。如果不及时改变，坚持和弘扬本民族的文化，后果就可想而知。一旦自己的民族文化被同化，这个民族也就被"吞噬"了，这种状况在人类发展史上已经屡见不鲜。前些天，

听到一位学者说得好，他说："无科技无以强国，无文化足以灭种。"①我认为这个看法很有道理，也是很深刻的。

编辑活动就其本质来说是一种文化活动，是一种创意、创新的文化活动。所以，传承和弘扬民族文化对编辑来说是一种天职。也就是说，编辑在传承和弘扬民族文化方面任重道远，大有可为。编辑如果不去捍卫和弘扬民族文化，那就是失职，就会落入经济全球化、文化也跟着趋同化的圈套。结果，只能眼看着民族文化一天一天变色，作为民族的特点也一步一步消失。

在东西方文化的碰撞中，应该采取什么态度，在近代中国的历史上，曾经出现过几种不同的主张。有的主张彻底否定中华民族的传统文化，有的坚决拒绝外来文化，也有人主张中学为体、西学为用等等。在新的世纪，在经济全球化的形势下，类似的这样那样的看法正在被提出，各种文化观念都会出来表演，这是不可避免的，我们应该有所警惕。说到文化交流，我认为根据需要的引进是必要的，也是应该的。没有引进就没有交流，但交流中会有碰撞也是不可避免的。问题是如何对待东西方文化的激荡和碰撞。这是摆在我们每一个编辑面前的需要认真考虑的问题。是盲目地追随所谓"世界潮流"，任凭西方国家"分化""西化"我们的民族和民族文化，走所谓一体化、趋同化，实际上就是被同化或者说是"全盘西化"的道路？还是坚持并大力弘扬中华民族的传统文化，与世界上各民族的文化互相交流，取长补短，为我所用，在以我为主的交融中，使中华文化更加丰富，更加鲜艳夺目，更好地体现民族性和时代精神，这是包括编辑在内的当代文化教育工作者的神圣义务。从历史上看，在引进和吸收异质文化方面，我国史籍上有过许多记载。比如佛教就是外来的，当然，它是东方文化，它传入中国以后，经过改造充实就融入了中华文化，成为中华文化的一个组成部分。所以，对于异质文化，

---

① 许嘉璐先生语。

我们应该态度鲜明，反对"分化""西化"，反对西方的所谓文化一体化，同时又在文化交流中吸收其有益有用的部分，做到洋为中用。编辑工作者既有创新文化的责任，就应该使中华文化在与世界各民族文化的交流与交融中，发扬光大，使它更加丰富多彩，更加灿烂辉煌。

二、在出版物市场竞争加剧的情况下，更要讲求编辑职业道德

今年是道德年，我们在这个时候来讨论编辑的职业道德是理所当然的。尤其是在经济全球化发展，国内外市场竞争更加激烈的条件下，不同的价值观念、道德观念竞相表演的时候，更需要讨论和树立社会主义的编辑职业道德。从实际工作看也是这样，目前，出版环境发生了很大的变化，出版职业道德滑坡的现象在有些地方、有些单位也相当明显，所以，现在来讨论编辑的职业道德十分必要。

我们说编辑职业道德重要，并不因为各行各业都有职业道德，所以，编辑也要讲求职业道德，而是还有一层意思，这就是编辑这一行比其他职业的从业人员更需要讲职业道德，因为出版是文化活动。严格说来，从事文化活动的编辑工作是无法量化的。他不像工人加工一个零件有具体的标准，合格就合格，不合格就是不合格；也不像农民，种一亩地麦子，收获多少斤，就是多少斤，完全是可以量化的。脑力劳动，情况就不同了，有时很难用斤两、尺寸、大小、多少、长短来衡量。做编辑工作的更是如此。比如编辑审稿，尽管他一天看多少字是可以计量的，但是他看得细不细、认真不认真，是无法计算的。更何况有些问题，看出与没看出，没看出与看不出的界限是很难划分的。又如加工，一个编辑认真起来，可以把自己的知识、经验、智慧，无偿地、全部地献给自己经手的他人的书稿当中去。但如果有的编辑不这样做，或者打个折扣，那么神仙也没有本事判断这个编辑的加工是全心全意，还是半心半意，他的功夫到

底使了几招，是一个说不清的问题。所以，这类问题只能用职业道德的自觉性来推动，用道德这只看不见的手来把握。这就说明编辑这种工作更需要讲职业道德。

为了方便记忆，编辑职业道德的内容，需要概括为条文，这很好，很有必要。如何概括，可以是五条六条，也可以十条八条，或者概括成几句话，这对弘扬编辑的职业道德，都是非常有帮助的。但是有一条要注意，既然是讲编辑的职业道德，就必须紧紧地扣住编辑工作的职业特点。一般公共道德，不能代替编辑的职业道德。一般公民都需要遵守的东西，我认为不必再一一列入编辑职业道德之中，不然，刑法、民法、婚姻法，你列得完吗？有人说，编辑职业道德的核心是大公无私，这我赞成。但作为编辑职业道德，只讲大公无私不够，必须具体化。不然，公务员、职员、社会上的一切从业人员，哪一个不需要大公无私？所以，一定要讲编辑人员在编辑工作中，在社内外各种关系的处理中，在待人接物中（包括对待作者、读者、同行），怎么做才是大公无私；起码达到什么标准，才够得上叫大公无私。总之，要把编辑的大公无私和别的行业从业者的大公无私有所区别才好。都是大公无私，但根据职业特点，表现有所不同。不然，编书的、卖菜的、警察、税务人员、法官、律师、银行职员、市委书记、普通工人的职业道德，不就毫无区别了吗？大家都"天下为公"，这当然好，但那是属于社会公德范畴的事了，因为它失去了一定的职业特点。有一个出租汽车司机告诉我，他开车有"三拉三不拉"。"三拉"是：要急送医院的一定拉；孩子迷路，哭着找不到家的一定拉；孕妇、老人搭车的一定拉。"三不拉"是："酗酒的醉汉不拉；打架斗殴的不拉；妓女、三陪女不拉。"这"三拉三不拉"是不是一定正确，我说不清楚。但是，这是这个出租汽车司机的一种职业道德是肯定的，也许还不全面，但可以说是很有行业特点的，和其他行业的区别是十分明显的。总之，我认为编辑职业道德也应该充分体现自己的职业特点。

生产的发展、经济的发展，必然要求政治、思想、法律、道德等与之相适应。因此，职业道德应该是不断发展的，也就是要不断完善的。因为所有道德都是一种约定俗成的社会行为规范。不同社会有不同的社会规范，资本主义讲唯利是图是天经地义的，社会主义讲全心全意为人民服务也是天经地义的。当前，我们在认定道德标准时要注意符合实际，一意"拔高"不可取，但仅仅限于人人都能做到，那就没有什么意义了，再说，也不现实。比如，上班不能迟到早退，这是最起码的，但照样有人做不到；不能买卖书号，是无可争议的，但照样有人顶风干。因此，确定现实的道德标准，要把先进性和可能性结合起来，既要立足于现实的道德水平，又要引导人们追求更高层次的道德境界。根据这个要求，研究编辑职业道德必须顺应时代的步伐，符合时代的特点，也就是要全面贯彻"三个代表"要求的精神，体现社会发展的前进方向；反映社会的积极因素，从人民群众的根本利益出发考虑，而不是去迁就那些消极的东西。如现在在某些学术专著不热销的条件下，一些作者与编辑的关系发生了变化，过去一般是编辑求作者，现在反过来作者屈尊找编辑。在这种情况下，编辑如果高跷二郎腿，眼睛朝天，不屑一顾，那就有问题了。相反，仍然应该坚持尊重作者。编辑有困难可以说清楚，与作者商量办事，而不能把作者当作冬天的扇子、夏天的炉子，用老板与打工者的雇佣关系去对待。又如不少图书质量滑坡，在一定的时间和地点，是一种带有普遍性的现象，但作为编辑职业道德，不能因为具有某种普遍性，就迁就现状，不再坚持"质量第一"的方针，来一个"降格以求"，那就不对了。总之，不能随意降低道德标准、退而求其次，而应该积极向上，坚持高标准，充分发挥道德规范的约束作用。

当前，弘扬出版工作者的职业道德，有许多工作要做。我认为最重要的工作，就是两点：一是要加大舆论力度，有针对性地制造舆论。要通过舆论来大大地弘扬职业道德，明确牢固地树立起以讲职业道德为荣，不讲职业道德为耻。对违反职业道德的行为，要造成抬不起头、安不了心的局面。要制造舆论，形成气氛，加强监督，弘扬正气。要上下左右，互相监督，使得他不敢和不能不讲职业道德，不敢和不能做违反职业道德的事。二是要强调贵在自觉，重在实践。编辑大小是个知识分子，对什么是本行业的职业道德，一般说自己心中是清楚的。有的人违反职业道德，说实话是明知故犯，有的心存侥幸，有的假装糊涂，或者认为反正别人也在做，自己何必那么认真。不做没人夸，做了人家也奈何不得。有的甚至认为：大不了有点不光彩，又不犯法。正是基于这种认识，有的人说起来头头是道，做起来乱七八糟。所以，重要的是在实践，是在自觉。我们看谁讲职业道德，不是看他嘴上讲得如何好听，而是要看他实践如何。这是编辑出版职业道德，能够引起重视，真正能够发挥作用的关键所在。

三、积极推进编辑学的学科建设

石宗源署长在给中国编辑学会成立 10 周年的贺信中，要我们"继续努力，把编辑学研究推向新的更高的阶段"。刘杲会长在庆祝中国编辑学会成立 10 周年大会的开幕词中也指出："我们要从实际出发，逐步建立具有现代科学形态的成熟的编辑学"，"特别要仔细研究在经济全球化、信息传播数字化和网络化条件下，编辑活动客观规律的新表现……最终建立涵盖各种传播媒体编辑活动的普通编辑学"。这是对我们的鼓励，也是鞭策，同时也说明领导对我们的要求是很高的。换句话说，就是我们的任务很重、很艰巨。从另一方面讲，这也是促进编辑学研究的一股强劲的东风。我们正好借这一股东风，以庆祝中国编辑学会成立 10 周年为契机，大力推进编辑学的学科建设，使编辑学逐步成为成熟的学科。

我们要在马克思主义的指导下，高举邓小平理论的伟大旗帜，全面贯彻"三个代表"的要求，推进编辑学的学科建设，使编辑学走向成熟。我们必须深化编辑学的理论研究。编辑学作为一门独立的学科，应该说，现在已经开始站立起来。但是，要有牢固的地位，还需要有更深的根基，也就是还需要发掘它的理论深度，特别是在基本理论方面。现在已经出版的编辑学理论专著，总数有几十种，其中有一部分是很有水平的，是学科得以形成的支柱。但也有相当一部分还是经验层面的东西，虽有一些理论升华，但深度不是很够。不少人写了一本书，把自己的经验总结了，也作了整理与概括，但没有再进一步做下去。有人说，这是低层次重复。我不同意这种看法。编辑出版学是应用学科，它都是从实践、从经验中来，而经验都是局部的，认识只能是一点一点积累的。理论是在"百花齐放，百家争鸣"中逐步提高、逐步形成的，要一下子拿出来的东西都是高层次的，这无异于缘木求鱼。只要能有高层次的东西，肯定会受到出版界、教育界的欢迎。当然，要拿出高层次的东西，光凭经验是不够的，必须在有足够实践经验的基础上，读书、学习、了解其他学科的进展，认真掌握资料，做艰苦的研究工作，才能得到新的成果。

我们还要拓宽编辑学学科知识体系。以普通编辑学为目标的学科建设，有它自己丰富的知识体系。首先要研究多种媒体编辑活动的规律，尤其要研究数字化、网络化条件下编辑活动的规律。这方面我们寄希望于中青年同志，因为他们思想敏锐，接受新鲜事物快，老同志也可以做，但要克服高科技条件下研究编辑活动规律的困难。应该说，信息化、数字化的编辑活动研究，世界各国起步时间差不多，我们现在抓紧做（包括中外的比较研究）正是时候，希望中青年同志能够勇挑重担，大显身手。

2002 年 9 月

《编辑的心力所向》P71，贵州人民出版社 2004 年 10 月版；《论编辑职业道德》P362，金盾出版社 2003 年 5 月版

中国编辑学会第一个十年

——在中国编辑学会成立10周年庆祝大会上的报告

地处春城，时值金秋。今天我们在这里庆祝中国编辑学会成立十周年，感到分外的愉快、欢乐。

中国编辑学会成立于1992年10月13日，迄今已经十年。学会所以能够在那个时候成立，不是偶然的。

首先，我国从1978年起，实行改革开放，社会主义建设的各个方面，都出现了新的面貌。出版也是这样，图书的品种已由1978年的14987种（内新书11188种）发展到1992年的92148种（内新书58169种）；期刊由1978年的930种，发展到1992年的6484种。在这种短时间的大发展中，也出现了许多新情况和新问题，迫切需要面对现实，总结经验，探索规律，摸索前进。需要进一步研究出版理论，特别是深入研究在出版工作中居于重要地位的编辑工作。1983年，中共中央、国务院在改革开放以后对出版工作作出的第一个最重要的决定中就明确提出：社会主义现代化建设的新形势，把出版工作推到我党我国历史上前所未有的重要地位。出版事业必须有一个更大的发展，要加强出版发行的科研工作。指出编辑工作是整个出版工作的中心环节，直接影响着出版物的质量，为提供有益的精神养料负有重大的社会责任。这些都为加强编辑出版工作的理论和实践的研究提出了根本的任务，提供了重要的支持。这是实践的需要。

第二，治书之学在中国历史上由来已久，它为编辑学研究提供了深厚文化积淀。我国从商周起，就有有关书籍的记载，历史留下的编撰思想和经验十分丰富。把编辑工作作为一门学问来研究，开始于1949年。编辑学的真正崛起，是在20世纪的80年代。在出版界、教育界和新闻界积极分子的共同努力下，到 90 年代初，即编辑学会成立的 1992 年，已出版编辑学拓荒之作 25 种，发表的论文数以千计，有 10 所左右的高等学校设立了编辑学本科专业，初步形成了一支研究队伍。这为编辑学会的成立奠定了客观的基础。

第三，编辑出版的研究机构和学术团体陆续成立。首先是 1985 年成立了中国出版科学研究所，其次是上海于 1986 年成立了上海市编辑学会，1987 年还成立了全国专业性的中国科技期刊编辑学会。在国外，日本和韩国也在六七十年代先后建立了出版学会，并开始和中国的学术机构建立了联系。在这种形势下，不少省市跃跃欲试，要求成立编辑出版的研究团体。这样，成立全国性的编辑出版学术团体也就成了热门话题。这些终于促成了 1992 年中国编辑学会的建立。

中国编辑学会成立以后，在中宣部、新闻出版总署和民政部的领导下，在各兄弟单位和广大会员的参与支持下，开始了自己的工作。

一、关于编辑工作中若干实际问题的研讨

学会成立时期，正是我国改革开放不断发展和深化的时期，计划经济向社会主义市场经济转轨的浪潮汹涌澎湃，经济改革也要求出版社由单纯的生产型向生产经营型转变，给编辑出版工作带来许多新的情况和问题。编辑出版工作要努力适应社会主义市场经济体制和社会主义精神文明建设的需要，符合出版规律的要求；要努力坚持把社会主义效益放在首位，力求实现社会效益和经济效益的最佳结合。编辑学会的工作，一开始就是围绕着这样一个大题目进行的。

1. 关于图书属性的讨论。社会主义市场经济大潮的兴起，图书的商品性得到充分的体现，甚至被不适当地强调。这使一些人产生了"一切向钱看"的思想，有的还搞精神产品商品化。经过研讨认为，一般进入流通的图书有两重性，它是精神产品，同时又是商品。在计划经

济条件下，我们对图书的商品性认识不够。随着社会主义市场经济体制的建立，图书的商品属性逐步凸现。但我国出版作为社会主义的精神生产应有自己的价值取向，有自己的追求和选择，不能像西方那样一切以盈利为转移。如果搞出版产品商品化，那就不符合中国的国情。结论只能是：图书是精神产品，也是商品，但不能搞出版物商品化。

2. 出版要不要面向市场，如何面向市场。在市场经济大潮的冲击下，有的出版物质量滑坡，有人甚至买卖书号，引起社会上的不满，有人因此对面向市场产生疑虑；另一些人则把适应市场经济体制的要求，简单地看成是出书迎合市场，甚至出版一些不健康读物去迎合一些人的低级趣味，这些认识和做法都是片面的。经过研讨认为，在社会主义市场经济条件下，出书要面向市场是肯定的，但面向市场不是迎合市场，而是要引导市场。就是说，这种"面向"不是消极的，是积极的。所谓"积极"就是要占领，要引导，不占领就不能引导。不引导，任其泛滥，就不符合社会主义出版的本意。

3. 编辑工作还是不是整个出版工作的中心环节。随着市场经济的发展，有人认为，"编辑工作中心环节论"过时了，只要"书商愿意要，愿意卖，就可以了"。这样，一些人有意无意地忽视编辑工作。其实，这是一个很大的误解。经过总结和研讨，许多人认识到在图书生产中只有抓住编辑工作这一环，才能保证质量，多出好书，活跃图书市场。因为在出版生产中，从坚持出书方向、优化选题、提高质量，直到宣传推广等，都离不开编辑工作，都要从编辑工作做起。所以，"编辑工作是整个出版工作的中心环节"这一论断，不仅没有过时，反而显得更加突出。

4. 如何正确处理编辑策划和编辑案头工作的关系。这是出版面向市场以后的一个热门话题。有人把策划强调到不适当的地步，认为案头工作可有可无。经过研讨，多数人认为，编辑工作中应该强调策划的重要性，这是编辑的一项重要基本功。策划就是创意，强调策划就是强调编辑的能动作用。但策划要注重文化成果的积累和建设，不能搞无原则的迎合，也不能只讲"包装"。所以，要解决好策划的价值取向问题。案头工作是任何一个编辑不能不具备的重要的基本功，即使是西方国家的组稿编辑许多也是从案头工作做起的。目前，在我国有些出版单位中，有一种忽视案头工作的现象，认为只要选题策划好，就一好百好。对审稿、加工的编辑，视而不见。其实，选题的设计、策划和书稿的审读、加工，都是编辑工作的手段，是一种精神产品生产过程中的两个工序，两者相辅相成，任何时候都不可偏废。

5.出书要不要坚持"三审制"。"三审制"是我国出版工作的基本制度，随着社会主义市场经济的发展，出版竞争加剧，一些出版单位为了抢占市场，对书稿不严审精编，提出要"简化三审制"，"灵活"对待"三审制"。究竟如何认识这个问题，还要不要坚持"三审制"，我们专门讨论了这个问题。经过研讨认为，经验证明，"三审制"符合我国实际的编辑责任制度，有利于调动各级编辑人员的积极性，有利于提高图书质量，有利于出版事业的健康发展。认真坚持"三审制"，就可以多出好书，多出精品；反之，则使不健康读物、坏书甚至有政治性错误的图书得以出笼，平庸书也乘机上市，造成不良影响。所以，不管市场竞争怎么激烈，仍应强调坚持"三审制"，这样才能保证以优质图书占领市场。要强调编辑的社会责任感，把提高出版物的质量和编辑的人生奋斗目标联系起来，才能真正贯彻"三审制"。

6.编辑职责的研讨。坚持"三审制"、保证图书质量的讨论，引申出各级编辑怎么工作，如何理解他们不同的地位和作用。这里既有认识问题，也有实际问题。学会根据各级编辑不同的岗位特点，逐个进行了研讨，弄清了一些模糊观念，分别明确了责任编辑、编辑室主任和总编辑的工作范围、职责、重心以及当前需要注意的问题，提高了各级编辑的认识水平。

7.在社会主义市场经济条件下，编辑究竟应该如何工作。这是在编辑实际工作的讨论中，提出的一个非常重要而实际的问题。有人认为：现在编辑的战线拉长了，职责扩大了，主张编辑工作要走"新路子"，不能按原有的规范去做。经过讨论，许多同志认为，编辑工作的基本规范，是长期以来在实践中形成的基本思想、基本原则、基本程序、基本制度和基本方法，反映了编辑工作的客观规律。编辑工作的改革和创新不能违反规律，也不能改变规律。从当前实际情况看，有几种规范必须强化，即编辑职业道德规范、编辑工作规范、技术规范和语言文字规范。在这种情况下，学会着手做了两方面的工作：

（1）决定编撰《图书编辑工作基本规程》（以下简称《规程》）。委托湖北省编辑学会起草。经过反复研讨，多次征求京内外专家的意见，并上报新闻出版署。经署有关部门批准转发，"供全国各出版社参考"。《规程》讲了图书编辑工作的性质、方针和任务，编辑工作的基本过程，应该达到的要求和做法；既总结了实践经验，又注意了新形势下出现的新情况、新问题，使基本规程与积极创新相结合，使整个编辑工作精细有序，促进了编辑工作的规范化和优质化。

（2）要强调弘扬优良的编辑传统，树立高尚的职业道德。本会自成立以来，一直注意编辑职业道德问题的研究，曾经讨论过多次，也发表了一些有分量的文章，认为编辑的职业道德应从编辑工作的特点来概括，一般的公民义务、社会公德和各行各业普遍要求的职业道德，是共性的东西，编辑应该遵守，但可不列为编辑特有的职业道德。为了有所遵循，本会曾通过年会发出倡议，提出：①按照出版方针，坚持客观公正的用稿标准，不以稿谋私；②把自己的知识、经验无偿地纳入他人的作品之中，奉献给社会，认真为他人做嫁衣；③为读者着想，为读者服务，对社会负责；④尊重作者，真诚地对待作者；⑤在同行之间互相支持、互相帮助。为弘扬优良传统，体会先辈的道德品格，我们与有关单位一起共同研讨叶圣陶的编辑出版思想与实践。论述了叶圣陶编辑出版思想和实践的内容、历史地位和意义。强调他们作为编辑的社会责任感和历史使命感，全心全意为读者服务，一心一意"为读者着想"的品格；坚持有所为，有所不为，把最好的精神食粮提供给社会的追求；勤勤恳恳、一丝不苟、精益求精的严谨作风等，对当代我国的出版事业具有重大的现实意义和深远的历史意义。

以上讨论，是根据本会的宗旨，紧密结合编辑工作的实际，尤其是结合编辑的思想实际，进一步坚持编辑的理想和信念，牢固树立正确的世界观、人生观和价值观进行的，有利于编辑队伍的思想建设，促进出版的发展。

8.开展了若干问题的专门讨论。

这些问题是：

（1）关于农村读物的编辑出版工作的研讨。随着国家社会主义现代化建设的发展，加强农村读物的编辑出版工作的问题日益突出。经过探讨，认为要强调转变观念，看到农村的变化，重新认识农村读者的构成和阅读需要；不仅要满足一般农民发展经济的需要，还要根据不同读者需要，满足各种农村读者学习政策、法规，学习文化科技等不同需要，要出版多样化、多层次的读物。

（2）研讨跨世纪出版发展战略问题。世纪之交，跨世纪出版发展战略是业内外普遍关心的问题。本会和青年编辑专业委员会曾几次研讨了这个重大问题。研究了有些国家经济起飞、科技发展的原因，研究了我国出版业与国际接轨的同时，发展中出现的情况和问题；讨论了由高新科技催生的网络传播对出版业的影响；寻求出版与高科技联盟，促进出版业的壮大与繁荣；市场竞争、出版集团组建，引发的出版理论新视点。反映了跨世纪出版发展战略要以建立出版强国为目标的强烈愿望，拓展了出版研究的新思路和新领域，给编辑出版工作者以新的启迪。

（3）讨论了少年儿童读物的针对性和创新问题。根据江泽民同志指示：要抓好电影、长篇小说和少年儿童读物"三大件"的要求，讨论少儿读物编辑工作如何克服"四老"（老面孔、老祖宗、老外、老作家）和"四多""四少"，即成套书多、单行本少；重复出版多、原创性作品少；图画本多、文字本少；适合城市儿童的多、适合农村少年儿童的少等现象。大胆创新，出版丰富多彩、生动活泼，适合广大城乡少年儿童需要的书刊，推动了少年儿童读物编辑出版工作的开拓和创新。

二、积极开展编辑理论探讨推进编辑学学科建设

编辑学作为一门独立的学科，要站立起来，必须回答学科性质、任务、研究对象、概念系统、规律和原理等问题。这是学科建设必须解决的问题，也是编辑学研究兴起以后，出版界、教育界颇为关心的问题。正是在这种形势下，学会成立以后，逐步开展了关于编辑学基本理论问题的研究。研讨的主要问题是：

1.关于编辑学研究的范围问题。编辑学在我国最早是由新闻编辑方面提出来的，但目前的研究者大多是长期从事书刊编辑工作的，所以，一般都是从书刊编辑工作入手进行研究。但是现代编辑工作的范围，比书刊要宽得多。编辑学研究为了适应这种需要，认为研究范围应包括报纸、广播、电视、音像制品和电子出版物等各方面的编辑活动。这些门类的编辑学术研究成果，将为普通编辑学的建立奠定基础。

2.关于研究方向和重点的问题。为了集中力量、突出重点，学会提出：今后一段时期的研究工作要以有中国特色社会主义的出版编辑理论为重点和主攻方向。坚持理论联系实际的原则，努力回答现实生活中的问题，为繁荣社会主义的出版事业服务。这个思路有力地推动了编辑学的研究。

3.关于编辑学的学科性质问题。开始时看法不尽一致，认为编辑学是应用性学科、基础学科、综合性的边缘学科，或工艺性学科的都有。经过讨论，大体上取得了共识。编辑学属于应用科学，作为应用科学，它包括编辑的应用理论和编辑的应用知识，这两个部分都是编辑学研

究的内容。同时指出，将编辑学定位为应用科学，并不是轻视和否定它的理论。相反，要重视学科的理论建设，建立比较严谨的理论体系。作为应用学科，也只有建立了理论体系，才能真正成为一门科学。

4. 编辑学应该属哪个学科范畴，它的任务是什么。不同看法不少，包括：有的认为它应属社会科学范畴；有的认为应根据它内容和载体的不同，分别属于不同的学科，如编科技书刊的或研究电子出版物的应属于自然科学范畴；有的认为应介于社会科学和自然科学之间；也有的认为属于文化工程科学。经过讨论认为，编辑工作的基本内容，一般是属于思想文化领域的事，因此应该属于社会科学的范畴。明确了编辑学研究的目的和任务，是为了指导和改进编辑实践，使编辑工作科学化、规范化，同时又便于开拓创新，保证最大限度地满足社会需要，最充分地体现时代精神。

5. 编辑学的研究对象问题。这也有几种说法，如认为编辑学研究对象应该是编辑过程，具体如"编辑工艺说""编辑策划说"等；诊断编辑学的研究对象是原稿，理由是编辑工作任何环节都离不开原稿，或编辑工作的实质是对原稿的评价等；有的认为编辑学的研究对象是编辑活动的规律等。经过长期的反复研讨，主张研究编辑规律的人逐步增加，但其他不同观点同时并存。

6. 关于编辑概念问题。这个问题涉及古今中外，学界提出了许多不同的界说，视角、内涵和特指的层次，都很不一致。经过多年的讨论，学界先在有关前提方面取得某种共识。即首先要界定的是编辑基本概念，不是某一种媒体编辑的具体概念；应该反映编辑活动的特有属性，即本质属性，而不是非本质属性；是本质的理性概括，不是感性的操作过程的描述；概念不是不变的，它是随着社会前进而不断发展的。

对于以上的讨论，《中国编辑学会第三次全国代表大会的工作报告》中曾指出："经过几年的探讨、争鸣，学界在一些基本问题上有了某种相同或相似的看法，或者观点开始接近。这些问题是：编辑学诞生于中国，

1949年3月，在广州自由出版社出版的李次民著《编辑学》一书可能是最早的以'编辑学'命名的专著；编辑学的学科性质是一门实践性很强的应用学科；编辑学的学科分类应属于社会科学的范畴；编辑学的研究对象是研究编辑活动的特殊矛盾，揭示这些特殊矛盾所反映的客观规律；编辑活动的本质特征是创意和把关；'编辑'的基本概念是：创意（策划、开发）、选择（选题、选作者和稿件审读）、优化（加工整理）和组合（编排、有序化）；充分肯定编辑劳动的创造性，以及编辑在优选、传播、积累社会文化中的能动作用。"这些共识，有利于把编辑学研究进一步推向深入。

三、编辑学理论研究的新进展

1. 多种媒体编辑活动有没有共性。书、报、刊、广播、电影、电视、音像制品和电子出版物等多种媒体的编辑活动有没有共性的问题，是在编辑学研究已经越出图书、杂志和报纸等文字传播媒介编辑学的范围，需要建立适用于更多媒体的普通编辑学的形势下提出来的。经过研讨认为，各种媒体的编辑活动，有个性也有共性，是肯定的，关键是要找到合理的科学的切入点。科学地概括各种媒体的编辑活动的共性，这将是一种理论上的创新。

2. 关于建立涵盖多种媒体的普通编辑学的问题。一般认为建立涵盖多种媒体的普通编辑学有三个条件，即对编辑活动的基本概念有一定的共识；对它们的共性有一定的认同；对普遍规律的认识有必要的趋同。现在学界在这些问题上的认识正在接近，这就为建立普通编辑学奠定了基础。有的认为：不同传播媒介的编辑活动之间虽有差异，并不否定其共同发展规律的存在。在科学认识各种传播媒介共性的基础上，建立普通编辑学在理论上是可以成立的。

3. 编辑学理论纲要的探讨。建立编辑学理论框架是编辑学学科建设的一项重要内容。同时，随着高校编辑学专业本科教育的发展，迫切需要一个"教育大纲"。1995年，本会根据上述要求，提出编写《编辑学理论框架》的任务，经过多次研讨，发表了不少有价值的见解。本会第三次全国代表大会的《工作报告》中，对研究编辑学理论框架的目的、意义和基本内容、涵盖的范围以及有利条件等作了分析和说明，并且把它作为当前学会工作的重要任务来进行。后来，阙道隆同志撰写了《编辑学理论纲要》（以下简称《纲要》）初稿。学会为此专门召开了在京部分专家学者座谈会进行讨论。与会者对《纲要》给予充分的肯定和很高的评价，认为是近几年来探索编辑学理论框架的一个重要成果。同时，也提出了一些可以进一步探讨的问题和修改的建议，以利进一步推动编辑学理论框架问题的深入研究。

4. 关于编辑规律的探讨。在讨论理论框架的过程中，有人认为研究科学就是研究规律，提出要研讨编辑活动的规律问题。学会据此召开了编辑规律专题研讨会，与会者集中讨论了编辑活动的基本规律，提出了不同的概括。如认为，"能动性和受动性相统一是编辑活动的普遍规律"。认为，编辑基本规律就是信息、知识有序化、媒体化与社会化的规律。有的把传播媒介的基本规律概括为："在为内容向公众传播做准备的过程中作者和读者/用户之间的供需关系的矛盾，在全面正确评价的基础上，依照质量第一和社会效益第一的原则加以调节和解决。"要点是全面正确评价两个"第一"。有的主张研究编辑活动的基本规律要从分析编辑活动的矛盾入手，认为编辑活动的诸多矛盾中，编辑与作者的矛盾，编辑与读者的矛盾是基本矛盾，在这两个基本矛盾中，编辑与读者的矛盾又是主要矛盾。根据这个主要矛盾，把编辑活动的基本规律概括为：编辑以众多的精神成果为基础，以优选、优化为手段，生产新的精神产品，最大限度地满足读者的需要，促进社会文明的发展。这些构想为进一步讨论开阔了思路。

四、推动编辑史、出版史研究的开展和交流

编辑史、出版史的研究，不仅是出版发展的需要，而且是编辑学学科建设的需要，十年来本会先后召开过 4 次编辑史、出版史研讨会。如与湖北省编辑学会等有关单位合办"英山毕昇墓碑研讨会"，推动中国出版通史的编纂和近百年编辑出版史座谈会等，都取得了成功。

五、努力争取把"编辑出版学"列入国家《授予博士、硕士学位和培养研究生的学科、专业目录》

"编辑学"作为高校本科的一项专业已于 1993 年列入国家教委的"专业目录"，但建立硕士点的问题一直没有解决。刘杲会长为此曾于 1997 年和 2001 年两次在全国政协会议上提案，要求把编辑出版学列入国家《授予博士、硕士学位和培养研究生的学科、专业目录》。1999 年 9 月，本会还召开部分高校编辑学专业负责人和专家座谈会，提出呼吁，并与中国版协联合向国家教育行政部门提出《关于建议在高等学校设立编辑出版学硕士学位授予点的报告》。

六、开展对外、对港台地区的出版学术交流

学会成立以后，于 1993 年 10 月在京召开了第六届国际出版学研讨会，中、日、韩、菲、马、新等国和香港、台湾地区的 80 余位学者、专家出席了会议。后来又分别组团参加了第 7—10 届国际出版学研讨会。应邀组团访问过欧洲国家。本会青年编辑专业委员会两次组团访问了日本，并派出青年编辑赴日学习。我们开展了海峡两岸的出版学术和业务交流，并和香港出版学者座谈了出版和传播研究的情况。目前，中、日、韩三国的出版学术交流正在正常开展，收到了互相启迪、互相促进的效果。

同志们，过去的十年，在各方面的支持下，我们做了一些工作，取得了一些成就。目前，我们已出版的编辑学著作有几百种，直接以"编辑学"命名的就有八十余种，全国有近四十所高校建立了编辑出版学本科专业，在校学生数以千计，有七所大学建立了编辑出版研究所，有数以百计的教授、副教授在那里勤恳工作，出版界和新闻界也有一批为数不少的研究者，他们都是学科建设的骨干力量，是编辑学发展的希望所在。但是应该看到，我们的成就还很有限。我们学会的宗旨来衡量，用我们的历史使命和社会责任来要求，我们还有许多应该做的事情没有去做，需要完成的工作没有完成。比如：实际工作中暴露出来的许多问题，我们还缺乏有成效的研究；市场经济和高新科技对编辑工作的影响，我们还缺乏足够的认识；对当代许多成功的出版单位的资料还缺乏整理；许多重要的编辑工作的经验还来不及总结；许多优秀编辑的业绩还没有加以弘扬和发掘；对编辑队伍中出现的这样那样的问题也需要做深层次的思考；对国外编辑出版工作的情况，我们也知之甚少；对国际接轨过程中，已经出现和将要出现的问题也缺乏研究；对自己国家的编辑史、出版史也缺乏系统的研究；对历史上优良的编辑传统的总结和推广也很不够；对著名编辑家的编辑思想，他们的事业、生平，也缺乏整理和宣传。对编辑工作和编辑学本身的许多理论问题的探索也需要不断深化。总之，我们已经做的和需要做的相比还有很大差距。

回顾过去，展望未来，我们的任务是十分艰巨的，必须做出更大的努力。

编辑学萌发于中国，崛起于中国，我们有义务让它成熟于中国。我们要继续努力，再用几个十年的时间，把编辑学建设成为一门具有现代科学形态的成熟的学科。我们不仅要研究现实，而且要研究过去；不仅要研究中国，而且要研究外国；既要研究宏观，又要研究微观；不仅要研究编辑的业务、编辑的理论，还要研究编辑发展的历史轨迹，研究编辑学的科学方法论；我们不仅要拥有经验，拥有资料，并且要概括为理论，作为理论上的创新；我们要完成编辑学学科知识体系的建立，使编辑学走向成熟。

我们必须拥有一支以马克思主义为指导的老中青结合的研究队伍。这支队伍应该以新闻出版界的积极分子和高等学校的教研人员（包括科研机构的专业人员）为基础组成。它应该兼有社科编辑、科技编辑和其他各种门类的编辑人员，他们应具有相当理论水平和实际工作经验，具有艰苦奋斗、埋头苦干、敢于并善于攀登科学高峰的精神。这样一支队伍的形成是编辑学今后发展、成熟的根本保证。当前，建设这样一支队伍，已成为当务之急，这也是所有关注编辑出版理论和编辑学的行政部门、科研机构、高等学校、报刊单位、社会团体的战略任务。我们必须为此而努力。

我们要花大力气撰写、出版一批高质量的学术著作和研究成果。要遵照理论联系实际和"双百"方针，发动和组织编撰普通编辑学、电子出版编辑学、网络编辑原理以及编辑史、出版史等基本著作。要鼓励写出有价值的论文和研究资料，尽可能出版一批标志性著作。

同志们，今天我们在这里庆祝中国编辑学会成立十周年。十年的时间是短暂的，在学会的历史上仅仅是一个开头，但在一个人的生命中不会有很多个十年。我在这里特别要提到在学会建立过程中起过重要作用的边春光同志和王耀先同志。边春光同志曾受国家出版局的委托，主持过学会发起人会议，宣布决定筹建编辑学会，并且初步指定了筹备组的召集人。王耀先同志就是被指定的筹备组两位召集人之一，并在学会成立大会上作了《中国编辑学会筹备经过》的报告，同时被选为学会第一届副会长，后来又成为第二届理事会的顾问。这两位已于1989年和1997年先后逝世。在学会成立十周年的日子里，我们怀念他们，也怀念曾经为编辑学研究和学会工作做出过贡献，今天已经离开我们的同志，并以此来表示我们决心把学会工作做得更好。

中国编辑学会第一个十年已经过去，过去十年的路程是不平坦的，是令人难忘的。从编辑学学科建设来说，我们仅仅走了开头的几步，今后的任务将更艰难，更繁重。我们庆祝学会成立十周年，就是表明我们要坚定不移地走下去，不管在前进的道路上，将会遇到多大的困难，我们将不遗余力，奋勇前进。我们相信，高举邓小平理论伟大旗帜，全面贯彻江泽民同志"三个代表"的重要思想，我们神圣的目标一定能达到。

2002 年 9 月 6 日

《出版科学》2002 年第 4 期；《中国编辑学会成立十周年庆祝大会纪念册》商务印书馆 2003 年 9 月版；《编辑的心力所向》P193，贵州人民出版社 2004 年 10 月版

保护好少年儿童出版这一片净土 ①

  这次全国少年儿童读物编辑工作研讨会是在全党全国团结奋进、意气风发地迎接党的十六大的良好氛围中召开的，是在全国贯彻"三个代表"重要思想的要求，以优异成绩向十六大献礼的热潮中召开的，在这样一个重要的时刻，我们在古都西安聚会，共同来讨论新时期少年儿童读物的编辑工作，研究从出版的角度来考虑对国家未来主人翁的培养教育问题，我们深感自己社会责任的重大，深感时代对少儿读物编辑出版工作者提出了很高很严的要求。这是对我们的鞭策，也是给我们的鼓舞。

  今天，我们有幸生活在改革开放的好年代，我们的出版工作和其他各条战线一样，形势喜人。今年上半年，出版界认真落实全国宣传部长和新闻出版局长会议精神，围绕为十六大营造良好氛围这条主线，坚持正确导向，多出好书，深化出版改革，强化出版管理，整顿市场秩序，各项工作都取得了新的进展。首先是坚持正确导向，注重出版精品力作，以着重宣传"三个代表"的重要思想、讴歌党的建设和改革开放的伟大成就等为重点的一系列迎接十六大的出版物，正在顺利进行；以组建集团为中心的深化出版改革，取得了重要进展；发展连锁经营迈出了新的步伐，今年上半年出版物的品种、数量、销售，都有较大的增长，整顿市场秩序，强化出版管理，取得了新的成效。总的说来：抓导向，抓繁荣，抓改革，抓发展，抓管理，都取得了明显的成效。我国出版事业正在健康繁荣地向前发展。

  当然，不可能没有问题，主要表现在：少数出版物还有导向性错误，违规违纪现象仍然比较突出，政治性非法出版物以及盗版、盗印等非法

---

① 本文是作者在"2002年全国少年儿童读物编辑工作研讨会"上的发言。

活动屡禁不止。这些问题，值得我们注意。其中，导向问题、违规违纪问题，跟我们编辑工作者关系更为密切，我们一定要严肃对待，不能稍有疏忽。特别是现在党的十六大日益临近，我们更要严格执行出版纪律，自觉做好工作。少年儿童读物的编辑出版工作，一般说，大家还比较注意。但是，在有些出版物中也存在教育思想模糊，是非界限不清，以及内容和形式不适应小读者要求，包括选题重复、编校质量滑坡等问题，需要克服和改进。个别出版社甚至买卖书号，也因此受到停业整顿的处分。对少儿社来说，还是第一次，这说明我们有的出版社指导思想不端正，我们应当吸取教训。至于当前少年儿童读物的构成，有人认为有"三多""三少"的现象，即：国内的原创作品少，引进作品多；讲好人好事的少，讲妖魔鬼怪的多；讲思想教育的少，讲暴力打斗的多。这些现象，不能说没有，但在各地各社、专业社和非专业社之间，表现不平衡，应该引起我们的警惕。作为人类灵魂工程师的编辑，要关注塑造出来的是什么样的灵魂。我们要坚持把培养"四有"公民作为自己的目标，要强调社会主义的文化价值取向，慧眼识真，慎重选择，坚持质量，严格把关，下决心把优秀读物提供给广大的少年儿童读者。少年儿童能不能健康成长，关系到党和国家的未来，关系到民族的命运，更需要我们以千百倍的用心去做好我们的编辑工作。

为了出版的持续发展，赚点钱是可以的，但赚钱不是我们的第一目标，我们的第一目标是社会效益，使青少年在马克思列宁主义、毛泽东思想的指引下，高举邓小平理论的伟大旗帜，按照全面贯彻"三个代表"重要思想的要求，成为全面发展的社会主义公民，成为在中华民族伟大复兴事业中建功立业的中坚力量。

2002 年 9 月 21 日

《编辑的心力所向》P278，贵州人民出版社 2004 年 10 月；《一切为了读者》P113，首都师范大学出版社 2010 年 7 月版

《我所向往的编辑——第三届未来编辑杯获奖文集》编后记

为了促进我国高层次编辑人才的成长，适应中国特色社会主义出版事业发展的需要；为了使目前正在高等学校学习编辑学专业的学生和研究生更好地了解和熟悉出版工作，做好为编辑出版事业服务的准备，经新闻出版总署批准，中国编辑学会从2001年9月开始，举行了第三届"未来编辑杯"征文竞赛活动，于2002年6月6日评选揭晓。

这次征文竞赛的主题是：我所向往的编辑。参赛人员是高校正在攻读以编辑学为方向的研究生；编辑出版学专业本科三、四年级的学生和第二学位的学生。《通知》发出后，有关高校报名的学生非常踊跃，学校领导对这一活动十分重视，不少学校指定专人负责做这项工作，请指导教师辅导参赛学生撰写论文。截至2002年3月底，评委办公室共收到十余所高校经过初评后推荐的论文145篇，是历届"未来编辑杯"征文竞赛最多的一次。

评委会由出版界的领导同志、资深编辑、专家和编辑学者组成。从4月上旬开始阅稿评卷，到6月上旬，历时60余天，每篇论文至少经过三位以上评委的评阅，有三篇论文经过十位以上评委的评审。评委会除召开小组碰头会外，先后召开两次全体评委委员会议进行讨论、评选。6月6日由刘杲主任主持，召开全体评委会全体会议，经过反复讨论，并以无记名投票方式进行表决，结果陈大力等同学写的45篇论文以超过半数票获奖。

本届应征论文总体水平比以前有较大的提高，不少论文视野开阔，能多角度思考当前与未来编辑出版问题。诸如，对编辑出版理念的探讨，对加入世贸组织后编辑工作的思考，在高新技术条件下编辑工作的新思路，对网络编辑条件下著作权问题的研究，对编辑工作创新的探索，对当前编辑工作热点和难点问题的分析，对我国古代编辑思想的评析，对未来编辑的展望，等等。这些论文充分表达了青年学子对未来编辑工作的追求和向往，显示了他们的智慧、知识和写作能力。同时也有力说明，我国编辑事业继往开来，后继有人。有的论文也有不足之处，主要是文章结构不够严密、行文不够规范、文字有差错等。根据评委们的意见，在获奖论文结集出版之前，又请论文作者在指导教师的指导下，认真修改了一遍。

中国编辑学会向获奖论文的作者颁发了获奖证书和奖金。

在本次评选活动圆满结束之后，在第三届"未来编辑杯"获奖论文集付梓之时，我们衷心感谢各校编辑学专业师生们的积极参与和大力支持，感谢各位评委所付出的辛勤劳动，感谢中国经济出版社的领导和同志们为出版这本论文集作出的贡献。

2002 年 11 月

《我所向往的编辑——第三届未来编辑杯获奖文集》P375，中国经济出版社 2003 年 7 月版

为靳青万著《编辑学基本原理》作序

摆在我面前的这本《编辑学基本原理》书稿，是一部学术著作，是作者靳青万同志花了七年时间，研究揣摩而写成的。靳青万同志是一位中青年学者，他长期从事编辑工作，所以，这部书也是他编辑实践经验的概括；他在90年代初，曾经写过一本书，叫《中国古代编辑史论稿》，这本书是我国编辑学界近10年来，在学术讨论中经常提到的，用他自己的话来说，是既有赞扬，也有批评。我认为这种状况是学术讨论中"百花齐放，百家争鸣"的正常现象，是无可厚非的。

《编辑学基本原理》一书，思想活跃，观点新颖，对许多论点进行了分析评述，这是作者的大胆尝试。作者为什么要这样做，为什么要写这本书，在本书"后记"中他有明确的回答。他说："我的研究目标是建立一个我自己感到满意的、具有全面创新的、具有较高科学含量的、符合编辑活动客观实际的编辑学基本理论体系，将编辑学理论研究的前沿再向前推进。"我觉得这个出发点是值得称赞的。编辑学在中国崛起，已经20余年，"编辑有学"这一点已经得到广泛的认同，目前迫切需要各方面的共同努力，把它进一步推向成熟。在推进学科建设的这个过程中，需要有雄心壮志、敢想敢干的人。这种人即使在100个人当中，只有一两个获得成功，那就是对学科建设的重大贡献；至于另外90多个研究者，他们的努力也不会白费，他们将成为学科发展过程中的波浪，一浪又一浪地把学科建设推向前进。没有他们，浩荡江河不可能前进。所以，无论成功与挫折，他们的努力，人们同样不会忘记。怕只怕没有雄心壮志，没有敢想敢干的精神，只要有，就应该获得称赞。

靳青万同志是一位勤奋好学、非常刻苦的人。现代的中青年，公务、家务繁忙，生活节奏本来就很紧张，这已成为一种定势。如果想研究一些问题,写点东西,那就要"拼业余"。靳青万这本书就是"拼业余"的产物。更重要的是,他不是一般的开开"夜车",有时竟是通宵达旦,这就需要有一种精神,一种不寻常的精神。勤奋是成功者的秘诀,刻苦是创造者的品质。这对各行各业来说都是一样的,但对编辑学来说更不易。因为编辑学目前虽然有很大发展,但毕竟不是显学,老实说,研究它,既无名也无利,纯粹是出于一种责任,一种使命;说到底,无非是一种奉献,希望它能对社会主义的文化建设起一点小小的作用而已。

说到学术著作、学术讨论,难免有是是非非、众说纷纭、争论不休。这本来是搞学术的人的追求,就是要经得住人们说好话、表扬,更要经得起批评,甚至被人误解、受委屈。

是的,冲锋陷阵的人,往往容易中弹,所谓冲锋死于黎明之前;挺身而出,敢于当"靶子"的人,往往容易万箭穿心。但这些,如果都是为着神圣的目的,那就是"死"得其所,重于泰山了。在他们面前,好话、表扬、批评、委屈,也就不在话下,事业高于一切,荣辱皆在度外矣。

20多年来,据我的观察,编辑学界的争论、学术批评,一般都是摆事实、讲道理的。那种讽刺挖苦,甚至攻击谩骂,并不明显,即使有,也是极个别的。万一碰到这种情况,也不要以牙还牙,要心平气和,以理服人,有理不在言高。只有没有理由的人,不能以理服人、以德服人的人,才会讽刺挖苦、攻击谩骂,或以势压人,这都是理屈词穷,黔驴技尽的表现,明眼人一看就清楚,所谓旁观者清。要坚信公道自在人心。当然,对于善意的批评、公平的争论,应该毫不犹豫地倾听,千方百计地吸取其中的积极因素,取长补短,这是对待学术批评的正确态度。总之,真理不怕批评,只会愈辩愈明;科学不会谩骂,只会以理服人。

我们的时代,是理论创新的时代。我们有幸生活在这样的时代,就应该解放思想、勇敢进取、有所作为。在学术上,我们要敢于独立思考,勇于标新立异,只要言之成理、持之有故、能自圆其说,就要敢于提出前人没有提出过的观点,敢于推翻过时的理论。让我们坚持解放思想、实事求是、与时俱进的思想路线，积极地为编辑学理论体系的建设，奉献自己应有的智慧和力量。

祝愿每一个研究者取得丰硕的成果，获得新的进步，为把编辑学建设成为成熟的学科而不断前进！

2002 年 12 月

《编辑的心力所向》P406，贵州人民出版社 2004 年 10 月版

市场经济条件下更要讲究质量第一

编者按：正像阳光、空气等最重要的东西常常被人忽视一样，图书质量这一决定出版物生死存亡的要素，在市场经济条件下却得不到业内人士足够的重视。出版界老前辈编辑学会常务副会长邵益文同志敏感于这一点，并发出要重视图书质量的呼吁，希望有关人士能够警醒。

社会主义出版工作者应该把质量放在自己工作的首位，始终坚持"质量第一"，把它当作自己最起码的社会责任和从业品德。

党的十六大报告指出："全面建设小康社会，必须大力发展社会主义文化，建设社会主义精神文明"，"大力发展先进文化，支持健康有益文化，努力改造落后文化，坚决抵制腐朽文化"，并且要求我们"深刻认识文化建设的战略意义，推动社会主义文化的发展繁荣"。出版作为文化战线的重要方面，对于完成社会主义文化建设的战略任务有着不可推诿的职责，而要达到这个目的，关键在于提供优秀的精神食粮，满足广大读者的需要，为此就必须提高出版物的质量。

出版物的质量问题，是一个老问题，有人认为是出版界的一个永恒话题。正因为质量问题的重要性，它对于出版发展具有决定性的意义。所以，有关部门领导和有见识的出版工作者对这个问题是非常重视的。也正因为这样，我国许多出版物的质量是不断提高的，在这方面的进步是明显的。但是，我们也不能不看到，在有的地区、有些出版单位的出版物质量是不容乐观的，有的甚至是有相当严重的问题的。在市场经济条件下，这个问题显得更为突出。因此，在市场经济条件下更应该强调质量第一。

2001年，新闻出版署对全国139家良好出版社进行了一次图书编校质量检查，并在自查的基础上对 33 家共 33 种图书（每家一种）进行了抽查，结果是只有 5 种是优质品，占总数的 15.2%，2 种为良好品，占总数的 6%，合格品为 15 种，占 45.5%，以上三档合计，也就是合格率仅占 66.7%。而不合格的竟有 11 种，占了抽查总数的 33.3%。也就是说，有三分之一的图书的编校质量是不合格，而且还是良好出版社的图书。这种状况难道还不令人吃惊吗？

一、出版物质量滑坡的原因是什么？

出版物质量滑坡的原因不外乎以下几方面：

1. 发稿字数大多，编辑压力太大

一个编辑一年要看几百万字，甚至上千万字。实际上根本看不过来，一本书稿在编辑手里，往往不能认真审读，有时一目十行，匆匆而过，焉有不出差错之理。一个出版社想多发稿，本来不是什么坏事，问题是要根据实际可能，如果编辑力量不足，就要扩大编辑队伍，连社外编辑也不多聘，不加人只加稿，压得编辑人员招架不住，肯定不是办法。

发稿字数多，还有其他方面的原因，一是与编辑的奖励制度有关，有的单位以发稿字数多少作为奖励与否、奖励多少的根据，这实际上也驱使某些编辑去多发字数；二是与稿酬制度有关，目前的稿酬以字数做根据，字数多稿酬多，字数少稿酬少，这也驱使某些写作者有意无意地去拉长篇幅，一句话能说清的事，偏偏写成三句，把短篇拉成中篇，中篇拉成长篇。但是，奖励、稿酬制度要改变，谈何容易，如果不要这种办法，又用什么办法来代替呢？

2. 为抢占市场，仓促出版

有些图书本来从品位、内容、表现形式都不错，但由于现在竞争激烈，为抢占市场，编校上顾不得精雕细刻，仓促出炉，留下了不该有的差错。持这种想法的人还理直气壮地说："别人出在我们前面，占据了市场，我们的书质量再好也白搭。"有人形象地说："发行要求快！快！快！编辑只好赶！赶！赶！"

3. 为利益驱动，以多胜少，搞"平庸书战术"

有的人搞不出高品位、有质量、受读者欢迎的东西，于是，只要能赚钱，不管它内容平庸，质量低劣，先出了再说。按他们的说法，"反正不违反四项基本原则，不犯法违规，怕什么？"在这种思想影响下，他们毫无顾忌，连低级庸俗的东西都敢于出笼。

这两种情况，虽然都与一个"利"字有关，但这种人和前一种人不一样，前一种人是想出好书，他们还是把出版当作社会主义文化建设来做，有时质量不高，只是为了抢时间造成的，许多差错是属于硬伤；后一种人的主要心思在于赚钱，对他们来说赚钱是最重要的，是压倒一切的，什么能赚钱就出什么，把作为社会主义文化建设主力军的出版当作他们发财的途径。即使有时也出一些有质量的好书，那不过是点缀一下，作个陪衬罢了。

4. 编辑出版人员的文化、业务水平不高

编辑出版人员素质低下，不懂得或者不按规定、规范办事，使本来可以避免的差错未能避免。

造成出版物质量滑坡的原因可以很多，但归结起来，都有不重视出版物质量的问题，至少是没有把它放到头等重要的地位来考虑。问题的严重性在于有些单位、有些人对出版物的质量问题，本来就没有当成一回事，根本就不重视，或者是说起来重要，做起来不重要。尽管有人天天讲，月月讲，也没有进到耳朵中去。

二、对出版物质量问题的认识是一个出版观问题

说有的单位和有些人对图书质量问题重视不够、认识不够，不是没有根据的。比如说："无错不成书""错误百出是好书"，本来是对图

书质量问题的尖锐批评，而现在有的人却把它拿来作为推诿自己责任的"理由"。又比如对这些单位来说，自己的图书质量"滑坡"，恐怕不是不知道。也是不能不承认的事，但究竟有谁真正想办法去制止这种滑坡，解决这种滑坡呢？所以说，质量"滑坡"的根本原因是重视不重视的问题，而重视不重视的实质，是一个出版工作者出版观问题。比如，有些人一说到质量，他们自觉不自觉地流露出不同的看法。在他们看来，总认为出版物质量是软指标，只有经济效益是硬指标。只要书商看得上，质量如何就不是主要问题，就可以照出不误；有的更是胸有成竹，认为质量标准你规定你的，我干我的，查不出来最好，查出来算我倒霉，大不了通报批评一下，也无所谓，照样我行我素；再有就是对明文规定的质量标准有怀疑，甚至抵触。说差错率不能超过万分之一，要求太高。既然连良好出版社也有三分之一办不到，不如干脆"放宽"为万分之二、万分之三。这样，大家都过得去，岂不很好。这几种人的共同点是：出版物质量的好坏，对他们并不重要，重要的是如何使自己的钱袋鼓起来。即使你真的把编校质量差错率改为万分之十，他们也照样做不到，到那时候，他们可能要求干脆"放宽"为万分之二十了（应该说明，有的人认为某种门类出版物，标准、规定不统一，差错计算有争疑，应该如何计算，这是另一类问题）。

"质量是产品的生命"，这一点对物质产品和精神产品来说都是一样的。物质产品的质量不高、不好，就寿命不长，根本不能用，甚至发生事故。换句话说，反应是明显的，但受影响的时间和空间是具体的。精神产品，尤其是书刊则不然，如果质量不高，反应可能没有物质产品那么明显，但受影响的时间和空间却是无限的，受祸害的对象往往是不自觉的，甚至不以害为害，以祸为祸，反而是兴高采烈地去接受，在潜移默化中中毒受害，因而其危害性也就更大、更严重。所以，历来的编辑家、出版家和一些有见识的编辑出版工作者，都十分重视出版物的质量，都主张把优秀的精神食粮提供给读者。

三、优秀的编辑家用心血和生命换取出版物的质量

众所周知，鲁迅对于书刊编校工作，真是呕心沥血，一丝不苟，不仅对文字，就连一个标点符号也不轻易放过。他在 1936 年逝世前，大病半年，体重仅 30 公斤，但仍反复校读瞿秋白的《海上述林》，不让出现差错。校完后第三天，他就与世长辞了。可见，鲁迅是用自己的生命来换取出版物的质量的。1926 年，邹韬奋接办《生活》周刊后，千方百计地提高周刊质量。他密切联系读者，勤于搜集材料，精于撰写评论，善于解答问题。他说，他选择文稿，只要好的，对不好的稿子从不讲情面、照顾关系，不管是谁，总是"不顾一切地不用"，从不妥协。"每期的小言论虽仅仅数百字，却是我每周最费心血的一篇"，总之，"我的全部精神已和我的工作融为一体了"。质量就需要用全部精神去换取，这就是韬奋的编辑出版观。难怪在短短的几年中，他就把接办时只发行 2800 份的杂志，销量扩大到 15 万份。叶圣陶办开明书店时尽管资金不多，但从不随便出书，总是强调要提供好书、好教材。作家柯灵说过："你休想在篇目浩繁的开明书店的目录中，找出一种随波逐流、阿世媚俗之作。"叶圣陶在坚持出版物质量方面，言论甚多，举不胜举。只说他专门为此撰写过的一篇文章《希望大家用心提高出版物的质量》，文中说："认真检查书籍的内容，提高出版物的质量，要集合大伙儿的力量来干……你不发觉我发觉，我见不到他见到，各方面的同志都能这么做，我们出的书，质量就可以逐步提高了。"这里，他不仅告诉我们要提高出版物质量，而且为我们指出了提高质量需要大家来做的思想和方法。他曾经写过一首诗，其中两句说："选题订稿校雠三，唯审唯精为指南。"把精编精校作为自己行动的指南，这是叶圣陶的质量观和编辑观。众多先辈身体力行的教诲，比比皆是，想到他们在十分艰苦的环境下，在旧社会为生计的百般挣扎中，仍能始终如一、执着地追求出版物的质量，如果拿这种精神和今天相比，我们还有什么理由不重视提高

出版物的质量呢？

四、党和政府一贯强调要提高出版物质量

新中国成立 50 余年来，党和政府一直强调要提高出版物质量。1983 年 6 月，中共中央、国务院作出了《加强出版工作的决定》，这个《决定》在表述出版工作的性质和指导方针时，明确提出："出版部门要坚持质量第一，尽最大的努力，把最好的精神文化食粮供给人民。"经中央批准，新闻出版署于 1994 年 1 月提出的以实现由规模数量增长为主要特征的阶段向以优质高效为主要特征的阶段转移的目标，简称"阶段性转移"的方针，其实质就是为提高出版物质量，多出好书，达到促进出版的改革和发展的目的。1997 年 1 月，国务院发布的《出版管理条例》（后经 2001 年 12 月修订并于 2002 年 2 月公布施行）除第 29 条直接为"保证出版物的质量"的规定外，许多条款都是针对出版物质量而设定的。1997 年 3 月和 6 月，新闻出版署还根据《出版管理条例》制定了《图书质量管理规定》和《图书质量保障体系》，文件规定："坚持精神文明重在建设，繁荣出版重在质量的思想，把能否提高图书质量当作衡量出版工作是否健康发展，检验出版改革成功与否的重要标志。"这里明确地把出版物质量问题提高到检验出版工作好坏、出版改革成败的标志来看待。这就是社会主义出版工作者的质量观。这个文件不仅把出版物质量提到极高的位置上，同时还对出版工作的各个环节应该达到和必须坚持的质量标准，作了具体的规定。也是在这个时期，中宣部提出精品战略，目的同样在于提高出版物的质量。在 2003 年年初召开的全国新闻出版局局长会议上又提出发展的"五大战略"，即：精品战略、集约化战略、科技兴业战略、"走出去"战略和人才战略。在"五大战略"中，又把精品战略放在首位。可见，党和政府对于不断提高出版物质量的要求是一贯的，是从来也不放松的。

五、要提高质量，出版社必须切实加强管理

根据党的十六大精神，2003 年 1 月召开的全国新闻出版局局长会议，提出为实现全面建设小康社会，必须把我国社会主义出版事业"做强做大"的要求。要实现这个目标，最重要的就是要全面提高出版物的质量。什么是出版物的质量，它的内涵是什么，说简单一点，就是政治思想质量、文化科学艺术质量和编校质量。也就是要强调出版物的政治思想导向，提高出版物的文化艺术品位，增强文化含量，提高编校质量。要提高质量，生产单位必须切实负起责任来，海尔能够进入国际市场，占有一定的市场份额，主要就是靠质量。如果没有当时张瑞敏砸冰箱、不允许低质产品出厂，那就不会有海尔的优良品牌，也不会有今天海尔的国际信誉。为此，他们在生产的各个环节上规定了严格的规章制度，不是优良产品不许出厂。物质产品是这样，精神产品更是这样。出版物不讲质量，等于是一堆废纸，是一点用处都没有的，勉强上市，就会给读者带来无穷的麻烦，在许多情况下，还会危害读者，甚至贻害子孙后代。这个代价不是几块钱的码洋所能补偿的。为保证出版物质量，出版社必须切切实实地加强管理，要严格按照国家规定的要求，制定一系列规章制度，同时要加强管理，有管理才有质量。我赞成有的出版社提出的原则：编辑出版程序严格化，质量监控全程化，质量评估标准化。

六、坚持质量第一，永远不能动摇

社会主义编辑出版工作者，应该把质量放在自己工作的首位，始终坚持"质量第一"，把它当作自己最起码的社会责任和从业品德。反过来说，如忘了质量第一，那就不是一个好的编辑出版工作者。从多年的实践来看，那些忽视出版物质量的单位和个人，迟早都会受到应有的惩罚，这好像也是一种历史的必然性。搞出版必须坚持质量第一，

这一点永远不能动摇，不能有丝毫的松动。

发展才是硬道理，发展需要创新。

为全面实现小康社会，出版要做强做大，要快速发展。发展的关键是什么，是质量，要发展就必须讲究质量。提高出版物的整体质量，是出版发展的根本目标。要做到这一条，就要依靠广大出版工作者的大胆创新、不断创新。只有创新才能实实在在地解决好发展的问题，创新是微观的发展，发展是宏观的创新，只有解决好发展和创新的辩证法，我国社会主义出版事业才能快速地发展。

《编辑之友》2003 年第 3 期

零距离接触四种美国编辑及其他
——访美见闻

一、与美国编辑交谈

去美国以前，我心中老嘀咕的有三点：一、社会制度和发展水平不同，美国是发达的资本主义国家，我们是发展中的社会主义国家；二、文化背景不同，美国是西方文化，我们是东方文化；三、市场经济成熟的程度不同，美国是市场经济成熟的国家，我们是刚从计划经济体制转轨到市场经济体制时间不长的国家，我国的市场经济机制还不能说是成熟的。这些不同，对各自的编辑出版工作会有什么影响呢？作为中国编辑学会代表团的一员，我很想了解美国同行的出版理念、编辑运作和实际工作的情况。这方面过去虽说也接触过一些，但大都是从书上、其他材料看来的，往往是经过好几道手的材料。这次有机会同美国的编辑同行面对面地交谈，对我来说，也是一种颇为新鲜的事。承东道主的安排，我们接触到四种编辑，他们是出版社的图书编辑、期刊社的杂志编辑、大公司的企业编辑和社会上的独立编辑。但从他们的经历看，尽管目前的服务岗位不同，原来似乎都在出版社工作过。

美国和中国不同，编辑和作者之间，还隔着一个代理人，这个代理人是作者或作者书稿的代理人，专门为作者的全部或一部书稿，寻找合适的、能够取得优厚稿酬的出版社。出版商、编辑一般都和这些代理人接触，有时也和作者以及他的代理人一起谈。代理人是作者和编辑之间的真正中介。事情成功以后，代理人可以从作者那里，取得作者稿酬的10%~15%，作为报酬。

与编辑对话，离不开编辑与作者的关系，也是他们谈得最多的问题。

格罗斯现在是独立编辑，是一位个子不高、头发稀疏、胖墩墩的老头儿，他说大学毕业后就到出版社当编辑，明年将是第 50 个年头了。他见我头发花白，问我今年几岁，我报了我的年龄，他说，你比我还大一岁。一谈到他主编的《编辑人的世界》一书，他流露出谨慎的得意情绪，脱口而出，说了句"这本书的初版到现在已 40 年了，大的修订再版已有三次。它教育了一代编辑"。他也知道这本书已译成中文，并表示还要再次修订再版。我建议再版时增加网络编辑的内容。他说："这正是我要说的，我们想到一块儿去了。"他说作者与编辑的关系，是他经常讲的问题，有时与编辑讲，有时与作者讲，对两方面都要讲。他说：书稿是作者的，编辑有意见可以提，但只能是建议，不能向作者下命令修改。编辑可以改稿，但需要征得作者的同意。作者也可以拒绝编辑的修改建议。因为书出来以后，书上只有作者的名字，编辑是幕后人。编辑对作者的稿件表达意见，要注意分寸和语言的技巧，一般只能说"建议"。书稿好像是作者的孩子，这个孩子无论长得如何丑，对父母来说就是最好的，你不能说"你的孩子怎么长得这么丑"。编辑和作者不是对立关系，不是上下级关系，是平等合作的关系。他说，编辑是助产士，是帮助作者解决书稿中的问题的人。编辑和作者好像舞者与伴舞的关系，伴舞者要尽量揣摸舞者的想法，编辑要最好地表达作者的意思。作者有自己的思路，编辑如感到不合适，要多与作者沟通。要说服作者，把它改造得适合读者的需要。这样，新书出版，就是作者和编辑共同生了一个非常好的孩子。知名度很高的作者，某方面的权威，有时也会有疏漏，要提醒作者改正。有人问：如果这种作者的稿件确实没有错误和疏漏，但与整本书的体例不符，本人又不肯改，怎么办？他说：那要说服，可以从读者的角度，照顾全书的角度……去说服作者修改，理由会是很多的。书出来了，作者感谢编辑是正常的，但编辑不能要求作者来感谢自己。格罗斯说，作为编辑要善于对付两个方面：一是对代理人，各种各样的代理人，某种意义上就是对付作者；二是对付各种不同的书稿，最后要使书稿能够按出版社的要求出版。

关于选题和组稿的问题，美国同行并不轻松。蓝登书屋所属旗下出版社的总编辑卡特，是个看上去年龄不大、长得很英俊的中年人，他说：我社每年出版 200 多种书，小说和非小说类各占一半，我们每年看 500 多种稿件，选出其中的 200 种，加以讨论，认为适合读者的才给予出版。我们有些人过去认为，西方同行的出书计划，始于由经理（或营销主任）、编辑、财务、广告部门负责人一起来论证选题，研究作者、市场、成本、定价和可能的盈利情况，然后再来确定出哪些书、不出哪些书。现在听卡特一说，才知道选题论证之前，编辑部还要看大量的稿子，做充分的准备。看来在美国当编辑也不易。他还说：编辑也组稿，原则是：一是作者的权威性、稿件确有质量；二是原创作品；三是能吸引大众。他说，他们的编辑要组织稿件、要审选稿件、要了解市场、要参加公关，因为我们出的是大众读物。也有出版社的编辑不参与公关，不负责市场的调查。

罗伯特·斑奇是个高个子，大概不到 60 岁，不苟言笑，看起来很严肃。他在谈到杂志编辑的工作时，非常强调稿件必须有统一的规范和标准。他说，他曾在医学会、物理学会工作过，物理学会有 64 种杂志，涉及 80 余个专业，交稿都有一定的标准、规格，这样使编辑工作简单多了。除了文字部分外，公式、计算、图表、索引、引文、摘要，都要符合标准，使读者很容易找到。杂志编辑要做文字工作。作者的文章，有的前重，有的后重，编辑要加以调整。他说，不论文稿还是书稿，需要两个方面的审定：一是专业审定，可以请社会上的专家；二是编辑审定。两方面审阅以后，才能决定稿件的命运。然后才由编辑根据出版社的规定、要求，做整理工作。他说，他为《世界宗教大百科全书》写过一个条目，交给编辑以后，编辑把它送给德国、英国、印度等国家的有关方面征求意见，编辑根据各方面意见做了修改，然后再送回给我。这些改动是内容的改动，不同意可以拒绝。同意了就加以确认，然后再送回给出版社的编辑。

我们有些同志，原来认为在美国就是文责自负，现在看来，他们也有一个很复杂的过程。

麦考纹是华尔街投资公司的企业编辑，她的职务是公司的副总裁，是一个50岁左右的妇女，穿着朴素，显得很精明，是标准的白领雇员。她主要讲的是企业编辑的工作情况和工作要求。她说，她年轻时是出版社的教育编辑，后来到华尔街投资公司管出版工作。她说，企业编辑接触大量的财政、经济和法律方面的知识，她是经过重新学习以后才比较适应这份工作的。她认为对企业编辑有四方面的要求：一要有较高的文字水平，有处理各种文稿的能力；二要熟悉财经、法律方面的知识和公司的业务；三要具备电脑知识；四要能与有难度的文稿打交道，也要能和不好打交道的人合作，在法庭上，对手往往专门找你的岔子。所以，企业编辑必须对公司的业务状况、产品性能，非常了解，有时要和工程师一起工作，和他们商量怎么把稿子编好，还要请有关专家审阅，避免出现差错，不然就不能出版。她说，企业编辑的工作面很宽，如出书出刊、产品宣传、公司合作、对外交流、诉讼等，都需要做编辑工作，实际上是企业的宣传部和参谋部。企业编辑的工作量大，平时工作时间长，不过，收入要比出版社的编辑多三倍，是企业的正式雇员，是很多人追求的职业。

我问格罗斯独立编辑怎么工作？他说，独立编辑不固定为哪一个出版社、作者或其他个人服务。人家委托你，你愿意干就干，不愿意干可以不干，或选择自己感兴趣的干，所以也叫自由编辑。独立编辑的活儿，来自三个渠道：一、来自出版社，由出版社付报酬，有时要代替出版社会见作者或代理人，对出版社和作者负责。他接着说，对这种活儿我是一般不接受的，因为我不能向两方面负责，一仆二主是很难做好的。二、来自作者代理人，他要找一个好的编辑帮助作者工作，由作者付报酬。任务完成后交给作者，但不能说"我保证能出版、保证有出版社要"。因为各人的看法不同。一个女人美不美，两个人的看法是不同的。如果最后没有出版社愿意要，也不退钱。三、直接来自作者。按作者的要求，帮助策划、构思或对稿件内容提出意见、提供材料。总之，是从编辑的角度帮助作者写好稿件，由作者付报酬。独立编辑与作者交流很多，很大程度上是就作品内容、结构进行商量，不是做文字加工。文字加工由出版社的编辑根据出版社的要求去做。

有人问，在美国书是厚一点好，还是薄一点好？他说书的薄厚要根据读者对象和书稿内容来定，合适就好。一次，林肯与人聊天，谈到男人的腿多长才合适。林肯说，坐在椅子上能踏着地最合适。书也是这样。我问他，美国有没有出版研究机构或学术团体。他想了一想，明确地回答说：没有。问他，美国有多少大学培养编辑出版人员，他说：目前，纽约大学出版教育中心是唯一的。

我问卡特，在美国书的印数如何？有没有亏本书？退货率高不高？他说，不论小说类或非小说类图书，平均销量不到一万册，有时稍多一点，特别好的几万几十万的也有，但不多。有的书，作者很有名，他的书当然可以畅销。减肥的、性方面的、宠物和食品方面的书，比较好销。至于销量多少，与广告、公关有很大关系。上电视效果会好些，但费用很高，单本书要上电视有困难。谈到亏不亏，他说，销售六七千本可以不亏，上万册可以赚点钱，但实际上许多书是亏本的。有的是初版亏，重印才赚钱。因为初版是精装的，重印是平装的。除了工具书，有长期保存价值的书以外，一般都用普通纸。后来，据一位侨胞说，美国书用纸是分类的，畅销书、进超市的书，用纸比较差，这和中国不同，中国是印数大能赚钱的用好纸，《十三经注疏》用纸反而并不好。谈到退货率，卡特说一般是30%，有时也会更高些。图书亏本，编辑不承担责任。

二、与美国华侨、华裔中的书业人士接触

据说，除纽约外，旧金山和洛杉矶是华人较集中的地方。事实也是

这样，洛杉矶的长春书店，在代表团访美时，举办了一次小型书展，中国有10多家出版社参展，展出的都是近一两年出版的适合于出口的新书，品种有数千种之多，侨胞给这次书展起了一个好听的名称，叫"中国最近优良新书展"，据说这么大规模的中文书展，在美国还是第一次。所以，来参观的人相当多，极大部分是黑头发（奇怪，他们不像国内的青年把头发染黄，乍一看还以为是混血儿呢）、黄皮肤，见了分外亲切。我国驻洛杉矶总领事馆领事（文化）陈永山也应邀出席，热烈欢迎代表团的到访，并强调了东西方文化交流的重要性。洛杉矶蒙特利公园市市长也到会，表示欢迎，并且为代表成员颁发了"中美文化交流荣誉证书"。美国海峡两岸关系研讨会顾问、长春文化公司负责人刘冰设宴欢迎代表团到访。当地的媒体也很关注，《世界日报》《国际日报》《侨报》，都报道了代表团的活动，配发了照片，有的还发表了对代表团的专访。普遍反映：展出的是一批优质新书。整个活动隆重热烈，气氛很融洽。看得出美国的华侨华裔对中国人的到访和中国图书是很欢迎的。

和我们座谈的人很多，包括在美国教中文的教员，书店（美国的书店也可以出书）和图书馆的工作人员，其中有一位几年前还是上海一家出版社编审，对中国的情况是相当熟悉的。所以，一开头就能比较直接地围绕着我国出版物发表意见。他们首先反映的是，在美国，"中文热"热得厉害，4000所大学中，2000所设有中文系。美国国防部办的大学，也在增设中文课，还有受州政府管的地方大学、社区办的各种学院，也加了中文课。有一位教授说，他任教的大学的外语系，第一是西班牙语，第二是中文，第三是法、德、日文，仅中文教员就有6人。美国人学中文，主要是为就业，因为中国是个大市场，中美贸易发展，需要很多懂中文的人。

他们说，教美国学生的中文教材奇缺。现在用的教材，有的还是20年前编写的，讲的是实现"四个现代化"。语法、修辞，一译成英文，只能适用于英国，不适用于美国。最好能够新编一套适合教美国人学中文的教材。当然，要按照不同国家的语言习惯编教材，这很不容易。建议出外国书的中国出版社"邀请一些海归派参加"。我们说，这一点，国内有些出版社已经注意到了，但要出版适合于不同国家外国人用的中文书，这不是一件容易的事，需要好好谋划，有计划有步骤地进行，他们也赞同这个观点。

三、印象与想法

访问期间，在和同伴的交谈中，给我留下了这样的印象。

一、美国是市场经济发达的国家，他们的出版，至少是大众读物这一块，好像已经商业化了。他们的畅销书主要是针对一部分读者的需要出版，实用性很强。

二、从他们谈的情况看，美国同行的编辑过程、编辑方法和我们大同小异，甚至相同或者近似，但美国的出版社经营管理、市场营销和我们不同。有的说，有人过去认为美国出书，不用编辑审读加工。现在看，他们从 500 种书稿中选用 200 种。这说明，他们的编辑工作主要是做在选择适合自己的稿件上，然后根据出版社的要求做些文字加工。此前大量的事情，是由作者或作者委托的独立编辑去完成的。

三、在美国，纳入编辑这个行当的工作范围，要比我们宽泛。如在企业中搞诉讼材料的，搞产品宣传的，都叫编辑。这是我国有些编辑学研究者可能很难接受的。

四、美国同行理解的编辑和作者的关系，"编辑永远是一个幕后人"，"编辑工作要到位，又要避免'越位'"，这是和我们一致的。但与我们现在有些地方的做法，编辑策划，作者作文，是不同的。他们是编辑从作者写的许多稿件中选择适合自己需要的稿件，我们是编辑设法让作者写出自己需要的稿件。

五、在日本和韩国，我们都碰到出版的文化性和经济性对立的问题。

但是，这次在美国没有涉及这个问题，不知为什么。是他们不存在这个问题，还是他们没有谈到这个问题？如果像他们所说的有三分之一的书要退货，那么这个问题似乎也是不可避免的，只是没有涉及罢了，是否这样，这里只好存疑了。

来去匆匆，许多问题说不准，姑妄言之而已。

2003 年 1 月

《出版发行研究》；《编辑的心力所向》P345，贵州人民出版社 2004 年 10 月版；《一切为了读者》P226，首都师范大学出版社 2010 年 7 月版

安春根先生的精神长在

——纪念安先生逝世十周年

访美归来，看到韩国出版学会邀请我参加为纪念安春根先生逝世 10 周年举办的追思学术活动的信，感触万千。安春根先生的音容笑貌，马上在我的脑海中泛起。我迫不及待地从大量旧照片中找出了 1989 年 10 月 25 日在日本和安先生第一次见面时的合影，安先生慈祥、厚重、乐观、自信的神态，又一次唤起我的怀念与敬佩。

安先生是当今在韩国出版界、出版教育界以及学术界颇具影响的韩国出版学会的创始人，并任第一任会长。由于这个学术团体广泛地团结了出版研究者，使韩国出版学的研究不断前进，成果迭出，不仅推动了韩国出版事业的发展，而且树立了良好的国际形象。

安先生著述丰硕，尤以出版学见著。1963 年 11 月，他发表了《出版学原理》一文，在韩国首先提出"出版学"这个概念。同年，他出版了《出版概论》一书，在韩国最早探索了出版研究的理论体系。在韩国，他首先把出版业务作为一门学问来研究，这一点，不仅在韩国而且在国际上具有重要的学术意义。

安先生是使出版教育在韩国进入高等学校教育系列的先驱者。1958 年，他率先在汉城新闻学院教授出版学，开创了在韩国高等学校培养出版人才的先声，从此打破了原先出版业历来用师傅带徒弟的办法来培养出版人才的方式，开创了出版人才培养的新模式。

安先生是"国际出版学研讨会"的发起人之一。这个国际学术论坛从建立到现在，已有 20 余年的历史，先后开过 10 次研讨会，它的参加国越来越多，影响也逐步得到扩大，已经成为一个常设性的国际学术活动，成为国际出版学术交流的一个重要的不可缺少的渠道。

安先生也是中韩出版学术交流的开创者之一。中韩出版学术交流，现在日趋频繁，已呈经常化和多样化的局面，这种状况的形成，究根探源，是和安先生开始的努力分不开的。

安先生出身贫寒，但志向不凡，他治学严谨、追求执着，并有创新精神。他的一生，始终和促进韩国出版事业的发展联系在一起，始终和弘扬朝鲜民族的文化联系在一起，为此奉献自己的毕生精力。安先生的业绩和精神是不会消失的，是值得我们纪念的。

我和安先生只见过两次面，第一次是 1989 年 10 月于东京，第二次是 1991 年 10 月于汉城，也就是在第四届和第五届国际出版学研讨会期间。当时见到的不仅是安先生，还有尹炯斗先生、韩胜宪先生、闵丙德先生、李钟国先生、李正春先生、金胜一先生等，他们都给我留下了深刻的印象。本来，我们相约在 1993 年 10 月，请安先生等韩国学者来华参加第六届国际出版学研讨会。想不到安先生竟于 1993 年 1 月因病仙逝，实在是韩国和国际出版学界的重大损失。

安春根先生离开我们 10 年了。这 10 年，国际出版事业、出版研究和学术交流发展是迅猛的，成就也是可观的。韩国出版学会作为学术团体已经进一步成熟，影响也越来越大。

中国编辑学会刚刚于今年 9 月举行过庆祝成立 10 周年的活动，总结过去，展望未来，我们决心把编辑学的学科建设进一步推向成熟。中国编辑学会第一个 10 年的工作，得到业界和学界的肯定和鼓励。尹炯斗先生应邀参加了这一庆祝活动，并和日本的箕轮成男先生一起，获得了中国编辑学会授予的"编辑出版学国际交流奖"，这是他们积极从事国际出版学术交流所应该获得的荣誉。今后，我们将努力继续解放思想，实事求是，与时俱进地做好我们的工作。

我们将进一步努力做好中韩出版学术交流，进一步加强国际间出版学术的互动，把编辑学、出版学的学术成就，推向新的高峰，这是我们的任务，也是安先生生前所努力奋斗的。纪念安春根先生逝世 10 周年，再一次提醒我们：责任和义务的所在，我们不会有丝毫的懈怠。

我们深知：我们所从事的工作是平凡的，甚至是琐碎的。但是，为了文化，为了人的精神世界，我们的追求是高尚的，让中韩编辑出版学界、让各国同行进一步携起手来，共同奋进！

谨祝安春根先生冥福！

2003 年 1 月

《编辑的心力所向》P335，贵州人民出版社 2004 年 10 月版

编辑活动的根本目的是为了读者

出版的根本宗旨是为了读者，这对出版的全过程、它的各个环节，包括编辑、制作、发行都是一样的。作为出版工作中心环节的编辑工作的根本宗旨当然也是为了读者。编辑活动不仅本身是为了读者，同时也担负着落实整个出版工作都是为了读者这一根本宗旨的主要职责。

一、为读者是贯彻在编辑活动始终的根本指导思想

为什么要出书、出刊、出报纸，根本的目的是为读者；为什么要办广播、搞电视、出音像制品，根本的目的是为观众，听众。读者、观众、听众，我们统称为视听者。编辑工作的成败，作用的大小，都是通过视听者来检验的。所以，视听者是一切传媒编辑活动的出发点和归宿。因而研究编辑学要把视听者放在头等重要地位，是不言而喻的。我们今天研究书刊等印刷媒体的编辑活动，就要强调把读者放在头等重要地位。忽视了读者，编辑活动就变成无源之水，无本之木，就变成无根据的冲动；忽视了读者，编辑活动就成为无目的的盲动。换句话说，你作为一名编辑，白天黑夜、辛辛苦苦地劳作，究竟为了什么？目的又是什么呢？一句话，就是为了读者。所以，编辑活动必须把为读者作为根本的指导思想，作为处理编辑活动中一切问题的准绳，这是一个不可模糊和动摇的基本思想，它应该是编辑意识中的元意识，必须牢牢地扎根在每一个编辑的头脑之中，体现在一切编辑活动的始终。换句话，就是要真正从广大读者的需要出发，千方百计地满足读者的正当需求，要全心全意地为读者服务。忘了读者，就是忘了编辑活动的目的。

读者问题的极端重要性，本来是毋庸多说的，但现在，在我们的实

际工作中却不完全是这样的。编辑不了解读者，不想了解读者，缺乏读者意识的现象，恐怕不是个别的。在这个问题上，可能存在一些认识上的误区。

误区之一，认为编辑活动是为了读者这个问题，是个常识性问题。这个问题早已解决了，没有必要再老生常谈。据说在一个编辑培训班上，讲课人讲到读者问题，居然有人说，"这样的问题谁不知道"。讲课人说，既然知道，那好，请回答几个问题："你这几年做过读者调查没有？"答："没有。"又问："你有几个真正来自基层的读者朋友？"答："也没有。"再问："你看过几封读者来信？"答："那是读者来信组的事，编辑部根本没有时间管这些事。"这样的编辑，能了解读者吗？恐怕当读者站在他的面前，他也是不愿意了解的。我们有些编辑同志，平时只知"跟风"办事，炒热点，拍拍脑门定选题；有时一听书商需要，就马上动手；有时凭自己主观想象就定选题、组稿。也有的认为读者问题是老生常谈，干脆来一个老生不谈；有的对不了解读者的现象，熟视无睹，见怪不怪。所谓早已解决了，实际上是早已忘掉了。

误区之二，以市场代替读者。有一些出版社虽然不了解读者，但他们关心市场，到新华书店、书市、订货会跑一跑，做些调查，向书商了解一下需要。这样，他们有些书也可以卖出去，也可以取得一些回报。但是也有一些书，出来了销不掉，原来订数几万几十万，后来减少了，甚至不要了，有的一出来就压库，有的发出去又原封不动地退回来，等等。结果是一方面说卖书难，另一方面却在叫买书难。原因就是他们不真正了解读者，或者说把市场的一些表面现象当成了广大读者的需要。

读者是图书的消费者，他们是图书市场的主要组成部分，是图书市场的基础，没有读者就没有图书市场，但图书市场还不等于就是广大读者。市场是一种流通环节，是出版社与读者之间的中介。出版社的出版物是通过市场到达读者手中的。所以，市场应该反映读者的要求。但是市场经营者——书店、书商也是人构成的，他们有可能了解一些读者的需要，也可能不了解读者的需要。人们不是常说"隔山买牛""小辫子定终身"吗？这就说明书店、书商也不完全了解读者。再说，市场还有一个受利益驱动的问题。书店进货，首先不仅要看书好销不好销，还要看能不能很快销出去，这就是书店的"零库存"。书店不存货，是避免积压资金。所以，这本书即使确实好，但对进货者来说，也还有一些有利无利、利多利少、划得来划不来的考虑。书商在这个问题上，更是有过之而无不及。书再好，无利可图，他们是不会干的。这就是市场不等于读者。光在图书市场里转，不到读者中去的编辑，是不可能了解读者的，至少是不能充分了解读者的。

误区之三，在出版理论研究中，没有把读者问题放在应有的重要地位。比如读者学的研究，往往被列入发行学的范围，成为发行学的一个组成部分。图书发行学要研究读者学，是应该的，但是从发行学的角度去研究，很可能有某种局限性。从另一方面看，也可能在客观上造成了把读者学与编辑学研究割裂开来。还有的研究者把编辑与作者、编辑与读者的关系并列起来研究，没有把读者作为编辑活动的最终目的、最根本的宗旨来考虑，有意无意地降低了读者在编辑活动中的位置。编辑工作从形式上看，比较多的是和作者打交道，过去甚至有人把作者看成是出版者的衣食父母。殊不知，编辑和作者的一切活动、一切关系，最终都是为了读者。从这个意义上说，如果把读者看成出版者的衣食父母，反而更确切一些（这里应该说明，笔者并不主张"衣食父母"的提法，只是为了论述方便，利用了这个现成的比喻罢了，目的还是在于说明读者问题的极端重要性）。再比如，我们还有一些研究者，往往只限于研究编辑过程、编辑业务，编辑技艺（这些研究都是需要的），而不研究编辑的目的，似乎编辑的目的是不言而喻的，是不在话下的。这种状况，在某些国外的研究者中，甚至更为突出。这种只研究活动、不研究目的的现象，是值得注意的。从市场角度来说，不研究读者，看不到读者，实际上就是不承认买方市场，或者多少带有一点盲目性。正如马克思所说："产品只有在消费中才能最终完成，没有消费，也就没有生产，因为如果这样，生产就没有目的。"

二、为读者既要了解读者，尊重读者，又要分析读者，真诚地为读者服务

为读者不是一句简单的空话，它有丰富的内容。

为读者，首先要了解读者、熟悉读者。要从宏观和微观等各个层面去了解读者。宏观方面，就是了解读者群的整体状况，他们的政治、经济、文化水平、社会地位、生活概况，对精神生活、文化教育、娱乐消闲的需求等等。微观就要了解具体的、活生生的读者，深入了解他们的理想追求、工作、生活情况、学习阅读状况等等。就是要根据不同门类、层次的出版物，有针对性地对读者群进行细分。了解具体出版物的特定读者，就像教科书一样，针对每个年级的学生出书。一般的出版物如果无法细化到每个年级，至少也要按社会处境、职业状况、文化水平、精神生活等做比较合理的细分。对每一种书，每一套书，至少是不同门类中每个层次的书的读者情况，做到成竹在胸，不是凭着书商的信口开河就拍板，而应该自己心中有数。如果每个编辑都有一批，至少是一些很要好的读者朋友，对他们的理想、追求，社会经济状况，文化需求等都一目了然。那么，我们在编某一种书的时候，就会想到他们，他们的形象就会在我们的脑海中具体地再现。这样，在处理稿件时心中就踏实了，编辑工作的针对性也就强了，工作中的盲目性也可以减少了。

为读者，就要尊重读者，真正地尊重读者。现在不少出版单位，强调编辑策划，如果真正了解读者，急读者之所急，按照读者的真实需要，搞策划也是好事。但现在有些策划者，并不去了解读者，只是抓住一鳞半爪的情况就策划书稿，这只能说是"我策划什么书，你就读什么书"；还有的是"追热点"、盲目地跟风出书。看人家某一本书销得好，自己

赶快照葫芦画瓢，跟着出；还有的明知某一种书内容一般，或者是因为某一个所谓"名人"写的，就千方百计"炒作"，鼓动大家去买。结果，买来一看，尽讲些生活琐事，读者大喊上当。这些严格说来，都是不尊重读者，说难听一点是糊弄读者，误导读者，实在是要不得的事，是所有有责任感的出版工作者所不可为、不应为的事。

为读者，关键是要认真调查和研究读者。据说，×电视台的节目，很受观众欢迎，播出效果很好。材料说，他们专门设置了一个策划研究室，有那么几个人，天天向观众作调查，征求观众对每一个节目的意见，然后分析研究，加以改进，他们分析观众的需求、观众的心理，各种不同的观众在工作、学习、生活上碰到的问题，研究如何通过节目来满足观众的要求，答复观众的问题，真正做到成为观众的知心朋友。电视台能够这样做，出版单位为什么就不能这样做呢？当然，出版物的信息反馈没有这样快，出版单位也不一定需要像电视台那样，天天捉摸读者的心理。但是，定期向读者作调查，分析读者长远的和近期的需求，却是十分必要的；起码在制订选题计划的时候，策划选题的时候，应该有认真的读者调查、科学的读者分析。一季度调研一次不行，就半年一次；半年一次不行，就一年一次。认认真真地写出读者的情况，对本社出版物的反映，写出读者长远的和近期的需求，根据读者需要写出本单位的出书方向和思路。这样，起码要比到市场转悠一下好一些吧！真正了解了读者，贴近读者，想读者之所想，真正掌握了读者的需求，就能拨开图书市场种种迷雾，为自己的出版物，奠定坚实的社会基础，即使出现一些偶然因素，也不至于心中无数。

为读者，就要竭诚为读者服务，要千方百计地为读者服务。这方面，如果是高标准的要求，就是要让读者满意。邹韬奋在办《生活》周刊时，就是因为了解读者、熟悉读者，才能把刊物办到贴近读者的心。为了读者，他不断提高刊物质量，使刊物成为读者的喉舌，代表读者的要求与愿望；认认真真地答复读者每一封来信，使读者满意，而且做了许多办刊工作以外的"分外"工作，如代替读者买鞋子、衣服、药品、帽子等等生活用品；还通过阅读来信与复信，做读者的思想工作，帮助读者解决夫妻不和的问题。当然，现在要做到这些，很不容易。但是，编辑要有一颗竭诚为读者服务的心，这一点是丝毫不能打折扣的。把书编得让读者满意，把刊物办得使读者满意，这一点也是应该努力做到的，至少是应该不断努力，逐步做到的。我们现在有些刊物，读者的满意度相当高，这些刊物应该说，至少是在有些方面，或者说，是在许多方面做到了这一点。但也有一些情况，如有些书，新书一出来，读者看了觉得不错，但一看定价，买不起；等到过了一段时候，到了廉价书市，七折八扣，很快就卖完了。这里，能不能在出版时，就把定价放低一点，能够使更多的读者买得起，更多的书卖得出去，这是一个值得好好考虑的问题。有些出版者，学习外国的所谓"经验"，明知这本书的销量不会太大，比如估计只能销 1000 本，他就把定价定得天高，只要卖出 500 本就能把成本拿回来。如果能卖出 700 本、800 本，那就是净赚了。还有高定价，低折扣，笔者亲眼看到，精装《周易》三大本，定价 680 元，两个青年沿街叫卖，只要 168 元，还可以再还价。最近，看到一份材料，长春市吉林省实验中学的学生搞了一次"教辅读物市场调查"，结果发现仅数学一门就有近百种，其中 70% 的书，内容非常相似，其他几门学科也差不多。如物理有 63% 相似，化学是 57%，语文是 40%，英文最高，是 75%。说明选题雷同，内容重复，已经到了可怕的地步。这种种做法，能说是为读者服务吗？难道这还不能让我们的编辑好好地想一想吗？总之，为读者服务，是要真心实意的，诚心诚意的，尽心尽力的，只有这样，才称得上是竭诚为读者服务。

为读者，就要为读者打算，要事事处处为读者着想。一本书真正为读者所接受，除了文化内容作为主要依据以外，也还有其他许多因素，诸如开本、厚薄、定价、设计，包括字号的大小、用纸是否适当、印刷的质量等等。这些作为一个编辑都应该细心地考虑。书的内容再好，形式再漂亮，读者买不起，还不是白搭。有些书，开本大，分量重，拿也拿不动，读者即使想看也很不方便；有的书动不动成丛、成套，一套往往是十本几十本，甚至更多，又不拆零卖，能够掏一大笔钱买一套的能有几人？诸如此类对读者不方便的情况，恐怕还不少。这些都是为读者着想不够，说重一点是没有为读者着想。

为读者，目的是为了引导读者。首先要致力于编好广大读者欢迎的好书。编辑为了读者，做好读者工作，勤勤恳恳地为读者服务，和读者打成一片，成为读者的知心朋友，是必要的，但必须明确这样做的目的是什么。就是为了引导读者，提高读者。就是要提高读者思想水平、理论水平、知识水平、科学水平、艺术水平，提高读者认识事物、分析问题的能力，提高读者的精神境界，陶冶读者的情操。就是要帮助读者树立科学的世界观、正确的人生观、进步的价值观。总起来说，就是要以科学的理论武装人，以正确的舆论引导人，以高尚的精神塑造人，以优秀的作品鼓舞人。这是编辑活动的根本目的，也是编辑工作的根本任务，是每一个编辑，在任何时候都不能忽视的。只有明确这一点，牢记这一点，为读者服务才真正具有崇高的意义。但是，有的编辑忘记了这个根本目的，出版一些低级庸俗，甚至不健康的读物，给读者带来负面影响。这样，就和为读者的目的背道而驰。

为读者，但不能迁就读者，迎合部分读者的低级趣味和不正当需求。社会是复杂的，读者也是各种各样的，他们分布在社会的各个角落，有各种各样的社会经历、生活途径、生平遭遇。因此，也肯定会有各种不同的要求，有健康的，有不健康的；有正当的，有不正当的；有科学的，有不科学的；有合理的，有不合理的。所以，对读者的需求，不能一概予以满足，而是要进行分析，对健康的、正当的、科学的、合理的要求，应该予以满足；对不健康的、不正当的、不科学的、不合理的要求，则应该予以分析，从正面进行教育和引导。这就说明，当编辑、搞出版，必须坚持正确导向。我们了解读者，分析读者，最根本的一条，也就在于保证坚持正确的导向。这是任何时候都不能动摇的。

总之，是不是为读者，能不能为读者，反映一个编辑的工作的目的性和自觉性。一个认真的有责任感和使命感的编辑，应该自觉地去了解读者、熟悉读者，勤勤恳恳地为读者服务。

三、许多著名编辑家留给后人的正是一颗为读者的心

回想我们中国历史上，有许多著名的编辑家，他们流传于后世的是什么，细细想来就是一颗为了读者的心和由此而产生的刻苦精神、认真负责的工作态度、一丝不苟的工作作风，他们的许多优秀事迹已经成为后世的美谈，成为我们的楷模。也有的编辑以自己的心血和智慧，注入作者书稿，编出了好书，为社会为人类做出了贡献，与书、与作者同时流传后世，但具体到编辑，可以被人称道的仍然是他们忠于读者的负责精神和认真的工作作风。毛泽东同志为出版有过两次题词：一次是1949年，他写了"认真作好出版工作"，另一次是1944年7月24日邹韬奋逝世后题的挽词："热爱人民，真诚地为人民服务，鞠躬尽瘁，死而后已，这就是邹韬奋先生的精神，这就是他之所以感动人的地方。"这两次题词的精神，都在于为人民、为读者所做的"鞠躬尽瘁、死而后已"的"认真"的工作精神和服务态度。这也是我们编辑为人民、为读者的最好最深刻的概括。从这两次题词中，我们清楚地意识到，作为编辑所以感动人的，主要是他们时刻不忘读者、忠实为读者服务的创新精神，忘我的工作态度和认认真真、一丝不苟的工作作风。作为编辑，能够留给后人的主要就是一颗火热的为读者的心。这正是对我们编辑的职业要求，是一切出版工作者应该时刻坚持，需要终身奋斗的。

2003 年 3 月

《中国出版》2003 年第 5 期；《编辑的心力所向》P3，贵州人民出版社 2004 年 10 月版

编辑本意在元元

归老宁无五亩园，读书本意在元元。
灯前目力虽非昔，犹课蝇头二万言。

这是陆游年迈时，尽管已经老眼昏花，仍坚持读书写作的自述。"读书本意在元元"，说明读书的根本目的是为人民、为群众。我认为陆游这句话说得很好，很深刻，刻画了他作为一个爱国诗人的本性、境界。既然读书的目的是为人民大众，那么我们作为一个编辑，编书的目的当然是更应该为了群众，为了读者了。我们为什么搞出版，质言之，根本的宗旨就是为了读者，这对出版的全过程、它的各个环节，包括编辑、制作、发行都是一样的。作为出版工作中心环节的编辑工作的根本宗旨当然也是为了读者。编辑活动不仅本身是为了读者，同时也担负着落实"整个出版工作都是为了读者"这一根本宗旨的主要职责。

一、为读者是贯彻在编辑活动始终的根本指导思想

为什么要出书、出刊、出报纸，根本的目的是为读者；为什么要办广播、搞电视、出音像制品，根本的目的是为观众、听众。读者、观众、听众，我们统称为视听者。编辑工作的成败，作用的大小，都是通过视听者来检验的。所以，视听者是一切传媒编辑活动的出发点和归宿。因而研究编辑学要把视听者放在头等重要地位，这是不言而喻的。我们今天研究书刊等印刷媒体的编辑活动，就要强调把读者放在头等重要地位。忽视了读者，编辑活动就变成无源之水，无本之木，就变成无根据的冲动；忽视了读者，编辑活动就成为无目的的盲动。换句话说，你作为一名编辑，

白天黑夜、辛辛苦苦地劳作，究竟为了什么？目的又是什么呢？一句话，就是为了读者。所以，编辑活动必须把为读者作为根本的指导思想，作为处理编辑活动中一切问题的准绳，这是一个不可模糊和动摇的基本思想，它应该是编辑意识中的元意识，必须牢牢地扎根在每一个编辑的头脑之中，体现在一切编辑活动的始终。换句话说，就是要真正从广大读者的需要出发，千方百计地满足读者的正当需求，要全心全意地为读者服务。忘了读者，就是忘了编辑活动的目的。

读者问题的极端重要性，本来是毋庸多说的，但现在，在我们的实际工作中却不完全是这样的。编辑不了解读者，不想了解读者，缺乏读者意识的现象，恐怕不是个别的。在这个问题上，可能存在一些认识上的误区。

误区之一：认为编辑活动是为了读者这个问题，是个常识性问题。这个问题早已解决了，没有必要再老生常谈。

据说，在一个编辑培训班上，讲课人讲到读者问题，居然有人说，"这样的问题谁不知道"。讲课人说："既然知道，那好，请问你这几年做过读者调查没有？"答："没有。"又问："你有几个真正来自基层的读者朋友？"答："也没有。"再问："你看过几封读者来信？"答："那是读者来信组的事，编辑部根本没有时间管这些事。"这样的编辑，能了解读者吗？恐怕当读者站在他的面前，他也是不愿意了解的。我们有些编辑同志，平时只知"跟风"办事，炒热点，拍拍脑门定选题；有时一听书商需要，就马上动手；有时凭自己主观想象就定选题、组稿。也有的认为读者问题是老生常谈，干脆来一个老生不谈；有的对不了解读者的现象，熟视无睹，见怪不怪。所谓早已解决了，实际上是早已忘掉了。

误区之二：以市场代替读者。

有一些出版社虽然不了解读者，但他们关心市场，到新华书店、书市、订货会跑一跑，做些调查，向书商了解一下需要。这样，他们有些书也可以卖出去，也可以取得一些回报。但是也有一些书，出版后销不掉，原来订数几万几十万，后来减少了，甚至不要了；有的书一出来就压库，有的发出去又原封不动地退回来，等等。结果是一方面说卖书难，另一方面却在叫买书难。原因就是他们不是真正了解读者，或者说把市场的一些表面现象当成了广大读者的需要。

读者是图书的消费者，他们是图书市场的主要组成部分，是图书市场的基础，没有读者就没有图书市场，但图书市场还不等于就是广大读者。市场是一种流通环节，是出版社与读者之间的中介。出版社的出版物是通过市场到达读者手中的。所以，市场应该反映读者的要求。但是市场经营者——书店、书商也是人构成的，他们有可能了解一些读者的需要，也可能不了解读者的需要。人们不是常说"隔山买牛""小辫子定终身"吗？这就说明书店、书商也不完全了解读者。再说，市场还有一个受利益驱动的问题。书店进货，首先不仅要看书好销不好销，还要看能不能很快销出去，这就是书店的"零库存"。书店不存货，是避免积压资金。所以，这本书即使确实好，但对进货者来说，也还有一些有利无利、利多利少、划得来划不来的考虑。书商在这个问题上，更是有过之而无不及。书再好，无利可图，他们是不会干的。这就是市场不等于读者。光在图书市场里转，不到读者中去的编辑，是不可能了解读者的，至少是不能充分了解读者的。

误区之三：在出版理论研究中，没有把读者问题放在应有的重要地位。

比如读者学的研究，往往被列入发行学的范围，成为发行学的一个组成部分。图书发行学要研究读者学，是应该的，但是从发行学的角度去研究，很可能有某种局限性。从另一方面看，也可能在客观上造成了把读者学与编辑学研究割裂开来。还有的研究者把编辑与作者、编辑与读者的关系并列起来研究，没有把读者作为编辑活动的最终目的、最根本的宗旨来考虑，有意无意地降低了读者在编辑活动中的位置。编辑工作从形式上看，比较多的是和作者打交道，过去甚至有人把作者看成是出版者的衣食父母。殊不知，编辑和作者的一切活动、一切关系，最终都是为了读者。从这个意义上说，如果把读者看成出版者的衣食父母，反而更确切一些（这里应该说明，笔者并不主张"衣食父母"的提法，只是为了论述方便，利用了这个现成的比喻罢了，目的还是在于说明读者问题的极端重要性）。再比如，我们还有一些研究者，往往只限于研究编辑过程、编辑业务、编辑技艺（这些研究都是需要的），而不研究编辑的目的，似乎编辑的目的是不言而喻的，是不在话下的。这种状况，在某些国外的研究者中，甚至更为突出。这种只研究活动、不研究目的的现象，是值得注意的。从市场角度来说，不研究读者，看不到读者，实际上就是不承认买方市场，或者多少带有一点盲目性。正如马克思所说："产品只有在消费中才能最终完成，没有消费，也就没有生产，因为如果这样，生产就没有目的。"

二、为读者既要了解读者，尊重读者，又要分析读者，真诚地为读者服务

为读者不是一句简单的空话，它有丰富的内容。

为读者，首先要了解读者、熟悉读者。要从宏观和微观等各个层面去了解读者。宏观方面，就是了解读者群的整体状况，他们的政治、经济、文化水平、社会地位、生活概况，对精神生活、文化教育、娱乐消闲的需求等等。微观就要了解具体的、活生生的读者，深入了解他们的理想追求、工作、生活情况、学习阅读状况等等。就是要根据不同门类、层次的出版物，有针对性地对读者群进行细分。了解具体出版物的特定读者，就像教科书一样，针对每个年级的学生出书。一般的出版物如果无法细化到每个年级，至少也要按社会处境、职业状况、文化水平、精神生活等做比较合理的细分。对每一种书、每一套书，至少是不同门类

中每个层次的书的读者情况，做到成竹在胸，不是凭着书商的信口开河就拍板，而应该自己心中有数。如果每个编辑都有一批，至少是一些很要好的读者朋友，对他们的理想、追求、阅读和经济状况、文化需求等了然于胸，那么，我们在编某一种书的时候，就会想到他们，他们的形象就会在我们的脑海中具体地再现。这样，在处理稿件时心中就踏实了，编辑工作的针对性也就强了，工作中的盲目性也可以减少了。

为读者，就要尊重读者，真正地尊重读者。现在不少出版单位强调编辑策划。如果真正了解读者，急读者之所急，按照读者的真实需要，搞策划也是好事。但现在有些策划者，并不去了解读者，只是抓住一鳞半爪的情况，就策划书稿，这只能说是"我策划什么书，你就读什么书"；还有的是"追热点"、盲目地跟风出书。看人家某一本书销得好，自己赶快照葫芦画瓢，跟着出；还有的明知某一种书内容一般，或者是因为某一个所谓"名人""明星"写的，就千方百计"炒作"，鼓动大家去买。结果，买来一看，尽讲些生活琐事，读者大喊上当。这些严格说来，都是不尊重读者，说难听一点是糊弄读者，误导读者，实在是要不得的事，是所有有责任感的出版工作者所不可为、不应为的事。

为读者，关键是要认真调查和研究读者。据说，×电视台的节目，很受观众欢迎，播出效果很好。材料说，他们专门设置了一个策划研究室，有那么几个人，天天向观众作调查，征求观众对每一个节目的意见，然后分析研究，加以改进。他们分析观众的需求、观众的心理，各种不同的观众在工作、学习、生活上碰到的问题，研究如何通过节目来满足观众的要求，答复观众的问题，真正做到成为观众的知心朋友。电视台能够这样做，出版单位为什么就不能这样做呢？当然，出版物的信息反馈没有这样快，出版单位也不一定需要像电视台那样，天天琢磨读者的心理。但是，定期向读者作调查，分析读者长远的和近期的需求，却是十分必要的，起码在制订选题计划的时候，策划选题的时候，应该有认真的读者调查、科学的读者分析。一个季度调研一次不行，就半年一次；

半年一次不行，就一年一次。认认真真地写出读者的情况，读者对本社出版物的反映，读者长远的和近期的需求，根据读者需要写出本单位的出书方向和思路。这样，起码要比到市场转悠一下好一些吧！真正了解了读者，贴近读者，想读者之所想，真正掌握了读者的需求，就能拨开图书市场种种迷雾，为自己的出版物奠定坚实的社会基础，即使出现一些偶然因素，也不至于心中无数。

为读者，就要竭诚为读者服务，要千方百计地为读者服务。这方面高标准的要求就是要让读者满意。邹韬奋在办《生活》周刊时，就是因为了解读者、熟悉读者，才能把刊物办得贴近读者的心。为了读者，他不断提高刊物质量，使刊物成为读者的喉舌，代表读者的要求与愿望；他认认真真地答复读者每一封来信，使读者满意；他做了许多办刊工作以外的"分外"工作，如代替读者买鞋子、衣服、药品、帽子等生活用品；他还通过阅读来信与复信，做读者的思想工作，帮助读者解决夫妻不和的问题。当然，现在要做到这些，很不容易。但是，编辑要有一颗竭诚为读者服务的心，这一点是丝毫不能打折扣的。把书编得让读者满意，把刊物办得使读者满意，这一点也是应该努力做到的，至少是应该不断努力，逐步做到的。我们现在有些刊物，读者的满意度相当高，这些刊物应该说，至少是在有些方面，或者说，是在许多方面做到了这一点。但也有一些情况，如有些书，新书一出来，读者看了觉得不错，但一看定价，买不起。等到过了一段时候，到了廉价书市，七折八扣，很快就卖完了。这些书能不能在出版时，就把定价放低一点，以便使更多的读者买得起，更多的书卖得出去，这是一个值得好好考虑的问题。有些出版者，学习外国的所谓"经验"，明知这本书的销量不会太大，比如估计只能销1000本，他就把定价定得天高，只要卖出500本就能把成本拿回来。如果能卖出700本、800本，那就是净赚了。还有高定价，低折扣，笔者亲眼看到，精装《周易》三大本，定价680元，两个青年沿街叫卖，只要168元，还可以再还价。最近，看到一份材料，吉林省长春市实验中学的学生搞了一次"教辅读物市场调查"，结果发现仅数学一门就有近百种，其中 70% 的书，内容非常相似，其他几门学科也差不多。如物理有 63% 相似，化学是 57%，语文是 40%，英文最高，是 75%。这说明教辅类读物选题雷同、内容重复已经到了可怕的地步。这种种做法，能说是为读者服务吗？难道这还不能让我们的编辑好好地想一想吗？总之，为读者服务，是要真心实意的，诚心诚意的，尽心尽力的，只有这样，才称得上是竭诚为读者服务。

为读者，就要为读者打算，要事事处处为读者着想。一本书真正为读者所接受，除了文化内容以外，也还有其他许多因素，诸如开本、厚薄、定价、设计，包括字号的大小、用纸是否适当、印刷的质量等等。这些作为一个编辑都应该细心地考虑。书的内容再好，形式再漂亮，读者买不起，还不是白搭。有些书，开本大，分量重，拿也拿不动，读者即使想看也很不方便；有的书动不动成丛、成套，一套往往是十本几十本，甚至更多，又不拆零卖，能够掏一大笔钱买一套的能有几人？诸如此类使读者不方便的情况，恐怕还不少。这些都是为读者着想不够，说重一点是没有为读者着想。

为读者，目的是为了引导和提高读者。首先要致力于编好广大读者欢迎的好书。编辑为了读者，做好读者工作，勤勤恳恳地为读者服务，和读者打成一片，成为读者的知心朋友，是必要的，但必须明确这样做的目的是什么，是为了引导读者，提高读者。就是要提高读者的思想水平、理论水平、知识水平、科学水平、艺术水平，提高读者认识事物、分析问题的能力，提高读者的精神境界，陶冶读者的情操。就是要帮助读者树立科学的世界观、正确的人生观、进步的价值观。总起来说，就是要以科学的理论武装人，以正确的舆论引导人，以高尚的精神塑造人，以优秀的作品鼓舞人。这是编辑活动的根本目的，也是编辑工作的根本任务，是每一个编辑在任何时候都不能忽视的。只有明确这一点，牢记这一点，为读者服务才真正具有崇高的意义。但是，有的编辑忘记了这个根本目的，出版一些低级庸俗，甚至不健康的读物，给读者带来负面影响。这就和"为读者"的目的背道而驰了。

为读者，但不能迁就读者，迎合部分读者的低级趣味和不正当需求。社会是复杂的，读者也是各种各样的，他们分布在社会的各个角落，有各种各样的社会经历、生活途径、生平遭遇。因此，也肯定会有各种不同的要求。有健康的，有不健康的；有正当的，有不正当的；有科学的，有不科学的；有合理的，有不合理的。所以，对读者的需求，不能一概予以满足，而是要进行分析，对健康的、正当的、科学的、合理的要求，应该予以满足；对不健康的、不正当的、不科学的、不合理的要求，则应该予以分析，从正面进行教育和引导。这就说明，当编辑、搞出版，必须坚持正确导向。我们了解读者，分析读者，最根本的一条，也就在于保证坚持正确的导向。这是任何时候都不能动摇的。

总之，是不是为读者，能不能为读者，反映一个编辑工作的目的性和自觉性。一个认真的有责任感和使命感的编辑，应该自觉地去了解读者、熟悉读者，勤勤恳恳地为读者服务。

三、许多著名编辑家留给后人的正是一颗为读者的心

在我们中国历史上，有许多著名的编辑家，他们流传于后世的是什么，细细想来就是一颗为了读者的心和由此而产生的刻苦精神、认真负责的工作态度、一丝不苟的工作作风。他们的许多优秀事迹已经成为后世的美谈，成为我们的楷模。也有的编辑以自己的心血和智慧，注入作者书稿，编出了好书，为社会为人类做出了贡献，与书、与作者同时流传后世。但具体到编辑，可以被人称道的仍然是他们忠于读者的负责精神和认真的工作作风。毛泽东同志为出版有过两次题词：一次是1949年，他写下了"认真作好出版工作"的题词；另一次是1944年7月24日邹韬奋逝世后题的挽词："热爱人民，真诚地为人民服务，鞠躬尽瘁，死

而后已，这就是邹韬奋先生的精神，这就是他之所以感动人的地方。"
这两次题词的精神，都在于为人民、为读者所做的"鞠躬尽瘁、死而后已"
的"认真"的工作精神和服务态度。这也是我们编辑为人民、为读者的
最好最深刻的概括。从这两次题词中，我们清楚地意识到，作为编辑所
以感动人的，主要是他们时刻不忘读者、忠实为读者服务的创新精神，
忘我的工作态度和认认真真、一丝不苟的工作作风。作为编辑，能够留
给后人的主要就是一颗火热的为读者的心，这正是对我们编辑的职业要
求，是一切出版工作者应该时刻坚持，并且终身为之奋斗的。

2003 年 3 月

《一切为了读者》P3，首都师范大学出版社 2010 年 7 月版

谈谈省市编辑学会的性质和任务

湖北省编辑学会成立 10 年了。在这 10 年中他们坚持理论研究为实际工作服务、为大局服务、为培养编辑人才服务，他们的工作是卓有成效的，有些是开创性的。他们的活动不仅推动了编辑学的学科建设，而且增强了作为一个学术组织的生命力和凝聚力，为建设有中国特色的社会主义出版事业做出了贡献，值得祝贺。

在热烈祝贺湖北省编辑学会成立 10 周年之际，我想根据他们和上海、天津、江苏等省、市编辑学会的经验，说一点不成熟的看法，以讨教于大家。

我国的一些大城市和若干出版大省，都建有编辑学会，还有一些同类出版物也成立有专业性的编辑学会（如中国科技期刊编辑学会、湖南省科技期刊编辑学会）。在这些组织中，有的活动多一些，有的活动少一些，造成这种状况的原因很多，但其中有一条，就是对编辑学会的性质、任务不是很清楚，不知道该干些什么。这是值得讨论的问题，我也说不好，只想抛砖引玉，希望能够引起更多同志的关注。

先说性质。中国编辑学会定性为全国性、群众性的学术团体。由此推论，省市编辑学会应该是地方性、群众性的学术团体。这里有三点：一是地区综合性。这是很清楚的，因为它是一个省、一个市的地区性组织，它又是一省一市编辑方面的综合性组织，它可以包括编辑的各个方面，如图书编辑、期刊编辑、报纸编辑、影视编辑、音像编辑等等，也就是说，它不是某个地方某一种编辑的专业性组织，不单是期刊编辑或音像编辑的专门组织。二是群众性。凡是这个地方的编辑工作者，只要符合章程规定的吸收会员的条件，都可以参加。为什么要强调群众性，因为编辑学是一门应用学科，它有很强的实践性，它是以社会实践为基础的，不是几个人的事。三是学术性。这是学术团体的本质属性。作为编辑学会，应该定位在研究编辑理论、编辑工作和编辑队伍等方面。这是毋庸置疑的。

再说任务。省市编辑学会的任务是什么？应该说，任务是很多的。总的是要研究编辑活动的理论和实践，为大局服务，促进社会主义出版事业的繁荣和发展，不断地推进编辑学的学科建设。

具体说：

首先，要研究编辑学和编辑工作的理论，包括编辑工作的地位和作用，编辑思想、编辑规律、编辑艺术、编辑作风和编辑的职业道德等等。可以是一个问题、一个观点的研究探讨，也可以就编辑活动作全方位的探索，具体应视实际情况而定，目的在于充实和丰富编辑和编辑学的理论，减少实际工作中的盲目性。

第二，要研究编辑实践，不断总结新鲜经验，这应该是省市编辑学会的重要任务之一。因为编辑学是一门应用科学，它是从实践中来的，而且是随着实践的发展而不断发展的。总结经验是丰富理论的重要途径。根据需要和可能，总结各种各样的经验十分必要。从实践看，可以总结一本书的编辑经验、一套书的编辑经验、一个社或一个地区的编辑经验、一个时期、一个阶段的编辑工作经验。总之，是要一点一滴地去发掘和积累经验，使它上升为理论。这是作为应用学科的编辑学学科建设所不能缺少的。

理论来源于实践，理论创新同样依赖于实践。只有实践，只有不断地总结实践经验，才能使编辑学的理论得到创新、得到发展，学科建设得以推进，这样就保证了编辑学的理论始终站在编辑实践的最前列，保证了编辑学的学科建设永远站在编辑实践的最前沿，使它有可能真正成为指导编辑实践的有力武器。特别是当前，要研究经济全球化、文化多元化和高新科技迅猛发展条件下的编辑实践，研究数字化、信息化时期的编辑实践，真正下功夫获取新的经验，这一点尤为重要。不研究新时期的编辑实践，就可能被实践远远地抛在后面，更谈不上引起广大实践者的兴趣，理论不能脱离实际，应用科学更不能脱离发展着的实际。这是编辑学能不能生存、立足、发展的根本问题，不能掉以轻心。

第三，要积极发现与培养优秀人才。要推进出版事业的繁荣发展，必须依靠人才。省、市编辑学会要善于发现人才的苗子，大力加以培养。既要他们在实践中锻炼，又要给他们以引导。特别要努力发现编辑理论研究方面的可造之才，启发他们研究的兴趣，帮助他们把握研究的方向，选准研究的专题，撰写研究资料和论文。也可以开展评选优秀论文和研究成果，帮助有志者能多出成果，提高和巩固他们从事研究工作的积极性和专业性。省、市编辑学会也可以把几个有兴趣、有积极性的业余研究人员组成小组，经常讨论一些问题、交流心得体会，必要时邀请一些局、社领导和他们座谈，解决他们研究中的疑难。在马克思列宁主义、毛泽东思想、邓小平理论和"三个代表"重要思想的指引下，一个省或市如果能有几个，哪怕是两三个、三四个真正能自觉地经常坚持做编辑出版理论研究的人，那么这个省、市的编辑出版工作一定能发展得更加顺利，为整个出版事业做出更大的贡献。在新的历史时期，事业要发展，取决于人才，这个道理谁都明白，只是看谁能把握先机，先做出成绩，谁就能先取得回报。

在培养人才问题上，既要宣传先进人物，也要宣传普通编辑在日常工作中的成就。这方面可以和全国性的韬奋奖、百佳出版工作者、中青年优秀编辑的评选结合起来，和本省本市本系统的先进工作者的评选结合起来，宣传他们的先进思想、先进事迹和先进经验；也可以组织他们参加全国性的科研论文评奖，鼓励他们参加全国性的或跨省区的理论研讨会和有关的学术活动，加强交流，获得启迪。省、市编辑学会要善于运用自己的学术园地，展示成果，扩大交流。现在有一些学会有自己的阵地，如上海有《编辑学刊》、湖北省有《出版科学》、中国科技期刊编辑学会有《编辑学报》、中国编辑学会有《中国编辑》，都是研究编辑理论的园地。还有一些报刊，如《中国出版》《出版发行研究》《编辑之友》《出版广角》《出版广场》《新闻出版交流》等杂志和《中国新闻出版报》《中国图书商报》《中华读书报》《文汇读书周报》等，都是非常关心编辑出版研究的。高等学校一些学报，在这方面也很积极，应该努力争取得到他们的支持，加强相互协作，共同为编辑理论和编辑学研究做出贡献。

关于活动。活动是学会的生命，没有活动学会也就不存在了，但我主张不一定都搞大活动，而要小型多样，认真扎实。省、市编辑学会的活动，应该比较灵活。多搞一些小型活动，如小型座谈会，某一问题的研讨会，或者讨论某一种观点、某一本书、某一种现象（如质量滑坡、重复出版等），人数也不要多，三四个、七八个就行，但是要认真准备，不要因为人数少、问题小，而不认真。如果马马虎虎，敷敷衍衍，不如不搞。要搞一定要扎实，搞过以后，要认真写一个内部简报，把不同的看法理一理，焦点摆一摆，这样，就可以引起更多人的思索，就会大有好处。这种活动参加人数少，看来不起眼，但真正把问题抓准了，就能给人以启发。这种活动要搞好，功夫在会外，就是事前要做充分准备，要言之有物。人数少，比较灵活，可以见缝插针。次数也不一定很多，一年有那么两三次，真正搞得好就会有影响。当然，不是说只能搞小活动，不能搞大活动。大活动牵扯的人多，还要有经费支撑，可能难度较大。如果能搞起来，当然好，但一定要从实际出发，量力而行。

还要注意，学会的活动，不要和其他部门、其他组织（如版协、刊协、发协）重复。需要讨论的问题，能搞的活动多得很，要注意另辟蹊径。当然，如有需要，联合搞是可以的，但不论联合搞，还是单独搞，始终要把效果放在第一位，以取得实效为原则。要坚决避免形式主义或表面上做做样子的"形象"工程，如果这样，倒不如不搞，浪费人力物力，何必呢？

最后，还有一个领导问题。根据目前各省、市编辑学会设置看，主要有两种领导关系：一种是作为省一级的独立法人社团，在省、市民政厅（局）登记，由省、市新闻出版局（或总社）直接领导。另一种是在省版协的体制内，作为二级机构，搞一个编辑工作研究委员会，对外也称省编辑学会。无论是前者或后者，都与中国编辑学会保持着密切的业务联系。从工作开展情况看，前者活动比较正常，因为它是独立组织，有一定的社会责任。至少它要符合民政厅（局）设立社团的要求，如果一年中毫无动静，就不好交待。属于后者的，活动开展不平衡，有的好一些，有的少一些。因为各省版协的情况也不一样，它的二级机构也多，有的上面顾不过来，下面左顾右盼，可能受些影响。但不管前者还是后者，搞好搞不好，关键看两条：一是局（总社）的领导对理论研究重视不重视。凡是局领导对理论研究比较重视，认识到出版作为精神生产，更需要有科学的理论来武装队伍，有正确的舆论导向和充足的智力支持。那么，这个省的出版理论研究就能展开起来，学会能茁壮成长，就能对出版事业有所促进。反之，省局（总社）领导不重视编辑出版理论研究，这方面的工作就会受到影响。二是要有一些热心人，即使是退下来老同志也行，他们经过长期的实践，能够比较深刻地认识到理论研究的重要性，能不计名利，愿意积极地干这个事。这是学会工作能不能开展的基本条件。有了这些人，就会自觉想办法，去开展工作，去克服困难，把学会工作搞得有声有色。如果没有这些，就难免会一切落空。

总之，我们有些省、市学会，之所以搞得好，在省内受到大家的尊重，在省外受到各方面的称赞，就是靠这两条。这两条是相辅相成、互相促进的。领导重视，热心人容易涌现，能有所作为，热心人的努力，能争取领导，可以促使领导的重视，因此缺一不可。

说到这里，我有点感想，现在市场经济逐步深入，出版体制改革正在不断深化，生产关系的变革必将影响生产力变化，也会影响作为精神生产的编辑工作出现许多新的情况和问题。这个时候，必须加强和深化编辑理论和编辑学的研究，才能更好地保证出版事业的健康繁荣。实践证明：一些编辑出版理论研究工作做得好的局、社，总是方向明确，舆论氛围正确，队伍的心态正常，出版也能顺利发展。反之，往往出这样那样的问题，这种事例并不少见。有的单位原来比较重视理论研究，事业发展很快，后来领导干部一换，不重视编辑出版理论研究，注意力集中在赚大钱、"盖大楼"、肥自己，结果用不了几年，就出现挨批挨罚挨处理的事，有的还把自己送进了班房。可见，我们不能小看编辑出版理论研究，不要认为是小事，有时"小事"不抓，麻烦就会不知不觉地落在你的头上。

2003 年 4 月

《出版科学》2003 年第 3 期；《编辑的心力所向》P265，贵州人民出版社 2004 年 10 月版

总结新鲜经验　发展学术争鸣

——在 2003 年全国编辑学理论研讨会闭幕会上的讲话

2003 年全国编辑学理论研讨会很快就要闭幕了。这次会议来了 40 多人，在我印象中，是历次全国性编辑学理论研讨会中人数最多的一次。本来有回执表示要来参加会议的还有十多人，大概由于部分地区出现的传染病的影响，来不了，是可以理解的。到会的有出版界、教育界和研究机构的同志，有学者、专家、研究员、教授、编审，有大学校长、院长。除了几位老同志，大多数是中青年同志，济济一堂，生动活泼。说明编辑学研究后继有人，是令人欣慰的。会上，许多同志发了言，各抒己见，畅所欲言，是一次很好的交流。刘杲会长的两次讲话，有分析，有观点，提高了我们的认识。我认为，作为一次学术会议，要求达到的和可能达到的目的都达到了。大家反映，在交流中受到了启发，有助于进一步思考、探索，所以是一次成功的会议。

一、编辑学研究进展可喜，任务艰巨

20 年来，在大家的努力下，编辑学研究有了较大的进展。目前，已出版了几十种专著，有了若干个理论体系，有了自己的学术园地，有了一支相当可观的老中青相结合、出版界和高校相结合的队伍。已经有 40 所左右的高等学校建立了编辑出版学专业，有七八所高等学校建立了编辑出版研究所，有的大学已经可以自主招收编辑出版学的硕士研究生，这个局面是前所未有的，是可喜的。

20 年的科研、教育活动，在理论研究为大局服务、为繁荣社会主义出版事业服务方面，在培养编辑人才和编辑理论研究人才方面，在推进编辑学的学科建设方面，都取得了显著的成就。编辑学作为一门独立的学科已经屹立于学科之林，得到了国内外学界的越来越多的认同。新闻出版总署石宗源署长，在致中国编辑学会成立10周年的贺信中说：我国的编辑工作者，编辑出版学专业的教育、科研工作者，开展了一系列有关编辑理论和编辑实践的研究活动，"有力地推动了编辑学的学科建设，澄清了'编辑无学'的说法"。编辑学"研究活动的成果，为出版事业的繁荣和编辑队伍的提高做出了重要贡献"。这些话是对编辑学研究的肯定，是对广大研究者的鼓励，也是对研究活动的积极推动。我们深知学科的建立并不等于学科的成熟。相反，今后的任务将更加艰巨，路程也更加漫长。刘杲会长在去年明确提出，要"逐步建立具有现代科学形态的成熟的编辑学，包括应用理论和应用知识"，"要从研究编辑学的基本范畴、基本命题、根本规律入手，构建和完善这一学科的理论体系，最终建立涵盖各种传播媒体编辑活动的普通编辑学"。这是一个宏伟的目标，也是一个极为艰巨的任务。要实现这个目标，有许许多多的工作要做，不仅要出版界、教育界，而且还要各种传媒界的共同努力，不仅要当代人，而且有更多的新生力量、后继者的共同奋斗，特别需要在座的中青年同志做出更多的贡献。

二、解放思想，实事求是，与时俱进

解放思想，实事求是，与时俱进，是党的十六大制定的思想路线，也是我们编辑理论和编辑学研究根本的指导思想。实践是不断发展的，理论创新也永无止境。当前，尤其在经济全球化、文化多元化、高新科技迅猛发展，数字化、信息化的时代，编辑活动已经发生和正在发生着历史上前所未有的变化。学术研究必须跟上这种变化，适应这种变化。要面向实际、贴近实际，紧密地和实际相结合。这就要解放思想，对新环境、新事物、新观点，既要有高度的敏感，又要实事求是地进行审视和分析，从实际出发，进行理论探索，实现理论创新。解放思想是理论创新的前提，理论创新必须要解放思想。但两者都离不开实践，一定要和实践相结合。思想不解放，不可能有理论创新，而理论创新又依赖于实践，只有不断发展的实践，才是理论创新的源泉和动力，同时也是思想解放的根据和基础。反过来说，只有创新了的理论，站在时代前头的理论，才能指导实践不断前进，三者的关系是互为依存、互相促进的，而根本的是在于正确地对待不断变化的实践，才能解放思想，创新理论，才能与时俱进，不断地推进编辑学的学科建设，才能为建设有中国特色的社会主义出版事业服务，为现代传媒事业的发展服务。

三、要认真总结实践经验，丰富学科的理论体系

理论创新依赖于实践，因为只有实践才能出经验、出理论。因此，必须认真地总结经验，尤其要注重实践当中创造的新鲜经验，对它进行科学的总结和理论的概括，借以不断深化对现代编辑活动的特点、对高新科技条件下编辑活动规律的认识。现在出版体制和编辑运行机制的改革，正在多方面多角度地展开，不少出版单位创造了许多经验，对编辑实践有深刻的影响，同样需要对这些经验进行科学的总结和理论的概括，使它成为丰富编辑理论和编辑学学科体系的新的营养。这是编辑学学科建设发展进步所不能缺少的。编辑学是一门应用学科。应用学科的形成必须依靠实践，编辑活动存在于各种媒体，存在于各种各样的专业，内容十分丰富，发展也很迅速，因此必须不断地吸取实践当中各种各样的经验来充实自己，这可以说是编辑学能不能成熟、能不能继续发展的生命线。希望大家关注实际，总结新鲜经验，实现理论升华，为编辑学学科建设添砖加瓦。编辑学的应用学科的性质，决定了学科建设不是少数几个人所能完成的，必须依靠广大的实践者，广大能够自觉地进行理论思维的实践者。

四、要多读书，多思考，多听取不同的意见

从我国第一本《编辑学》问世以来，迄今已有50余年，到今天为止，编辑学的论著已出了不少，据不完全统计，仅以"编辑学"命名的著作，已有80余种，其他的编辑工作方面的著作已数以百计，论文就更多了。很希望潜心做学问的人能够好好地看一看，哪怕只看其中的一半，甚至一半中的一半，相信一定会有很大的帮助，可惜这样的人不多。相反，有的人仅仅看了一点点材料，就洋洋洒洒发表文章，对整个编辑学研究活动进行批评，说有这个倾向，那个问题（如果他只评论某一本书、某一种观点或某一方面的问题，那是另一回事）。为什么说他没有看过这些书？因为他文章中引用的绝大多数是80年代的出版物。不是说80年代的著作不能引，但不能忘记，编辑学学科建设是发展的，从90年代到现在，出的书很多，更接近当前的实际，更符合现在的水平，不是更可以研究和批评吗？每个研究者都希望看到学术上的讨论，但更希望这种讨论是针对当前的与时俱进的。为此，我赞成要多读书，尤其是近几年出版的许多书，多思考、多听不同意见，更何况知识如海洋，信息似潮涌，新思想、新观点目不暇接，在这种形势下，我们不是可以接触更多的学问，从更多方面吸取有益的东西，提出自己的见解，更好地推动学科建设向前发展吗？

五、重要的是坚持"双百"方针，发展学术争鸣

百花齐放，百家争鸣，是繁荣学术的重要方针，也是学术发展的重要途径。必须坚持编辑学的研究。在过去20多年中，编辑学的研究之所以发展得比较快，就是因为我们坚持了"百花齐放，百家争鸣"的方针。今后，我们也将继续坚持这个方针。在学术研究中，不同观点的争鸣，不仅是难免的，而且是必需的。为了学术进步，学科建设的顺利发展，"我

们要在坚持四项基本原则的前提下，努力创造勇于探索和创新的活跃气氛，提倡不同学术观点、艺术流派的争鸣和切磋，提倡同志式的批评与反批评。"[①] 鼓励深入研究出版改革中提出的新问题，努力找出符合实际的科学答案，推动出版改革的深化，促进我国社会主义出版事业的繁荣和发展。

坚持"双百"方针，发展学术争鸣，目的是为了繁荣学术，把编辑学学科建设推向成熟。有人说，编辑学研究，有的问题，"众说纷纭，莫衷一是"。我认为这不是坏事，是好事。编辑学在短短的 20 余年中发展很快，在许多问题上，我们能够取得共识，就是"百花齐放，百家争鸣"的结果。编辑学研究、编辑学的学科建设，就是在"众说纷纭"中不断前进，不断提高的。大家都知道，编辑学一提出，就碰到"有学无学"的问题，接着又有"编辑学研究什么？"编辑概念的界定，"编辑学是一门什么样的学科？"这些问题都是经过"众说纷纭"以后，逐步取得共识的。直到现在正在讨论的关于编辑活动的基本规律问题，没有一个"众说纷纭"的过程，不可能达到趋同的目的。相信经过一段时期的争鸣，就可能形成一些共识，或者在一两种、两三种意见的基础上取得共识。所以，我赞成"众说纷纭"，或者说学术研究非常需要众说纷纭，对编辑学这样一种以实践为基础的应用学科来说，更需要众说纷纭。因为只有依靠大家广泛讨论，才能使真理愈辩愈明。如果不要"众说纷纭"，那所谓坚持"双百"方针就是一句空话。为了贯彻"双百"方针，发展学术争鸣，我们要调动一切积极因素，为了达到学科建设这个共同目的，调动一切可以调动的力量共同奋斗。

精神文明重在建设，学术研究重在出成果，我们赞成开展学术讨论和学术批评，也赞成对一定阶段或一个时期的学术活动、学术成果，进行分析和评论，但要避免简单地一概否定，说"这个不对，那个不行"，

---

① 江泽民：《论有中国特色社会主义（专题摘编）》384 页，中央文献出版社 2002 年 8 月版。

又不提出自己的研究成果，自己的建设性意见。这样做的结果，容易使人无所适从，而你的意见和批评，也难于得到别人的认同，达不到学术讨论和学术批评的目的。要注意学术讨论是平等的，要善于以理服人，不能不问青红皂白地强加于人，要以同志式的讨论，与人为善，取长补短，求同存异，互相帮助，共同提高，共同前进，才能达到繁荣学术的根本目的。

同志们，任务是艰巨的，也是明确的。就是从现在起，我们将为逐步建立具有现代科学形态的成熟的普通编辑学而努力。为了达到这个目标，我们要研究它的基本理论，同时，又要开展部门编辑学、多种媒体编辑学的研究，齐头并进，力求宏观和微观同进、现实和历史并举、传统和创新结合，开拓编辑学学科建设的新局面。相信在马克思列宁主义、毛泽东思想、邓小平理论和"三个代表"重要思想的指引下，依靠老中青结合，出版界和高校结合，多种媒体编辑人员结合，群策群力、团结协作、互相支援、开拓创新，我们的目标一定能接近，一定能达到！

2003 年 4 月

《编辑的心力所向》P210，贵州人民出版社 2004 年 10 月版

为丛林主编《中国编辑学研究述评（1983—2003）》作序

我有幸先期阅读了《中国编辑学研究述评（1983—2003）》的一部分稿件，包括目录、例言、主编者的话、编辑学在中国的产生与发展、几个引起争鸣的理论观点、书籍编辑学研究以及中国编辑史研究等内容。总的印象是：这本书的内容相当丰富，许多问题的叙述比较周详，并且尽可能地作了评说，许多看法可以给人以启迪。

就我个人所知，组织班子，有领导、有计划地花几年时间，对二十年来我国编辑学研究成果进行述评，这还是第一回，无疑是一个创举，因此是一件很有意义的事。《中国编辑学研究述评》是一项很大的工程，它在我国编辑学研究史上必将留下全新的一页，也是山东高教界对编辑学学科建设做出的重大贡献。

我觉得这本书有三个长处：

第一，收集的材料相当丰富。对一门新兴学科二十年来的状况进行述评，要阅读的材料之多，是不言而喻的。更何况，在这个时间段中，编辑学方面出版的专著、发表的论文众多，开展的研究活动也是多种多样的。要收集全这些材料，本身就是一件了不起的工作，更不用说进行阅读、研究和述评了。但是，本书的作者们毅然承担了这项工程，历时数年，收集了大量的材料并进行分析、研究、比较，做了许多琐碎细致的工作，这实在是令人钦佩的。

第二，贯彻了"以述为主、以评为辅"的方针。本书作者向大家介绍了编辑学萌芽、崛起和发展的过程，检阅了许多讨论过的重要学术问题，客观地排列了不同的观点，并尽可能地加以评论，是很难得的。它不仅可以帮助读者了解编辑学发展情况和许多重要的成果，而且在学风上也比较好地继承了"述而不作"的儒学传统。

第三，本书有一些新的视角和独到的见解。本书例言中说，作者深感高校学报界对编辑学研究的总体气氛不浓，当编辑而不研究编辑学，多数人对编辑学研究接触不深，或只在某些问题上接触稍多一点。也正因为这样，本书作者们思想上没有框框，能够比较自由地根据自己掌握的材料发表意见，按照自己的视角，提出独特的见解，其中不乏真知灼见，这是很可贵的。

总起来说，我以为本书的完成，达到了以下几个目的：

第一，对二十年来我国编辑学研究的成果进行了梳理和评议，形成了一部有价值的学术著作。更重要的是，这本书让我们看到了成就和不足，有利于今后更有针对性地进行研究，更好地开展本书主编所说的"攻坚战"。

第二，本书的作者，也就是本课题的研究者，绝大多数是中青年同志，他们在这项工作中做得很专业、很认真，充分展示了他们的热忱与才干。这是一种很好的队伍培养和专业锻炼。相信通过这一工程，一定会出现一批年富力强、有抱负、有实力的研究者，充实到编辑学研究者的骨干队伍中来，使我们的事业更加后继有人。这是所有收获中最为宝贵的。

第三，本书在述评中提出了一些新见解，对原来的观点有所突破和深化，这是值得学术界重视的。

这里，前两条本来就是本书筹划者在本书例言中明确提出的目的，第三条虽未以文字写明，但一般说，实现了前两条以后，第三条也一定会有所收获，这应该是前两条的潜在要求。我深深感到，本书筹划者提出的通过梳理研究成果锻炼研究队伍、培养中青年研究人员的设想，是很具有眼光的重大举措，也是防止编辑学研究队伍出现断层的极好办法，非常之好，应该说他们功不可没。

中国编辑学会在上世纪 90 年代中期，就提出了对编辑学研究的各种观点"梳辫子"的问题。1997 年，在银川召开的全国编辑学理论研讨会上曾经提出，编辑学理论研究虽有一定开展，"但成果比较分散，需要总结、归纳和梳理，使之条理化，然后再分析它不足和不够的地方，进一步有针对性地加以研究"①。这个任务提出以后，学界有些同志开始注意这个工作，如《出版科学》杂志曾于 2002 年出版过《出版科学年评（第一卷，1980—2000）》，不过，它是由单篇文章组成，范围也不限于编辑学和编辑史；笔者也曾做过一些尝试，在 1999 年发表过《20世纪中国的编辑学研究》一文，后来由河北教育出版社积集成书。不过，这都是单兵作战，总觉势单力薄，见效不易。1999 年，山东省高校学报研究会丛林同志等和我谈起梳理编辑学学术观点之事，有意组织人力，启动述评工程，我当然积极赞同。后来，他们把此工程作为研究会的研究课题，在山东省教育厅立项，取得了领导部门有力的支持。经过所有参与者几年的努力，现在终于完成了这一艰巨任务，向大家提供了一部学术评议性著作。这要感谢十几位参与者，感谢山东省教育厅以及山东省高校学报研究会的负责同志，正是由于他们的努力，才使这一庞大的工程得以顺利完成。

编辑学界有这样的研究者，这样的热心人，它走向成熟的年代，应当是可期的。

2003 年 5 月 20 日

《编辑的心力所向》P398，贵州人民出版社 2004 年 10 月版

---

① 邵益文. 20 世纪中国的编辑学研究. 石家庄：河北教育出版社 2000 年版；济南：齐鲁书社 2004 年 12 月版。

导向　文化含量及其他 [①]

出版是一个产业。是一个什么样的产业？有人说是文化产业，有人说是内容产业，也有人说是创意产业。许多说法，说明了一点，出版这个产业，既有和其他生产物质产品的产业一样的一面，就是要提供商品，但又有和其他生产物质产品的产业不一样的一面，即它所提供的是精神产品。既然是精神产品，就要讲导向、讲文化、讲质量，说当编辑的责任重大，就是重在这里。我们强调导向是前提，文化是基础，质量是生命。这是一切出版从业人员，尤其是当编辑的时刻需要注意的。导向问题，对出版来说，就是方向问题，是根本前提。这一关如果把不住，那么，你辛辛苦苦，做了许多工作，书出来了，印装都非常出色，但导向不对，结果就会被一票否决，停售、销毁还是小事，弄不好还要吃官司。说文化是基础，主要指内容，也就是图书要有文化含量，没有文化含量的书有什么用，无非是文化垃圾（这一点，后面还要讲）。质量是生命，你的书导向正确，文化知识很丰富，思想品位也很高，可就是差错太多，读者意见很大，还损害了出版的形象。这种书如果参加评奖，也是一票否决。可见，这三条都很重要。有一条出问题，就会一着不慎，全盘皆输。总之，编辑出版工作要做得好，确实不容易。据说，现在有的编辑感到压力很大，整天提心吊胆，唯恐哪里一个不小心就出问题，真是如履薄冰。实际上，现在出版业的压力，还不止这个，还有国外的压力。国外的压力分两个方面：一是境外出版资本对我国出版的压力，外国的出版商想尽办法，要打入中国尚未开放的出版领域。前几年我们访问欧洲，一些外国出版集团的头头，就提出要和中国的出版社合资，他们知道中

[①] 本文是作者 2003 年 9 月在北京召开的"部分中青年优秀图书编辑座谈会"上的发言。

国的政策规定出版社不能和外国合资，就问：还要等多少年？我们反问：在国际上，和你们搞合资出版的国家有多少，没有搞合资出版的国家又有多少？他们说，那当然合资的少，没有合资的很多。我们又问，这些没有搞合资出版的国家大概还要等多少年？他们回答不了。但从这里可以看出，外国出版资本对中国出版市场这块肥肉（现在有人叫"牛排"）真是垂涎欲滴啊！人家财大气粗，虎视眈眈，没有一天放松过，近几年来，这方面的斗争，有增无减。尤其是目前，根据加入世贸组织的承诺，我国出版物的零售市场2004年将全部对外开放，2004年底还将开放出版批发市场。到2005年底，外国资本在我国出版物销售领域将不受任何限制。外国资本当然以追求利润为目标，我国出版业将面对前所未有的挑战。因为销售领域的这种变革，不会是孤立的，不要以为这只是图书的销售问题。下游的要求，一定会反映到上游来，必将影响图书的生产领域，也就是影响到编辑工作。如果强大的外国资本，只批发对他胃口的某些书，或者大量要这些书，而拒绝或不积极销售不对他胃口的书，我们的出版企业能不能扛得住，会不会被外国资本牵着鼻子走？正像我们现在有的出版社，与书商合作出书，由书商投资他们感兴趣的书，甚至由书商按协议负责销售，结果出版社的人力资源都为书商服务，出版社实际上就变成给书商服务的加工场所。有人把这种状况，称为出版社的"空壳现象"。外国资本，如果也通过销售来控制我们的出版生产、编辑工作，那么对我们的出版社来说，就是一个能不能坚持正确的出版导向的问题，对我国出版业来说，也可能是一个盛衰存亡的问题，千万不可掉以轻心。另一个压力，是西方文化的压力。这个压力更大，现在不同文化的交融和斗争非常激烈。文化是民族的一个重要标志，不要以为文化斗争就是打打笔墨官司。民族文化的盛衰，关系到民族的兴亡，民族之间的文化斗争发展到最后，就是民族生死存亡的问题。在这种情况下，出版应该怎么办，需要怎么做？我想至少应该有这样几条：

一、要加强出版理论研究

因为理论是指导实践的，是指明方向的。胡锦涛同志最近一系列重要讲话，一再要求高扬马克思主义理论的伟大旗帜，强调"最根本的是要坚持马克思列宁主义、毛泽东思想和邓小平理论在意识形态领域的指导地位，坚持用'三个代表'重要思想统领社会主义文化建设"。我们需要在马克思列宁主义、毛泽东思想、邓小平理论和"三个代表"重要思想指引下，开展出版理论研究。像前面所说，实际上，出版也确实有许多理论问题需要研究。新世纪新阶段的出版规律是什么，出版产业如何推进，出版业怎样按科学的发展观办事，什么叫做强做大和怎样做强做大……要总结经验，要从理论上弄清一些重大问题。只有在理论上把问题弄清楚了，我们才能自觉地担负起出版的神圣使命，才能懂得出版的社会责任，从而做好我们的工作。除了宏观的问题以外，还有中观的和微观的问题。总之，可以和需要研究的问题很多。所以，希望在座的中青年优秀编辑，能够积极地考虑这个问题，总结经验，升华为理论。哪怕是研究一两个问题也好，如果做得好，对我们的工作是会有帮助的，它可以使我们头脑清醒，方向明确，干活儿有劲。

二、出版需要文化支撑

我们前面说过，文化是出版的基础，没有文化就不叫作出版。出版的功能，就是积累和传播文化，如果失去文化内容，或者文化含量不高，那么，出版也就失去存在的价值，至少是价值不高。人们要一堆废纸有什么用。所以，一定要保持和加大出版物的文化含量，这是发展出版的重中之重，是关键的关键。现在，有的出版物文化含量不高，是很危险的。要吸取有的国家"快餐当道，消闲称王"的教训，五花八门的东西很多，结果是一堆文化泡沫，毫无价值，有人因此公开提出"出版大崩溃"，这是非常值得我们深思的。尤其是出版社转为企业以后，追求利润可能成为某些人冠冕堂皇的事，有的人甚至什么书都敢出，就是忽视文化含量，没有文化价值。这样你仿我效，用不了几年，出版物品种大幅增加，而文化内涵日渐减少，那就麻烦了。所以，我们一定要把握先进文化的前进方向，用优秀文化占领出版阵地，努力发扬社会正气，提高读者素质。同时要大力弘扬民族文化。外国的优秀文化，引进是必要的，但要以我为主，为我所用，在数量上也不能喧宾夺主。这里要掌握好一个度，我们要的是"洋为中用"，不能重洋轻中，要积极发展富有民族特色的文化产品，只有民族文化的发扬光大，才能确保实现中华民族的伟大复兴。

三、出版需要科技支持

现在社会发展很快，科技进步迅猛，信息如潮，只有用高科技手段去采集、分析、运用信息，出版才能与时俱进，符合时代的要求，满足读者的需要，提高读者的素质，才有可能做强做大。我们要认真学习外国的先进科技，否则，出版就会落后，而落后就要被淘汰。

四、出版需要人才保证

人是决定因素，没有人才，最好的设想也无法实现。党中央十分重视人才问题，提出人才强国战略，要求努力造就数以亿计的高素质劳动者，数以千万计的专门人才和一大批拔尖的创新人才，建设规模宏大、结构合理、素质较高的人才队伍。这是全面建设小康社会，实现中华民族伟大复兴的重要保证，对出版业来说，也具有十分重要的指导意义。出版要发展，没有人才保证，是一句空话。一个出版社，能不能建立一支能够创造性完成自己战略任务的高素质、复合型的人才队伍，具有决定性的意义。当然，还有一个管理问题，我们人才管理工作的目的，就是为了充分发挥各种人才的积极性、主动性、创造性，让各种人才能够人尽其才，这是一个重要问题。一个真正忠于我国社会主义出版事业的出版工作者，在这个问题上应该有高度的政治，责任感和历史使命感。作为一个编辑出版工作的领导者，不仅要懂政治还要熟悉编辑出版业务，要严守出版纪律，还要谦虚谨慎，平易近人。这就要求出版社的领导们认认真真地加强学习，锻炼自己，使自己成为这样一支队伍中出色的一员，为出版事业的健康繁荣，为全面建设小康社会，为中华民族的伟大复兴奋斗不息。

总起来，我想说四句话：无理论无有方向，"无科技无以强国，无文化足以灭种"，无人才难以振兴。

2003 年 9 月

《编辑的心力所向》P52，贵州人民出版社 2004 年 10 月版；《一切为了读者》P46，首都师范大学出版社 2010 年 7 月版

让韬奋精神永放光芒 ①

邹韬奋是我国著名的编辑、记者、政论家、出版家。他主编的杂志、出版的图书得到广大读者的欢迎，他写的政论得到广大群众的拥护。

他在这个世界上，虽然只生活了短短的 49 年，从他接办《生活》周刊开始，到他逝世，也只有短短的 18 年时间。但是，他做出了常人难以做到的事。他的影响之大，使国统区广大人民看到了抗敌救亡的巨大力量，使当时的反动统治者闻其名而丧胆。

韬奋生活的年代，是当代中国最黑暗的年代。他颠沛流浪，坐过牢，被迫流亡过国外、被敌人盯过梢、受到过暗杀的恐吓；他主编的刊物，不止一次地被封杀，他开的生活书店一个一个地被关闭。但是，他从来没有屈服过，他主编的《生活》周刊，成了国统区主持正义的舆论机关，他也成为大家信赖的民主斗士、抗日救国阵线的领导者。周恩来说，韬奋的经历是中国知识分子走向进步走向革命的道路。1944 年，韬奋逝世时，毛泽东亲笔题词："热爱人民，真诚地为人民服务，鞠躬尽瘁，死而后已，这就是邹韬奋先生的精神，这就是他之所以感动人的地方。"给予了极高的评价。

别人持枪炮，我有笔如刀，用笔战斗是韬奋进行斗争的重要方式。环境恶劣，白色恐怖猖獗，他照样发表政论，针砭时弊，编刊物、办报纸、搞出版，只要一息尚存，决不退缩。在特定的环境下，他以无私无畏的精神，铸就了丰富的新闻出版思想，他的理论和实践，表明了他是当之无愧的"出版事业的模范"。

韬奋的编辑出版活动，有非常明确的宗旨和目的，就是为国家独立、

---

① 本文所引文字均出自《韬奋新闻出版文选》，学林出版社 2000 年 10 月出版。

民族振兴、为人民利益而奋斗。为达到这个目的，他百折不挠，不惜牺牲自己的一切。他说："我们要为国家民族的光明前途，为世界人类的光明前途，携手迈进，共同努力。"我受委托"主持本报，其意旨很单纯，无非在竭其至诚在新闻事业上为中华民族复兴的前途尽其力所能及的一小部分贡献"，"对有利于民族前途的一切极愿尽其鼓吹宣扬之力"，反之，"对不利民族前途的各种现象决不肯默而无言"。"我们对民族前途的信心与为这信心而不惜一切牺牲的决意"，从不犹豫，为人所共鉴。在日寇步步侵逼、不抵抗主义尘嚣日上的关键时刻，他创办《生活日报》，并在创刊词中明确提出："全中国民众当前所焦思苦虑梦寐不忘的，是争取中华民族的平等自由，是要避免亡国奴的惨祸。"办《生活日报》的目的就是"努力促进民族解放"，"以全国民众的利益为一切记述、评判和建议的中心标准"，这是报社"同人愿以自勉的第一义"。韬奋在他的全部工作中，在他从事新闻出版的每一分钟里，都以民族前途、国家振兴、民众利益为"中心标准"。位卑不敢忘国忧，这就是韬奋的出版宗旨和目的。这和我们现在有的报刊、出版社、书店，不顾自己的宗旨和目的，出版和销售一些不健康的读物，危害读者，毒害青年，哪里想到过出书卖书、办刊卖刊与民族振兴、国家前途、人民利益有什么关系。有的还搞什么"地方保护主义"，实际上是保护平庸，拒绝优秀读物，与韬奋比，差距之大，实在惊人！

韬奋编辑出版思想最重要的内容是服务。这一点自始至终贯穿在他的全部思想和实践活动之中，这也是韬奋精神的所在。韬奋曾说"服务是'生活精神'最重要的因素，也可说是'生活书店'的基石"。"本店的传统精神，一向是把读者当作朋友看——当作好朋友看"。"发展服务精神，这是我们全体同仁所应时刻勿忘的一种责任"；"我们对于读者的服务不是仅求一次的周到，是要求继续不断的周到……是要尽着最大限度的努力，是要竭思尽智，做到我们无法做得更好为止"。《生活》周刊从答复读者来信，发展到为读者代买衣料、鞋子，做尽了跑腿、寄邮包、买得不合适还要负责帮助更换的无数分外之事。尽管人手少，他们仍然不厌其烦，没有丝毫不高兴的意识，而是"跑得愉快，麻烦得愉快"，用韬奋的话说："这些都在'义不容辞'之列，一点不肯马虎。"像生活书店那样做读者服务工作是少有的，即使在当时也不多见，而在现在能够做到《生活》周刊那样，为读者服务的报纸、杂志、出版社、书店，似乎也很难见到。反过来说，现在有的出版单位读者观念淡薄，有的编辑出版工作者的头脑里，根本就没有读者的位置。问他们这本书是为谁出的，根本就回答不上来，更不要谈为读者做服务工作了。现在有的书店，不要说帮助读者代买其他东西，就是代买图书这一条也不一定做得到。比如读者到书店买书，书店回答说"没有"或者"卖完了"，就没事了，既不去想办法要求添货，也没有想一想怎么才能帮助读者买到这本书，有的还搞什么"零"库存。连老牌资本主义国家书店里常用的办法——填一张缺书卡，过几天就可以让你买到书的这种服务也少见。应该说，现在的情况和韬奋时代确实有了很大的变化，许多具体做法是可以改变的。但是，服务态度，鞠躬尽瘁的服务精神，应该是不变的，这一点是值得我们所有的编辑出版工作者深思的。

韬奋在他的编辑出版思想中最讲究的是：责任、报格和骨气。韬奋说，本刊既由我主持，"我职责所在，对于发刊的稿件自不得不负责任，当然必须以读者的利益为中心"，"我决不敢放弃责任"，"稿件的选择绝对不受任何人的牵掣"。介绍图书绝不让读者上当，"全为读者着想，介绍我们认为确实是好的，确实有趣味有价值的读物，……无可介绍的时候，我们就不介绍，因为我们向来不愿做勉强敷衍的文字"。字里行间反映了韬奋对读者负责、对社会负责的一片赤诚之心。

正因为韬奋对读者、对社会的极端负责精神，使得《生活》周刊蒸蒸日上，影响越来越大，印数从 3000 份猛增到 15 万份，赢得了社会的广泛关怀，同时也使反动统治者视为眼中钉，他们用威胁、利诱、查封、迫害等种种办法，来对付韬奋主编的《生活》周刊等一系列报刊和书店。

但是，尽管压力再大，韬奋始终不改变《生活》的形象和特色，毫不动摇地坚持了固有的报格，表明了他的坚硬骨气。韬奋的这种精神，令人肃然起敬。反观现在我们有的出版单位，在市场经济的冲击下，不能坚持正确的出版方向，不惜违纪出书，结果招致停业整顿等行政处理；有的为利益驱动，一再降低格调，抛弃了原来的特色，丢掉了本来的读者，非但创不了新，反而被湮灭在报林刊海之中，难以生存。可见，一个出版单位，一个刊物，重在定向定位定格，还要不遗余力地开拓、创新、进取，只有持之以恒，方能发展，才能前进。韬奋在反动统治下尚能铁骨铮铮、正气浩然地提出："要有'刀锯鼎镬非所敢避'的决心，才配主持有价值的刊物。编辑可不干，此志不可屈。"这就是韬奋给我们做出的楷模。现在的环境、条件已经有了根本的变化，但是新闻出版工作者的责任，坚持为人民服务、为读者正当利益服务的报格、人格和为社会主义新闻出版事业奋斗的骨气是不能变的。难道我们离开了重复出版、离开了"快餐当道，消闲称王"，就无法生存了吗？韬奋在他的言论中，一再强调"大公无私""心力公正"，可是我们有的记者偏偏在采访矿难事故时接受贿赂，使事故真相一时里不能大白于天下，使新闻失去客观公正公开的准则。这种在受难者尸体和矿工血泪中挖钱的行为，哪里还谈得到什么社会责任、报格人格和职业操守，与韬奋精神不是背道而驰、相去十万八千里了吗？

为了扼杀《生活》周刊，国民党反动派或贿赂、或高官厚禄相诱、或武力威逼绞尽了脑汁。韬奋当时明确表示，宁愿生活书店关门，也不允许非法干涉办店，不做任何不自愿的事情。他说："我深信没有骨气的人不配主持有价值的刊物。"反观现在我们有的编辑出版工作者，为了几千元钱，就把自己的书号刊号卖给人家，有的还搞有偿新闻，出卖版面；有的甚至被不法书商牵着鼻子走；更有甚者，竟然内外勾结，擅自加印，正版明盗，分割本单位或兄弟单位的合法利益；有的编辑利用工作之便，把他人的资料据为己有，改头换面，拿来出版；有的记者利用自己工作易于接近明星、球星的机会，要人家签名留念，结果自讨没趣；有的刊物还没有出几期，就开什么名人座谈会，真实的目的是请人家来说"好话"，借以抬高自己。韬奋则不然，他从来不为自己的名字炒作，也不为自己的报刊"炒作"。他真正的名字叫邹恩润，很少有人知道，"韬奋"只是他的一个笔名。因为这个名字为大家做了许多好事，解决了许多问题，和读者的关系十分密切，人们才从心底里承认这个韬奋。对于这个问题，"韬奋"是如何看待的？他说："摇笔弄舌者对于社会的贡献之不切实，……而犹有缺憾中之缺憾者，即办刊物最易钓名沽誉，最易为个人做出风头之工具，我的愿望是要终其身做一个无名小卒，故力避出风头主义。"这就是韬奋的可贵之处。

韬奋编辑出版思想的要点中之要点，是强调要讲究出版物的质量。他强调出版物的内容要"力求精警"。他对出版物的内容和文字有明确要求："不但要选择精华，配合时代性，而且要能写得深入浅出，人人看得懂。"在讲到对读者"有益"的内容和文字的"趣味性"时，他说要与读者"促膝谈心"，让他们增加"快乐"，解脱"烦闷"，"进德修业"。为了不断提高办刊质量，他和全体同仁，协力苦干，"日夜聚精会神于生活周刊社的业务。"这是《生活》所以能够不断扩大的最重要的原因。

精神产品，导向是前提，文化是基础，质量是生命。质量低劣的出版物无异是一堆废纸。现在来看，我们的出版物质量，好的固然很多，可是差的也不可小看。据新闻出版总署公布的 2003 年"辞书质量专项检查"表明，胡编乱造、抄袭剽窃、虚伪宣传、编校粗疏的问题相当突出，检查中有 19 种为不合格产品，差错率在万分之一到万分之五的有 7 种，万分之五到万分之十五的有 9 种，万分之十五以上有 3 种（其中 1 种，差错率竟超过万分之三十七），辞书的差错率如此之高，令人震惊。辞书出版体现一个国家的文化传承和文化创新；辞书是人们工作、生活、学习中重要的文化用品和指导用书。这些低质书如果蔓延开去，对文化的糟塌、对读者的危害，可想而知，也是对国家和出版形象的极大损害。

韬奋的编辑出版思想中一再反对盲目模仿，强调创新。他说："不细察实际需要而盲目模仿的事业没有不失败的。"强调"最重要的是要有创造的精神"，"要造成刊物的个性和特色，非有创造精神不可"。韬奋的这些思想，对于今天的出版，仍有非常重要的意义。说到创新，现在大家都很注意，有许多好的经验。但也有一些单位，总是跟在人家屁股后面转圈子，吃别人嚼过的馍。如韬奋所说，一部《胡适文存》的问世，马上就会有人抛出《张三文存》《李四文存》，他们"想不出别的稍为两样一点的名称"，"不免令人肉麻"，被韬奋视为"尾巴主义"，是"成功的仇敌"。这种韬奋称之谓"盲目模仿"的现象，在当前颇为流行。有人还认为由于图书品种迅速扩大，同类书增多，他们之间差别越来越小，"重复"似乎难以避免。其实，这是和编辑工作中思路不宽甚至不动脑筋有关。图书是一种个性化很强的产品，出书的天地是无穷广阔的，不闯新路，重复出版，跟风模仿，只能抹煞书与书之间的区别，走趋同化的路子，这种做法尽管一时里可能也有些市场，但归根到底是一条越走越窄的道路，不可能有新的发展。韬奋在 20 世纪 30 年代已经提出的问题，难道我们今天还不应该有所醒悟吗？

韬奋在出版活动中很重视经营是他的出版思想的又一重要方面。他和有些知识分子只是做文章、讲是非、坐而论道不同，很重视刊物和书店的生存和发展，这大概和他当时所处的没有经济外援、全靠自力更生的环境有关。比如他重视用人，他主张人才主义，要用那些不仅能够干，而且要愿意干的人，要一个人顶几个人用，而且要用能够合作的人，使大家在一起干得很愉快。在经营方面，他注意发展广告，这是《生活》很重要的经济来源，认为"大拉广告也是赚钱之一道"。但他又不是什么广告都登，他"坚守着合理的正当的途径；决不赚'不义之财'"，而且"执行得非常严格"。他说："赚钱干什么？全是为着事业。我当时和伯昕先生（笔者注：中国著名的现代出版家，以善于经营著称）憨头憨脑地立下一个心愿，就是把所有赚来的钱，统统用到事业上面去。"广告篇幅虽屡有增加，但文字并不减少，使读者不受影响。稿费开始很少，后来随着事业发展逐步增加，直到成为全国刊物中最高的，职工的工薪也有所增加。"这种种开销……都是我们从营业上赚来的。"可是韬奋自己仍"吃一口苦饭"。他无论在重庆、在上海、在香港，住房、生活都是很艰苦的，绝不像我们现在有些出版工作者那么讲排场、摆阔气。想想当时韬奋办刊，几个人挤在一个小小的房间里，开什么"业务会议"，围坐在一个极小圆桌的周围，"真正做到了'促膝'的程度"。不知这些摆阔气的人有什么感想。

18 年，在人生的道路上，是很短暂的。办刊物、开书店的人，也不止韬奋一个。但韬奋却搞得有声有色，把小小的舞台变成了大大的战场，使自己成为出版事业的模范。这除了他爱民族、爱祖国、爱人民以外，还因为他热爱编辑工作。对新闻出版工作、对编辑工作的热爱是韬奋终生追求的。他说，"为着做了编辑，曾经亡命过；为着做了编辑，曾经坐过牢；为着做了编辑，始终不外是个穷光蛋，被靠我过活的家庭埋怨得要命。但是我至今'乐此不疲'，自愿'老死此乡'。"他说，如果刊物能够使读者"得到一点安慰，得到一点愉快，得一点同情，得一点鼓励"，就是自己在精神上"感到无限的愉快"。韬奋这种以群众之乐为乐，以群众之福为福，与广大群众打成一片，爱人民，忠于人民，事事处处以人民利益为中心的思想，完全彻底的服务精神，是韬奋能在新闻出版工作中做出巨大成就的根本原因。这也是今天的编辑出版工作者要学习韬奋的主要内容和基本思路。

韬奋的新闻出版思想，他的编辑工作的理论和实践，具有深远的历史意义和重大实践意义，许多内容在今天仍有很强的针对性。编辑出版工作者要向韬奋学习，就要以韬奋为榜样，以韬奋精神为镜子，老老实实地学，认认真真地学。一不要搞炒作，二不要走形式，做表面文章。

边干边学，边学边用，学一点用一点，关键是要思想到位，行动到位，持之以恒，才能真正发生一点作用，使韬奋精神永放光芒。

2003 年 10 月

《编辑的心力所向》P238，贵州人民出版社 2004 年 10 月版；《一切为了读者》P21，首都师范大学出版社 2010 年 7 月版

把握先进文化的前进方向 ①

首先，祝贺中国编辑学会少年儿童读物专业委员会第四届委员会的产生，祝贺新委员会领导的第一次学术研讨会在昆明的顺利召开。这次换届工作是在非常情况下进行的，由于"非典"的干扰，不便开会，就在反复酝酿、充分协商的基础上，采取通讯选举的方式完成的，这在我们学会也是一种创举。新委员会诞生以后，马上组织活动，工作是抓得很紧的。我们相信新一届专业委员会一定会不负众望，努力把工作做好。

为了全面建设小康社会，坚持以经济建设为中心，大力发展社会主义文化，建设社会主义精神文明，已经成为摆在广大文化出版工作者面前的头等重要任务。牢牢把握先进文化的前进方向，发展面向现代化、面向世界、面向未来的，民族的、科学的、大众的社会主义文化，丰富人们的精神世界，增强人民的精神力量，"最根本是要坚持马克思列宁主义、毛泽东思想和邓小平理论在意识形态领域的指导地位，坚持用'三个代表'重要思想统领社会主义文化建设。" ②

大力发展先进文化，就要积极支持健康有益的文化，努力改造落后文化，坚决抵制腐朽文化。这是贯彻"三个代表"的重要思想，始终代表中国先进文化前进方向的根本要求，也是积极培育社会主义"四有"公民，营造一个使高素质优秀人才大量涌现的社会环境的需要，是努力开创人才辈出的新局面的需要。

出版作为社会主义文化的重要方面，肩负着大力发展先进文化的重要使命，就要"多出精品，多出人才"，这是我们编辑贯彻落实"三个代表"重要思想的重心所在。作为少儿出版工作者，在这方面更是担负着特别

① 本文是笔者在中国编辑学会少年儿童读物专业委员会第四届委员会第一次会议上的讲话。
② 胡锦涛同志在中共中央政治局第七次集体学习时讲话(《人民日报》2003 年 8 月 12 日)。

重要的责任，多年来，包括少儿出版单位在内的我国出版工作者，在学习宣传贯彻"三个代表"重要思想，培育和弘扬民族精神，深化出版改革、推进体制改革和机制创新等方面，做了大量富有成效的工作，出版工作总体形势很好。同时，也要清醒地看到，当前出版工作中还存在一些值得注意的问题。比如，个别出版单位政治意识有所淡漠，把关不严，致使一些书刊内容出现这样那样的问题，甚至错误；有的出版单位忽视社会效益，盲目炒作所谓"热点"；还有一些出版单位放松管理，违规违纪现象比较突出。这些都是需要我们深刻认识，总结经验，吸取教训，并在今后工作中保持高度的警惕的。

以"三个代表"重要思想为指导，是出版工作的灵魂。我们要学习好、贯彻好，绝不能把它当作口号，只说不做。否则，难免要出现盲目性，甚至走偏方向。大家知道，出版是内容产业，要为全党全国人民的学习提供舆论阵地，提供思想载体。所以，编辑自己首先需要认真学习，身体力行，坚持用"三个代表"重要思想来衡量、检验自己的全部工作。

"入世"以来，出版业面临一个新的国际和国内环境。经济全球化，文化多元化，加上我国正在深化改革，扩大开放，在这种条件下，要做好出版工作，一定要把握好社会主义先进文化的前进方向。在实际工作中，我们既要积极研究、借鉴有利于发展我国社会主义出版事业和出版产业的有益经验和管理方式，又要坚持从我国国情出发，坚持以我为主、为我所用。坚决防止各种错误观点和腐朽落后价值观念利用出版渠道进行传播，维护国家的文化安全和社会稳定。最近一段时期，我国引进的图书品种迅速上升。据说，有的出版社（指非翻译读物的专业社）引进图书的数量已超过全社出书品种总数的50%，发展得如此之快，值得注意。今天展出和带来的都是各社的好书，多数是自然科学，哲学和社会科学的很少，只有一两个出版社有几本。我们要大力发展高新科技的书刊，但必须注意少年儿童的思想品德教育，我还是说三句话，叫：无科技无以强国，无文化足以灭种，无思想就没有方向，这是我们不能忽视的教育内容。

　　精神产品生产，导向是前提、文化是基础、质量是生命。只有坚持正确导向，努力加大文化含量，不断提高整体质量，才能实现宣传科学精神、传播先进文化、弘扬社会正气、提高读者素质的目的。出版物是公共文化产品，应该讲求社会责任，服务群众利益，接受群众监督。如果把关不严，使导向错误、质量低劣的出版物得以出笼，就是放弃社会责任，也必然会危害群众利益。每一个出版工作者应该十分谨慎小心地用好党和人民赋予我们的编辑权和出版权，认真把关，努力向人民群众提供健康有益的精神食粮。

　　做好新形势下的出版工作，一定要有一支能够胜任工作的编辑队伍。要按照政治强、业务精、作风正、纪律严的要求，全面提高编辑队伍的素质。改革开放以来，我们的出版队伍不断壮大，一大批年轻人进入出版领域。年轻人朝气蓬勃，具有开拓精神和创新意识，这是好的。但要看到，队伍的急剧扩大，人员素质参差不齐的问题，值得我们十分注意。尤其要提高编辑人员的政治鉴别力、导向把握力。每一个编辑都要努力学习，不断地提高自己、充实自己，才能适应新形势下编辑工作的需要，把握先进文化的前进方向，完成自己的历史使命。少年儿童编辑，面对的是少经验、少知识的少年儿童，他们是一张白纸。你提供的精神产品，很可能是这张白纸上的第一笔、第一画，所以，必须是正确的、科学的、进步的、有益的，必须是把握先进文化前进方向的，保证他们今后能够长期受益的。所以，少儿读物的编辑，更需要学习，提高自己，这是社会对我们提出的基本要求，我们应该无愧于这个使命。

2003 年 10 月

《编辑的心力所向》P363，贵州人民出版社 2004 年 10 月版

从编辑工作看编辑素质

当一个编辑不容易，当一个好编辑更不容易。先讲一件具体的事，大家知道，当前文化界有一个叫"金余之争"，就是资深编辑金文明和散文作家余秋雨的争论。这件事情的前前后后与编辑有莫大的关系。余秋雨现在已经成为有点名气的散文家，他的《文化苦旅》也已经成为一本有影响的读物，但是，它的出版并不是一帆风顺的。这本稿子开始是18万字，给了南方的一个出版社，这个出版社的编辑对稿子进行了加工，主要是删去了一些内容。可能是编辑和作者之间缺乏沟通，稿子被搁置。后来，作者要回了稿子，暂时放在家里。这件事，被另一家出版社——上海东方出版中心的一位编辑知道了，他对作者的文化素养和文字能力，原来有所了解，就主动向作者要了这部书稿。回去一看，竟然一口气读完，而且激动不已，认为不同凡响，但同时又觉得不够，建议作者再充实一些内容。作者又花了一些时间，补写了《风雨天一阁》等篇章，修改后的书稿，加大了文化信息，增强了可读性，文字也扩大到25万字。编辑看了很满意，出版社决定用当时很少采用的成本较高的精装本出版这本书，结果一炮打响，连连添印，不仅成为一本有影响的书，而且带动了散文书一时里走俏市场。很多人知道了余秋雨，这位编辑也理所当然受到了表扬，一些报刊也写文章说他慧眼识真，发现了一本好书。原先南方那个出版社包括编辑在内遭到了议论。时隔两三年，有一位老编审——金文明对《文化苦旅》等余秋雨的作品，提出了一些意见，提出了一些问题。余秋雨不同意，发表了《告读者书》，还进行了反批评。事情闹大了，金文明不买账，出了一本《石破天惊逗秋雨》的书，提出的主要是文史知识方面的问题。这样，人们就反过来对上海东方出版中心那位编辑有议论了，既然有那么多差错，怎么没有发现，没有解决？

而对原来南方那个出版社的编辑，反而以为他原来的加工修改，不一定完全没有道理。于是议论就多了，比如有人说，如果早先让金文明给余秋雨的稿子当责编，情况会如何？又有人说，编辑不是神仙，不可能什么都懂，作者应该"文责自负"，对原稿负责。也有人说，从编辑角度看，即使作者是某一方面的权威，原稿也难免会有差错，所以，编辑才要审稿，要把关。审稿其实是编创之间的一种协作，也是一种比赛，看谁的功力更大，道行更深，差错是被溜过去，还是被揪出来！你说编辑难当不难当？

在讲编辑素质问题前，先讲这样一件事，请大家想一想，编辑素质重要不重要。

再说，编辑素质这个问题比较难讲，难讲的原因有三：

一、讲得很多。有人告诉我，20年来，就素质问题发表的文章之多，难以数计，仅科技期刊全文数据库（http//210.34.157.51/vist.asp 以下简称维普）所收 1995—2002 年的记录，就有 240 条之多，平均每年 30 篇。

二、出版的门类很多，编辑分工很复杂，各种各样。编辑要做的事，究竟应该是多少，书、报、刊不一样，社与社不一样，计划经济时期与社会主义市场经济条件下又不一样，所以对编辑素质的要求也很不一样。

三、更重要的是出版观不一样。我们随便说：

强调搞出版是搞意识形态。持这种出版观的同志，肯定比较重视编辑的政治素质、思想素质，把编辑当作战士来要求。

认为出版是社会教育工作。持这种观点者就可能比较重视知识素质、业务素质，也包括思想教育素质。很可能把编辑当作教员来要求。

认为搞出版是搞文化。那就重视文化积累、文化建设、文化整理。很可能把编辑当作文化人来要求。

认为搞出版就是搞信息传播，那就要重视出版的中介功能，往往容易用报纸对记者的要求来要求编辑。

有的人认为搞出版就是赚钱，那就会片面地强调市场意识、经济效益，反过来可能忽视质量、忽视社会效益，他们可能用对商人的要求来要求编辑。

等等。

应该说，还不只这些。但已经说明出版观不同，对编辑素质的要求也不同。也许作为现代编辑，上述的各种要求都需要具备，或者都需要一点，所以说这个问题不是几句话可以讲得清的。

所以，我说编辑的素质这个问题难讲。如果只讲政治素质、业务素质几个条条，那简单，但这些谁都知道。如果要展开讲，那涉及的问题就多了。所以，几百篇文章都讲素质，仍然有余地，还可以再写。这里就有角度不同、层次不同、认识不同。

到底怎么讲，我想，还是从编辑是干什么的入手。你们天天来上班，一天忙到晚，晚上还在加班，给作者打电话、看稿子，上网找信息，平时搞选题、组稿、审稿、看校样、搞宣传推销、跑印数，等等，现在都是编辑要做的工作。那么编辑活动、编辑工作的本质是什么？比较认同的看法是：选择和加工。有人说，为什么不讲策划。其实，很简单，策划也是选择，如果每个环节都要讲到，那还可以讲组稿、审稿、读校等。什么都讲，那就不是讲本质，而是讲过程了。说本质，就是讲经过概括的、最主要的东西。具体怎么理解编辑工作，什么叫"编辑"，我的理解是：根据一定的指导思想，以相应的信息或著述材料为基础，进行创意、优选、优化、组合等综合性的精神生产过程，使精神成果适合于制作特定载体的创造性智力劳动。根据这个理解，我把编辑活动分为四个方面，就是创意、优选、优化、组合。

第一是创意，创意就是立意、选题、策划、设计等，期刊也称构思。有人说，创意是作家的事，这也对。但是不能说，编辑不要创意。比如为什么要抓这个选题，为什么要出这样一本书，这本杂志应该怎么编，这个栏目应该怎么安排，要有整体构思，为什么要这样策划，为什么要那样设想，为什么要这样调整、修改，编辑肯定有自己的想法、自己的意思。所以，编辑创意是编辑工作中非常重要的环节，这是一个方面。

第二个方面是优选，优选就是选择，用优选是强调了好中选好，精中选精。包括选择题目、选择作者、选择稿件，包括审读，审读就是选择，而且是重要的选择，通过审稿来评价、选定稿件。韬奋在主编《生活》周刊时曾说过："我时常为本刊搜求有关精彩的好材料，诚心诚意拉有思想的朋友为本刊做文章……但我取稿向来严格态度，虽对我所敬佩的师友亦然；取稿凭质不凭名，虽有大名鼎鼎的文稿赐下，倘拜读之后觉得太专门、太枯燥，或太冗长，不适于本刊之用者，也不客气地婉谢，或说明未拟刊布的理由以求曲恕"①他又说："稿件的选择取舍，绝对不受任何人的牵掣。"②他不讲情面，曾经退了茅盾内弟孔令境的一篇稿子。退稿信中说，"内容甚有价值，唯因期刊读者为一般的，白话文力求通俗，始易引起读者兴趣，大著所引历史文言较多，故略觉踌躇"，"再三考虑，仍以奉还，敬求恕谅为率"。这说明不仅稿子要选择，而且作者也要经过选择，要选择最合适写这个选题的作者。选准了作者，审读了稿件，还要从稿件的构成需要、阅读需要、作者的可能、进一步请作者做补充修改等等，使稿件达到优质，或者优了更优的地步。关键就在编辑，要善于引导、启发、帮助作者，就本选题的需要，让作者贡献出他尽可能多的智慧，或者使它达到最大限度的发挥。这就是最好的帮助作者，也是一个好编辑的重要能力。优选才能出精品，才能被读者欢迎，可见，优选，在编辑工作中的地位十分重要。编辑工作不可以没有优选。优选，既有挑选的意思，又有把关的意思。保证不合适、不正确的东西，不需要的东西，质量不高的东西，不予出笼。一定要选好的、最好的，一定要把好选优这个关。优选出来的作品、发行量比较大，这表明它在客观上已经被读者所认同。举一些事实就可以说明，在杂志成林的时代，为什么《读者》文摘、《青年文摘》等的发行量遥遥领先，主要就是因为它的稿件是从许多报刊中优选出来的。现在出那么多刊物，

① 《韬奋新闻出版文选》299 页，学林出版社 2000 年 10 月出版。
② 《韬奋新闻出版文选》201 页，学林出版社 2000 年 10 月出版。

写那么长文章，有几个人能全看，而文摘恰恰对上了这一部分读者的胃口。又如漓江出版社，这几年从优选中尝到了甜头。现在的文艺作品可以说是汗牛充栋，即使是文艺爱好者也不可能都读得过来。所以，必须要有人来做选优的工作。漓江从 90 年代初就开始抓这件事。他们出了《1991 年散文年鉴》、《1995 年散文年鉴》、《感情世界》（《人民文学》1949—1992 年散文选）、《多味人生》（《人民文学》1949—1994 年小说选），这些书推出以后，受到很大启发，他们的年度选本的发行量，优于一般的文艺期刊，而多年度选本又大大好于年度选本。为什么，因为多年度选本，更加少而精。刊出的都是具有权威性、代表性和有特色的作品。于是漓江开始出《中国年度最佳作品系列》，包括短篇小说、中篇小说、科幻小说、诗歌、散文、随笔、杂文、报告文学、童话、寓言、儿童文学、传记文学……共 25 个品种，在群雄角逐当中，独树一帜。他们认为这样做既能保证作品的思想性、艺术性俱佳，又网罗了有代表性、有影响力的优秀作品，终于形成了自己的品牌。这就是让读者花最少的钱，用最短的时间，享受中国当代文艺的最新成果。通过 10 多年的优选实践，他们体会到"优选是金，优选为王"。但是，现在有一种情况值得注意，正因优选有市场，因此大家都来稿选本，尤其是文学作品选集很多，结果造成积压、滞销。不是优选错了，而是没有真正的优选。比如，只重视名家作品，其实名家作品并不篇篇都是优秀；又如只重视获奖作品，其实，作品获奖也有各种原因，难免泥沙混杂，良莠不齐；又如有的作者选编，只选自己圈子里的人的作品。这样一搞，就把优选的名声搞坏了。所以，优选必须客观公正和对读者负责。特别是文学作品优选，要听取各方面的意见，听取读者的意见，把真正的好作品选出来。听说有两家出版社，都请某位作家选某一年的好作品，结果这位作家给甲社选了一本"某年最佳散文"，而给乙社又选了一本"某年散文排行榜"。两本书所选的散文，没有一篇重复。结果是上了排行榜的不是最佳散文，而是最佳散文又上不了排行榜，这不是滑天下之大稽吗？

第三个方面是优化，包括加工、整理，就是提高稿件的质量。从内容到形式、从文字到整体设计、从版式到封面、从编辑到校对，都要优化。优化既是一种工作，又是一种要求。作为编辑，对自己经手的出版物，只有尽力去达到优的标准，尽量不要留下遗憾。才能心安理得，才体现了自己的社会责任感。但是许多编辑总是说，自己做的时候，觉得可以了，已经可以交待了。可是等到书一出来，经读者一看，又发现了问题，又使自己产生了遗憾。可见，当编辑要使自己对自己产品没有遗憾，确实不容易。这里我们强调的是编辑的社会责任感。现在这方面的问题不少，可能是和市场效应和编辑浮躁心态有关。现在有的编辑部，不要说"三审"，简直是不审稿。他们说：过去稿子要经过"三审"，好像是汽车过马路，要经过三个红绿灯，说不定在那个路口被红灯卡住了。现在好了，现代化了，都是立交桥，转个圈子就回来了。说明有些地方"三审"有名无实，流于形式。许多受到处理的出版社、杂志社一查都是没有认真审稿。这里有许多笑话，责任编辑拿到了稿子，没有看，就在审读报告上写着初审意见：××出版社的同类书已经付印，本书也应快出。编辑室主任的复审意见：可先找工厂安排印刷，同时报总编辑审批。总编辑批示更加简明：同意发稿。"三审"时间加起来不到半天。还有家出版社的老总更神，在审读报告上居然批着：管理费一到位，即发排。这样搞出版哪能不出问题。

第四个方面叫组合。就是组装，好像一个汽车厂，各种零件都做好了，由组装车间把他装配起来。编辑也这样，正文、目录、封面、插图、环衬、扉页，各种附件（序、跋、前言后记、著作权页、作者照片、简介，有的还有注释、参考文选目录……）缺一不可，按照统一规范的要求，把它整理好，也就是平常说的，做到齐、清、定。这些都是编辑的事。

图书要组合，杂志更要组合，栏目要组合，整本杂志更要组合。我们现在有的刊物，大小标题不配套，接排的文章接不上，有的还丢了作者名字，插图和内文无关，等等，无奇不有。所以，杂志更要讲究组合，要做到杂而不乱，形成一个有机的整体，这就是组合的功夫。

以上谈到的工作，都是编辑工作，看起来是事务性的，是很琐碎的，实际上不是事务性，是专业性的、知识性的、科学性的，许多问题还是政治性的。所以，我们说，编辑工作无小事。许多老编辑除了写"审读报告"以外，总是习惯性地把自己的意见，写在一张小字条上，然后把他贴在作者原稿的边上，无非是提出一点看法、建议或者意见，可能只是一个文字上的问题，或者只是一点质疑。有的原稿被这种小字条贴得满满的，俗称"胡子"（这种方法，现在有的编辑也用）。也许这种小字条上的意见并不重要，或者只是供参考，甚至是编辑的多虑，但很可能对提高稿件质量有好处。这说明编辑付出了自己的心血，尽了自己的力。正是这些小字条，他反映了编辑各方面的素质，编辑的人生价值往往就体现在许许多多这样的小字条上了。

编辑工作既然是政治性、思想性、科学性、专业性很强的工作，也是一种创造性很强的工作，那么究竟什么样的人，才能适应这个工作？也就是说，我们应该培养什么样的编辑人才，在这个问题上，人们的看法是不同的。这里首先碰到的是知识结构问题。有人认为编辑的知识越广博越好，叫"万全油"或者称之为"杂家"。辞海编委会原主任罗竹风，写过一篇文章——《编辑是杂家》，"文革"中遭到批判。改革开放以后，讨论人才培养的人比较多，编辑的人才类型也是经常讨论的。我们究竟应该培养什么样的编辑人才，现在是知识经济时代，高新科技迅猛发展，对编辑人才的要求也有了新的认识。现在一般主张培养复合型人才。首先需要有一门或两门的专业知识，如天文啦、地理啦。第二，要精通编辑业务、编辑理论、编辑学、计算机操作能力、检索能力、市场营销和必要的审美知识。第三，要懂得政治、理论、政策、法规、社会伦理，有社会活动能力。第四，应该具备广博的社会知识和一般的科技知识，起码要有为解决编辑工作中的疑难问题找到门牌号码的能力，还需要掌握一门外语。①有人说，这样，编辑要掌握的知识是不是太多了。我说，是的，编辑的知识不怕多，就怕少。一般出版社、杂志社编辑分工不是很细，编辑不能只看某一个专业的稿件。再说作者写书、撰文，天南地北、古今中外，无所不及，编辑要适应这种状况，是很不容易的，学到用时方恨少，这是许多编辑都有的体会。

知识结构与编辑素质有关，是编辑素质的重要内容，但不是编辑素质的全部。编辑素质除了知识外，还应包括更多的内容，简单地说，编辑素质至少有这样几个方面：

（一）政治素质。就是政治方向和政治观念，这是任何编辑都必须具备的，不管你是搞社科的，搞科技的，还是搞文艺的，不能不讲政治。不讲政治，编辑工作肯定是搞不好的。就算你是科技类编辑，"非典"肆虐，抗击"非典"成为全党全国的头等大事，你卫生医药编辑置身事外，行吗？改良品种，你农业读物编辑能不闻不问？载人飞船上天，一时成为热门话题，与多少学科都有关，有关编辑能无动于衷？这些事看来是科学技术问题，但都是大事，都与政治有关。所以，当编辑的离不开政治，编辑首先应该是一个政治家、社会活动家，然后才是一个编辑。编辑选什么题，出什么书，不选什么题，不出什么书，都紧密关系着政治。过去有一中央领导同志曾经讲过，编辑不能只管语法修辞，标点符号，要踱踱方步，想想大事。就是说，尽管你是一个普通编辑，但你编辑的书就是一种社会舆论、社会导向，不是你个人的事。所以，你要讲政治，学习理论政策、时事政治，要想大事，想一想在当前的社会环境下，应该出什么书，它的影响和后果会如何。也就是说，编辑虽然只是一个士兵，但要想统帅所想的问题。具体到政治素质，就要有三个方面：

1.坚定的政治信念、政治理想、政治方向。坚持以马克思列宁主义、毛泽东思想、邓小平理论和"三个代表"的重要思想为指导，做好编辑

---

① 参见拙著《20世纪中国的编辑学研究》360页，河北教育出版社2000年1月版。

出版工作。首要的是要坚持正确的政治方向，这是从事编辑出版工作最重要的一条，方向错了就全错了。

2. 较高的理论和政治素养。就是要学习马克思主义，要有马克思主义基本理论的修养，坚持马克思主义在意识形态领域的统治地位，决不以牺牲社会主义精神文明为代价去换取什么别的利益。这里还包括熟悉党的方针政策，政府的法律、法规，严格守法，宣传出版纪律。

3. 高度的政治警觉和政治热情。当编辑的审稿编稿会碰到各种各样的问题，需要编辑用尖锐的政治眼光去观察，有高度的政治警觉性去辨别。比如，从台湾引进的图书，明明都是讲生活的，与政治毫无关系，可冷不防来一个把大陆说成"沦陷区""匪区"，你一疏忽，没有看出来，就是一个政治问题。还有世界问题，沿海的地图上少了一个小黑点，就把一个岛屿送给人家了。政治问题可大可小，有些还很碎、很细。如有的已是一种政治倾向，有的只是一点蛛丝马迹，有的稿面上没有问题，平平常常，但该讲的不讲，实际上也是问题。所以，处理好这些问题并不容易，要靠政治警觉和政治热忱。只有政治热情旺盛的人，才能有高度的政治警觉，才能发现大大小小的问题，保证出版物的政治质量。

（二）思想素质。主要是指编辑的精神境界和思想品位。编辑的精神境界、思想品位不同，选稿的标准就不一样，加工的要求也不一样，编出来的书当然也不一样。

精神境界、思想品位听起来好像很虚，看不见，摸不着，也很难用一个具体的标准去衡量。所以，当编辑的在这个问题上要有自觉性，自觉地锻炼自己，提高自己的思想品位和精神境界。也就是说，作为一个编辑要讲骨气。出版模范邹韬奋是讲骨气的，他一生办了许多刊物，全盛时期办到拥有 55 个分店的生活书店，尽管没有资金，但都是靠自己正大光明地赚钱来经营事业，从不接受任何方面的投资。在办《生活》周刊时，国民党交通队长王伯群，因为《生活》周刊揭发了他的贪污腐化，想拿 10 万元来投资《生活》，以求平息事态，遭到了韬奋的严厉拒绝。

陈济棠、白崇禧也有过同样的企图。到 1939 年和 1940 年，国民党中央也阴谋用投资来消灭生活书店，均未能得逞。穷也要穷得硬气，这就是韬奋，这就是生活书店。现在有的出版社，为了赚钱滥出书，是很不应该的。我们希望每一个编辑，在你退休的时候，在回首自己的编辑生涯时，对自己处理过的稿件能无愧于心，能说明自己的精神境界是经得起考验的。这里，可以这样说，编辑的境界不怕高，就怕不高。

（三）文化素质。出版工作是文化工作的一部分，编辑活动是一种社会文化活动。编辑的文化素质对编辑来说，当然十分重要。不具备相当的文化素质就不可能当一个合格的编辑。文化素质是一个内容相当广泛的概念。我们以前讲到的知识结构，就是文化素质的重要方面，不再赘述。这里只想就编辑从本质上来说是一个文化人或文化战士的角度来讲点想法。众所周知，编辑的任务是搞文化，从事文化建设。首先，处理稿件，要注意文化知识的含量，要尽可能地加大这种含量。不要搞"快餐当道""休闲称王"。大家知道，日本的出版业很发达，上世纪七八十年代，中国出版人到日本取经的很多，弄得日本人接应不暇。但是，他们没有处理好文化性与经济性的矛盾，片面地注重经济，忽视文化。不几年，日本的出版物中，"快餐"书、休闲杂志不断增多、文化含量降低，品种很多，泡沫出版发展，结果有人提出"日本出版大崩溃"，这是我们应该深刻地认识的。出版就是创新文化和积累文化，文化素质最重要的在于文化创新。所以，搞文化的人，自己首先要有比较深厚的文化底蕴，才能创新文化、积累文化。所谓厚积薄发，要做到这一点，就要多读书，多了解社会，掌握各方面的信息，要不断更新自己的知识，关心高新科技信息，尤其关注电脑、网络对编辑出版传播的影响。善于从各种各样不同的信息中，选择有用的东西，加以优化、组合，创造出新的文化成果来。

（四）职业素质。编辑的职业素质，就是历代编辑在长期的编辑实践中形成的职业素养。主要是专业理论与实践经验的总结，是一种职业的追求。

图书编辑最基本的职业素养，就是要爱书、读书，一个编辑如果不爱书、不读书，那他肯定当不好编辑。仅仅把当编辑看成混饭吃的人，首先对书缺乏感情，你叫他做书，等于要他去干他不喜欢干的事，当然，缺乏热情，也就很难做好。爱书，对书有感情，这是最起码、最基本的。也许不是每一个编辑人员一开始就具有这种素养，这是可以在实践中慢慢培养的。但如果搞了多少年编辑工作，仍然对书没有感情，那就有点赶驴子拉磨，不得不把它的眼睛蒙起来，实在是太委屈他了。

从爱书这个基本点着眼，编辑需要具备的职业素质至少有这样几方面：

1. 要爱岗、要敬业，要把编辑工作作为体现自己人生价值的寄托。把社会主义精神文明建设、文化创新、科技发展和科学普及，提高综合国力，塑造"四有"公民，作为自己的追求。要千方百计地为实现既定目标而奋斗。比如，发现好的作者、好的书稿，就要有永不放弃的精神，像萧何月下追韩信那样，决不能让他跑了。为了策划好选题，就要多方请教，不达目的，誓不罢休。优秀作者、好的选题、精品书稿，是需要寻觅的，不是唾手可得的，只有从各种信息中、社会活动中、与著作界广泛的联系中，通过各种渠道才能获得。

编辑和作者打交道，一是靠真诚，二是靠知识，但最重要的是尊重作者，这些是和作者对话时缺一不可的。缺乏真诚当然不行，但缺乏有关的知识，无法和作者交流，作者可能因此产生顾虑，他觉得双方说不上话，我把稿子给你，你能编好吗？特别在现在，搞市场经济，有的印量不可能大的书稿，往往不是编辑求作者，而是作者求编辑，造成了我们有些编辑架子很大，根本谈不上尊重作者。有的编辑策划了选题，就要作者这么写、那么写，把作者当"枪手"、当雇工，作者只是奉命作文，哪里能得到编辑的尊重。这种不尊重作者的做法，都是当编辑的大忌。我们承认，有的编辑，地位不一定比作者低，知识不一定比作者少。但即使这样，也不能把自己凌驾于作者之上。因为作者一般都有专长，应该发挥他们的积极性，只有把作者的积极性和创造性调动起来，书稿才能写好。再说出版社一年要出几十、几百种书，不靠各种各样的作者能行吗？当然，这也不是说，当编辑的就要低三下四，无原则地去奉承作者，这也是不必要的。总之，编者和作者是平等的，是朋友，是为了一个共同的目的，互相尊重，互相支持。"文革"前，有一位出版社的社长兼总编辑，是一位老革命，级别也不低，还是什么委员，在社会上、在文化界有一定地位，但是，他对一些青年作者都非常尊重。他衣着朴素，平易近人。在只重衣衫不重人的社会里，人们都看不出他的身份和学问。有一次，出版社请作者座谈，有一位青年同志锋芒毕露，言外之意，出版社该出的书没有出，不该出的却出了，工作没有做好。这位社长听了，并不计较，仍然很尊重他。后来，这位青年回家对父亲说起在出版社开座谈会的事。他父亲说：某出版社社长，不是×××吗？他是我过去的领导，很有学问的。青年一听，觉得不是味儿，就主动给社长写了一封信，表示自己是小辈，幼稚无知，说话不当，请予原谅。老社长亲自给他回了一封信，说出版社的工作应当经常听听各方面的意见，工作没有做好，受点批评是应当的。尊重作者、服务读者是出版社的责职，这里只有编者和作者，没有长辈和晚辈。这件事告诉我们，编辑应该有什么样的胸怀和职业素质。

2. 职业敏感。什么是敏感，就是对客观事物能够迅速做出反应或者说能够很快地形成自己的看法。比如搞选题，编辑的选题从哪里来，从实践中来，从学习中来，从研究中来，也有从闲聊中来。为什么有的编辑能提出很多选题，有的人却提不出来，关键在于有没有敏感性。2003年春夏之交，"非典"肆虐亚洲部分地区，这是一种过去未曾发现过的病毒，来势很猛，人们对它缺乏了解，困惑有加，一时里成为大家关注的焦点。中国轻工业出版社的同行，凭着他们高度的职业敏感，抓住时机，迅速推出了《非典型肺炎不可怕》一书，受到广大读者欢迎，社会效益巨大，销售量也很可观。这是一个成功的事例。

大家知道，《时间简史》是一本很有影响的读物，它的出版就是编辑职业敏感的产物。还在 20 年前，美国《纽约时报》专刊发表了一篇关于霍金博士和宇宙研究的文章，介绍了霍金在黑洞和宇宙研究上的突破性贡献，以及他 20 多年与病魔顽强斗争的动人事迹。同时，在封面上刊出了霍金坐在轮椅上的照片，这些被美国矮脚鸡图书公司年轻编辑彼得·戈扎特看到了，引起了浓厚的兴趣，认为如果请霍金写一本有关黑洞和宇宙的通俗读物，一定会畅销。他的想法得到书商的支持。他就立刻和霍金取得联系。这样，由霍金执笔的《时间简史》出版了，成为轰动一时的畅销书，而且使许多国家都出现了"霍金热"。当然，人们不一定知道，这个"霍金热"的形成与矮脚鸡公司的一个年轻编辑的职业敏感有什么关系，但它却是一个不折不扣的事实。我国的老一辈编辑家、出版家，曾经当过商务印书馆老总的陈原先生写过一篇文章，叫《总编辑断想》，他说，当编辑的必须有敏感，必须具备高度的敏感力。一个成功的出版家，或者说一个有重大建树的出版家，必须养育出超人的敏感，甚至比炒股票还要有更高的敏感！一个成熟的编辑，在工作、学习、生活中，对于经常碰到大量的信息，都会和自己的工作联系起来，他总是经常在考虑这能不能成为选题，能不能出书；这些事和自己加工书稿有什么关系。不是说，赵家璧的《中国文学大系》这个选题是逛书店逛出来的吗，实际上这种事许多编辑都有，在某一个活动、某一个场合、某一次谈话中受到启发，逐步形成选题，这完全是正常的。所以，选题是不会枯竭的，除非人的社会活动停止了。现在有的编辑诉苦，说选题不好搞，什么书市场上都有了，而且不止一本，觉得没有什么书好出了，选题也提不出来了，觉得很苦闷，大有"江郎才尽"的味道。这里用得着毛泽东同志的话，"迈开你的两脚，到你工作范围的各部分各地方去走走"。向群众学习，向社会学习，向读者作调查，你就可以增长才干。正确思想从哪里来？只有从实践中来。这里，当编辑的有一个视野问题。

图书这种产品，个性化很强，同样一个问题、一件事，你可以从不同角度出书出刊，更何况古今中外，上下几千年、广袤八万里，书哪里出得完。俗话说，只有看不到，哪有出不了；只有想不到，哪有做不到，关键是编辑的视野宽不宽。所以，在这里，我想说，编辑的视野不怕宽，就怕不宽。

编辑的职业敏感，说到底是一种创造性，创造性贯穿在编辑工作的始终，从选题创意、策划，稿件组织、稿件审读、加工整理、组合发稿，一直到读者来信的处理，都应该有创造性。对来信处理得好，可以给这个读者以积极的影响，甚至可以影响他一辈子；处理不好，也可能有负面影响。把早就打印好的千篇一律的回信寄出去，读者可能会后悔给你这个编辑部写信。实际上，在整个编辑过程中，有没有创造性、创造性的大小，工作的进展大不一样，效果也截然不同。比如审稿，你如果熟悉这个学科、这个行业、这方面同类书的情况，就可以避免重复雷同。比如加工，你仔细研究原稿，去芜存精，或者突出该突出的东西，去掉那枝枝权权，不必要的东西有时可以起到画龙点睛的作用。编辑的创造性的发挥，需要掌握各个方面大量的信息，如对文化发展、科技进步、读者状况和图书市场演变等的了解，关键在于信息的掌握和运用。

3. 信息素质。这是一个新概念，最早是由美国人、美国信息协会主席培尔·洛考司克（Pual Lwikowski）提出来的，意思是指"利用大量的信息工具及主要信息资源，使问题得到解答的技术和技能"。1979 年，美国信息产业界把信息素质解释为："人们知道去解决问题时利用信息的技术和技能。"说得简单一点，就是"有效地掌握信息技能和熟练地处理信息的意识和能力"。知识经济最重要的支柱产业就是信息产业，充分发挥信息的作用，对知识不断创新、加工、传播和应用，促使知识经济的不断发展。而编辑的基本职责，就是创意策划、选择加工，以利传播，这些都与信息有关。可见，知识经济时代编辑活动有着特殊重要的意义。所以，信息在知识经济时代的地位越来越重要，这方面，当编辑的一定有很多体会，不掌握信息，实际上就是瞎子和聋子，在目前这个高新科技时代，在信息如潮的社会里，更加是这样。

4.作风素质。编辑的作风，要求精雕细刻，一丝不苟，真正做到编辑工作无小事。出版物是给大家看的，对读者的思想行为会有直接影响，人们往往说，"书上就这么说的"。所以，当编辑，首先要使书上说的都不错，这确实很难，即使内容全部正确，但事物发展很快，真理都是相对的。更何况要求从内容到文字都不出差错，就更难。但这并不是说编辑因此可以原谅自己，而是更应该严格要求自己，尽到自己最大的社会责任，要认认真真地树立起"编辑工作无小事"的观念。是的，编辑工作是一项既严肃又琐碎的工作。一字一句，一"、"一"，"，都需要对人民负责。一次终审一位名家的稿子时，看他引了李煜的《望江南》这首词，其中一句写成了"还似昔日游上苑，车如流水马如龙"，这是两句很熟的词句，读起来却不顺，但初审、复审都通过了，人家会不会觉得多事，最后想还是查一查吧！反正《唐宋词选》就在手边，一查，还真有问题，不是"昔日"，应该是"还似归时游上苑，车如流水马如龙"。这样，就减少了一个差错，如果不查，那就错了。可见，即使看来很平常的东西，也不能凭印象放过去，只有查一查，心里才踏实。其实，我们现在编校质量滑坡，很多都是由注意不够造成的。所以，编辑的作风不细，不是小事，是大事，或者说很容易因作风不严而出大事。

编辑作风我想应该有几条：一、要从大处着眼，小处着手。大到国家大事，民族前途，方针路线，政治导向，都应该是编辑考虑的问题。具体到处理稿件时，又要想得很细、很具体。二、要严肃认真，精雕细刻，要心到、眼到、手到，切不可粗心大意，马马虎虎；三、要善于置疑释疑，对有些问题，要多问几个对不对？是这样的吗？要设置疑点，然后再去解开疑点，这样可保无虞。特别是遇到似是而非的东西，不能想当然、凭印象，更不能怕麻烦，也不能因为是小问题而轻易放过。要养成查资料、查工具书的习惯，决不带着疑点就付印。这里可以这样说，编辑的作风不怕细，就怕不细。

在我国编辑出版史上，因编辑作风问题，曾经有过各种各样的问题，甚至有血的教训。50年代初，一个学生刊物，因为介绍自制汽水，把配方中某个小数点点错了，结果造成学校在制造汽水过程中发生爆炸，出现了伤亡事故，这不是血的教训吗？"文革"中，一个刊物的一篇文章题目：无产阶级文化大革命万岁！不小心排成了"无产阶级文化大命革万岁"，结果主编被打成"反革命"。此类例子举不胜举，可以说不少出版社都有。

编辑的职业素质，即使像作风这样一类问题，看上去不是什么大问题，也绝不是小事。特别是现在，编辑心态浮躁，宁静不下来。搞选题不能多方面调查，审稿不能全神贯注，加工稿件，借口文责自负，敷衍了事，这样下去迟早会出问题。

2003年12月

《编辑的心力所向》P142，贵州人民出版社2004年10月版

重视图书编校质量　不负出版人的历史使命

　　当前，转制是我们出版行业的热门话题，大部分出版社将在3~5年之内由经营性事业单位转为企业单位。这是我国出版界的一件大事，跟广大的出版从业人员有密切关系。有人可能认为在这个当口，来谈校对工作、开校对会议，有点不合时宜。其实不然，转制是出版体制改革的深化，而我们出版体制改革的根本目的，是为了把出版业做强做大。而出版要做强做大，就是要以马克思列宁主义、毛泽东思想、邓小平理论和"三个代表"重要思想统领出版工作，要多出好书，多出精品，要真正提高出版物的质量，坚持以质取胜。如果没有好书，没有精品，都是一些质量不高甚至不合格的出版物，出版怎么能做强做大？即使品种很多，码洋增长很大，没有文化含量，也只是一堆次品、废品，至多是一种泡沫现象。所以，谈校对工作、谈提高出版物质量，非但不和转制相矛盾，而且正好是为了贯彻深化出版体制改革的根本要求，是为了真正达到出版业做强做大的目的。所以，我们现在谈编校质量，研究加强和改进校对工作，不是不合时宜，恰恰是深化改革的需要。我们在整个出版体制改革的过程中，必须牢记一句话，改革不忘质量，改革必须有利于提高出版物的质量。近几年来，我们有的出版社图书编校质量有所提高，正是和改革的深化、机制的完善分不开的，也是这些出版社的编辑和校对人员共同努力的结果，这是应该充分肯定的。但是图书编校质量问题仍很突出，差错率相当高，这是值得注意的。

一、消灭出版物中的差错，是出版工作者的分内之事

　　校对工作在整个出版工作中占有十分重要的地位，在现代出版工作

中，它的地位更是越来越重要。校对工作的好坏，校对质量的高低，往往直接决定着出版物的成败，决定着出版单位的声誉，甚至会影响整个出版业的社会形象。因此，从古到今的文化界、教育界、著作界，包括政治家、学者和广大的知识阶层，都十分重视校对工作。列宁把校对看成是出版最重要的条件，他说：出版"最重要的条件是：保证校对得很好。做不到这一点，根本谈不上出版"。毛泽东要求"认真作好出版工作"，强调"不出"错字。他曾亲自编书，亲自做校对工作，并且一一改正校样上的差错。可见，校对工作在列宁、毛泽东的思想上，占有多么重要的地位！

校对工作就其性质来说，是出版工作诸环节中一个十分重要的环节，是一种文字性、学识性的创造性劳动，是编辑工作的一个组成部分，是整个编辑过程中一个不可缺少的重要工序。

实践证明：一个最权威、最著名的作家、著述家，都不可能在他的书稿中不出现文字的遗漏、衍文或差错，任何一个过细的编辑也不敢保证他处理过的稿件百分之百的正确。所以，校对在内容的是非、文字的正误、标点的准确与失当等方面，有广阔的施展才华的余地，是一种不折不扣的创造性脑力劳动。

校对工作的直接作用是改错，是杜绝出版物当中的一切错误。这不是一件事务性工作，也不是只要识得几个字的就可以做的工作，是一种政治性、科学性、专业性非常强的工作，是一门学问。毛泽东同志多次强调，书报刊要"保证不出一个错字"，连标点也"不要弄错一个"。1943 年，毛泽东同志为揭露胡宗南妄图进攻陕甘宁边区时，写了一篇社论，但《解放日报》发表时，把胡军的数目搞错了。毛泽东当即提出严肃批评，说：这是对敌斗争，一个字也不能错，错一个字就是政治问题。此类事例，不胜枚举。这和我们现在有些人说的，有几个错字不影响阅读，在认识上不是天地悬殊，无法比拟吗？

校对是图书印制以前，最后的质量把关工序，校对工作的失误，最后这道关口把不住，或者把得不好，那么，图书的差错就不可避免了，它所造成的损失是无法估计的。50年代，一个学生刊物上发表了一篇讲自制汽水的科普文章，但把某种配料应占成分的小数点排错了，没有校出来。结果，有一个学校按照这个配方试制汽水时，发生了爆炸，还死了人，这个差错造成的危害还不大吗？稿上的差错可能是常有的，但是必须把他消灭，关键在于引起重视。毛泽东同志就多次强调过，一定要消灭错字。1948年，他在《对〈晋绥日报〉编辑人员的谈话》中曾说："报上常有错字，就是因为没有把消灭错字认真地当作一件事来办，如果采取群众路线的方法，报上有了错字，就把全报社的人员集合起来，不讲别的，专讲这件事，讲清楚错误的情况，发生错误的原因，消灭错误的办法，要大家认真注意，这样讲上三五次，一定能使错误得到纠正。"毛泽东同志在这里明确指出，有错字，"就是因为没有把消灭错字认真地当作一件事来办"。这话可以说是一针见血的，错字消灭不了，从根本上说是不认真。这话用到现在我们那些差错率居高不下的出版社身上，有非常强的针对性。换句话说，他们如果认真一点把它当作一件事情来办，差错是完全可以消灭的。怎么样消灭差错，毛泽东同志在这里提出了具体的办法，就是群众路线的方法，遇有错字，把全社人员集合起来，讲它三五次，"一定能使错误得到纠正"。我们有的出版社，曾经这样做过吗？我没有调查，但很可能没有，不要说讲三五次，恐怕连一两次都没有讲过。所以，差错问题一直解决不了。可见，主要的问题，还是不重视，不认真。从这里，我们看到解决差错问题，关键在于领导重视。我们希望出版局、出版社的领导按照毛泽东同志的教导，把消灭差错当作一件事情认真地来办。真正认识到消灭差错是出版工作者的分内之事，是责无旁贷的，非解决不可的。

二、原稿差错，责任在编辑

图书编校质量所以滑坡，原稿上遗留的差错过多，是重要原因之一。根据中国版协校对工作委员会的调查：

90 年代中期，某出版社抽查 7 种图书的统计：共查出差错 200.5 处，其中原稿差错达 183.5 处，占 91.5%。

1996 年，某地一个老社对 30 种图书的原稿（共 1027.7 万字），进行校对质疑，经编辑确认的差错 1767 处，按总字数计算，差错率为 1.72/10000。

1997 年 6—12 月，某地一家出版社共校书稿 66 种计 1670.5 万字，发现原稿差错 2163 处，差错率为 1.29/10000。

1998 年 1—3 月，一个有影响的地方出版社共校书稿 23 种，计 381.1 万字，发现原稿差错 1296 处，差错率为 3.4/10000。

2002 年，一个省人民出版社校对科，共校书稿 10920.7 万字，发现差错 40816 处，按总字数计算，原稿差错率为 2.43%。

发稿的稿件应该是定稿，有差错，原因是多方面的。

首先，现在的作者，有相当一部分语言文字功底不深，在写作时就有错误；其次是作者心态浮躁，只想抢时间出书，紧赶慢赶，匆匆忙忙交稿，根本没有过细地去推敲语言文字是否正确；再说，当编辑的都知道，我们前面也说过，即使是很专业的作者、权威如郭沫若、著名如钱钟书这样的大家，他们原稿中的差错也是难免的，只有差错的多少之分，没有无差错的书稿，更不要说其他二流三流作家了。

其次，是编辑，现在有的编辑和作者一样，同样存在文字功夫不硬和浮躁心态的问题，甚至比作者有过之无不及。再加上，目前有些地方和单位，过分强调编辑工作的重心转移，转向策划，忽视审稿加工，使得正式发稿的稿件上留下太多的错漏。现在，还有一种情况，由于电脑普及，作者交稿多用磁盘，不交纸质原稿，不少编辑又直接在电脑上审读、加工，往往不细不严，粗放作业。说实话，一部几万、几十万字，甚至几百万字的稿子，在电脑上看上一遍，都是一种十分辛苦的脑力劳动和体力劳动，体力、目力都很难支持下来，更不用说还要抢市场，快出书，所以，差错增多是可以理解的，是值得同情的。可是同情是同情，我们总不能牺牲图书编校质量去换取某种利益，总不能用危害广大读者利益去换取一社一室一人的私利，总不能以破坏整个出版业的形象去捞取一星半点的市场份额吧。

现在有的地方"三审制"流于形式，《图书质量保障体系》挂在嘴上。听说，有一个出版社，收到了一部几十万字稿子，要及时出版。总编室采取快件处理，要三个编辑每人分看一部分，一星期看完，签字出书。有人打趣说，这是新式"三审制"！大家不要笑，情况比这个严重的还有。事实上一审不审的有之，一目十行的有之，这样"审稿"，不出差错是不可能的。在这种单位"三审制"早已被置诸脑后，无怪乎有的编辑在职业资格考试时，连"三审制"是什么也回答不全，更不用说三审的职责是什么了。这种情况，编校质量怎么能好得了。

再次是校对，这本是图书印制前，质量保障的最后一关。可是现在有相当一部分出版社（据说有三分之一）没有校对机构。有的没有专业校对人员，有的即使有，也是人员少、素质低。有的出版社 10 个编辑，只配 1 个校对人员，就算每个编辑一个月编 20 万字（实际上远远超过），10 个编辑每月编 200 万字，1 个校对按每月 22 个工作日算，每天要校 9 万多字；一天 8 小时，每个小时要校 1.1 万字，这恐怕连神仙也办不到。有的找社外校对，或者找校对公司来干，我们不能说其中没有好的、得力的，但也不排除有的是凑数的。加上现在社外校对报酬不合理，一天要挣得 20 元钱的很不容易，如果校对公司扣除管理费，实际上维持个人生活都不宽裕，更谈不到养家糊口了。要不就多校字数，这就直接影响到校对的质量。

三、各个环节都要严格要求，才能保证图书质量

首先，要重视校对工作。

要求局、社领导从思想上重视校对工作，重视编校质量。从加强精神文明建设，传播积累社会主义文化，认真对读者负责，不负出版工作神圣使命的高度，加强对校对工作的领导。要建立健全必要的制度，支持编校部门认真做好校对工作。建议局、社领导，每年至少讨论一次校对工作；没有校对机构的要建立校对机构；校对人员不足的要配备足够的专业校对人员；要提高校对人员的素质，人员培训、职称评定，对校对人员应和编辑等部门人员一视同仁，对于那些具备编审、副编审条件的校对人员应该评为编审或副编审，这样有利于校对队伍的稳定。

其次，编辑要提供合格的原稿。

要从编辑工作下手，加强编辑审读、加工工作，保证发稿的原稿，差错率不超过 1/10000，也就是说，正式发稿的原稿，必须是合格品。做不到这一点，不能发稿，或者就按校对校出的差错，扣发编辑的奖金、报酬。不仅要扣现任编辑的，而且要按比例扣编辑室主任和主管总编辑的。提出发稿的差错率不超过 1/10000，不是随意的。这是新闻出版总署在《图书质量保障体系》《图书质量管理规定》等两个法规当中规定的，能不能做到是是不是遵纪守法的问题，这个问题决不能马马虎虎。我们和一部分总编辑、编辑室主任和编辑分别作了探讨。多数人认为：应该可以做到，现在有的单位所以做不到主要是：出版社广种薄收，编辑工作量超负荷，不可能精雕细刻；也有人认为是编辑的水平不同，工作态度不同，有的人可以做到，有的人做不到。看来要解决问题，还要社领导下决心。要端正出版理念，要研究办社思路，要加强编辑和校对部门的工作，不能只抓多出书，快出书。对编辑来说，更要加强责任感，不使不合格的原稿流到下个工序。这方面，广西的出版社做得不错。广西能够做到的，其他的出版社也该能够做到。

为了减少发稿原稿的差错，现在有的编辑先采用人机结合，对作者原稿进行机器校对，力求减少作者的原稿差错以后，再进行审读、加工，可能是一种比较好的办法。总之，编辑环节要想些办法，减少差错，提高原稿的质量，是保证编校质量合格的重要方面。在市场经济条件下，策划好的选题当然很重要，但仅仅有好的选题是不够的，好选题必须通过优质的书稿去体现。策划和文字工作是一个车子的两个轮子，缺一不可。一部好书的出版，不能光靠策划，搞个方案，弄个提纲，就能完事的。它还要靠作者一个字一个字地写出来，作者交稿以后，还要靠编辑的认真审读，对书稿的总体质量作出判断和字酌句斟的加工等一系列编辑工作之后，才能完成的。做好策划只是完成了一部分编辑工作，大量的工作还在后头。所以，只会策划，不会文字加工的编辑，是不全面的，至少不能算是一个优秀的编辑。实践证明：过分地强调编辑策划，既不利于发挥作者的积极性和主动性，也可能对编辑审稿和加工带来负面影响，既不利于提高书稿的质量，也不利于提供一部合格的原稿。如果编辑发稿的原稿不合格，差错超过 1/10000，那就是编辑没有尽到自己的责任。

第三，校对要以消灭差错为己任。

加强和改进图书校对工作，除了要领导重视，加强管理，解决机构设置、人员配备、提高队伍素质、改革校对职称评定之外，还要建立健全保障校对质量管理制度，如："三校一读"制度，集体交叉校对与责任校对相结合的制度，校对数量定额与质量量化相结合的制度，校对归口与质量监控制度和合理的奖惩制度等。

要反对单纯地以校对字数多少定奖惩的做法，坚持在合理定额基础上以质量定奖惩的制度。要适当提高社外校对的报酬，要根据质量优劣决定付酬的制度。

人是决定因素，中央一再强调"以人为本"的思想。所以，提高校对队伍的素质，建立一支政治强、业务精、作风好的校对队伍，是做校对工作的重中之重。要加强队伍培训，特别要做好新人的上岗培训工作。

要鼓励校对人员参加文化学习，争取获得更高的学历。

　　校对人员要树立竭诚为读者服务的思想，在服务中学习、提高自己，增强使命感和责任心，充分认识自己的工作在社会主义文化建设中的分量，自觉地把实现个人价值的努力同实现现代化建设宏伟目标的奋斗紧密地结合起来，使自己进一步成为社会主义建设的有用之才，为全面建设小康社会贡献自己的力量。

　　2003 年 12 月

　　《中国出版》2004 年第 8 期；《编辑的心力所向》P87，贵州人民出版社 2004 年 10 月版；《中国编辑研究（2005 年刊）》P198，人民教育出版社 2005 年 11 月版

《多出精品　多出人才》后记

中国编辑学会第八届年会于 2003 年 9 月 5 日至 9 日在山西太原召开。这次年会的主题是：贯彻党的十六大精神，围绕"多出精品、多出人才"的要求，进一步探讨编辑理论与编辑实践的创新问题，以推动编辑工作机制创新，提高出版物质量，促进中国特色社会主义出版事业的繁荣发展。

本次年会共收到应征论文 120 余篇。学会邀请其中的 80 余人出席了年会。与会代表围绕主题进行了大会发言与小会讨论，研讨气氛热烈。会议及论文探讨的主要问题和意见有：什么是出版精品；如何打造出版精品；多出精品，关键是多出人才；实施精品战略，实施文化与经济的协调发展。与会者认为，只有实施精品战略，提高出版物质量，才能使出版业做强做大；只有将精品战略进行到底，出版精品迭出，才能充分展现出版业的繁荣昌盛。

为了反映本次年会的研究成果，承蒙清华大学出版社的支持，出版这本年会论文集。在本文集整理定稿过程中，不少作者对论文又做了修改，学会委托专人进行了选编，现收入文集的有 60 余篇文章。因篇幅所限等原因，有些文章未被选入，敬乞理解和谅解。

在本书付梓之际，感谢清华大学出版社的同仁对学会工作的积极支持和为本书出版所付出的辛勤努力。

2004 年 3 月

《中国编辑学会第八届年会论文集》P439，清华大学出版社 2004 年 7 月版

《编辑的心力所向》后记

　　当前，我国出版形势很好，全行业都在认真学习胡锦涛总书记关于学习贯彻"三个代表"重要思想的一系列重要讲话精神，力求在思想认识上提高到一个新的高度，按照解放思想、实事求是、与时俱进的思想路线，营造团结稳定创大局，聚精会神搞建设，一心一意谋发展的良好氛围，正在坚定地实施精品战略，打造优良品牌，推出一批又一批反映时代精神、体现民族特色的优秀出版物。

　　出版体制改革也取得了很大进展，集团化建设和集约化经营正在积极推进。大多数出版单位将由原来的事业单位转制为企业单位，他们作为经营性的出版企业将以创新体制、面向市场、增强活力为重点；另一些则属于公益性的出版事业单位，将以增加投入、转换机制、增强活力、改善服务为重点。这是一个很大的转变。在这种情况下，编辑工作怎么做，肯定会出现新的情况和问题，碰到新的机遇和挑战。我们应当看到，出版改革的深入发展，市场竞争的有序进行，必将进一步解放生产力，推动编辑工作的开拓创新，促进出版业的健康繁荣；将更有利于出版作为传播媒体，更好地担负起宣传科学理论，传播先进文化，塑造美好心灵，弘扬社会正气，倡导科学精神等方面的重要责任；有利于出版作为思想阵地，在促进社会稳定和文化安全，服务大局，坚持正确导向方面的坚定性和自觉性；也有利于编辑作为精神产品的选择者和把关者，自始至终关注出版物的质量，坚持把优秀的精神产品提供给读者，认认真真地为提高读者、服务读者，奉献自己的心和力。

　　编辑应该坚持马克思主义的出版观，提高马克思主义的理论素养和思想作风。编辑素质的提高，重要的是要不断地总结经验，研究编辑出版的理论和实践。编辑出版学作为研究编辑工作的一门学问，说到底是编辑出版观的反映，用什么样的编辑出版观去从事实践，是一切做编辑出版工作的人不能不考虑的问题。所以，每个编辑都应该关心编辑出版学的学科建设，用自己的经验和智慧来充实它、丰富它，用自己的心血来培育这枝花朵，使它更加鲜艳出色。这是做一个合格编辑不可缺少的一课。

最后，我想说明的是，收入这个集子的拙作，大都写在1999年到2003年这几年，也就是世纪之交的四年。这个时期是编辑出版工作内外条件变革很多的时期，经验很多，问题也很多。我作为编辑学会的一名工作人员，一般是随着学会的活动而活动，所以接触到的问题也很杂，而且许多问题，有一个实践认识的过程，不是一下子能说清楚的，我只是把自己的想法写出来，和大家讨论罢了。现在把它们编在一起，也只是作为学会活动的一种记录，或者仅仅是个人的一些思考，不当之处，在所难免，更由于这些材料所涉及的时间，都集中在先后四年之间，所讨论的问题难免有重复之处，有的只是角度不同，详略不一而已。这是很抱歉的。敝帚不敢自珍，还请有机会看到这个本子的同志和朋友们不吝指正。

承蒙贵州人民出版社愿意把它出版，并获老朋友们的斧正，谨在这里表示衷心的感谢。

2004年4月

《编辑的心力所向》P411，贵州人民出版社2004年10月版

给写作者讲点编辑业务知识

最近，收到两位高等学校朋友的来信，他们说，现在出的书编校质量差，"无错不成书"，编辑有责任，但不能全怪编辑。他们认为，从出版社说，校对有责任，社长、总编辑也有责任。从社会上说，作者有责任，甚至有不小的责任。因此，病因不全在编辑的浮躁心理，实在是一种文化传播的综合征。

为什么有的图书差错惊人，他们分析，原因有三：一是出版社催稿太急，三天两头打电话，白天黑夜驱赶着。不是说"已经列入下个月的发稿计划"，就是说别的出版社"同类书快出炉了"，或者说"社里的老总希望能赶上××书市，争取更大的市场份额"，逼得作者非赶不可。二是作者自己也有浮躁心理。觉得出本书也不容易，既然出版社那么"重视"，自己也该使劲赶，就怕错过这个村，没了那个店。心急吃不得热豆腐，难保不出问题，这是外因通过内因起了作用，更何况他们也受到利益的驱动，也紧赶慢赶地去做。三是有的作者缺乏编辑业务知识。不知道一本书出版要经过哪些工序，不知道编辑工作有哪些不可缺少的规范，比如，政治性知识性的差错一定不能有，重复内容和无关主题的枝节文字要修删，语法修辞、简化字、数字、标点符号的用法要准确，各种注释安排要合理，必要的辅文要齐备，等等。如果这些方面解决得好，使用得法，"拖泥带水"的现象也就可以大大减少。为此，两位朋友提出，出版社是否可以组织资深编辑给有的写作者，特别是目前众多的年轻写作者讲讲编辑业务知识，这样可以在交稿以前，减去许多差错。两位朋友还谦虚地说，他们也常写点儿东西，也很想听听编辑业务规范方面的知识。

我觉得这个建议很好，无论如何，哪怕只是和写作者座谈一下、交流一下，或者印一些作者须知给他们，增加一些编者和作者之间的沟通、切磋，只要双方自愿，一定能有利于进一步做好出版工作。

其实，这也不是一个新问题，大多数出版社在组稿的先后，都会有一份"某书的编辑方案""编写要求"，有的出版社（如中国大百科全书出版社和许多辞书出版社）还有十分周全细致的"编写框架"。不然，他们不可能把几百几千甚至更多作者写的稿件统一到一个编写格式上来；再说和作者座谈编写要求，本来也是一件平常的事，只是目前新作者大量涌现，稿件急剧增加，写作者又缺少编辑方面的知识，而出版社和作者又较多考虑抢占市场份额，大家都想快一点儿的情况下，强调一下，双方都按规范和标准操作，编创之间多一点儿沟通，未必不是一件好事。用一句时髦的语来说，这也是"编辑工作前移"。

再说，出版社给作者讲编辑业务知识课，在国外也早已有之。有的出版社在向写作者购买版权以后，就非常具体地先做好这方面的工作。在欧美，一些资深编辑向作者讲课的材料，还正式作为书籍出版。大家知道的由英国斯坦利·昂温等著的被西方誉为"出版圣经"的《出版实话》（我国译为《出版概论》），就是其中之一。它主要就是对作者讲的，目的就是要作者知道：出版者运作出版一本书不容易；纽约大学出版教育中心主任罗伯特·班奇曾长期从事编辑工作，他根据自己的亲身经验，非常强调稿件必须有统一的规范和标准。他说，他在物理学会工作时，那里有六十四种杂志，涉及八十多个专业，每天来稿都是一大堆，所以要求交来的稿子必须有一定的标准和规格，这样编辑工作就好做多了。他说，要达到这个目的，就需要编辑事先向写作者交代清楚，并说，在美国也有一些以写作者为读者对象、专门讲编辑怎么做工作的书，便于撰稿人了解。看来这些都是我们可以借鉴的。

2004 年 5 月

《中国编辑》2004 年第 5 期；《编辑的心力所向》P263，贵州人民出版社 2004 年 10 月版

出版社转制与编辑工作

出版单位转制是当前的热门话题，我在这里只想就转制和编辑工作谈点不成熟的看法。

党的十六大报告指出："全面建设小康社会，必须大力发展社会主义文化，建设社会主义精神文明。"又说："在当代中国，发展先进文化，就是发展面向现代化、面向世界、面向未来的，民族的科学的大众的社会主义文化……""必须坚持马克思列宁主义、毛泽东思想和邓小平理论在意识形态领域的指导地位，用'三个代表'重要思想统领社会主义文化建设。"出版体制改革从根本上来说，是通过生产关系的变革，来促进出版行业生产力的发展。出版单位转制，从经营性事业单位转为企业单位，根本的目的也是为了发展生产力，也就是为了全面建设小康社会，大力发展社会主义文化，是用"三个代表"重要思想统领出版工作的体现。这也是出版单位转制的根本要求。

首先，是为了体现中国先进生产力的发展要求。就是要突破一切妨碍先进生产力发展的思想观念、体制弊端来推动生产力的发展，就是要更加科学、合理地配置出版资源，更加充分地发挥各种人才的积极性、主动性和创造性，进一步调动各方面的力量来参与出版发展和文化建设，要更好地利用市场机制来推动出版发展，以期进一步推动编辑出版工作的创新，更好地多出精品，多出人才，从而达到最大限度地满足广大人民群众的日益增长的精神文化需求，让读者从出版物当中接受教育，得到充实和提高，真正实现全民族思想、文化、科学素质的提高，为中国先进生产力的发展作出贡献。有人认为，要发展先进生产力，只要搞好科技读物就可以了。这种看法不是全面的。科技读物对推动生产力发展固然十分重要，但人是生产力中最积极的因素，搞好人文社会科学等各种读物，提高人的素质，对推动生产力的发展，意义更不可低估。

第二，是为了体现中国先进文化的前进方向，什么是中国先进文化，就是中国特色的社会主义文化，从根本上说，他代表了人类进步的方向，充满了生机和活力的文化。它的前进方向，正如十六大报告指出的那样，就是"面向现代化、面向世界、面向未来的，民族的科学的大众的社会主义文化"。发展先进文化，目的是为了不断丰富人们的精神世界，增强人们的精神力量。首先要正确理解"三个面向"。就是保证中华文化始终屹立在世界文化之林，展示浓重的历史渊源和不断创新的文化形象，是中华民族伟大复兴的文化表现。但是，现在在某些出版物中，有人把美人像作刊物的封面代替英雄人物、先进劳模的形象当作现代化；把不问国情，盲目宣传西方的意识形态、价值观念和生活方式，当作面向世界；把错误百出的教辅读物、低级庸俗的文化垃圾塞给青少年读者，当作面向未来。这能体现中国特色社会主义文化的先进性吗？这能够丰富人们的精神世界、增强人们的精神力量吗？不能。不遗余力地大力创新中国特色的社会主义文化，弘扬民族文化是出版人的民族自豪和社会责任，只有摒弃资产阶级腐朽、没落的文化，坚决反对迷信落后、不科学、伪科学、反科学的东西，坚持把富有民族特色、科学内容、科学方法，并为广大人民群众喜闻乐见的优秀文化产品奉献给读者，才能体现现代出版人发展先进文化的社会责任。

第三，是为了体现代表中国最广大人民的根本利益。中国最广大人民的利益是什么？在现阶段，就是全面建设小康社会。从出版领域来说，就是要大力发展与之相适应的社会主义精神产品。无论出版体制改革、出版单位转制，也无论发展公益性出版事业，或发展经营性出版产业，都有一个总的目标。说一千，道一万，就是要坚持以科学理论武装人，以正确舆论引导人，以高尚精神塑造人，以优秀作品鼓舞人。十六大报告明确规定，现阶段中国出版的任务就是要推进中国特色的社会主义文化，要大力发展先进文化，支持健康有益的文化，努力改造落后文化，坚决抵制腐朽文化。这是最根本的。无论是公益性的出版事业单位，或者是经营性的出版企业，这个任务、目标是共同的，无论怎么改、怎么转，这一条都是不变的。离开了这一条，就是离开了十六大规定的路线，就是背离了现阶段中国出版的根本任务，也就谈不上代表中国最广大人民的根本利益。

出版转制，当然是为了更好地发展出版业，发展当然要做大做强，使它能够和国外的出版集团相抗衡，能够更好地坚持和发展中国的民族文化，坚持和发展先进的社会主义文化，保证中华民族能够自立于世界民族之林。但是有人认为，出版转制，要在经济上做大，就是要以强大的经济实力来保证在意识形态上战胜对手，也就是说只有经济实力的增长，才能在意识形态上占优势。这话乍一听，似乎有道理，不是吗？美国经济实力强，他的意识形态也就无孔不入。可是反过来一想，如果拿中国与外国来比，不要说比不上美国的经济实力，就是比日本也还差一大截。这是不是说我们在意识形态上只能屈服于强势经济而无所作为了呢？我认为，持这种观点的同志只说对了一半，就是经济基础决定上层建筑，但是忘记了另一半，而且是更重要的一半，就是意识形态有其相对的独立性，意识形态有对经济基础的反作用，忽视了这一点就无法解释古今中外，星星之火，可以燎原的许许多多的革命斗争。同时，更要看到，最强大的经济实力，也只有在正确的思想指导下，才能发挥它应有的作用，就是说发展经济必须有正确的指导思想。出版是内容产业，更需要有正确的思想指导，因为内容产业只有靠发展、创新内容才能做强做大，没有内容是做不大的。即使一时里"做大"了，也是空中楼阁，根基是不牢固的。不然，为什么有的国家的出版看起来很大，品种很多、码洋很高，但大多是文化快餐、消闲读物，造成了一种出版泡沫，进而引出出版大崩溃的话题。譬如日本出版业，曾被视为"亚洲出版的旗帜"，可是从1997年起，连续7年负增长，每年约有1000家书店（出版社）停业倒闭。从上世纪90年代后期以来，一直处于低迷之中，据说有 10000 多家中小企业从市场上消失。一些百年老字号和实力雄厚的大出版社也难逃厄运，给国际出版界敲响了警钟。可见，出版业经济实力的增长，只是出版发展的目标之一。出版业的做强做大，必须依靠内容、依靠产品的质量和品位。出版发展的根本目标是最大限度地满足人民的精神文化需求，是全民族思想文化素质的提升，如果离开这个目标谈出版转制，就可能出现有悖于社会主义出版初衷的状况，这是有责任感的出版人所不愿看到的。

转制是出版单位的改革，是体制方面的问题，本来并不触动出版单位的编辑业务。比如选题、组稿、审读、加工整理，编辑工作中的"三审制"，校对工作中的"三校一读制度"，这些并无变动，非但不需变动，而且是必须坚持的。在这方面的任何动摇或者做得不到位，都会对出版物的质量带来负面影响，都是和出版宗旨、转制的目的相违背的，这是我们需要格外注意的。转制以后，出版单位作为事业单位企业管理这种两头靠的局面从此结束，出版企业成为市场的主体，将按照市场法则来运作。在这种新的条件下，可能会出现一些新的情况和问题。

第一，防止因搞大众化而滑向平庸化。出版企业进一步成为市场主体以后，求生存、求发展的愿望将会更加强烈，从而使市场竞争更加激烈，这样就会对编辑部门和编辑人员造成更大的压力。就有可能使编辑本来已经够浮躁的心态更加浮躁，使原来已经很粗放的工作更加粗放。有人为了占领市场，争取更多的市场份额，就会自觉不自觉地搞大众化读物，千方百计抓畅销书这条出路。有的人甚至会降格以求迁就某些读者的不健康的要求，结果使出版物的品位、质量降低，出现那种消闲书刊满天飞、快餐读物铺满地的局面。搞大众化读物不是不可以，搞点畅销书也无可非议，但大众化读物必须非常强调思想品位，强调文化含量，强调出版物的质量。否则，大众化就可能变成平庸化，甚至垃圾化。美国的资深编辑柯蒂斯说，"出版竞争愈演愈烈，使得出版就面临了巨大的时间和金钱压力，结果就是我们眼前一大堆制作松散，质量不高，错误百出，充斥着手民之误的书籍"。这种状况，被另一位资深编辑罗杰斯认为是"通往平庸之路"。这不仅背离了出版的宗旨，长此下去，出版社的生存也会成为问题，这是我们不能不引为警惕的。否则，低俗之风泛滥，"快餐化"读物铺天盖地，品种年年增加，编校质量不断滑坡，退货率节节上升，库存天天膨胀；如果库存码洋超过销售码洋，出版企业就可能难以为继。看来反对低俗之风，抵制出版"快餐化"，已经成为当前出版工作中不能不引起格外重视的问题。

第二，"下游"压迫"上游"，我们有的出版社能不能扛得住。根据我国加入世贸组织的承诺，我国出版物的零售市场现在已经全部对外开放，2004年年底又开放了出版物的批发市场，到2005年底，出版物的销售领域将不受任何限制。外国资本要进入我国出版市场，虎视眈眈已非一日。现在机会终于来了，那种资产阶级的意识形态，以及文化上的"西方中心论"，政治上的霸权主义和经济上的全球化，必将反映到出版上来，从而使我们的出版单位风险加大，编辑人员压力加重。再说销售领域的变革，不可能是孤立的，下游的堵塞和畅通，一定会刺激上游，图书销售的情况必将影响图书的生产领域——编辑出版环节。如果外国强势资本只根据他们的要求批发我们出版社的某些书，只买"对他们胃口"的书，而拒绝或不积极销售他们不感兴趣的其他图书，或者对他们感兴趣的书给你很优惠的折扣，而对他们不感兴趣的书，则卡得你血本无存。这样，我们的出版企业能不能扛得住，会不会被外国资本牵着鼻子走？大家不要以为这不可能。正像我们有的出版社和某些书商搞合作出版一样，由书商报选题，组织稿件，投资印制，并负责发行，出版社是出书号，负责加工，收取管理费和加工费，结果出版社的人力、物力统统为书商服务，出版社变成了书商的加工部。有人把出版社的这种状况称为"空壳现象"，实际上完全被书商操纵了。外国资本如果也通过销售来控制我们的出版社，那么，尽管表面上还挂着中国出版社的招牌，实际已经变成了为外国资本服务的出版企业。如果出现这种情况，那就是中国社会主义出版的存亡的问题。这是我们不能不警惕的问题。

第三个问题，追求利润可能使两个效益倒置，使某些人见利忘义。转制以后，作为企业，追求利润在某些人看来似乎是名正言顺的。有的人对转制有兴趣，也正是对这一点感兴趣。他们要搞利润最大化，但是忘记或者忽视了很重要的一点，就是出版企业和其他生产一般物质产品的企业不同，他要正确地处理好两个效益的关系。邓小平同志说："思想文化教育卫生部门，都要以社会效益为一切活动的唯一准则，它们所属的企业也要以社会效益为最高准则。"请注意，小平同志这里是对包括出版在内的文化企业说的。胡锦涛同志说："发展各类文化事业和文化产业，都要坚持正确导向，把社会效益放在首位，做到社会效益和经济效益的统一。"请注意，胡锦涛同志在这里讲的不仅是文化事业，而且包括文化产业。我们在这里专门讲这一点，不是多余的。现在有的人公开说，转制以后的出版企业就是要追求利润最大化。有的说，社会效益第一，经济效益服从社会效益这个原则，只适用于出版的某些环节，而在出版的另一些环节，则要讲经济效益第一，社会效益第二。不然，书卖不出去，没有经济效益，哪里还有什么社会效益。书卖不出去，没有经济效益，当然也谈不上社会效益，这是真的。但这里必须弄清楚，书为什么卖不出去。须知书是精神产品，人们买书是为了满足精神需要。你的书卖不出去，就是因为你的书不能满足人们的精神文化需求。不能满足精神需要的书，人们当然不买，所以也就没有经济效益。因而，书卖不出去，正好说明出书必须首先强调书的文化内涵，考虑书的内容是否真正符合读者的需要，也就是考虑社会效益。只有坚持社会效益第一，书才能卖得出去，也才可能有经济效益，才能达到社会效益与经济效益的统一。

可见，坚持把社会效益放在首位，实现社会效益和经济效益相结合这个原则，应该贯彻在出版活动的全过程和出版过程的各个环节，任何曲解两个效益关系的言论，不管来自何方，也不管给它戴上何种冠冕堂皇的帽子，都是没有根据的，是十分有害的。

对于以上这些问题，我们一定要有思想准备。有人可能认为，这些现象目前还不明显，何必危言耸听，杞人忧天。我倒很希望这些问题不要发生，但愿是杞人忧天，那就好了。反过来说，如果认识不足，思想准备不够，因而造成编辑的心态更加浮躁，直至干扰编辑工作的正常秩序，使编辑工作更加粗放，甚至忽视法纪，或者导致职业道德滑坡。所以，一定要抓住转制这个机遇，重塑出版单位市场主体的形象，在适应市场、引导市场的过程中，在市场中占有主导地位。根据一些试点单位的经验，必须抓好两个"统一"，即：一、既要符合社会主义市场经济规律，又要符合社会主义精神文明建设的要求，把两个"符合"统一起来；二、要坚持把社会效益放在首位的前提下，使社会效益和经济效益相统一，所以，他们首先是抓方向。牢牢抓住坚持出版的正确方向这一条，以此为根本，加强学习，严格把关，牢固树立为人民服务、为社会主义服务的出版观，加强政治意识、大局意识、责任意识和质量意识，把它作为决不动摇的前提。同时，积极建立一套适应社会主义市场经济的出版机制，从人员管理机制、选题策划机制、质量保障机制、国际合作机制、营销机制，直到上下监督机制，完全按照现代企业制度来进行管理，从而保证人尽其才，物尽其用，使各种出版资源能够更加合理地配置，使各种各样的人才能够充分发挥他们的积极性，使整个出版社的运作能够走上良性循环的发展模式。

出版转制是一个难得的机遇，也是一种严峻的挑战，希望大家不失机遇，沉着应战，坚持正确方向，大胆创新，遵纪守法，恪守职业道德，创造我国出版产业的崭新局面。

2004 年 7 月

《中国编辑学会第九届年会论文集》P13，中国大百科全书出版社 2005 年 4 月版

加强学科建设　推进专业教育 ①

一

在乔木同志的倡导下，1985 年，北大、南开、复旦三校的编辑学本科专业开始招生，其他高校的编辑学教育也陆续创办起来。从 1985 年到 1989 年，15 所高校办起了编辑、出版、发行等不同特色的学科专业。清华、武大、河南大学等还借用相关的老学科、老专业名义，"借鸡孵蛋"招收培养编辑出版学硕士研究生，有的招了双学士学位生。

随着高校编辑出版专业的教学和科研的发展，到上世纪 90 年代，30 多种专业教材和 50 余种研究性著作先后出版，几百人的专业教师和研究队伍初步形成，20 余种编辑出版类专业刊物先后问世，有关的专业学术会议也逐年增多。编辑学逐步走出国门，加强了与亚、欧、美各国之间的交流，受到了许多国外同行的关注。一些国外的出版物开始发表或转载中国的编辑学学术论文，国外的研究者也经常引用中国学者的研究成果，并邀请中国人参加国际学术会议，可以说，一个新兴的极富中国社会主义特色的编辑出版学学科已经屹立在中华大地，并开始壮大起来。

二

一切新生事物的发展道路都是曲折的。我国的编辑出版学专业教育也曾经有过起伏。但是，随着出版业的市场发展，使编辑出版学专业教

---

① 此为中国高校编辑出版学专业创办 20 周年纪念大会上的发言。

育在多方面显示出自己的活力。在新闻出版署和民政部的支持下，1992年中国编辑学会成立，为发展编辑出版学专业教育做了一些力所能及的工作。一方面组织出版界与高等教育界大力协作，求真务实，开展编辑出版学学科建设、理论创新与编辑出版改革的研究；一方面为在高校保留编辑学专业和建议把"编辑出版学"列入国家《授予博士、硕士学位和培养研究生的学科、专业目录》奔走呼吁。

"编辑学"作为高校本科专业于1993年列入国家教委的"专业目录"，但建立硕士点的问题一直没有解决。1997年3月，本会负责同志与出版界几位政协委员一起，在全国政协八届五次会议上提出《关于建立编辑学专业硕士点》的建议。6月7日，国务院学位委员会答复："可以把编辑学作为新闻学或其他相近学科的一个研究方向，培养编辑学方面的学科人才。""答复"为编辑学培养研究生开了口子，提高了教育为出版培养人才的层次，是一个进步。1997年，教育部酝酿调整高校本科专业目录，大量压缩本科专业，本会与有关方面和若干高校，分别向领导机关呼吁，请求保留"编辑学专业"，或与发行专业合并为"编辑出版学专业"。国家教委征求了各方面意见，最终同意把"编辑学"与"图书出版发行学"两个专业，合并成为"编辑出版学"，于1998年正式列入《本科专业目录》当中。

1999年，学位委员会将调整"授予博士、硕士专业目录"，本会立即召开部分高校编辑学专业负责人和专家的座谈会，呼吁把"编辑出版学"列入"授予硕士专业目录"。9月，又与中国版协联合向新闻出版署提出《关于建议在高等学校设立编辑出版学硕士点授予点的报告》。2000年5月，我们再次向新闻出版署提出建议，并向学位办有关专家发出呼吁。2001年3月，本会负责同志在九届四次全国政协会议上又一次提出把"编辑出版学"列入国家《授予博士、硕士学位和培养研究生的学科与专业目录》的提案。此后，国务院学位委员会正式批准了河南大学和北京印刷学院两个硕士学位授予点，为编辑出版学专业教育向高层次发展、建立正式的编辑出版学专业硕士与博士学位授予点打下了基础。

经中宣部和新闻出版署批准，本会举办了以专业高年级学生和研究生为对象的"未来编辑杯"征文竞赛活动，每两年一次，已举办四届，参加的学生很多，有 200 余人获奖。

三

据 2003 年末河南大学有关课题组的调查统计：我国有 46 所高校建立了编辑出版学专业，有 100 多所高校开设有与图书、期刊、报纸、广播电视、广告、电子出版、网络出版等新老媒体有关的编辑、制作、印刷、发行、版权、市场营销、软件编程、数字技术、媒介管理、多媒体技术等专业课程。

目前，我国出版专业教育的规模数量已不算太小，但教育的规格质量尚需进一步提高，课程的设置需要进一步规范，教材建设亟需抓紧到位。

要大力加强编辑出版学的学科建设，加强学术研究，开展学术争鸣，积极做好编辑出版的理论、实物和历史的研究，积极推进理论创新。中国编辑学会作为学术团体，义不容辞，希望和出版界的专家、学者一起，积极参与，为出版和教育事业服务。

编辑出版是一门有学术深度的学科，建议教育部门在修订《硕士、博士学位的学科专业目录》时，把这个既富有历史文化深度，又富于现代综合技术、涵盖专业面宽广、课程门类众多、传媒特色鲜明，且是我国首创的编辑出版学正式列为二级学科，与新闻学、传播学并列，独立设置硕士等学位授予点，积极培养编辑出版学的高级专门人才，促使编辑出版学学科建设臻于成熟，推动我国出版业进一步提高质量，走向世界，走向繁荣，实现中国人的出版强国之梦。

　　（文中所引胡乔木同志的话，见《胡乔木谈新闻出版》一书，人民出版社，1999 出版。）

　　2004 年 8 月

　　《中国编辑》2004 年第 6 期；《中国高校编辑出版学专业创办 20 周年纪念》北京艺术与科学电子出版社版

一个环节都不能少

——校对是质量的重要保障

当前，转制是我们出版行业的热门话题，这是我国出版界的一件大事，跟广大的出版从业人员有密切关系。有人可能认为在这个当口，来谈校对工作有点不合时宜。其实不然，转制是出版体制改革的深化，我们出版体制改革的根本目的，是为了把出版业做强做大。而出版要做强做大，就要以马克思列宁主义、毛泽东思想、邓小平理论和"三个代表"重要思想统领出版工作，要多出好书，多出精品，要真正提高出版物的质量，坚持以质取胜。如果没有好书，没有精品，都是一些质量不高，甚至不合格的出版物，出版怎么能做强做大？即使品种很多，码洋增长很大，没有文化含量，也只是一堆次品、废品，至多是一种泡沫现象。消灭出版物中的差错，是出版工作者的分内之事，只有各个环节都严格要求，才能保证图书质量。

首先，领导要重视校对工作。

局、社领导要从思想上重视校对工作，重视编校质量。从加强精神文明建设，传播积累社会主义文化，认真对读者负责，不负出版工作神圣使命的高度，加强对校对工作的领导。要建立健全必要的制度，支持编校部门认真做好校对工作。建议局、社领导，每年至少讨论一次校对工作；没有校对机构的要建立校对机构；校对人员不足的要配备足够的专业校对人员；要提高校对人员的素质，在人员培训、职称评定等方面，对校对人员应和编辑等部门人员一视同仁，对于有真才实学、确有贡献的校对人员可以评为正高。

其次，编辑要提供合格的原稿。

要从编辑工作下手，加强编辑审读、加工工作，保证发稿的原稿，差错率不超过 1/10000。做不到这一点，不能发稿，或者就按校对校出的差错，扣发编辑的奖金、报酬。不仅要扣现任编辑的，而且要按比例扣编辑室主任和主管总编辑的。我们和一部分总编辑、编辑室主任和编辑分别作了探讨。多数人认为：原稿差错率不超过 1/10000，应该可以做到，现在有的单位之所以做不到，主要是：出版社广种薄收，编辑工作量超负荷，不可能精雕细刻；也有人认为：编辑的水平不同，工作态度不同，有的人可以做到，有的人做不到。要解决问题，还要社领导下决心，要理清出版理念，要研究办社思路，要加强编辑和校对部门的工作，不能只抓多出书、快出书。对编辑来说，更要加强责任感，不使不合格的原稿流到下个工序。

为了减少发稿原稿的差错，现在有的编辑先采用人机结合，对作者原稿进行机器校对，力求减少作者的原稿差错以后，再进行审读、加工，这可能是一种比较好的办法。总之，编辑环节要想些办法，减少差错，提高原稿的质量，是保证编校质量合格的重要方面。在市场经济条件下，策划好的选题当然很重要，但仅仅有好的选题是不够的，好选题必须通过优质的书稿去体现。策划和文字工作是一个车子的两个轮子，缺一不可。一部好书的出版，不能光靠策划，搞个方案，弄个提纲，就能完事的。他还要靠作者一个字一个字地写出来，作者交稿以后，还要靠编辑的认真审读，对书稿的总体质量作出判断和字斟句酌的加工等一系列编辑工作之后才能完成的。做好策划只是完成了一部分编辑工作，大量的工作还在后头。实践证明：过分地强调编辑策划，既不利于发挥作者积极性和主动性，也可能对编辑审稿和加工带来负面影响，不利于提高书稿的质量，也不利于提供一部合格的原稿。

第三，校对要以消灭差错为己任。

加强和改进图书校对工作，除了要领导重视、加强管理、解决机构设置、人员配备、提高队伍素质、改革校对职称评定之外，还要建立健全保障校对质量管理制度，如："三校一读"制度，集体交叉校对与责任校对相结合的制度，校对数量定额与质量量化相结合的制度，校对归口与质量监控制度和合理的奖惩制度等。

要反对单纯地以校对字数多少定奖惩的做法，坚持在合理定额基础上以质量定奖惩的制度。要适当提高社外校对的报酬，要根据质量优劣决定付酬的制度。

人是决定因素，所以，提高校对队伍的素质，建立一支政治强、业务精、作风好的校对队伍，是做校对工作的重中之重。要加强队伍培训，特别要做好新人的上岗培训工作。要鼓励校对人员参加文化学习，争取获得更高的学历。

校对人员要树立竭诚为读者服务的思想，在服务中学习、提高自己，增强使命感、责任心，充分认识自己的工作在社会主义文化建设中的分量，自觉地把实现个人价值的努力同实现现代化建设宏伟目标的奋斗紧密地结合起来，使自己进一步成为社会主义建设的有用之才，为全面建设小康社会贡献自己的力量。

2004 年 8 月

《中国新闻出版报》2004 年 8 月 4 日

出版国际化　更好地为更多读者服务

一、出版国际化的实质是为了扩大各国间的文化交流

一说到出版国际化，许多同行都会议论到版权贸易、国际合作出版、出版资源的国际利用、组建跨国的出版公司、建立国际连锁书店等等，这些都是出版国际化的题中应有之义，无可厚非。不过，这些都是经济层面的事，我们谈出版国际化还不能仅仅限于这些方面，而应该从更广泛的方面来研究这个问题。

出版是一种内容产业，研究出版国际化，就有必要研究出版物的内容在出版国际化活动中所居地位。作为内容产业的出版，它的内容是什么，就是文化。文化是多元的，世界上各个国家、地区、各个民族，都有自己特定的文化，而这许许多多不同的文化，又都有自己的不同特色，有自身的传统和风格。也许正因为各国各地区的文化有许多不同的特点和个性，所以才有国际化的问题。当然，出版国际化的任务，不是要抹煞它们之间的不同特点。相反，是要充分发扬它们各自的优良传统和不同特色。可见，出版国际化，说到底就是通过出版这个渠道，实行广泛的各国、各地区之间文化交流，这是全部问题的实质。当然，在交流中有一个取长补短、互相吸取、互相改造的问题。但是，有一点很明确，出版国际化是文化交流，不是文化同化，更不是强势文化压倒或取代弱势文化，而是在国际范围内充分弘扬各种民族文化和民族精神的问题。

二、出版国际化的主要障碍是语言和文字

前面谈到的国际版权贸易、合作出版、国际连锁经营等等，在出版

国际化运作中属于经济层面和交换层面的事，它是手段和桥梁，无疑是重要的，但它还不是对出版物所包涵的文化内容的占有、知识的占有。它是物质形态的转移，是作为商品价值的转移，但不是内容的转移，不是精神价值的转移，而内容和精神的转移，必须依赖于语言和文字。

应该看到，在高新科技迅猛发展、出版手段不断创新、出版载体日益增多的情况下，出版国际化早已不限于某种经济组合，或版权引进与输出等形式，而逐渐形成为各种思想文化新的交流形式。

网络出版是一种新型的出版，传播速度快，空间广，可以超越国界，无边无界，而且是双向、多向的交互传播，使传者和受者之间处于动态的互动之中。单就网络出版而言，它本身就是没有国界的，或者说是国际界限不明显的，是当前最先进的传播方式。但即使是这样，它也不是畅通无阻的，主要的障碍就在于语言和文字。国外有的电子杂志，采用电子投稿，电子审稿，速度快，各国都有它的读者，而且可以免费阅览，但它只有英文一种文字，它的传播面还是因文字而受到限制。正像电话，可以各国畅通，但语言不通，也是没有用的。

除了网络出版之外，出版国际化的要求，主要就涉及到纸介质出版物和磁、光等电子出版物的国际传播问题，也就是一个国家向其他不同国家、民族的读者进行传播的问题。所以，出版国际化问题，说到底是读者（即视听者、受者，下同）对不同语言、文字、音像所反映的不同文化的接受问题。

不同的语言和文字，在出版国际化活动中，在国际文化交流中，始终起着两种作用：一种是在国际化活动中起障碍作用。各国由于语言、文字不同，无法沟通和交流。在这种情况下编辑出版工作者的任务，就是使他们能够很好地进行沟通和交流。另一种是保护民族文化的屏障作用。国与国之间，尤其是强国和弱国之间，发达国家与不发达国家之间的文化交流，往往有不平等现象。在这种情况下，不同的语言、文字，可以起屏障的作用。如果编辑出版工作者能够自觉地运作这种屏障作用，这将有助于本国的文化安全。

语言、文字本身是一种文化，但它又是一种工具，如何使它有利于各国的文化交流，有利于出版国际化活动，利弊得失，全在于运用。

从事国际化出版的编辑出版工作者，他们是文化使者。不仅要做版权贸易，要选择买进优秀的作品和推荐卖出优秀作品的出版权，还要把这些作品献给最需要的读者，要千方百计地用最好的形式、用最合适的语言和文字，提供给他们的读者，这才是一切有责任感的编辑出版工作者真正需要关心的事情。

三、出版国际化的宗旨是为更多的读者服务

出版的根本宗旨是为读者服务，出版国际化的宗旨同样是为读者服务，是为更大范围的读者服务，就是通过出版，进行广泛的文化交流，扩大学习、增长见闻、取长补短、共同进步，使更多的读者在文化、科学、艺术、道德素质等方面得到教益。

由于编辑出版活动的根本目的是为了读者，所以，它的成功和失败，作用的大小，最终都是通过读者来检验的，读者既是一切编辑出版活动的出发点，又是一切编辑出版活动的归宿。编辑学、出版学和一切传媒活动的学术研究，都应把读者放在头等重要的地位，这是不言而喻的。忽视了读者，编辑出版活动就成为无源之水，无本之木，就成为无根据的冲动，无目的的盲动。换句话说，搞出版干什么，究竟为谁出版，说到底，只能是为读者。这一点，无论哪一个出版者，也不论他自觉或者不自觉都是不会改变的。所以，在编辑出版活动中确立"为读者"作为根本的指导思想，作为处理一切问题的准绳，是客观的规律性的要求。如果忘了读者，就是忘了编辑出版活动的目的，忘了根本。

读者是一个无限多样化的群体，为读者不是一句简单的空话，它有非常丰富的内涵。

为读者，首先要了解读者、调查读者、和读者交朋友。既要宏观地了解读者群的整体状况，他们的政治、经济、文化水平、社会地位、生活概况，以及对精神生活、文化教育、娱乐消闲各方面的需求等等，又要微观地了解具体的、活生生的读者，深入了解他们的理想追求、工作、生活和阅读状况等等。要根据不同门类、不同层次的出版物，有针对性地对读者群进行调查和细分。如果每一个编辑都有一批，至少是一些很要好的读者朋友，对他们的思想、社会经济状况、文化需求都一清二楚。那么，我们在编某一种书刊的时候，就会自然而然地想到他们，他们的形象就会在我们的脑海中生动地再现。这样，在处理稿件时心中就会感到无比的踏实，编辑工作的盲目性就可以大大地减少。

为读者，就要为读者打算，要事事处处为读者着想。一本书刊，要真正为读者所接受，除了它的内容是主要的根据之外，还有其他许多因素，诸如篇幅大小、开本、定价、设计，包括字号大小、印制质量、出版时机等，这些都应该细心考虑。书的内容再好，形式再漂亮，读者买不起，是没有用的；有些书，开本大、分量重，拿也拿不动，读者即使想看也不方便；有的书动不动成丛成套，一套往往十本几十本，甚至更多，又不拆零卖，销路就会受影响。诸如此类，对读者不方便的情况，恐怕还不少，这些都要为读者着想。

为读者，就要尊重读者，千方百计地为读者服务。首先是把出版物搞好，要提高质量，让读者满意；其次，要加强和读者联系，认真听取读者对出版物的意见、建议。要认认真真地阅读读者的每一封来信，研究读者的要求，答复读者提出的问题，要尽可能地使读者满意。再次，要做一些力所能及的、乍一看似乎是编辑出版者任务以外的，但却是读者所要求的事，如读者要求代买一些其他出版社出版的书刊，了解一些看来与出版无关的信息，只要有可能就应该积极热心地去满足读者，实在办不到的也要诚诚恳恳地和读者讲清楚，切忌置之不理或拒之门外。为读者服务的关键是要真诚、热忱，要基于关心、尊重、爱护读者的立场，真心实意地为读者服务。这里来不得半点勉强，更不能虚情假意。

为读者，根本目的是为了提高读者。我们前面说的，了解读者、尊重读者、为读者着想、为读者服务等等，目的都是一个，就是提高读者，这是读者最根本的利益。一切与这个目的不符的、相反的事情，即使是某些读者的"要求"，也不能做，因为这将违反读者的根本利益。所以，为读者就要捍卫读者的根本利益。为此，我们不仅要了解和熟悉读者，还要分析读者的情况。因为社会是复杂的，读者也是各种各样的，他们分布在社会的各个角落，从事各种不同的工作，有不同的遭遇。不同的环境可能会使他们提出各种不同的要求。其中，有健康的，有不健康的；有正当的，有不正当的；有科学的，有不科学的；有合理的，有不合理的。就需进行分析。对健康的、正当的、科学的、合理的，也就是符合读者根本利益的，应该予以满足，而且要尽可能地予以满足；而对于不健康、不正当、不科学、不合理的，也就是不符合读者根本利益的，就应该从关爱的角度出发，从正面进行引导，以期提高读者。

总之，是不是为读者，能不能为读者，反映了一个编辑出版工作者的社会责任心和工作的目的性。

在出版国际化的活动中，为读者的问题更为重要。各国出口的图书，专为外国读者出版的很少，一般都是根据本国读者的需要出版的。所以，进口国的出版者，一定要认真考虑外版图书是不是符合本国国情的问题，要注意它介绍的科学技术是否真正先进，更要坚决反对落后文化，抵制腐朽文化。不能只看新鲜、猎奇，能刺激眼球；或者只看卖点，片面追求利润，只要有利可图，就胡乱引进。这就不是为读者服务。让读者阅读无益的出版物，起码是浪费读者的时间和财力；如果引进的是不健康的读物，还会贻害读者。所以，在出版国际化活动中，编辑的功能，尤其是选择功能，将被推到无比重要的地位。出版国际化能不能健康发展，将与编辑的社会责任感紧紧地联系在一起。

在编辑出版工作者的思想上，牢固地树立起"一切为了读者"，把优秀的民族文化推向世界，使它成为全人类共享的精神食粮；把各种不同类型的优秀出版物，有针对性地，用人们喜闻乐见的形式介绍给不同的读者。为人类的文化提升而努力，这就是出版国际化的神圣使命，也是一切正直的有良知的编辑家、出版家的光荣职责。

2004 年 10 月

《第十一届国际出版研讨会文集》P13，湖北长江出版集团，湖北人民出版社 2005 年 11 月版

折柳灞桥送君去　翘首江边迎客来

　　第十一届国际出版学研讨会就要在武汉召开了，各国的出版学者又将欢聚在一起，纵谈出版形势，交流学术观点，回顾昔日的交往，增加新的认知和友谊。回想往事，许多事重泛脑海，历历在目。这里仅举一二。

　　1995 年 10 月，第七届国际出版学研讨会在菲律宾首都马尼拉举行，日本出版学者箕轮成男先生发表了《菲律宾出版业调查报告》。由于他曾在联合国教科文组织工作过，在菲律宾有许多朋友，因此，接受菲律宾有关当局的委托，对菲律宾出版状况作了为时一年的深入调查。箕轮先生调查以后提出，菲律宾民族出版事业濒临危机，理由是：由于菲曾长期成为外国的殖民地，独立后又被外国占领，本土文字的书刊弱化，有三分之二的图书是用英文出版的，包括学校的课本，大部分也用英语编写，有的还是在国外印刷的，只有"公民"课本是用本土语言出版的。箕轮先生认为，本国语言、文字是抵挡异族文化入侵的最好屏障，这个屏障如果受到威胁，民族文化就可能发生危机。箕轮先生的观点受到与会者的关注，尤其是对于处在弱势文化的发展中国家的代表，印象十分深刻。

　　在东京举行的一次研讨会上，涉及如何对待淫秽、色情书刊的问题，特别是其中有色情内容或者揭露别人某些隐私但还不算触犯法律的图书，如何处理。日本学者介绍了"日本出版伦理评议会"的组织和做法。日本出版伦理评议会是一个半官方机构，它由出版学者、法律专家和其他有关方面的专家、学者组成，受到日本政府的支持，得到出版界的尊重。受理书刊当中由于伦理问题引起争议的案件，由评议会安排专家、学者对出版物进行审读，作出鉴定，予以公布，或者由同业公会予以处理。日本的这种做法，当时引起不少与会者的兴趣。我国代表团有些同仁认为，我国组织国家图书奖、"五个一工程奖"是评好书，评优秀作品，这是必要的，而日本的出版伦理评议会则是评不健康读物，管了那些法律管不到的书刊。

2001 年 3 月，韩国文化翻译学院成立，这是韩国文化观光部的一个下属机构，也可以说是一个文化机关。成立的目的很明确，就是为了推荐韩国的文学作品在国外翻译出版，并扩大宣传，为韩国文学作品获取诺贝尔奖造势。具体做法是：与外国有影响的出版社签订合同，由外国出版社约请优秀的翻译家，把韩国文学作品译成该国的文字，予以出版、发行。经费全部由韩国文学翻译院负责提供，包括优厚的翻译稿酬和出版、宣传费用。文学翻译院有 10 人，主要任务是选择国内文学作品向外国推荐和签约。在欧、美，主要组织出版英、法、德、意等文字的译本；在亚洲，主要组织出版中、日、蒙古、越等文字的译本。据说，由于韩国提供的经费优厚，各国的出版社愿意做这件事的不少。这件事给我们的直觉，这是韩国政府弘扬韩国民族文化，把本国文学推向世界的一个重大举措，是一个很有远见的做法。

……

可以讲的事情很多，举不胜举。这说明国际交流好处很多，绝非仅仅限于学术，还在于开阔视野、增长见闻，有些事在某一国家里可能司空见惯，算不得什么，可是在另一国的人看来，却觉得新鲜，很值得想一想。

在第十一届国际出版学研讨会即将举行，许多外国朋友将光临武汉的时候，说这几句，算是一种回顾与怀念，也算是一种欢迎吧！

1990 年，日本出版学者来华讲学，第二站到西安，余陪同共游灞桥，谈及灞桥是发现中国汉代古纸“灞桥纸”的地方，以及当时外国使者回国时，中国官员送客到灞桥，折柳相赠，以示告别的典故。日本客人很感兴趣，余折柳数枝，一一相赠，以作纪念。

2004 年 11 月 15 日

《出版科学》2004 年第 6 期

《出版转制与编辑工作》后记
——中国编辑学会第九届年会论文选

中国编辑学会第九届年会于 2004 年 7 月 6 日至 8 日在兰州举行。本次会议的主题是：在出版单位转制过程中，编辑如何发挥应有的重要作用；结合实际，进一步探讨编辑理论与编辑实践中的重大问题，推进出版改革和体制创新，提高出版物质量，促进出版事业的繁荣发展，更好地为中国特色社会主义服务。

本次年会共收应征论文 110 余篇。学会邀请其中的 70 余位学者出席会议进行交流。在研讨交流中，各抒己见、相互启发、相互学习，探讨的主要观点和意见是：转制是出版业发展壮大的必由之路；出版转制要始终坚持正确的指导思想；在出版转制中，编辑工作要坚持正确导向，多出精品力作，提高出版物质量，为出版产业发展打下基础；在出版转制中要注重培养更多的编辑出版人才。

为了反映本次年会的研究成果，承蒙中国大百科全书出版社的大力支持，出版本次年会论文集。在本文集整理定稿过程中，部分作者对论文作了修改，学会委托专人进行了选编，现收入文集的有 60 余篇文章。因篇幅所限等原因，有些论文未被选入，请予谅解。

在本书付梓之际，衷心感谢中国大百科全书出版社领导和全社同志对学会工作的积极支持，感谢本书责编为本书出版所付出的辛勤劳动。

2004 年 12 月

《出版转制与编辑工作》P315，中国大百科全书出版社 2005 年 4 月版

"十一五"选题规划应注意什么

五年选题规划，是出版社在这个时期的工作纲领、奋斗目标，是出版社的宣言，是出版社的旗帜，也是出版社的追求。

一、中长期选题规划是出版的宣言和追求

前几天，和几位出版社的编辑在一起，谈到目前各社正在制定"十一五"选题规划的问题，大家兴致勃勃，表示要认真学习，充分调查，制定一个经过努力能够实现的五年规划，使人感到他们干劲很大，信心十足，令人鼓舞。也有的说，五年选题规划，我们社已经布置了，让各编辑室先提出来，然后由总编室汇总一下，就八九不离十了；有的说，我们现在稿源充足，把手上的存稿梳理起来，就可以出三年，最后两年，怎么着也对付过去了；还有的说，现在的编辑忙闲不均，我们把闲着的编辑组织一下，把选题搞一搞，就差不多了。听了这些议论，我不禁觉得现在有些出版单位是不是把五年选题规划看简单了。五年选题规划，是出版社中长期选题规划，十分重要，它决定了今后很长一段时期内出版社的工作。所以，我们说五年选题规划，是出版社在这个时期的工作纲领、奋斗目标，是出版社的宣言，是出版社的旗帜，也是出版社的追求。尤其是"十一五"规划，它是我国进入新世纪的第一个五年规划，是我们实现现代化建设第三步战略部署的第一个五年规划，也是我国社会主义市场经济体制初步建立以后的第一个五年规划，是出版转制启动以后的第一个标志性的规划，所以，它必然是这个时期内各个出版社全体工作人员，特别是领导班子意志和追求的体现。

在制定"十一五"规划的时候，我们不能不考虑国内外的形势，考

虑各种机遇和挑战，以及我们可以预见的即将发生的一些重大事件。在这五年当中，也就是在"十一五"规划期间，我国将举办北京奥运会和上海世博会，将迎来新中国成立 60 周年的大庆。在世贸组织中，我国将结束过渡期而成为世贸组织的正式成员，我国的经济将进一步融入经济全球化。

根据有关专家对中国经济增长潜力和前景所做的分析和预测，"十一五"规划期间，我国经济的年增长速度将保持在 8% 左右。人均收入将在现在的基础上翻一番，达到目前世界上中等收入国家的水平。国家工业化程度会进一步提高，农业劳动力的比率将进一步下降，农业机械化水平会明显提高，电子信息产业将逐步成为国民经济的主要支柱产业之一。社会主义小康社会的建设和基本实现工业化的目标将迈出重大的一步。"十一五"这五年对于我国实现 2020 年比 2000 年翻两番的宏伟目标来说，是一个十分重要的关键时期。对出版来说，是我国推进新闻出版事业全面繁荣和健康发展的重要时期。

在编制"十一五"选题规划的时候，我们应该而且可以吸收外国的先进出版理念和先进经验。但是一定要从中国国情出发，切不可照搬照抄，一定要和中国的实际相结合。这方面在我们中国共产党的历史上，是曾经吃过大亏、付出过惨重的代价的，我们花了 24 年时间，才找到了马克思列宁主义和中国革命实践相结合的道路——毛泽东思想，才能引导中国革命一步一步地从胜利走向胜利。过去，我们学习马克思列宁主义尚且如此，今天，我们学习外国的东西——西方的经济理论、出版理念、先进经验，更不能照搬照抄，必须和中国出版实际相结合，做到洋为中用，才能有好的效果。

"十一五"规划是一个继往开来的规划，是一个非常重要的规划，是一项十分重要的工作。绝不是单单根据目前的稿源，开出一份总的选题目录就可以完事的。这个规划的编制，一定要按照党的十六大和十六届五中全会的精神,贯彻落实科学发展观,促进出版工作持续健康地发展,一定要反映出版工作为全面建设小康社会的应有作为，表明我们为社会主义精神文明建设做贡献的追求，体现我们编辑出版工作者的决心和努力。

二、"十一五"选题规划要强调精神文明建设的价值取向

选题规划的重点是选题策划。选题策划这几年讲得很多，其实，过去计划经济时期也有，但不叫选题策划，叫选题设计，有的叫构思，也有的称创意，或者是编辑计划。就是你要出书，总得先有个想法，哪怕是很简单的，先有个腹稿，慢慢地充实。尤其是通过读者调查和市场分析，逐步形成文字材料，变成出版方案。这是整个编辑工作全过程的第一步，这个环节十分重要，它是以后编辑过程中各个环节的依据，尽管在实践中，可以不断修正，特别在和作者与读者的接触过程中，吸收各方面的意见，可以不断丰富、充实、成熟，是这一本或一套书整个编辑过程中的重要的指导性材料。这个策划搞得好不好，对这本书能不能顺利出版，编辑过程各个环节的工作能不能协调进行，做到恰到好处，极为重要。所以，有人说，选题策划搞好了，这本书就成功了一半。可见，选题策划在我们整个编辑工作中的重要意义。

策划选题，当然要考虑社会效益与经济效益，考虑社会需要、读者需求和作者可能，把两者结合起来。作为社会效益，我认为应该考虑"五个性"，即时代性，包括政治方向、政策原则；思想性，就是在思想上要鼓舞读者积极向上；科学性，包括知识性；前瞻性，就是时效性，要适当超前；还有就是本社的特色性。要把这"五个性"综合起来。这"五个性"，主要体现的是社会效益，但又和经济效益分不开。对于经济效益，主要考虑出版时机，对读者的适应性，能适应多大的读者面，市场潜力有多大，成本核算和赢利的可能性。这些是从经济效益上考虑，但在一定程度上又反映出社会效益。总之，一句话，选题策划首先要强调社会

效益并和经济效益相结合，要强调精神文明建设的价值取向。

三、"十一五"规划，重在选题创新

创新就是要独到、"特到"。独到就是别人没有，大家没有，只有你有；"特到"就是大家都有，但你的和大家的不一样，给人一种独特的印象。要做到独到、"特到"，不是轻而易举的，是要下功夫的。功夫下在哪里？要下在调查、访问、看报、读书、上网……要大家八仙过海，各显神通，但不能离开实践、实际。比如，大家都知道的《十万个为什么》，这个选题策划就是编辑经过深入调查和长期积累以后才形成的。可谓独到、"特到"，也就是有创新。

特别需要说明的是作为一个编辑，不仅自己要创新，而且要支持作者创新。支持作者创新，也就是编辑创新。就像 19 世纪初，德国《物理学年鉴》的编辑们支持发表爱因斯坦《关于光的产生与转化的一个启发性观点》的论文一样。如果当时认为全世界只有 12 位物理学家能够读得懂这篇文章，而不予发表，那么划时代的相对论的问世就要受阻了。可以说，支持作者创新，是编辑创新的重要组成部分，是编辑应该有的崇高品格和宏伟气度。

四、实现"十一五"规划，要防止"三重""三轻"

在实现"十一五"规划的过程中，要防止目前有些出版社存在的"三重""三轻"的现象。

1. 在编辑工作中，重策划，轻审读

编辑策划是重要的，这一点无可非议，我们在前面已经讲了不少了。但从编辑工作角度说，我认为还要讲审读。编辑策划和编辑审读，我一直认为是一只鸟的两只翅膀、一辆车子的两个轮子，两者不可偏废。有了好的选题，还要有认真的审读来保证。审读不到位，再好的选题也会泡汤。我们说，有了好的选题一本书就成功了一半，但还有另一半呢？那另一半就是审读和加工整理。但如果后一半做得不好，那就会前功尽弃。所以，两者都非常重要，都是整个编辑过程中的重要环节。

现在，从出版社的实际情况看，存在某种重策划轻审读的倾向。有的出版社对审读工作不重视，或者说很不重视。有人说现在审读书稿是三种情况：一种是有的出版社编辑，几乎不做审读加工工作，作者书稿一到就直接交给工厂发排，校样回来以后（如果是光盘稿，那就更简单了），就直接送校对，校对把错别字、病句改一下，就算是编辑加工了。第二种是依靠外聘的兼职编辑审稿，书稿一来，责编翻也不翻一下，就送到外编手上。但外编因为是计件付酬，就是看，也要赶字数，有时也提一点可提可不提的意见。要他对书稿负责，一是不可能，二是即使能负责也与制度不合。也有的外编很认真，提出不少问题，但责编仍然不看究竟提了些什么意见，就直接交作者退改。第三种情况是依赖于复审、终审。编辑虽然看稿子，也是一目十行，敷衍了事，把书稿推向复审。而复审往往有自己责编书稿的任务，也不可能有很多时间很认真地审读。所以，一些出版社"三审制"变成"三签制"，流于形式。一些书籍出版后出问题，仔细一查，问题大都出在审读上。不审稿，或马马虎虎审稿，不出问题就奇怪了。

要图书不出问题，最起码的就是要坚持"三审制"，绝对不能走过场，一定要认认真真地审稿。编辑是干什么的，说到底是把关的，把你放在这个岗位上，就是要你代表社会来把关，就是要你提供优秀的精神食粮。否则，你就对不起自己的岗位，没有尽到自己的职责。

图书出版实行"三审制"是国家的法规，必须坚持，不能动摇。有人主张用"二审制"代替"三审制"，有人主张灵活对待"三审制"，都是违背编辑出版规律的。有人借口工作忙，工作量大，对审读马马虎虎，走过场，不执行"三审制"，结果出了问题就后悔莫及了。图书出版是不是执行"三审制",是一个是不是执行国家法规的问题,是一个依法办事还是违法犯法的问题。所以,在"三审制"这个问题上,宁可严些,不能放松,绝对不能视为儿戏。

2. 重营销,轻编辑

这里说的营销,不是整个出版经营生产流通全过程的营销,实际上只是提图书销售,也就是发行的问题。由于信息量加大,出版社在广种薄收的思想指导下,使图书品种激增,造成同类书众多,甚至还有仿制品、"克隆书"。质量滑坡,平庸书增加,书店也没有办法,各出版社的新书源源不断地进来,只好排队上架,造成新书在书店里上架时间极短,往往昙花一现,读者还没有看到,就已经下架了。更有甚者,新书到书店以后,根本没有拆包,仅仅在书店里躺了一阵子,就被退回出版社。这种状况,造成了书卖不出去。结果,出版社急了,集中了精兵强将,把编辑部的人拉出去,千方百计搞推销,虽然有时也有点用处,但不少是收效甚微。原因是各种各样新书可以很快出版,但发行渠道却不是一下子能建立起来的。没有发行渠道,书当然发不出去。编辑很辛苦,忙得团团转,但出来的书卖不出去,卖书难与买书难的问题照样存在。问题究竟在哪里?原因可能很多,但归结起来还是要抓编辑,编辑要用心把书做好。有人说,宁可少出几种,也要多卖掉几本。这个意见不错,但很难做到,你减少品种,别人照样猛出,问题还是解决不了。怎么办,我看还是照有的社长说的,"放眼国民经济和行业科研发展的大环境,紧跟行业发展的大趋势,依托行业发展,做好做精专业图书,为行业发展服务",在行业发展中求得出版的发展。有的同志说得好,行业发展为出版发展创造了条件,出版发展促进行业更好地发展。许多同志都说要立足本行业,强调特色,有所为有所不为。这些意见都很好,是经验之谈,都是符合辩证法的。总之,只有认真抓好编辑工作,认真做好行业发展需要的、广大读者学习和研究需要的高质量的图书,才是出版社发展的康庄大道。

3. 重经济效益，轻社会效益

现在有些出版物品位不高，质量平庸，煽情媚俗，肉欲横流，低俗之风不一而足，简直不堪入目；有的歪曲历史，戏谑古人，胡编乱造，无所不为；宣扬封建迷信、伪科学、反科学的出版物时有所闻。唯利是图、见利忘义到了无所顾忌的地步，令人不可思议，而造成这种状况的根源往往是利益驱动。不是说搞出版不要赚钱，不要考虑经济效益，而是说搞出版不能为了赚钱而赚钱。如果搞出版不赚钱，大家都得喝西北风，出版再生产又如何维持？所以，不考虑经济效益是办不到的。我们说经济效益要考虑，社会效益更要考虑，而且要把社会效益放在首位。两个效益都好，当然最好，但这种情况不会很多；多数是社会效益比较好，经济效益也可以，这就算是"双效"结合了，应该说也是正常的；现在的问题是有的书社会效益不好，甚至是有负面效应，可经济效益不错，这种情况常有。出版者如果不能自律，草率地把这种书刊推向社会，那就容易出问题。重经济效益轻社会效益是出版工作的大忌，是马虎不得的。出版工作中社会效益与经济效益的矛盾，不仅中国有，外国也有，在外国叫经济性和文化性的对立。经济效益和社会效益的矛盾是出版行业的一种普遍性矛盾，而且外国可能比中国更严重。我们在国际交流中经常碰到这类问题，看来国外也没有好办法。因为外国的出版企业大都是民办的，他们就是依法办事，不违法就行；在日本、韩国等一些亚洲国家还设有出版伦理道德委员会，专门对付法律管不着、道德不允许的书刊。一本书是不是违反社会公德，发生争议，就由它来仲裁。除此以外，就靠出版单位自觉自律了。当然，国外也有高品位、高境界的出版人，他们只做好书，而把一些黄色的东西拒之门外，真正为本国的文化建设做出了贡献。

我们是社会主义国家，有自己的出版方针和政策，两个效益关系是写进法规的，"从事出版活动，应当将社会效益放在首位，实现社会效益与经济效益相结合"。这是《出版管理条例》第四条的原文，是有法律效力的，它保证了我国出版业的健康发展。如果出版社漠视这种规定，任意乱来，那就有点危险了。所以，在中国搞出版，就要时刻考虑这个问题，千万不能只重视经济效益而轻视社会效益，否则，出版社要出问题的，对出版业也会造成不可挽回的损失。

《编辑之友》2005 年第 6 期

《中国编辑研究》十年

《中国编辑研究》年刊从 1996 年创办以来，到 2005 年，已经经历了十个年头，每年一本，已出版十本，形成了一定的规模。多方读者对年刊给予肯定的评价，年刊已成为从事编辑出版工作研究的同仁们手头必备的常用书之一，成为编辑出版理论和实践研究方面的一个有一定影响的品牌。

中国编辑学会会长刘杲同志在本刊《发刊词》中说："编辑学研究要为建设有中国特色社会主义出版事业服务，特别是为提高编辑队伍素质和提高编辑工作质量服务"，"这是编辑学研究的宗旨，也是《中国编辑研究》的宗旨"。

十年来，《中国编辑研究》正是秉承这样的宗旨开展工作的。作为一本研究编辑出版工作的理论和实务，研究编辑学方面的学术性、资料性刊物，它致力于交流研究情况，积累研究资料，汇集研究成果，努力为推进编辑学的学科建设，为出版事业的发展繁荣作出努力。

坚持办刊宗旨，坚持选稿标准，是办好一个刊物的首要原则。《中国编辑研究》从办刊宗旨出发，选用稿件时，明确地强调了"三个服务"，即刘杲会长所说的为社会主义出版事业服务、为队伍建设服务、为提高编辑工作质量服务。为此，要求稿件必须具有学术性或者资料性，也就是要求是研究成果，不是一般的发发议论、表表态的应景文章。这实际上是为选稿设置了一定的门槛，为坚持办刊质量提供了保证。

作为学术性刊物，《中国编辑研究》坚持在马克思主义指导下，贯彻"百花齐放，百家争鸣"的方针，对于各种意见、各派观点，只要言之成理，持之有故，都秉着科学、平等、公正的态度，尽量予以反映，同样给予尊重。比如，编辑理论方面，"编辑"的概念，编辑工作的性质和社会职能，编辑工作在整个出版工作中的地位和作用，编辑规律、编辑基本规律的内涵及其表述；编辑实务方面，策划和审读的含义、功能及其在编辑工作中的地位，"三审制"的意义、内容和职责；编辑史方面，编辑的起源，编辑、编纂以及编撰和著作的界定，孔子是不是编辑家，编辑与校雠的关系及其演变；还有编辑学的学科性质、任务、研究对象，编辑学与邻近学科的关系，在社会主义市场经济条件下编辑人员的知识结构、社会责任、职业道德和政治、业务素质，新时期编辑活动的新经验和新特点，现代信息技术在出版工作中的应用等，都有不同理解，不同意见。这些意见在年刊中都得到了充分的反映，体现了学术民主、学术自由的良好风气，为编辑出版理论研究，为编辑学学科建设，作出了积极的贡献。

十年来，人民教育出版社和所有参与年刊编辑工作的同志，始终把坚持编校质量放在第一位。年刊选用稿件，采取了各刊推荐和专家评选相结合的办法，最后由编委会集体讨论决定。首先各刊推荐的大都是该刊在当年发表的有一定质量和影响的文章，专家们又从全国当年发表的文章中来进行评选。有不同意见的由年刊编委会经过反复讨论，再作出决定。这样就保证了入选的文章有一定的质量，有某种代表性，从而增强了年刊的权威性。

十年树一刊，《中国编辑研究》年刊经过十年的努力，第一步算是迈出去了。这首先要感谢人民教育出版社。他们不仅花费了大量的人力、物力和财力，而且两任社长马樟根和韩绍祥同志都亲自参加年刊编委会，担任编委会副主任，始终如一地大力支持年刊的工作。为出好年刊，人民教育出版社委派副总编辑吕达同志担任年刊编委、副主编，长期负责终审工作。编委、总编室老主任邢克斌同志担任年刊前几期的责任编辑，而后又负责审稿、出版等工作，在工作中谦虚谨慎，兢兢业业，有条不紊。总编辑助理兼总编室主任魏运华、文化教育分社社长刘立德同志，又在百忙中担负起了年刊的审稿工作，并且保证了当年出刊。自第5期以来一直担任年刊责任编辑的邹海燕同志，数年如一日，勤恳工作，辛劳有加。正是由于他们的努力，才保证了年刊每年都能按质按时地出版，这是应该非常感谢的。

应该感谢编委会副主任、主编阙道隆同志，他在策划安排、选稿、审稿、读校等方面付出了大量的精力，宁愿身瘦而不愿书"瘦"的精神，令人难忘。陈仲雍同志自年刊创刊开始，一直参加选稿、审稿、读校等工作，直到 2001 年 5 月逝世为止。张小萍同志在业务工作非常繁忙的情况下，坚持参加选稿工作，恪尽职守。编委会中的一些老同志，如吴道弘、林穗芳、庞家驹、程绍沛等，平时阅读报刊，留心研究成果，在讨论评选稿件时，议论是非，评论长短，坦诚相见，不失公允。

正是同志们的齐心协力，才使年刊能够在书刊如林的万花丛中脱颖而出，为编辑出版事业的发展尽绵薄之力。

相信在未来的岁月中，在有更多年轻同志参与的情况下，年刊一定会越办越好，为学科建设、队伍建设和出版繁荣作出更多的贡献。

《中国编辑研究》（2005 刊）P1，人民教育出版社 2005 年 11 月版